SketchUp
2019

Interior Design
and Space
Planning
Using SketchUp

室內設計繪圖講座

感謝您購買旗標書，記得到旗標網站
www.flag.com.tw
更多的加值內容等著您…

● FB 官方粉絲專頁：旗標知識講堂

● 旗標「線上購買」專區：您不用出門就可選購旗標書！

● 如您對本書內容有不明瞭或建議改進之處，請連上
旗標網站，點選首頁的 聯絡我們 專區。

若需線上即時詢問問題，可點選旗標官方粉絲專頁
留言詢問，小編客服隨時待命，盡速回覆。

若是寄信聯絡旗標客服 emaill, 我們收到您的訊息
後，將由專業客服人員為您解答。

我們所提供的售後服務範圍僅限於書籍本身或內
容表達不清楚的地方，至於軟硬體的問題，請直接
連絡廠商。

學生團體 　 訂購專線：(02)2396-3257 轉 362
　　　　　　 傳真專線：(02)2321-2545

經銷商 　　 服務專線：(02)2396-3257 轉 331
　　　　　　 將派專人拜訪
　　　　　　 傳真專線：(02)2321-2545

國家圖書館出版品預行編目資料

SketchUp 2019 室內設計繪圖講座 / 陳坤松 作.--
臺北市：旗標, 2019.04
面 ; 公分

ISBN 978-986-312-594-5 (平裝)

1. SketchUp (電腦程式)　2. 室內設計　3. 電腦繪圖

967.029　　　　　　　　　　　　108006113

作　　者／陳坤松

發 行 所／旗標科技股份有限公司

　　　　　台北市杭州南路一段15-1號19樓

電　　話／(02)2396-3257(代表號)

傳　　真／(02)2321-2545

劃撥帳號／1332727-9

帳　　戶／旗標科技股份有限公司

監　　督／陳彥發

執行企劃／張根誠

執行編輯／張根誠

美術編輯／林美麗

封面設計／古鴻杰

校　　對／張根誠

新台幣售價：650 元

西元 2019 年 5 月初版

行政院新聞局核准登記-局版台業字第 4512 號

ISBN　978-986-312-594-5

序

　　現今想要成為一位室內設計師，也許比早期設計人員更加辛苦，因為新建材與新工法日新月異，需要隨時涉獵，而設計風格之內涵與創意更是與日俱進。單就電腦繪圖一項，現今設計師所要涉及的電腦軟體即有數種之多，例如 2D 軟體之平立面圖繪製→ 3D 建模軟體以建立場景→渲染軟體之照片級渲染→影像軟體之後期處理，每一環節之軟體發展都已成為龐大複雜的操作系統，因此尋求一種軟體能兼顧多方面功能，成為設計師們渴求的對象。如今 SketchUp 不僅挾其容易學習、操作簡單的特性普獲眾人青睞，成為 3D 場景建模工具之主流，其附帶的 LayOut 更兼具製作施工圖的功能，在版本不斷更新之際，其功能更是無限加強，實足以取代 CAD 軟體。如今學習一套 SketchUp 軟體足以應付 3D 建模與 2D 施工圖等所有繪製需求，可謂一套 CP 值相當高的應用軟體。

　　誠然要將一款軟體推向業界的標竿，除了前面介紹的高 CP 值外，它還需要能得到網路資源的互補與關聯性，如果本身只具封閉系統，將無法支撐設計者之設計意象。SketchUp 本身備有 3D Warehouse 資料庫，全世界使用者透過網路無私貢獻超過三、四千萬個以上的元件，它可以自由無償的對設計者提供無限的資源，這是其它 3D 軟體所無法比擬；如果想要更複雜美觀的元件，亦可引用 3ds max 的物件以達精緻化；如果想要以 2D 圖像以模擬 3D 物體，亦可藉由 Photoshop 的去背處理而達成，難怪最近幾年的發展，SketchUp 已成為 3D 建模軟體的主流軟體。有設計經驗者都了解，在室內設計 3D 場景建構中，除了牆體、天花板造型及必要櫥櫃等傢俱外，其餘均套用現成的物件，以達到快速且精緻的透視圖表現，惟在眾多元件中要符合設計師的要求並隨時能隨手可得，平常下載、蒐集元件並有效分類組織，成為設計師空閒時必做功課。

　　自從 SketchUp 初始發表以來，作者即全心全力投入此軟體之研究工作，因此對於此軟體的優缺點可說瞭若指掌，其優點已在我的寫作中闡述過無數次，至於其缺點則隱然有兩處，其一為缺乏對曲面的編輯功能，其二為缺乏渲染系統以致無法產出照片級透視圖。讀者可能會覺得疑惑，經過這十多年的改版推進，仍未能補足這方面的缺憾？其實說它是

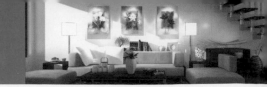

缺憾更可以大聲說因它而比其軟體更具優越，因為操作簡單的直觀概念是 SketchUp 最核心的基本價值，如前揭設計師的重要工作為〔牆體、天花板造型及必要櫥檯等傢俱之創建〕，這些物件基本上 SketchUp 工具已足敷使用；然而其他軟體為求取市場之青睞，其研發團隊總是想方設法擴展程式功能以應付各行各業的需求，如有不足處，其協力廠商也會開發出延伸程式（亦稱外掛程式）加以填補其缺口，這是為應付各行各業不得不然的結果，例如在 3ds max 中有相當多的天候、地形、渲染、風動及動植物等功能需要補充，因之其外掛程式相當多樣化，惟其採取措施為封閉模式，亦即當其認為外掛程式功能不錯即加以收購而合併進軟體中，君不見其早期軟體之體積才 500MB，而累積到現在已快接近到 2 片 DVD 之多，不僅讓系統更加複雜難以學習使用，更讓使用者背負太多軟體費用而只使用不到其中十分之一功能。然而 SketchUpk 對於這些外掛程式完全採取開放態度，讓軟體保持原之操作容易度，而且這些外掛程式一般為免費程式，使用者可以在 Extension Warehouse 或網路中下載使用；對 SketchUp 的愛好者來說，學習瞭解和掌握 SketchUp 延伸程式是一件非常有意思的事情，一方面可以補足像 3DS max 功能創建細緻多樣的模式，亦可充實像 AutoCAD 之 2D 繪圖功能。另一方面，SketchUp 因為沒有渲染系統，所以免除了繁複的渲染設置，及長時間的渲染等待，導致其出圖速度相當直接快速，讓它足以應付工作上之十之六、七，而當設計者想要成為一位專業級的設計師，則後續可以鑽研其接續的數十種渲染軟體以達成。

本書是續 SketchUp 2018 室內設計繪圖實務一書之後為室內設計領域再寫作的書籍，因新版本寫作可供參考資料有限，且因作者才疏學淺，以致詞謬語誤的地方，在所難免，尚祈包涵指正；如果讀者在學習本書的過程中有任何疑問或不清楚的地方，請 Email 給我： sketchupwelsh@yahoo.com.tw。您的鼓勵與支持，是作者繼續寫作下去的原動力。

最後本書得以順利完成，除感謝家人的全力支持與鼓勵，更感謝旗標公司張先生及眾多好友的相助，在此特一併申謝。

陳坤松 2019 年 5 月

　　Trimble Navigation 公司於 2019 年 2 月 6 日發表了 SketchUp 2019 版本，它比往年發表時程約慢了近三個月時間，雖然讓入引頸企盼很久，但其改版的成果也許能撫平了一些人的懸念，這次 SketchUp 讓人驚喜地看到了訂閱模式，使用者可以用這種訂閱的方式來購買軟件的使用權，這對於個人設計師或者小團隊來說也許是一種最佳的投資組合，然個人認為最大的成果是 LayOut 與 AutoCAD 的更加緊密結合，如今靠著 SketchUp 的創建 3D 場景→轉化各面向立面圖→ LayOut 施工圖說→ AutoCAD 的標準化尺寸及文字標註的一路順暢，想當然耳，當設計者完成場景的創建也就意味著施工圖的完成。

　　這次版本更新是 Trimble 公司對 SketchUp 一次犀利的改版行動，作者本著好東西需與同好分享的心情續寫作本書，書中除對 SketchUp2019 版本新增功能做了完整的演繹外，更對有關 SketchUp 後續之接續軟體介紹，以及延伸程式之取得、安裝及使用方法，或是將 3ds max 物件轉檔供 SketchUp 使用等專業問題，在本書中各章節均會有詳實精闢的解說。

　　茲將本書的特點歸納分析如下：

1　**第一章**除了對 SketchUp 軟體的使用界面與操作技巧做詳細介紹，更對 SketchUp 的推理系統（軸向鎖定）提出精闢的解說。

2　**第二章**為講解繪圖與編輯工具，這是建立模型或透視圖場景的主要核心部分，適合初學者詳細研讀，有操作經驗者亦可從中得到新功能的運用方法。

3　**第三章**為材質與輔助設計工具的運用，因為 SketchUp 無法對曲面編輯，因此如何在柔軟物貼出漂亮的紋理貼圖，本章將有精闢的獨門技巧。

4　**第四章**為延伸程式、群組與元件使用的重要說明，在本章中共提供十多組 2019 版本適用的室內設計常用延伸程式，並對其使用方

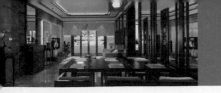

法做了詳細介紹，對於創建室內設計場景有絕對的助益；在後段部分，對元件的建立、匯入與網路自由取得有深入的說明。

第五章針對 SketchUp 創建室內場景流程，提出各種可行解決方案，另一方面將 3ds max 元件轉檔以供 SketchUp 使用方法提出說明，並利用 Photoshop 修改圖像、建立透明圖方法有詳細過程解說。

第六章以七個實際範例，對各類型精緻物件之創建過程提出詳細解說，希望能藉此達到舉一反三效果，引導讀者創建符合自己需求的模型物件。

第七章以一間溫馨閣樓之主臥室空間為例，藉由從平面圖開始，以創建臥室 3D 場景的正確建構方法做解說，除後期處理未為說明外，這是一整套完整且鉅細彌遺的室內設計透視圖表現方案。

第八章為 LayOut 使用界面與操作方法的解說，由於此次改版中對 LayOut 與 AutoCAD 的結合做相當大的功能提升，因此對於相互間的搭配運用專闢小節詳加解說，讓使用者更容易操控 LayOut 以產生施工圖說。

第九章以創建混搭風格之客餐廳空間為例，說明創建客餐廳空間 3D 場景的全過程演示；在本章後段藉由 Photoshop 軟體，做完整的後期處理全過程解說，如何讓平淡無奇的透視圖也能擁有豐富的光影變化。

第十章以創建全功能使用之頂樓休閒空間表現為例，它與以往的創建場景方式不同，因為它是室內與室外必需同時兼顧的場景，因此在鏡頭前的房體，必需以實體建模方式處理，讓使用者當遇到此種狀況時，有一套可以依循參考之操作方法。

▶ 本書所附光碟內之章節資料與書中的章節是一致的，請將光碟內容另複製到硬碟中，以方便學習，另本書所有案例是 SketchUp 2019 製作而成，SketchUp 2018 以下版本可能無法讀取，在此特別敘明。

▶ 本書實作案例中所需使用到的元件，存放於該章節的元件資料夾中，需使用到的貼圖檔案，則存放於該章節的 maps 資料夾中，需使用到 DWG 格式檔案則存放在 CAD 資料夾中。

▶ 光碟內每一章節中與範例名稱相同的 .SKP 檔案，是該範例的完成模型，這是作者辛苦製作而來，僅做為讀者練習參考之用，請勿使用於商業用途上。

▶ 本書第三章中之 SketchUp 材質大全資料夾內，具有 18 類共 1787 種 SKM 檔案格式的 SketchUp 專用材質，其使用方法在本書第三章有詳細說明。

▶ 書附光碟附錄中之 SketchUp 元件資料及全景圖片，共有多種檔案類別，可供讀者於創建場景時，用來豐富場景內容。

▶ 書附光碟附錄中之 Lumion 建築景觀動畫資料夾內，為作者寫作 Lumion 書籍時的部分作品，讓讀者可以從中了解 Lumion 的強大功能，它們渲染的時間不會超過兩小時，是個人製作建築景觀動畫的利器。

▶ 在本書第七、九及十章中於場景名稱後冠上軟體名稱者，例如第十章之頂樓休閒空間 --Artlantis.tif，表示本場景經由 Artlantis 渲染後的成果，Artlantis 及 VRay 是 SketchUp 後續最強的兩款渲染軟體，有興趣的讀者可以參閱作者為它們寫作的多本著作 (由旗標公司出版)。

目錄

CHAPTER **3**

材質與輔助設計工具之運用

CHAPTER **4**

延伸程式、群組與元件之設置

SketchUp 設計流程及與相關軟體之配合

創建室內各類精緻物件模型

創建溫馨閣樓之主臥室空間表現

LayOut 使用介面與施工圖之繪製

01

SketchUp 使用界面
與基本操作技巧

前些時間在網路論壇上有人發言，從事室內設計者只要學會設計基本知識，至於電腦繪圖技巧只要事後用到再學習即可，而且繪圖軟體只要能應付工作所需無需挑選，不一定要跟隨著主流軟體起舞。整段說詞的前半段也許合乎實情，但後半段則將初學者導入萬丈深淵……，因為設計知識與繪圖技巧兩者同樣重要，前者只需勤學再加上經驗累積即可，但是對於後者學習電腦繪圖一項，則並非只靠選擇任一軟體，而靠短期學習即可一蹴而及，這就像人們常說的男怕入錯行，女怕嫁錯郎，首先學習設計軟體必先挑對軟體，如果選擇不對的軟體則可能到頭來一事無成。

至於如何選擇對的繪圖軟體，則需細究各軟體之操作演化過程與設計者之設計思考邏輯是否相吻合，才是設計者重要的評價標準。有位設計界前輩提出了**工具－思考－設計**的概念，他的論理基礎，認為設計工具很大程度上影響設計師的思維方式、設計內容和工作流程。一般來說，人的意識是自由的，不需借助任何工具，但是如果要進行理性的、持續的、有深度的思考，就必須依靠一定的工具了，否則即使腦海裡閃過靈感，也不能進行有效的捕捉，更不要說深化了。SketchUp 在推出的短短幾年中，就被應用到設計行業的每個角落，利用 SketchUp 進行設計逐漸成為現在國內設計行業的主流方向。設計推敲、過程控制、表現出圖等工作內容，在一些有成熟操作經驗的公司，逐漸形成了比較完整的系統。這有效的提升了設計質量和減低了設計成本，由於 SketchUp 影像不僅能很好的體現設計本身，而且有著獨特的審美價值，直接利用 SketchUp 出圖和業主交流溝通的做法越來越被認可，甚至期待。

也許對使用某些軟體的老手而言，並不會完全同意前面的論調，但對於一位剛進入設計界的新手而言，如何挑選正確的軟體確實非常重要，套句一般人常說的口頭禪，選對軟體**事半功倍**，選不對軟體則**事倍功半**，這猶然有纜車可直達山頂，卻仍執意爬山過嶺以練腳力，把吃苦當做吃補，實令人無言以對。

SketchUp 目前已成設計界的主流軟體，而在產出照片級透視圖功能範疇，則由眾多軟體廠商爭食這塊大餅，其後續配合軟體已達數十種之多，如果想達成照片級透視圖，可與 Artlantis 與 VRay for SketchUp 等軟體結合，如想達到手繪效果透視圖，可以與 Piranesi 軟體結合，如想做室內外建築景觀動畫則可與 Lumion、Twinmotion 等軟體相結合，建議心有餘力的讀者應多加關注後續之渲染領域，在本章之末亦對 SketchUp 後續軟體做簡單介紹，作者也為它們寫作多本專論之書籍，另作者在文

化大學推廣教育部（北市建國南路與和平東路口）及華岡興業亦開設有 SketchUp、
Artlantis、VRay for SketchUp 等室內設計諸多課程，可供短期想學成照片級透視圖者一
條便捷快速的學習管道，有興趣者請自行洽詢該兩單位。

1-1 SketchUp 2019 新增功能

SketchUp2019 版本終於在 2019 年 2 月 6 日在 Trimble 官方網站上發布，它比往年
發表時程約慢了近三個月時間，從網路得知信息，可能軟體授權方式有變以致有些延
誤。這兩年設計軟件都開始逐步轉向訂閱服務模式，這次 SketchUp 也讓人驚喜地看到
了此種訂閱模式。現在使用者可以用這種訂閱的方式來購買軟件的使用權，這對於個
人設計師或者小團隊來說或許是一種最佳的投資組合。現說明其新增功能如下：

01 啟動界面的重新設計：在此版本進入軟體的方式與以往大不相同，使用者從登錄、
範本與檔案之選擇、軟體教學以及帳戶管理，皆可在同一視窗中操作，成為一種
相當直觀方便的操作模式。

02 線段具有繪製虛線功能：使用者在繪製任何形狀之線段時，可以在圖層面板中設
置線段型式，摒除以往必需靠延伸程式 (Plug-in) 才可達到的效果。

03 捲尺功能的增進：現在使用者只要移動**捲尺**工具到面或線段上，在游標附近就會
顯示面之面積或線段的長度，使工作更具效率與準確度，而不必依賴過去多重操
作方得知結果的操作。

04 Ruby 語言的升級：Ruby 是 SketchUp 延伸程式之程式語言，這次從 Ruby 2.2.4 升
級到 Ruby 2.5.1，以前使用的延伸程式可能無法續在 2019 版中執行，請留意。

05 全新 Trimble Connect 雲端協作平台：雲端協作是所有設計軟件的大勢所趨，它
能將使用者的團隊工作效率提升到一個新的層面。Trimble Connect 專注於建築
設計與施工相關聯，文檔的管理與共享將會在整個項目周期中無縫銜接。作為
SketchUp 專業版、工作室版和企業版的用戶均可以獲得無限雲端存儲空間。現在，
您可以試試使用 Trimble Connect 備份、控制版本和共享 SketchUp 文件，試試在
桌面端和 WEB 端進行切換，看看它到底能給你帶來哪些便利。

06 **SketchUp 工具欄排列可保存**：在 SketchUp2019 版本中，改正以往工具欄有時無法正常回復排列的問題。

07 **SketchUp 內部效能的改進**：此版本的執行效能有相當程度的改進，以往要開啟較大場景時，常要等待非常久的時間，如今再大的檔案亦可快速的開啟，且執行效率也顯著增加。

08 **增加在線 WEB 版本的新功能**：SketchUp 與桌面應用程序略有不同。自首次亮相以來，設計團隊一直在增加新功能，甚至包括一些桌面版沒有的特性：如為圖像導出添加了「即時預覽」。當登錄 SketchUp for Web，打開模型並轉到文件 > 導出 > PNG。現在，使用者可以根據需要修改或重新構建模型，以獲得所需圖像大小、寬高比的快照。將此圖像導出與場景一起使用可以幫助使用者在模型中傳達重要訊息。

09 **SketchUp Viewer App 對 AR/VR 功能的支援**：這個 APP 可用於比以往更多的虛擬現實設備，只要使用者是 SketchUp Pro 訂閱用戶，可以很方便地連接並訪問每一個終端產品 – Oculus、Windows Mixed Reality、VIVE 和 Hololens，它們現在都支持運行 SketchUp Viewer。因此使用者也可以很便利地使用這些最新的科技手段，讓您和您的客戶增強體驗項目的真實性。

10 **世界上最好的三維模型倉庫 3D WareHouse**：三維模型庫擁有了更加詳細的模型分類，通過多種過濾選項進行搜尋優化，並增加了真實產品過濾，以此擁有更好的搜尋體驗。在今年 3D 模型庫使用者可以花更少的時間在搜尋上，並將更多時間用於創造。

11 **訂閱 Sefaira（即時節能分析平台）服務以提高工作效率**：如果使用者的設計項目很關注合理利用資源，注重與環境的協調，增強運維效率，那麼可以透過 SketchUp Studio 訂閱 Sefaira（即時節能分析平台）服務。它可以在項目初期就開始為用戶提供建築節能及採光分析，通過它，建築設計師可以在設計過程中隨時獲得分析結果，便於設計決策，避免浪費，最終設計出來的建築能耗更低、效能更高。

12 在 Layout 中可以修改 SketchUp 繪製圖形之線條粗細與比例：以往在 Layout 中想要改變 SketchUp 所繪製的圖形，工序相當繁瑣費時，現在 Layout 中可直接改變線段粗線，且對於虛線亦能設定疏密度。

13 Layout 導出 SketchUp 文件中更加方便：在此版本中可以設定將 Layout 導出的 DWG 文件信息，都保留在 AutoCAD 的模型空間中，這樣導出來的 DWG 文件又可以導回到 SketchUp 中使用了。

14 Layout2019 導入 DWG 文件更加方便：現在 Layout 導入 DWG 文件，可以直接修改 CAD 模型空間中的單位。

15 在 Layout 中新增滑鼠滾動速度控制器：在控制面板中，使用者可以依自己電腦配調節滑鼠中鍵的滾動速度。

1-2　SketchUp 軟硬體需求

　　如同許多電腦程式，SketchUp Make 免費版 和 SketchUp Pro 付費版需要特定的軟硬體規格才可安裝並執行。為求軟體的流暢及增進效能，請參考這些建議選項。以下的建議清單適用於 SketchUp Pro 2019、SketchUp Make 2019 以及所有 SketchUp 的較早版本：

PC 作業系統

◆ **軟體需求**

- Windwos 10 , Winodws 8+ and Windows 7。

- Microsoft Internet Explorer 9.0 或更新版本。

- 執行 SketchUp Pro 需要安裝 .NET Framework 4.5.2.版。

- SketchUp 的 Windows 版僅支援 64 位元的作業系統。

◆ 建議的硬體需求

- 2+ GHz 處理器。

- 8+ GB RAM。

- 700 MB 之可用硬碟空間。

- 具有 1 GB 或更高記憶體之 3D 顯示卡。請確認顯示卡驅動程式支援 OpenGL 3.0 以上，或最新版本。

- 具 3 按鈕及滾輪之滑鼠。

- 部分 SketchUp 功能需要連上網路才可使用。

◆ 最低硬體需求

- 1 GHz 處理器。

- 4 GB RAM。

- 16 GB 之硬碟總空間。

- 500 MB 可用硬碟空間。

- 具有 512 MB 或更高記憶體之 3D 顯示卡。請確認顯示卡驅動程式支援 OpenGL 3.0 以上，或最新版本。

MAC 作業系統

◆ 軟體需求

- Mac OS 10.12+ (Sierra), 10.11+ (El Capitan) and 10.10+ (Yosemite)。

- QuickTime 5.0。

- Safari。

- Boot Camp 和 VMWare 皆非支援之環境。

◆ **建議的硬體需求**

- 2.1+ GHz Intel 處理器。

- 8 GB RAM。

- 700 MB 之可用硬碟空間。

- 具有 1 GB 或更高記憶體之 3D 顯示卡。 請確認顯示卡驅動程式支援 OpenGL version 3.0 以上或最新。

- 具 3 按鈕及滾輪之滑鼠。

- 部分 SketchUp 功能需要連上網路才可使用。

◆ **最低硬體需求**

- 2.1+ GHz Intel 處理器。

- 4 GB RAM。

- 500 MB 之可用硬碟空間。

- 具有 512 MB 或更高記憶體之 3D 顯示卡。 請確認顯示卡驅動程式支援 OpenGL version 3.0 以上或最新。

- 具 3 按鈕及滾輪之滑鼠。

1-3 SketchUp 之使用界面

1-3-1 SketchUp2019 的起始畫面

　　當安裝好 SketchUp2019 程式後，會在桌面上自動產生三個圖標，除 SketchUp2019 主程式外，還會附帶安裝 LayOut 2019 程式，這是做為 SketchUp 建立場景後續產出施工圖的工具，以替代 AutoCAD 等 2D 繪圖軟體的功能；Style Builder 2019 則是為 SketchUp 製作手繪效果的附帶程式，如圖 1-1 所示。

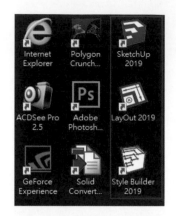

圖1-1　安裝完成後在桌面上自動產生三個圖標

01 請使用滑鼠雙擊桌面上 SketchUp 2019 主程式圖標，會啟動 SketchUp 軟體並打開**歡迎使用 SketchUp** 面板，如圖 1-2 所示。

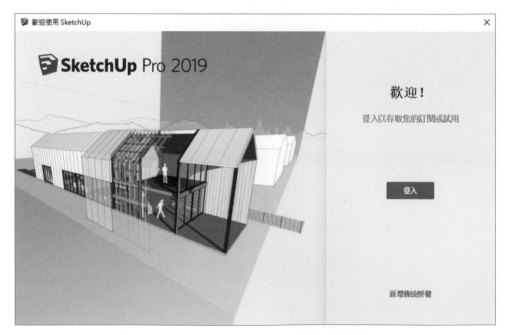

圖1-2　打開**歡迎使用 SketchUp** 面板

02 它與之前版本之歡迎使用畫面有了顯著的不同，這是因為 SketchUp 已改為版權訂閱服務模式了，請在**歡迎使用 SketchUp** 面板中按下**登入**按鈕，即可打開 Sign In 面板，如圖 1-3 所示。

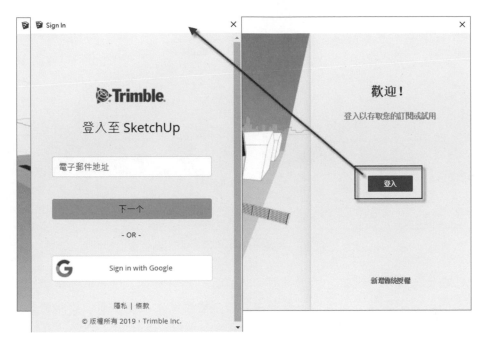

圖 1-3　打開 Sign In 面板

03 在使用 SketchUp 之前，系統會要求使用登入 SketchUp 的作業，因此利用 Sign In 面板，使用者可以利用 Trimble 或 Google 的帳號進行登錄作業，此處請使用者依畫面要求自行登錄及軟體註冊作業。

04 當使用者完成軟體註冊作業後，可以再次打開不一樣的**歡迎使用 SketchUp** 面板，系統內定模式為**檔案**選項，如圖 1-4 所示。

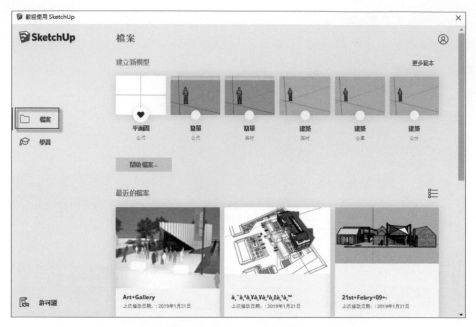

圖 1-4　開啟**歡迎使用 SketchUp** 面板系統內定為**檔案**選項模式

05 面板右上方為系統提供之六種模型（之前版本稱為範本）供選取，當這些模型不符合使用者需要時，可以按下模型右上角之**更多範本**按鈕，可以打開**更多範本**面板供選擇，如圖 1-5 所示。

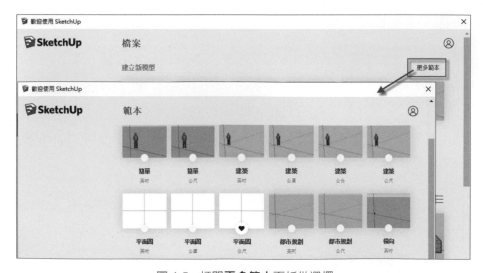

圖 1-5　打開**更多範本**面板供選擇

06 當使用者使用滑鼠點擊範本縮圖時，系統會以此選擇的範本，直接進入 SketchUp 中並開啟新檔案，但當使用者使用滑鼠點擊範本縮略圖中下方白色圓形，則此範本會出現黑色愛心形狀，此時表示往後 SketchUp 將以此範本做為操作標的，如圖 1-6 所示。

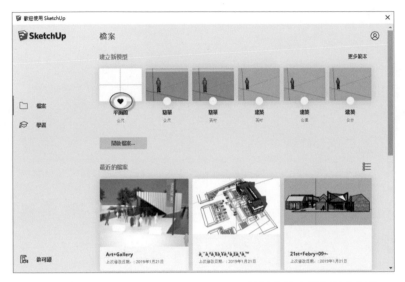

圖 1-6　標示愛心形狀者，往後 SketchUp 將以此範本做為操作標的

07 當在面板中按下**開啟檔案**按鈕，即可打開**開啟**面板，供使用者選取已存成 SKP 檔案以開啟之，如圖 1-7 所示，有了此項功能，可以讓使用者不必像以往需進入工作界面後再開啟檔案之工作。

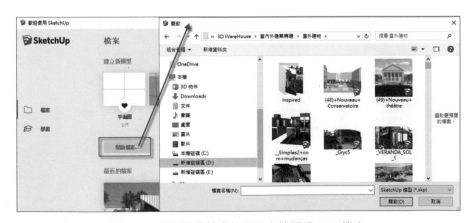

圖 1-7　利用**開啟檔案**按鈕可直接開啟 SKP 檔案

08 在**開啟檔案**按鈕下方為最近檔案區，當使用者曾經開啟的檔案會以縮略圖方式（系統內定為縮略圖模式）呈現在此區中，如圖 1-8 所示，當檔案開啟過多時，可以使用面板右側滑桿拉動畫面以呈現更多檔案內容。

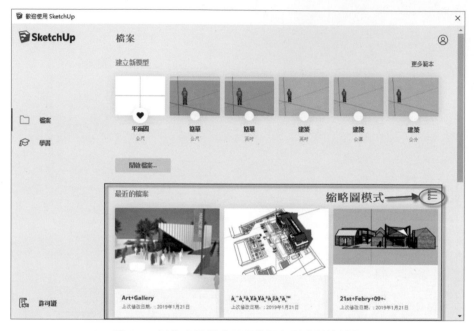

圖 1-8　以縮略圖模式呈現使用者開啟過的檔案

09 當使用者使用滑鼠點擊此區右上角的按鈕時，則可以改變為文字顯示模式，此時執行過的檔案會以小縮略圖、檔案名稱、存檔日期及檔案大小等資訊呈現，如圖 1-9 所示，兩者如何取捨端看使用者習慣而定。

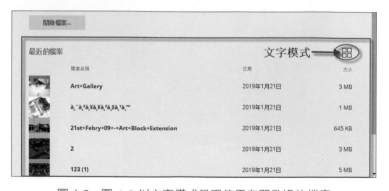

圖 1-9　圖 1-8 以文字模式呈現使用者開啟過的檔案

10 面板左下角為**許可證**按鈕，執行此按鈕可以打開**許可證**面板，在面板中可以呈現 SketchUp 之詳細授權明細，此部分請讀者自行操作。

11 在面板中按下左側的**學習**按鈕，可以打開 SketchUp **學習**面板，當使用者電腦連上網路，即可選擇 SketchUp 論壇、SketchUp Campus 及 SketchUp 影片等模式，如圖 1-10 所示，依此可以讓使用者從官方網站以進行各項功能學習。

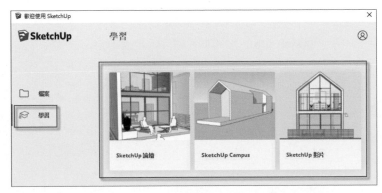

圖 1-10　進入 SketchUp **學習**面板以進行各項功能學習

12 當不想要**學習**面板而直接進入 SketchUp 軟體中，在面板左側選取**檔案**按鈕，再請使用滑鼠點擊面板右上方的**更多範本**按鈕，即可顯示所有系統提供的預設範本供選擇，如圖 1-11 所示。

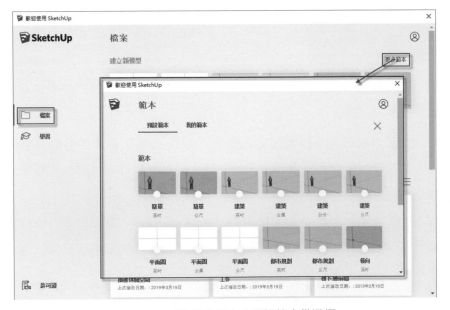

圖 1-11　系統提供所有的預設範本供選擇

13 本書主要闡述標的為室內設計，依台灣業界的使用習慣，會以公分為計算單位，這些現成範本中有**建築公分**範本可供選擇，惟依作者習慣則會選擇**平面圖公尺**做為預設範本，如圖 1-12 所示，其理由如下：

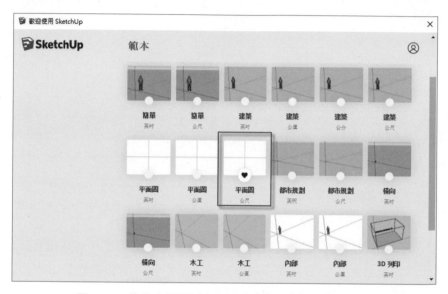

圖 1-12　依作者習慣則會選擇**平面圖公尺**做為預設範本

1 在創建室內場景時，大部分均由 2D 面推拉成 3D 物體，因此選擇平面圖較易繪製 2D 圖形。

2 因為定調為室內設計，基本上都會有自己創建的地面，無需使用到系統提供之地面及天空模式。

3 室內設計建模需符合真實尺寸的要求，在 SketchUp 範本中普遍預設一 2D 人物，此物件一般做為高度參考指標用途，因此在運行設計過程中都會把它認定為多餘物件而將其刪除。

4 在平面圖類中並無公分範本的選項，還好 SketchUp 可以讓使用者自行設計公分範本，在本章中會教導讀者自行設置專屬於自己的範本，此處只有先選擇平面圖公尺或公釐範本進入即可，或任一範本亦可。

14 當在範本之小圓內按下滑鼠左鍵以設定預設範本後，請使用滑鼠左鍵點擊範本的縮略圖即可進入 SketchUp 軟體中。

15 如果已進入軟體後想再打開**歡迎使用 SketchUp** 面板，可以執行下拉式功能表→**說明→歡迎使用 SketchUp** 功能表單，如圖 1-13 所示，即可將其再次開啟，以重新執行面板中提供的各項功能選項。

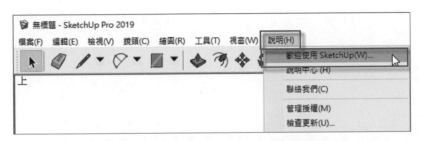

圖 1-13　執行**歡迎使用 SketchUp** 功能表單

16 如果想要另執行不同的範本，可以執行下拉式功能表→**檔案→從範本新增**功能表單，可以打開**預設範本**面板，供使用者另外挑選範本使用，如圖 1-14 所示，此功能為 2019 版本新增部分。

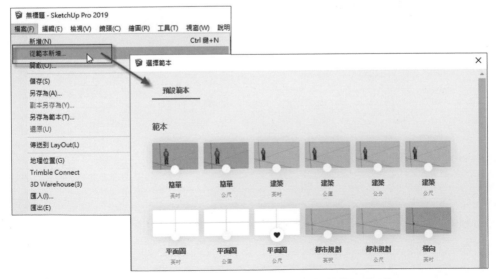

圖 1-14　執行**從範本新增**功能表單以開啟預設範本面板

1-3-2 工具列的設置

Trimble 自從 Google 公司收購 SketchUp 軟體以來，首次發表的 SketchUp 2013 版本，一般猜測其為去除 Google 化而做版本更新，因此更換了全部 SketchUp 的工具按鈕圖標，且其組成方式也做了重大改變，這對廣大的 SketchUp8 的使用者產生莫大的困擾且難以適應，希望助由本小節的說明，能重拾傳統操作習慣的維持。

01 SketchUp 2019 安裝完成後，首次進入軟體會呈現入門工具列的畫面，如圖 1-15 所示；這些顯示的工具只是全部工具的一小部分，專供初級者所使用，當然不能滿足一般使用者需求，別煩惱，其他工具是被隱藏起來而不顯示。

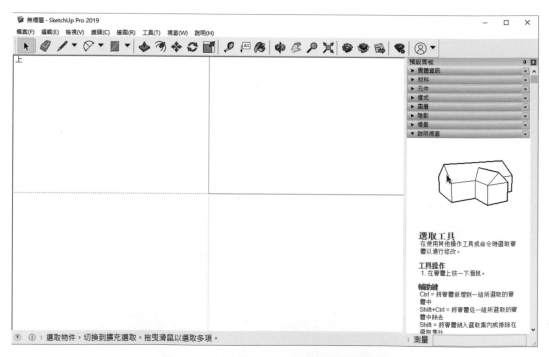

圖 1-15　首次進入 SketchUp 的工具列畫面

02 請執行下拉式功能表→**檢視**→**工具列**功能表單，可以開啟**工具列**面板，如圖 1-16 所示，在面板中執行打勾的欄位為要顯示的工具面板，不打勾的欄位則為隱藏的工具面板。

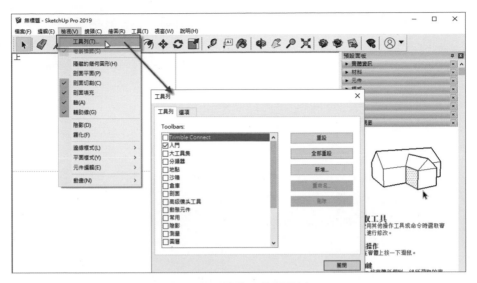

圖 1-16　開啟**工具列**面板

03 另一種快速的方法，則是在工具列的空白處按下滑鼠右鍵，可以顯示工具列的右
鍵功能表，在此功能表中選取**工具列**功能表單，一樣也可以開啟**工具列**面板，如
圖 1-17 所示。

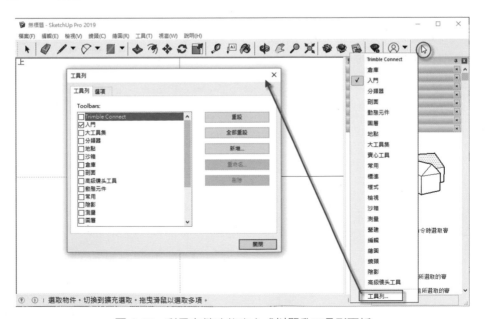

圖 1-17　利用右鍵功能表方式以開啟**工具列**面板

04 要顯示工具面板的多寡和使用者螢幕大小有絕對關係，一般為擴大繪圖區的範圍以容納較大場景，則會把工具面板的設置限縮到最少，況且依實際操作經驗得知，某些工具面板平常較少使用者皆維持隱藏狀況，當使用到時再臨時打開即可。

05 現設置要常使用的工具面板，請依前面說明的方法開啟**工具列**面板，在此面板中請將**入門**選項勾選去除，並在此面板中勾選**鏡頭**、**繪圖**、**營建**、**檢視**、**編輯**、**樣式**、**標準**、**常用**、**剖面**（未出現在畫面中）等這幾項，如 1-18 所示。

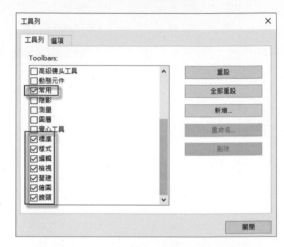

圖 1-18　工具列面板將**鏡頭**等九選項勾選

06 當勾選上述選項後按下面板右下角的**關閉**按鈕，此時工具面板皆會位於螢幕上端，惟排列有點凌亂，然這些工具面板皆為活動性質，請將其移動到合適位置並排列整齊，以便盡量空出下方的繪圖區為要，如圖 1-19 所示，在本書往後的操作中將以此界面做為操作標的。

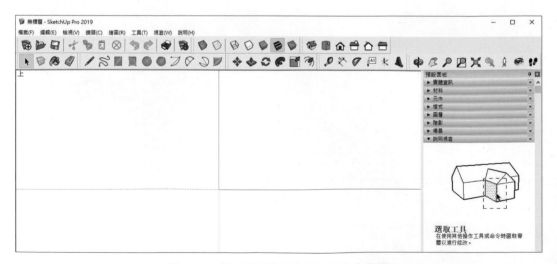

圖 1-19　將工具列排列在繪圖區上方位置

07 如果使用者想要回復 SketchUp 8 版本中慣用的工具排列方式，請重新打開**工具列**面板，再勾選**大工具集**選項，則可以將 SketchUp8 版本中慣用的左側工具面板顯示回來，然後再將**標準**、**樣式**及**檢視**等選項勾選，其餘剛才選擇的選項去勾選，即可建構與 SketchUp8 版本相同的工具列表現，如圖 1-20 所示。

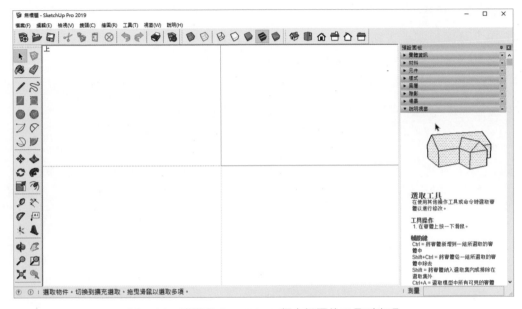

圖 1-20　建構與 SketchUp 8 版本相同的工具列表現

08 畫面中還有一個要特別提出來的是右側之**預設面板**，這是自 SketchUp 2016 版本以後新增功能項，如圖 1-21 所示，而預設面板的操作方法在後面小節會做詳細說明，當然，如果使用者依第四章的方法安裝了一些延伸程式，則工具列中會再增加許多工具，此部分待第四章中再詳為說明。

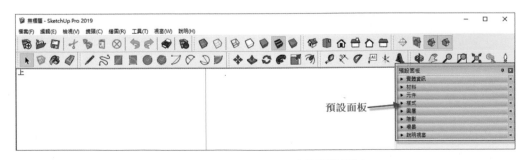

圖 1-21　SketchUp 2019 中的預設面板

09 在工具面板中，Tremble Connect、分類器、地點（原為 Google 工具）、沙盒、倉儲、動態元件、陰影、進階鏡頭工具、實心工具等面板，皆為平常較少使用的工具面板，只要依工作需要臨時依前面說明方法再打開即可，以節省繪圖空間，如想關閉其中某一工具面板，只要在此面板中將其選項前勾選去除，或是將此面板移動到繪圖區中，再按此面板右上角的（×）按鈕亦可。

10 在工具面板中尚有**測量**工具選項未勾選，其實它已預置於繪圖區右下角區域，它是隨使用工具的不同可以輸入不同的數據，以求繪製正確的圖形，如果在**工具列**面板中呈勾選狀態，它會先放置在繪圖區的左下角，請使用滑鼠按住面板的最左側上，即可隨游標到處移動擺置，如圖 1-22 所示。

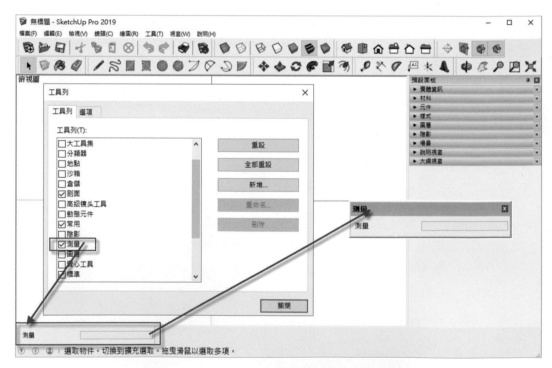

圖 1-22 　測量工具面板呈活動方式可以隨處移動

11 雖然隨處移動檢視數據相當方便，但在繪製較為複雜的場景時常會產生礙手礙腳的情況，因此在一般情形下維持不勾選狀態，則它會固定附著在視窗的右下角處，有關此工具的使用方法，在下面章節會有更詳細的介紹。

12 在打開的**工具列**面板中選取**選項**頁籤，則面板會顯示**在工具列上顯示 ScreenTips （螢幕提示）**及**大圖示**兩欄位供操作選擇，系統內定為勾選狀態，如圖 1-23 所示。

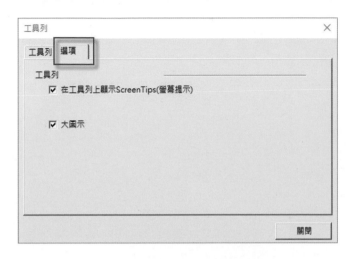

圖 1-23　在**工具列**面板中選取選項頁籤

13 在**工具列**面板中**在工具列上顯示 ScreenTips（螢幕提示）**欄位呈勾選狀態下，當游標移近工具圖標時會立即顯示此工具的功能，這對初學者而言是相當貼心的舉動，如果軟體使用熟稔後才可考慮將其欄位不予勾選。

14 在**工具列**面板中將**大圖示**欄位不予勾選，則剛才所設定顯示的工具圖標會變得很小，如此即可以容納更多的工具圖標於視窗中，除非能習慣於小圖標的操作或是使用很小的螢幕，依一般習慣都會以大圖標方式顯示。

▌**1-3-3** SketchUp 操作界面

第一次進入 SketchUp，其操作界面與其他 Windows 平台上軟體一樣，如果照著上面的方法設定了工具面板位置，會如圖 1-24 所示的畫面，茲將其分為數個區域，並詳細說明功能如下：

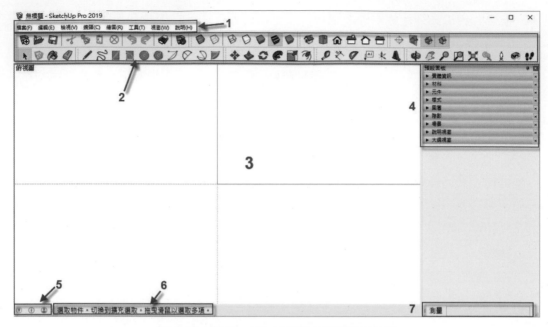

圖 1-24　在 SketchUp 中的操作界面給予分類

01 此區是下拉式功能表區，由**檔案**、**編輯**、**檢視**、**鏡頭**、**繪圖**、**工具**、**視窗**、**說明**
8 個功能表所組成，當使用者安裝有延伸程式時會再增加**延伸程式**一項，有關延
伸程式的安裝使用在第四章會有詳細說明。

02 此區是**工具列**面板區，由繪圖區上端數組工具面板所組成，其位置的編排設置已
如前面小節說明，惟它只是作者的使用習慣，個人可以隨自己電腦螢幕大小及使
用習慣自由編排。

03 此區為**繪圖區**，SketchUp 是以單一視圖來顯示，亦即直接以 3D 空間之透視圖來
做圖，不像 3ds max 或其他 3D 軟體以畫分四個視圖來定位做圖，一方面節省系
統資源，另一方面可簡潔畫面，是相當直觀的設計概念；目前左上角雖然標示為
俯視圖，但只要按住滑鼠中鍵（滾輪）不放，隨意移動滑鼠即可馬上改變為透視
圖，其使用方法在後面的章節中會做詳細的介紹。

04 此區為**預設面板區**，在以往的版本中它是隨意開啟並散落各處，如今此版本將它
集合為一**預設面板**，並將之前版本中的下拉式功能表中某些選項給予刪除，在後
面小節會再詳述其操作方法，而它則有點類似 LayOut 中的預設面板。

05 此區為標註地理位置、建模者、登入之按鈕，此 3 個按鈕使用機會較少，當使用時會再說明使用方法。

06 此區為狀態欄，當使用者選取工具或執行工具時，狀態欄中會有相應的文字提示，根據這些提示，可以幫助使用者更容易地操作軟體；然 SketchUp 為一相當智能的軟體，它的繪圖工具每一執行序皆相同，操作者只需顧及設計創意的發揮，並不太需要時常檢視此區的提示。

07 **測量工具區**：系統內定設置在視窗右下角處，它是一數值輸入區，不過它與一般軟體操作方法不同，當使用者選取某一工具後，即可根據當前的繪圖情況直接輸入**長度**、**距離**、**角度**、**個數**等相關數值，且不必先啟動此欄位，而直接在鍵盤上鍵入數值及文字即可。

1-3-4 標準工具面板

SketchUp 的標準工具面板，依前面的設置會擺在繪圖上端之最左側，總共有十一個工具，如圖 1-25 所示，其功能和一般 Windows 程式大同小異，此等按鈕幾乎可以取代下拉式功能表的功能，現分別說明如下：

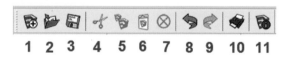

圖 1-25　SketchUp 的標準工具面板

01 **新增檔案**工具按鈕　：執行此按鈕可以清空現有視窗中的圖形，而依範本設定重新開啟一新的空白視窗。

02 **開啟檔案**工具按鈕　：執行此按鈕可打開**開啟**面板，在此面板中可以依存放路徑開啟之前已儲存為 *.skp 格式的檔案，如圖 1-26 所示。

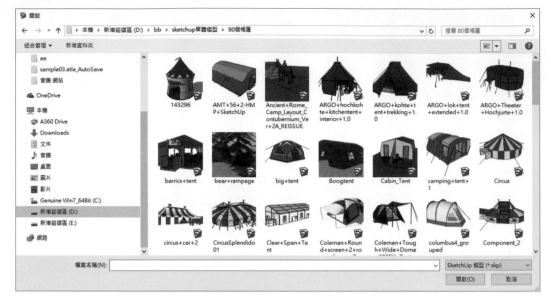

圖 1-26　在**開啟**面板中開啟已儲存成 skp 格式的檔案

03 儲存檔案工具按鈕 　：執行此按鈕可以打開**另存新檔**面板，將已創建完成的場景以自定檔案名稱存入到自定的資料夾中。

04 剪下工具按鈕 　：執行此按鈕可以將繪圖區選取的圖形，給予儲存在暫存記憶體中，並將選取的圖形給予刪除。

05 複製工具按鈕 　：執行此按鈕可以將繪圖區選取的圖形，給予儲存在暫存記憶體中，但選取的圖形並不刪除。

06 貼上工具按鈕 　：執行此按鈕可以將剪下或複製工具選取的圖形，從暫存記憶體中貼入到場景中。

07 刪除工具按鈕 　：執行此按鈕可以將場景中選取的圖形給予刪除，選取圖形再按鍵盤上的（Delete）鍵亦有相同功能。

08 復原工具按鈕 　：執行此按鈕可以回復上一次的執行動作。

09 取消復原工具按鈕 　：執行此按鈕可以將回復上一次的執行動作給予恢復回來。

10 列印工具按鈕 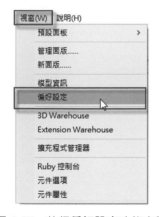：執行此按鈕可以開啟**列印**面板，將繪圖區中繪製的圖形直接傳送至列表機中給予列印，惟一般以匯出 2D 圖檔後再行列印。

11 模型資訊工具按鈕 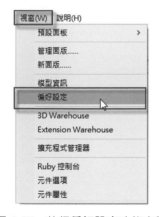：執行此按鈕可以開啟**模型資訊**面板，有關此面板的相關設定將在後面小節中再做說明。

1-4 設定繪圖環境

1-4-1 SketchUp 之系統偏好設定

01 請執行下拉式功能表→**視窗**→**偏好設定**功能表單，如圖 1-27 所示，可以打開 **SketchUp 偏好設定**面板，如圖 1-28 所示。

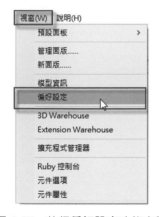

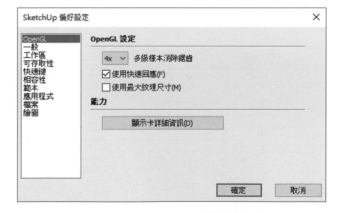

圖 1-27　執行**偏好設定**功能表單　　　　圖 1-28　打開 SketchUp **偏好設定**面板

02 在面板左側選取 OpenGL 選項即可呈現 **OpenGL 選項**面板，此面板與以往版本之欄位內容完全不同，已取消轉化為軟體加速模式的機制，且此版本中已要求使用者顯示卡必需符合 OpenGL 3.0 以上之規格，至於 OpenGL 設定選項中的欄位請維持系統內定值，如圖 1-29 所示，當使用者對 SketchUp 有較深入了解或因特殊繪圖需要時再回來設定即可。

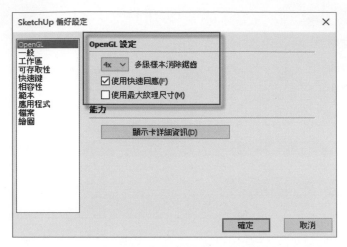

圖 1-29　在 OpenGL 設定選項中的欄位請維持系統內定值即可

03 當使用者想了解電腦顯示卡詳細情形，可以用滑鼠點擊**圖形卡及其詳細資訊**按鈕，即可打開 **OpenGL 詳細資訊**面板，如圖 1-30 所示，如果顯示卡與 OpenGL 不相容者系統會自動提出報告，此時建議只有更換顯示卡一途。

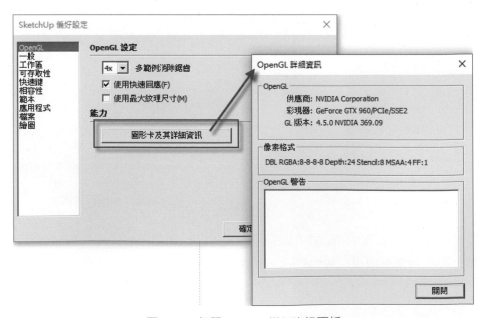

圖 1-30　打開 OpenGL 詳細資訊面板

04 在 SketchUp **偏好設定**面板中
選取**一般**選項可以打開**一般**選
項面板，請維持系統內定的**建
立備份**及**自動儲存**以隨時保存
資料，惟其儲存間隔系統預定
為 20 分鐘（以往版本內定為
5 分鐘），時間的長短事涉檔
案資料流失風險，此時可視各
人創建場景的大小需要適度加
長或縮短時間，其餘欄位請維
持系統內定勾選狀態即可，如
圖 1-31 所示。

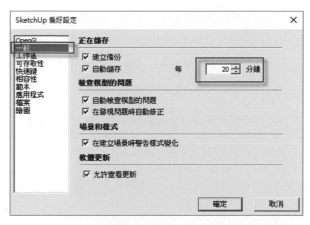

圖 1-31 SketchUp **偏好設定**面板中一般選項面板中的設定

05 在 SketchUp **偏好設定**面板中選取**可存取性**選項可以打開**可存取性**選項面板，這是
SketchUp2018 版以後新增功能，它提供使用者可以更改三度空間軸向的顏色，亦
即 X 軸向（紅色）、Y 軸向（綠色）、Z 軸向（藍色），如圖 1-32 所示，一般使用
者請維持系統內值，除非有顏色障礙者才需要更改它，有關三度空間軸向概念在
後面小節會詳為說明。

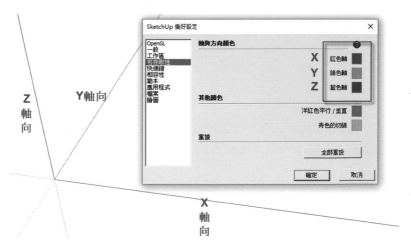

圖 1-32 在此版本中允許使用者更改三度空間軸向之顏色

06 在**其他顏色**選項中，洋紅色平行／垂直欄位代表非上述三軸向的鎖定功能顏色，而青色的切線欄位代表繪圖工具貼於物體表面時的顏色，如圖 1-33 所示，依前面的説明請維持系統內定值，而此兩欄位之操作函義在後面小節會再深入説明。

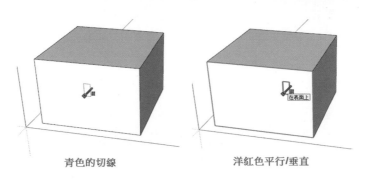

青色的切線　　　　　　　　　　　洋紅色平行/垂直

圖 1-33　洋紅色平行/垂直及青色的切線兩欄示意圖

07 在 SketchUp **偏好設定**面板中選取相容性選項可以打開**相容性**選項面板，在視窗的操作上滑鼠滾輪向前為放大場景向後為縮小場景，如想要反向操作則可勾選**反轉**欄位，如圖 1-34 所示。

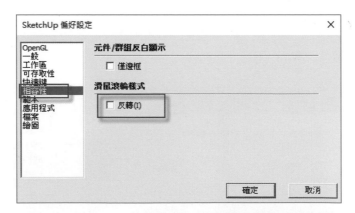

圖 1-34　SketchUp **偏好設定**面板中**相容性**選項面板的設定

08 在 SketchUp **偏好設定**面板中選取**範本**選項可以打開**範本**選項面板，在此面板中會顯示系統提供的預設範本，如果使用者自行設定範本亦會出現在此，以供使用者隨時可以更換範本操作，如圖 1-35 所示。

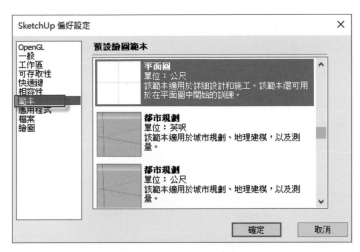

圖 1-35　打開**範本**選項面板

09 在 SketchUp **偏好設定**面板中選取**應用程式**選項可以打開**應用程式**選項面板，在
　　SketchUp 操作中如想編輯圖像時，可以直接與圖像編輯器做聯結，例如在面板中
　　按下**選擇**按鈕後，可以打開**圖像編輯器瀏覽器**面板，然後選擇 Photoshop 的執行
　　檔，可以使兩者直接做聯結，如圖 1-36 所示，此處如果不執行連結亦可。

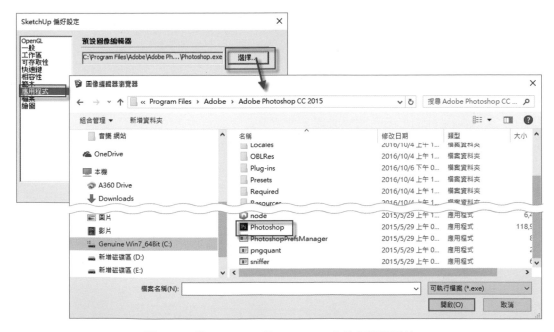

圖 1-36　將 SketchUp 與 Photoshop 的執行檔做聯結

10 當在 SketchUp 中有需要對紋理貼圖做編輯時，可以選取此紋理，再執行右鍵功能表→**紋理**→**編輯紋理圖像**功能表單，即可自動開啟 Photoshop 軟體，對此紋理貼圖進行編輯，有關材質編輯部分將在第五章中再詳為說明。

11 在 **SketchUp 偏好設定**面板中選取**檔案**選項可以打開**檔案**選項面板，在面板中比以往版本多出**在 Winfows Explorer 中打開資料夾**按鈕，如圖 1-37 所示，這是 SketchUp2018 版本以後新增功能。

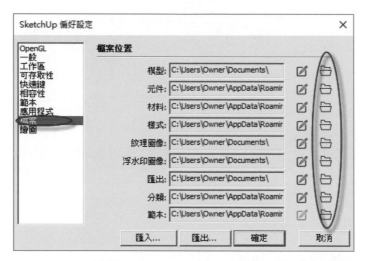

圖 1-37　系統提供 Winfows Explorer 中打開資料夾按鈕供操作

12 檔案選項面板提供使用者收集整理周邊內容（比如說材質、風格、組件庫、模板等等），利用此面板藉由路徑設置，讓使用管理更為明確，而且更容易在 SketchUp 之外訪問它，以方便隨時備份、整理或者打包帶走。

1-4-2 模型資訊面板之設定

01 請執行下拉式功能表→**視窗**→**模型資訊**功能表單，可以開啟**模型資訊**面板，如圖 1-38 所示；也可以執行標準工具面板中的**模型資訊**工具按鈕。

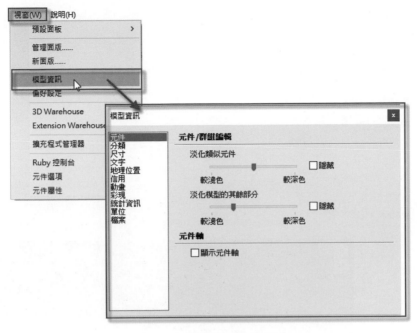

圖 1-38　開啟模型資訊面板

02 模型資訊面板之設置直接關係到 3D 建模的表現,是個非常重要的功能設置,一般使用者常會重複開啟以做各種設定,茲將有關自定範本設定部分提出説明外,其餘各選項待後面章節於操作時再提出詳細解説。

03 在**模型資訊**面板中選取左側的**地理位置**選項,可以顯示**地理位置**選項面板,如圖 1-39 所示,此面板在設定使用者所想要設定的真實地理位置,茲將其操作方法説明如下:

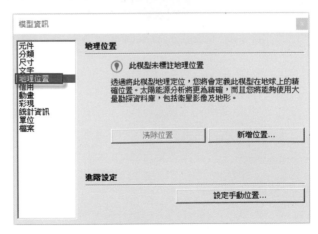

圖 1-39　顯示地理位置選項面板

1 由於剛執行 SketchUp 軟體故未有地理位置設定，請確定已連上網際網路並在面板中選取**新增位置**按鈕，可以打開**新增位置**面板，如圖 1-40 所示。

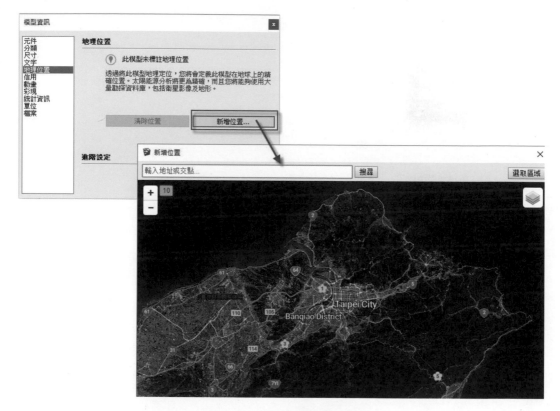

圖 1-40　打開**新增位置**面板

2 面板左上角為建立新增地理位置的地址，例如現為説明需要輸入了 [台北市忠孝西路一段] 這個地址，讀者想設定其他地址者可自行輸入，當輸入完成按下欄位右側的**搜尋**按鈕，即可顯示此地址的空照圖，如圖 1-41 所示。

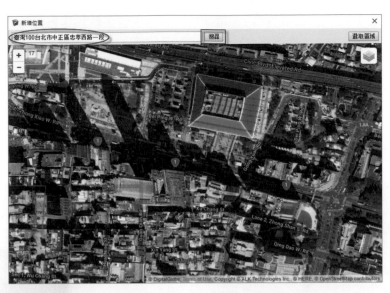

圖 1-41　顯示搜尋地址的空照圖

3 由於空照圖太過於接近或遠離地面，此時想要將目標放在台北火車站此地標
上，可以利用圖面左上角的＋－按鈕將圖像將放大或縮小處理，以適合使用者
的觀看，如想移動圖像位置，請按住滑鼠左鍵不放移動游標即可，如圖 1-42
所示。

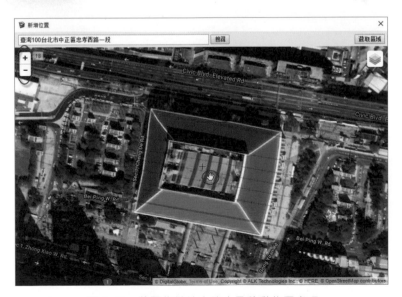

圖 1-42　將圖像做放大縮小及移動位置處理

4 在面板中執行右上角的**選取區域**按鈕，視窗中會顯示四周有白色的圓點圍住的矩形，矩形內為清晰圖像其餘周邊呈現暗化現象，請使用滑鼠移動 4 個白色的圓點可以縮小或放大地標範圍，使用滑鼠也可移動整體圖像位置，以將目標移動到白色圓點圍住的矩形範圍內，如圖 1-43 所示，如果不調整矩形區域亦可。

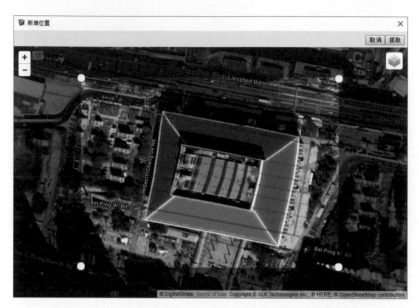

圖 1-43　移動 4 個白色的圓點可以縮小或放大地標範圍

5 調整矩形區域後，執行面板右上角的**抓取**按鈕，繪圖區會顯示此地標的空照圖且呈鎖定狀態，而地理位置選項面板中已呈現此地標的經緯度值，真實的地理位置設置完成，如圖 1-44 所示。

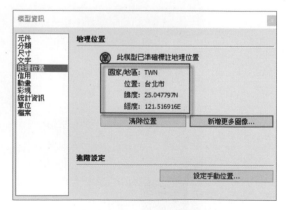

圖 1-44　真實的地理位置設置完成

6 如果使用者已知道某一地標的
經緯度值,可在面板中選取**設
定手動位置**按鈕,可以開啟**設
定手動地理位置**面板,在此面
板中輸入各欄位值即可自定地
理位置,如圖 1-45 所示。

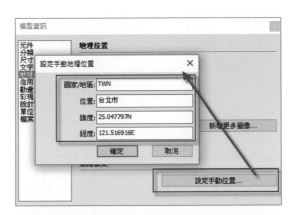

圖 1-45　在面板中輸入各欄位值即可自定地理位置

7 如果想重新設定地理位置,而把已設定好的地理位置刪除,可以執行面板中的
清除位置按鈕,如此即可清空已有的地理位置設定。

8 請使用滑鼠點擊地標空照圖片,會顯示紅色的邊框,這是此圖片已被鎖定狀
態,想要清除此圖片可以移游標至圖片上,再按滑鼠右鍵,在顯示的右鍵功能
表中選取**解除鎖定**功能表單,如圖 1-46 所示,然後按鍵盤上(Delete)鍵將
圖像刪除。

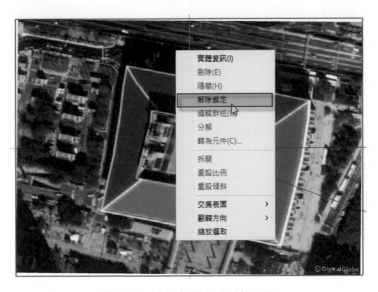

圖 1-46　執行**解除鎖定**功能表單

9 真實地理位置的設置只為綠能建築做光照分析之用，如果是室內設計使用者，一般比較在意陽光的陰影表現，通常不會理會真實的地理位置，而是以手動方式以決定陽光的方位，因此讀者也可以不理會地理位置之設定，有關陰影的設定在後面章節中會再做詳細介紹。

04 在模型資訊面板中選取左側的**單位**選項，可以顯示**單位**選項面板，如圖 1-47 所示，茲將面板中各欄位設定說明如下：

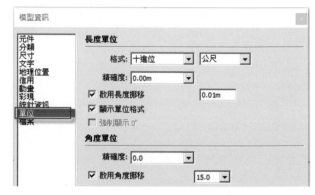

圖 1-47　顯示**單位**選項面板

1 在進入軟體之始，因選擇了公尺的模板所以此處的單位會是公尺，請將**格式**維持十進位模式，使用滑鼠點擊右側欄位的向下箭頭，在下拉表列功能選項中選擇**公分**，如圖 1-48 所示，此為室內設計業慣用的尺寸單位，如果使用者另有工作上考量亦可選擇其它的尺寸單位。

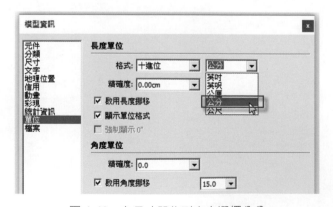

圖 1-48　在尺寸單位列表中選擇公分

2 **精確度**欄位為設定小數點的位數，請使用滑鼠點擊欄位右側向下箭頭，在下拉表列功能選項中選擇小數點位數，一般依使用者習慣而設置，此處維持系統內定的小數點兩位數設定即可。

3 **啟用長度挪移**欄位有如 AutoCAD 中的格柵鎖定功能，系統內定為勾選啟用，其作用不大，因此欄位勾不勾選都不影響作圖。

4 **顯示單位格式**欄位可以決定測量工具面板中單位顯示與否，以及尺寸標註時的單位顯示，系統內定為勾選亦即呈顯示狀態，如此當在繪製圖形時，可以很方便在測量工具面板中看到尺寸單位。

5 而在製作施工圖時，尺寸標註依規定為不顯示單位，而使用 SketchUp 製作施工圖時會以 LayOut 為之，因此**顯示單位格式**欄位請維持內定的勾選狀態。

6 有關角度單位選項之各欄位，請維持系統的設定值，如因各人特殊需要才給予變更之。

1-4-3 自行設定專屬範本

01 先將模型資訊面板關閉，如對系統偏好設定及模型資訊面板已如上述做好設定，茲為設定專屬範本做準備，請刪除繪圖區中所有圖形。

02 請執行下拉式功能表→**鏡頭**→**標準檢視**→**俯視圖**功能表單，如圖 1-49 所示，將視窗以俯視圖模式呈現，如個人有不同考量亦可使用不同的視角。

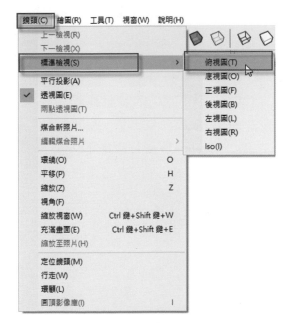

圖 1-49　將視窗以俯視圖模式呈現

03 接著執行下拉式功能表→**檔案**→**另存為範本**功能表單，如圖 1-50 所示，可以打開**另存為範本**面板，在面板中於名稱欄位輸入專屬範本名稱，說明欄位內可以為此範本加入文字說明，此處空白不填亦可，**設定為預設範本**欄位則必為勾選，如圖 1-51 所示。

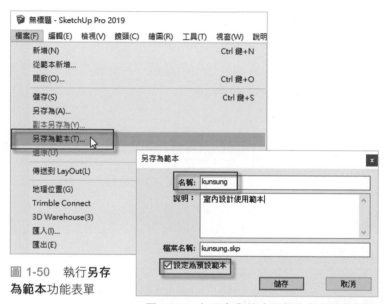

圖 1-50　執行**另存為範本**功能表單

圖 1-51　在**另存為範本**面板中做各欄位設定

04 在面板中按下**儲存**按鈕後，請執行下拉式功能表→**視窗**→**偏好設定**功能表單，在開啟的 SketchUp **偏好設定**面板中選取**範本**選項，在右側的面板中即可顯示剛才設定好的專屬範本，如圖 1-52 所示。

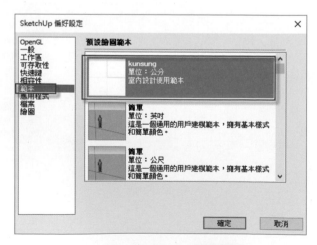

圖 1-52　在 SketchUp **偏好設定**面板中顯示自定專屬範本

05 執行下拉式功能表**→說明→歡迎使用** SketchUp 功能表單，可以打開**歡迎使用**
SketchUp 面板，在面板中當呈現剛存檔的專屬範本且呈預設狀態，如圖 1-53 所
示。

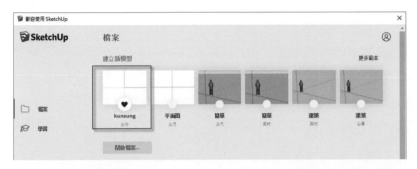

圖 1-53　在**歡迎使用** SketchUp 面板中亦有自定專屬範本且呈預設狀態

06 請執行下拉式功能表**→檔案→從範本新增**功能表單，可以開啟**選擇範本**面板，在
面板中點擊**我的範本**選項，即可顯示自定專屬範本且呈預設狀態，如圖 1-54 所
示，這是 SketchUp2019 版本新增功能選項。

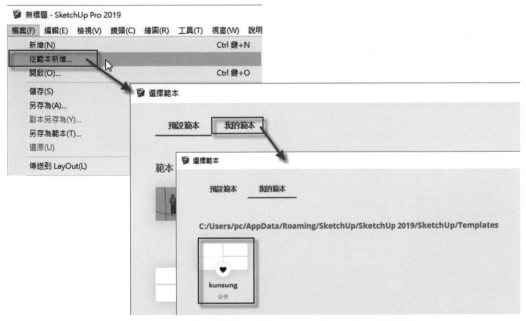

圖 1-54　在我的範本面板中顯示自定專屬範本且呈預設狀態

1-5 預設面板之設置與操作

　　預設面板之內容在之前版本即已存在，不過當時是依使用時才開啟各面板，由於位置不定常有頻繁移動位置及重疊之狀況，而 SketchUp 2016 以後版本中仿 LayOut 預設面板作法，將其統合在一起以方便管理及使用，對於初使用者會有點不適應，不過其設置絕對有助於建模工作的加速；本小節只對預設面板之設置與操控做說明，至於各別面板內容之使用則待使用時再分別解說。

1-5-1 預設面板之設置

01 請執行下拉式功能表→**視窗**→**預設面板**→**顯示或隱藏面板**功能表單，如圖 1-55 所示，其次功能表單中顯示面板與隱藏面板為交互執行，亦即執行**顯示面板**功能表單後會自動顯示**隱藏面板**功能表單，其作用在整批控制預設面板之顯示與否。

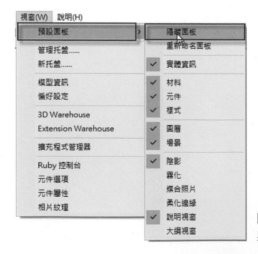

圖 1-55　執行顯示與隱藏面板功能表單

02 在其顯示的次功能表中有 12 個功能選項，可各別勾選或不勾選，以顯示或隱藏各別的預設面板，如圖 1-56 所示，已勾選 8 個選項則在預設面板區中顯示此 8 個預設面板。

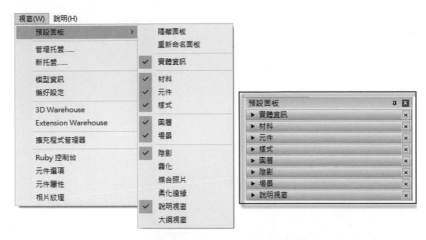

圖 1-56 在次功能表中可各別控制預設面板之顯示與否

03 在 SketchUp 2019 版本中已將某些下拉式功能選項改設在預設面板中，例如之前版本之下拉式功能表單→**視窗**→**實體資訊**功能表單已刪除，而只能在預設面板中操作，因此強烈建議把這些原存在功能表單之選項，完全顯示在預設面板區中。

04 至於存在工具列之材料、圖層、陰影等工具以及存在右鍵功能表中之**柔化 / 平滑**功能表單，則不管是否顯示在預定面板區中，只要執行此等工具或功能表單，則系統會自動在預定面板區中打開此等面板。

05 執行下拉式功能表→**視窗**→**預設面板**→**重新命名面板**功能表單，可以打開**重新命名**面板，在面板中使用者可以自行為預設面板另定名稱，如圖 1-57 所示。

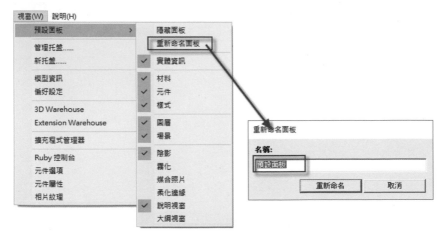

圖 1-57 使用者可以自行為預設面板另定名稱

06 執行下拉式功能表→**視窗**→**管理托盤**功能表單，可以打開**管理托盤**面板，如圖 1-58 所示，現將管理托盤面板之操作方法說明如下：

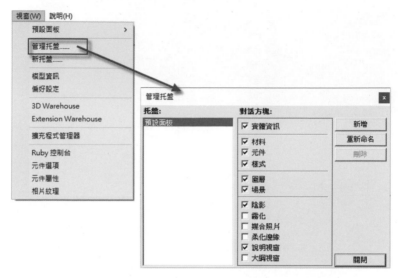

圖 1-58　執行**管理托盤**功能表單以打開管理托盤面板

1 在此面板中執行右側**重新命名**按鈕可以將預設面板重新命名，當執行右側之**新增**按鈕，可以再打開新面板，如圖 1-59 所示，其作用為讓使用者可以再增加另外的預設面板。

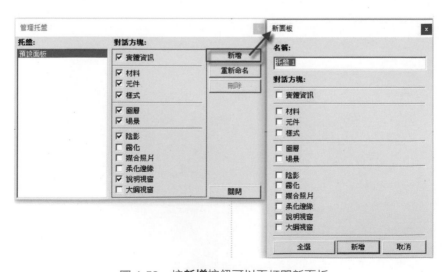

圖 1-59　按**新增**按鈕可以再打開新面板

2 在新面板中可以在名稱欄位內為此面板命名,並於下方勾選要在新面板中顯示的預設面板,最後按下**新增**按鈕,則可以在原預設面板中之下方顯示兩組預設面板頁籤供選擇,如圖 1-60 所示。

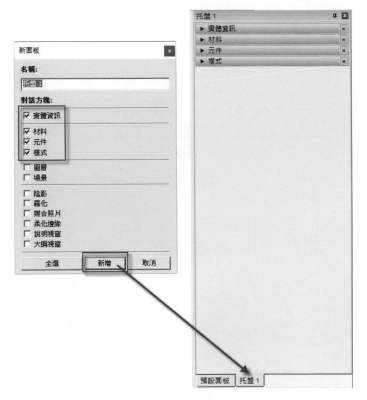

圖 1-60　在原預設面板中之下方顯示兩組面板頁籤供選擇

當新增了面板組後,選定的選項會從預定面板移置到新面板組中,而預定面板組中將不再顯示這些選項,如此使用者可以將常用與非常用的選項各別組成不同預設面板,以利快速執行場景之創建。

3 如想刪除多餘的預設面板組,可以在管理托盤面板中按右側的**刪除**按鈕,將選下的面板組直接刪除;如果想直接增加面板組,可以執行下拉式功能表→**視窗**→**新托盤**功能表單,則可以直接打開新面板,供使用者直接增加新的面板組。

1-5-2 預設面板之操作

01 使用滑鼠左鍵按住預設面板區之標頭處，可以自由移動預設面板區位置，此時繪圖區中會有 8 個圖標，供使用者直接選擇要錨定的位置，如圖 1-61 所示，當使用者不想要系統提供的預設位置，可以在隨處位置上放開滑鼠左鍵，即可將預設面板區隨處擺放，同時系統提供的預設位置圖標也會消失。

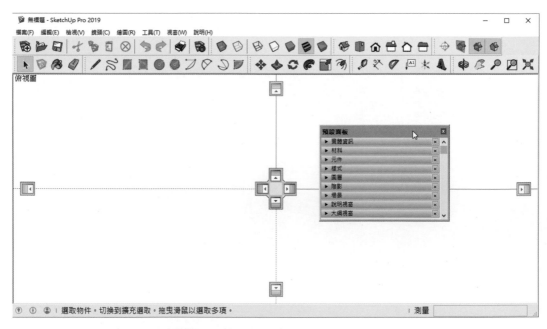

圖 1-61　移動預設面板區系統提供預設的 8 個圖標供錨定位置

02 在隨處擺放預設面板區標頭上按滑鼠左鍵兩下，可以直接將面板區推向上次錨定系統提供預設位置上，例如上次錨定在右側位置，則直接回復到原來的預設位置上。

03 在設置面板的右上端有兩個按鈕，如圖 1-62 所示，其中右側的 ⊠ 號，可以關閉所有的設置面板，左側的圖釘按鈕 📌 在內定情況下是向下，表示固定式面板。

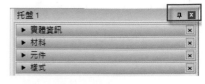

圖 1-62　設置面板的右上角 ×號可以關閉所有的設置面板

04 使用滑鼠點擊圖釘按鈕，原針頭向下轉為向左 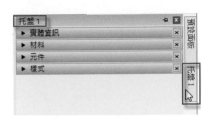，當移游標到繪圖區時，所有設置面板會隱藏，當游標移動到右側預設面板圖標上停留時，會同時有面板頁籤供選取，並將想要的設置面板會再次顯示回來，如圖 1-63 所示。

圖 1-63　　在右側預設面板圖標上停留可將預設面板顯示回來

05 如此可大大的擴展繪圖區範圍，對於創建複雜的場景相當有助益，讀者依各自操作需要選擇適合的操作模式；當再次按下圖釘按鈕，又可使圖釘向下，設置面板又變回固定模式。

06 使用滑鼠點擊各別設置面板的標頭，可以將標頭以下的內容隱藏，再次點擊可以打開標頭以下的內容，使用這方法縮小全部內容，以方便查找需要的設置面板。

07 這些設置面板上下次序是可調整的，使用滑鼠按住設置面板的標頭不放，移動游標到想要的位置上放開滑鼠，即可將此設置面板往上或往下移動。

08 預設面板區的設置為 SketchUp2016 版本以後新增相當重要功能，使用時可以依個人需要做分類設定，例如把最常使用的實體資訊、材料及柔化邊緣歸為一類，再把次常使用的圖層、場景、陰影、大綱視窗、元件及樣式等歸入到另一類中。

1-6　視圖的操控

　在工具面板中之鏡頭欄位勾選以顯示**鏡頭**工具面板，則原先在 SketchUp8 中的鏡頭與**漫游**工具面板合併為**鏡頭**工具面板，如圖 1-64 所示，本小節專注於**鏡頭**工具運用之說明，而**漫游**工具則待後面章節使用到時再做詳細說明。

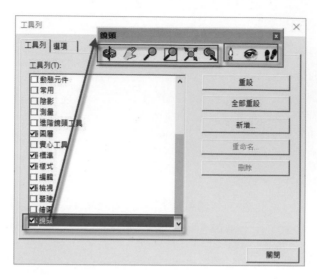

圖 1-64　勾選**鏡頭**選項則鏡頭與**漫游**工具面板合併為**鏡頭**工具面板

▌1-6-1　鏡頭運用工具

01 **環繞**工具 ：執行此工具，按住滑鼠左鍵不放，可將場景做左、右、上、下的旋轉，當使用環繞工具時並同時按住（Shift）鍵，游標會變成平移工具，而不再具有旋轉功能。

02 **平移**工具 ：執行此工具，當按住滑鼠左鍵不放，可將場景做左、右、上、下的水平移動。

03 **縮放**工具 ：執行此工具，當按住滑鼠左鍵不放，將滑鼠往前移動，亦即游標往上移動，則會將鏡頭向前推近場景，滑鼠往後移動，亦即游標往下移動，則會將鏡頭向後推以遠離場景。

04 **縮放視窗**工具 ：執行此工具，於想要局部放大場景中某一部分以觀看其細部結構，可在局部位置由左至右或由右至左拉出一視窗範圍，即可將此選取區做局部放大處理。

05 **充滿畫面**工具 ：此工具的作用是將場景充滿整個視窗，如前面的場景做了局部放大，事後想觀看整個場景時即可使用此工具，經執行縮放範圍工具後，可以立即觀看整體的場景。

06 上一檢視工具 ：此工具的作用是將場景回復到上一操作視窗中。

07 請執行下拉式功能表→**檔案**→**開啟**功能表單，可以打開**開啟**面板，請輸入第一章中 Sample01.skp 檔案，以開啟一兒童遊樂區場景，如圖 1-65 所示，請讀者自行依上述工具之功能自行練習。

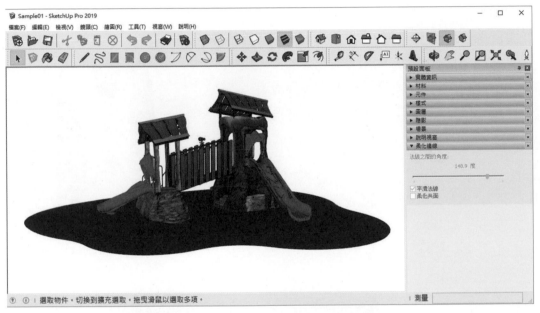

圖 1-65　開啟第一章中 Sample01.skp 之兒童遊樂區場景

08 縮放工具另一額外功能即為鏡頭的焦距設定，而設定焦距即設定鏡頭廣角的大小，兩者之間呈反比關係，亦即焦距越小則廣角越大，有關焦距大小設定與透視的關係，在後面實際範例章節中再做詳細說明。

09 想要改變鏡頭焦距大小，請選取**鏡頭縮放**工具後立即在鍵盤上輸入 **45mm**（此處必需輸入單位），視窗右下角之測量工具面板中自動會顯示輸入數值，系統內定值為 45 度，當改變為 45mm 後廣角變大景深變深，可以容納更多的場景於鏡頭中。

> **溫馨提示** SketchUp 於鏡頭的設定有 deg（度）與 mm 單位之別，如果原顯示為度想改變為 mm 單位，則必需於輸入數值後＋mm 單位，然當已顯示為 mm 單位狀態時，此時只要輸入數值即可。

10 只要縮放工具還在選取中，雖更改了鏡頭焦距，乃可續輸入數字更改之；雖然鏡頭焦距調小可以增加景深，但靠近鏡頭的景物恐有變形之虞，標準鏡頭的焦距為 35-70mm，惟各軟體間對於焦距計算各有不同，使用者可以依需要自行調整之。

▌1-6-2 滑鼠的視窗操作

　　有關視窗操作使用**鏡頭**工具面板中按鈕的方法，是屬初級使用者使用，如果想有較好的操作效率，使用滑鼠操控視窗且習慣它，會是提昇繪圖功力的好方法，請使用三鍵式滑鼠，即中間須帶有滑動滾輪的滑鼠，如圖 1-66 所示。

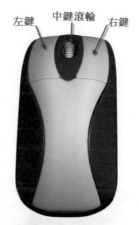

圖 1-66　中間帶有滑動滾輪的三鍵式滑鼠

01 按滑鼠左鍵可執行工具按鈕的所有命令，是最主要的操作按鍵。

02 按住滑鼠中鍵滾輪不放，游標會變成**環繞**工具 ✥ 圖標，在視圖中任意滑動，則場景會隨滑鼠移動而旋轉，其功能有如使用環繞工具按鈕。

03 按住滑鼠滾輪不放，同時按住鍵盤中（Shift）鍵，游標會變成平移工具圖標，在視圖中任意移動，則場景會隨滑鼠移動而產生上下或左右的平移運動，如同使用平移工具按鈕。

04 先按住滑鼠滾輪不放，再同時按住滑鼠左鍵，游標也會變成**平移**工具 ✋ 圖標，在視圖中任意移動，則場景會隨滑鼠移動而產生上下或左右的平移運動，如同使用平移工具按鈕。

05 操作滑鼠中鍵滾輪，場景會隨著滑鼠滾輪向前滾動而放大；向後滾動而縮小，如同使用縮放工具按鈕。

06 移動游標至物件上按滑鼠中鍵（滾輪鍵），可以將滑鼠點擊處自動移動到繪圖區的中間位置，此作用可以在旋轉視圖時可以此做為旋轉中心點。

07 當按下滑鼠右鍵，依選取不同的操作標的，可彈出不同選項內容的右鍵功能表，如圖 1-67 所示。

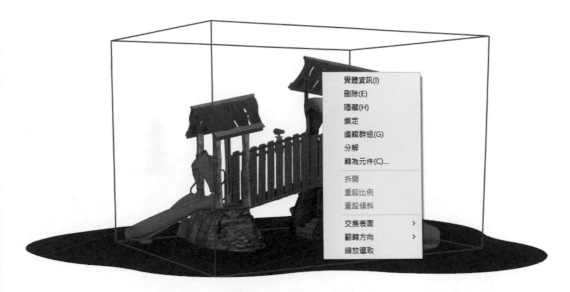

圖 1-67 選取場景中建物標的時的右鍵功能表

08 右鍵功能表操作方式有取代部分下拉式功能表的功能，是相當快速、好用、方便的操作方式；以右鍵功能表配合工具按鈕的執行，為直觀式操作的標準模式，現在相當多的繪圖軟體如 AutoCAD 者，都朝此模式在改進。

09 使用滑鼠操控視窗是增加 SketchUp 執行力的不二法門，讀者應盡快熟悉此種操作模式，以快速進入專業設計師之列。

1-7 檢視與樣式工具面板

1-7-1 檢視工具之運用

SketchUp 為單視圖的操作模式，習於其他繪圖軟體 4 個視圖操作的使用者，必要調整繪圖習慣，尤其是 3ds max 使用者，應以單一視圖操作為目標，保持繪圖區空間越多，除有利於圖面細節布展，也有助工作效率的提昇。

01 請執行下拉式功能表**→鏡頭→標準檢視**功能表單，可以再顯示其次功能選項，如圖 1-68 所示。在次級功能選項中有俯視圖、底視圖、正視圖、後視圖、左視圖、右視圖、Iso 視圖等七項供選擇，其各視圖表現情形將併於檢視工具面板中各工具做說明。

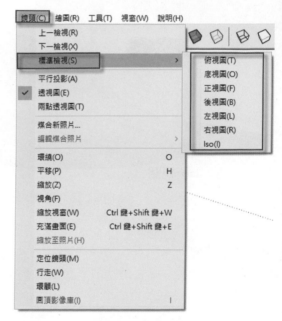

圖 1-68　打開標準檢視功能表中之次功能表

02 依前面工具面板設置，在繪圖區上方的上一行開啟了檢視工具面板，其中除了底視圖外亦有各視圖工具按鈕可供直接選取，如圖 1-69 所示。六個按鈕由左至右分別是 **iso 視圖、俯視圖、正視圖、右視圖、後視圖、左視圖**。

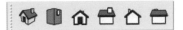

圖 1-69　開啟檢視工具面板

03 請執行下拉式功能表→**檔案**→**開啟**功能表單，以開啟第一章中 Sample02.skp 檔案，
這是一沙發組場景，如圖 1-70 所示。

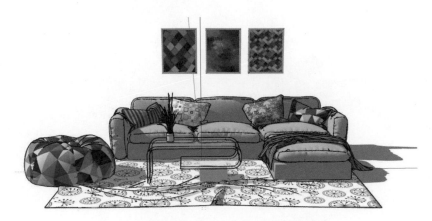

圖 1-70 開啟第一章 Sample02 的沙發組場景

04 請選取 **Iso 視圖** 工具按鈕，則視窗中會將場景顯示改為 Iso 視圖模式，如圖
1-71 所示，此種模式為系統預設模式，亦為 3D 建模的常用模式，所謂 Iso 視圖
在 SketchUp 中包含了兩種視圖，即行平投影與透視圖兩種，此兩種視圖將於本小
節中再做詳細說明。

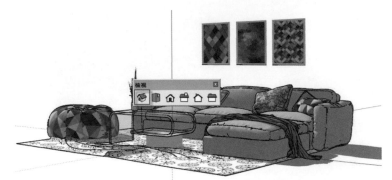

圖 1-71 將場景設定為 Iso 視圖模式

05 請選取**俯視圖** 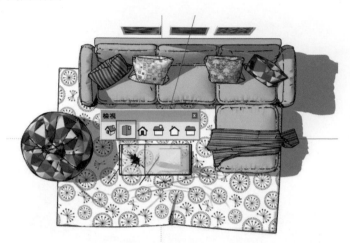 工具按鈕，則視窗中會將原 Iso 視圖改為俯視圖，如圖 1-72 所示，此種視圖即為作者在設定範本時所採用的顯示模式，它有利於創建 3D 場景時基礎平面的繪製。

圖 1-72　將場景設定為俯視圖模式

06 至於其後的正視圖、右視圖、後視圖、左視圖等工具，其主要功能在繪製施工圖時，以產出各面向立面圖之需要而服務，惟一般需配合平行投影模式來表現，在後面章節會有更詳細說明。

07 在透視學中的 ISO 模式包含有**平行投影**與**透視圖**兩種視圖。所謂**平行投影**一般又稱為等角投影，其多使用在機械製圖上，而在建築及室內設計領域中多使用在各面向立面圖上，在本書 LayOut 章節會有詳細的操作步驟說明；所謂**透視圖**可分為一點、二點及三點透視，而三點透視又可細分為正常三點透視及特殊的蟲視及瞰看透視。

08 二點透視雖然並不符合自然的視覺表現，因為現實世界中映入眼簾幾乎都具三點透視情形，惟二點透視在視覺上較具穩定性，因此除非透視圖的特殊需要，一般均會要求兩點透視，在此僅提供讀者製作透視圖時的參考。

09 執行下拉式功能表→**鏡頭**表單，可以發現**透視圖**功能表單為勾選狀態，表示目前場景為呈現**透視圖**模式，這也是系統內定模式；如圖 1-73 所示，為透視圖的示意圖，它代表各面向的邊線都具有相同的消點。

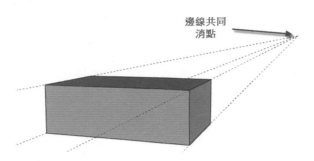

圖 1-73　透視圖模式使各軸向邊線具有共同的消點

10 請執行下拉式功能表→**鏡頭**→
平行投影功能表單，則將使場
景呈現**平行投影**模式；如圖
1-74 所示，為平行投影的示意
圖，它代表各面向的邊線都具
平行性而不具有共同的消點。

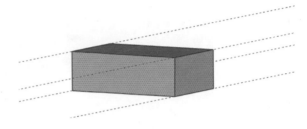

圖 1-74　平行投影模式使各軸向邊線不具有共同的消點

11 前面曾言及平行投影模式在 SketchUp 中是專為各面向立面圖服務，請維持平行投
影模式，再選取檢視工具面板中的**正視圖**工具 🏠，則視窗中會呈現正視（前視）
立面圖，如圖 1-75，因是平行投影模式，所以沒有物件的側面深度。

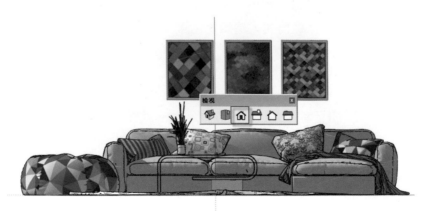

圖 1-75　呈現正視（前視）之立面圖

12 續維持平行投影模式，再選取檢視工具面板中的俯視圖、右視圖、後視圖及左視圖等工具，可製作出各面向立面圖，此部分請讀者自行操作。

13 當 3D 場景創建完成，即可將其轉成各面向立面圖，以供 LayOut 程式製作施工圖，使用者不需要再使用 AutoCAD 重新繪製各面向立面圖，這是 SketchUp 軟體的特異功能，至於如何轉換，在後面章節會做詳細介紹。

14 請執行下拉式功能表→**鏡頭→兩點透視圖**功能表單，則將使場景中的物件的邊線會垂直於地面而呈現兩點透視模式，如圖 1-76 所示，惟當場景稍做旋轉變動，會立即改為透視圖場景。

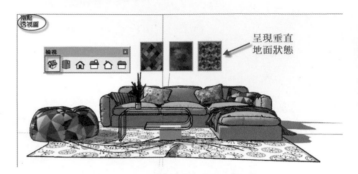

圖 1-76　物件的邊線會垂直於地面而呈現兩點透視模式

1-7-2　樣式工具面板

SketchUp 樣式工具面板共有 7 個按鈕，分別代表模型常用的 7 種顯示模式，如圖 1-77 所示；按鈕由左至右分別是 **X 射線**、**後側邊緣**、**線框**、**隱藏線**、**陰影**、**帶紋理的陰影**、**單色**等 7 種模式，請續使用第一章中 sample02.skp 檔案，SketchUp 的預設模式是帶紋理的陰影模式，現對其功能分別說明如下。

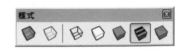

圖 1-77　樣式工具面板中的七個工具按鈕

01 **X 射線**工具按鈕 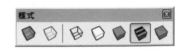：執行此按鈕可以顯示 X 光模式，現說明其功能如下：

1 本工具的主要作用就是使場景中所有物件都呈現透明狀，有如使用 X 光機照射一樣，在此模式下可以看透內部的結構。

2 這個按鈕無法單獨使用，必需和其他工具按鈕並用，但與**後側邊緣**工具 按鈕相競合，兩者只能擇一使用。

02 **後側邊緣**工具按鈕 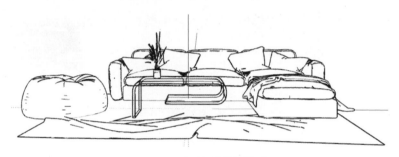：執行此按鈕可以顯示**後側邊緣**模式，它的功能為使物件中背後被遮擋的邊線會以虛線顯示出來，此按鈕與 X 射線工具按鈕相競合，即兩者只能擇一使用，另外，當處於線框模式時此按鈕亦不能使用。

03 **線框**工具按鈕 ：執行此按鈕可以顯示**線框**模式，即將場景中的所有物件以線框顯示，場景中模型的材質、貼圖、面都是失效的，但顯示速度非常快。

04 **隱藏線**工具按鈕 ：執行此按鈕可以顯示**隱藏線**模式，它是在線框模式的基礎上，將被擋住物件從場景中消隱，只留下可見的部分，使場景更加真實感，雖然無法窺視內部的結構，但圖面別有一番風味，如圖 1-78 所示。

圖 1-78　行使隱藏線模式

05 **陰影**工具按鈕 ：執行此按鈕可以顯示著色模式，其功能說明如下：

1 在此模式下如果模型表面本有貼圖紋理存在，此時只會使用此材質所帶的顏色來表示，而不顯示材質之紋理貼圖，如圖 1-79 所示。

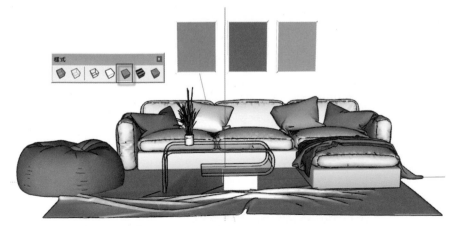

圖 1-79　場景中原有材質紋理貼圖只會顯示出該材質顏色

2 這種模式如果沒有顏色編號賦予下，系統會以白色來表示正面，用藍灰色來表示反面，這些表現並非一成不變，在樣式設定中可依各人喜好加以改變。

3 本模式的最大功用在輸出透視圖時以此做為材質通道使用，因為只有顏色沒有紋理，在影像軟體中比較容易選取區域範圍。

06 帶紋理的陰影工具按鈕 ：執行此按鈕可以顯示材質貼圖紋理，是將場景中的模型賦予材質與貼圖，以完整顯示一般透視圖的效果，使用此功能做出圖效果是一個相當便捷省事的方法，但如果模型沒有材質，此按鈕是無效的，本模式為系統預設模式。

07 單色工具按鈕 ：執行此按鈕可以顯示單色模式，現將其功能說明如下：

1 將場景中的所有模型摒除顏色與紋理貼圖，而只顯模型表面的正、反面材質，如圖 1-80 所示。

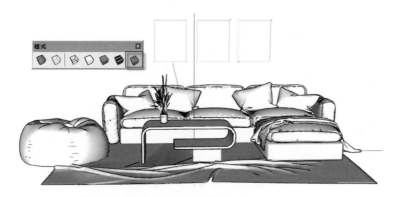

圖 1-80　場景中只顯示模型表面的正反面材質

2 在此模式下透明材質無效，亦即透明材質會變成不透明，所以如玻璃後側的場景會變成無法顯示，使用者應注意。

3 在此模式下可以檢查物件的正反面，SketchUp 正反面都可以賦予材質，因此始終都在此軟體中操作及出圖，可以不理會正反面問題。

4 在 SketchUp 接續的諸多渲染軟體中，它們只會辨識正面材質，而無法辨識反面材質，如果想將 SketchUp 創建的場景供後續的渲染軟體使用，務必在出圖前使用此按鈕，以檢查物件是否有反面存在。

如何將反面改為正面，可以選取此面然後執行右鍵功能表→**反轉表面**功能表單即可，在第四章延伸程式單元中，更會說明使用延伸程式以快速反轉正面的方法。

1-8　SketchUp 的三維空間軸向

1-8-1　座標軸工具

01 請執行下拉式功能表→**檔案**→**新增**功能表單，或執行**新增**工具按鈕，可以清空視窗而開啟新檔案，請按滑鼠中鍵旋轉視圖使呈透視圖模式，畫面中會呈現紅、綠、藍三條線，紅色線代表 X 軸，綠色線代表 Y 軸，藍色線代表 Z 軸，三條線的交叉點代表系統原點，如圖 1-81 所示。

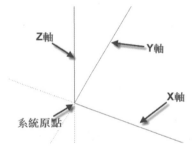

圖 1-81　不同顏色代表不同的軸向

02 此座標為系統的內定座標，其原點也是和其後續軟體維持聯繫的關鍵點，在各顏色線條位於原點的另一側呈虛線表示，這是此軸向的負軸，如圖 1-82 所示，這是以平面方式呈現 X、Y 正負軸之間的關係。

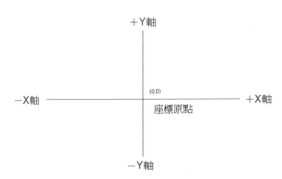

圖 1-82　以平面方式呈現 X、Y 正負軸之間的關係

03 使用者想要更改座標系，亦可使用**營建**
工具面板中的**軸**工具 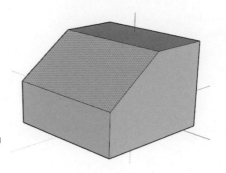 加以改變，請
打開第一章中 Sample03.skp 檔案，這是
帶有斜面的體塊，如圖 1-83 所示。

圖 1-83　打開第一章中
Sample03.skp 檔案

04 如果想要在斜面上繪製垂直於斜面的直線並非易事，它的藍色線是垂直於地面而
非斜面，有關畫直線的方法在後面章節會詳細說明。

05 以往版本遇此問題只能選取**軸**工具按鈕 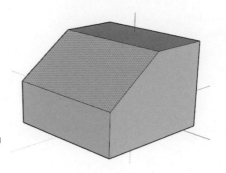，在斜面上重定座標軸，然後在斜面
上可以繪出藍色軸向線，此線即表示能垂直於斜面上，如圖 1-84 所示。

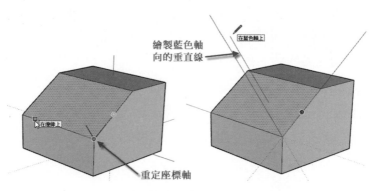

圖 1-84　在斜面上繪製藍色軸向的垂直線

06 當想要恢復系統座標軸，其方法為移動
游標至任一座標軸線上，執行右鍵功能
表→**重新設定**功能表單，如圖 1-85 所
示，即可立即將座標軸恢復為原系統座
標軸。

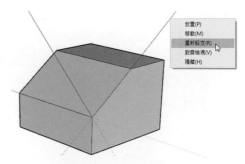

圖 1-85　執行**重新設定**功能
表單以恢復為系統座標軸

07 如今畫此斜面的垂直線只要移動**畫線**工具至此斜面上,當往上拉出一條桃紅線的軸向線段時,此斜面會被鎖定,而此桃紅線段即垂直於此斜面,如圖1-86 所示,當使用者不容易找到桃紅線的軸向線段時,沒關係,利用下面小節介紹的軸向鎖定功能,即可更方便操作軸向。

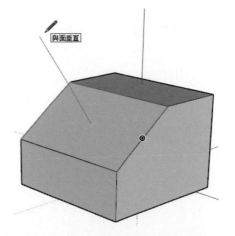

圖 1-86　畫出桃紅軸向線段即垂直於此斜面

溫馨提示　當使用者變更座標軸時,這只是方便個人繪圖操作,其系統內定的座標軸及原點依然存在,因此將創建好的場景轉檔至後續軟體時,這些後續軟體仍然會以 SketchUp 原系統的座標軸及原點做為參考點,使用者不可不察。

▌1-8-2　軸向的鎖定

01 前面曾言及 SketchUp 是直接在透視圖中創建模型,然因透視的關係,模型相同軸向的邊線會有共同的消點,因眼睛的錯覺會對圖形彼此間關係產生誤解,如圖 1-87 所示,圖示 A、B 線段等長,惟視覺上感覺 A 線段長度大於 B 線段,C、D 線段為平行線,惟視覺上感覺並非平行。

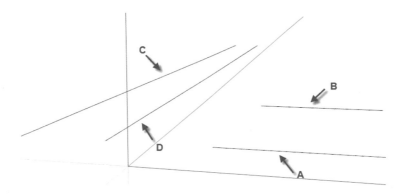

圖 1-87　因眼睛錯覺的關係會對圖形產生誤解

02 使用**直線**工具，畫任意長度的線段，當拉出的線段為綠色線時，代表此線段與 Y 軸為平行的線段（在視覺上絕對很難判斷為平行），同理，當畫出的線段呈紅色狀態時，代表與 X 軸平行，當畫出的線段呈藍色狀態時，代表與 Z 軸平行（即垂直線）。

03 當畫出的線段為黑色時表示它未與三軸之任一軸向平行，此時 SketchUp 創建出桃紅色軸向鎖定功能，亦即想要畫出與任意線段平行或垂直的線段時，只要畫出桃紅色之線段即可，如圖 1-88 所示，利用桃紅色軸向鎖定可以順利畫出相互垂直或平行的線段。

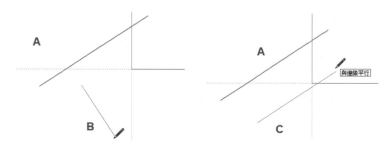

圖 1-88　利用桃紅色軸向鎖定可以順利畫出相互垂直或平行的線段

 有關利用桃紅色軸向限制，以畫出畫任一線段之平行線或相互垂直線，此處只做概略的說明，其詳細的操作方法請參閱第二章**直線**工具小節的說明。

04 利用 SketchUp 智能的設計，即可以很輕鬆在透視圖中繪製出符合規矩的圖形，更甚者，當畫線找到軸向後，只要同時按住（Shift）鍵，即可鎖定此軸向而可任意移動游標到想要的參考點上。

05 在 SketchUp 鍵盤中有更進階的軸向鎖定功能，於執行工具面板上的各相關工具時，當定下起始點後按鍵盤上的向上鍵表示鎖定 Z 軸向，當按下向右鍵表示鎖定 X 軸向，當按下向左鍵表示鎖定 Y 軸向，當按下向下鍵表示鎖定任意意線段的軸向，如圖 1-89 所示。

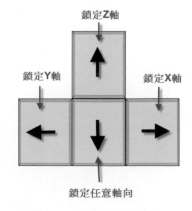

圖 1-89　按下各方向鍵可以分別鎖定各軸向

1-9 SketchUp 的推理系統

在 SketchUp 中所以能創建精確的模型，實歸功於其內建的推理系統，其功能相當智能完備，惟它常被一般的使用者所忽略，利用本小節説明 SketchUp 推理系統的基礎知識，以培養讀者能早日建立圓熟的操作基礎。

01 什麼是 SketchUp 的推理系統，以下試為分析如下：

1 SketchUp 推理系統基本上是一內建的系統，它能將使用者的游標鎖定到任何的點、邊、軸、面或假想線上。

2 當使用者在 SketchUp 繪製圖形時，想從現有模型中的點添加一條線，在這一點上懸停游標時。當得到足夠接近到這一點，SketchUp 會猜測正在試圖引用一點，它會鎖定它，此時會看到一個綠色的小圓圈彈出了這一點，讓使用者知道並引用它。

3 想像如果沒有推理系統，就不可能為準確地降落在這一點上並與游標連接到這一點，則兩點則永遠無法建立連接。

4 雖然有許多不同類型的 SketchUp 的推論，但大致可以細分為三大類，即**點推斷**，**線性推理**和**形狀推斷**等三種。

02 **點推論**：基於游標的位置，使用者可以發現當游標移動到在端點、中點、邊、面和群組中時，會出現各種鎖點標示，如圖 1-90 所示，以下就其表現內容説明如下：

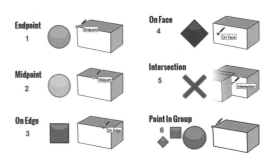

圖 1-90　各式的鎖點標示

1 **鎖定終點**圖示：綠色圓點代表邊緣的任意端點。

2 **鎖定中點**圖示：淡藍色圓點代表邊緣的中點。

3 沿著邊緣圖示：紅色矩形點代表游標沿著邊緣。

4 鎖定面圖示：藍色菱形點代表游標鎖定面，在推拉或**偏移複製**工具等，皆會自動鎖位面以供編輯，此時游標則會顯示此點。

5 交叉點圖示：紅色的 × 形代表游標位於面之相交處或面與線的交叉處，如果兩條線相交則會顯示鎖定終點圖示。

6 群組或元件的鎖點圖示：以紫色的各種圖示，以代表在群組或元件之外的各種鎖點，如果位於群組或元件內則視為一般的鎖點表現方式。

7 另外當鎖定圓或圓弧的中心點時，會以藍色小圓中帶圓心之圓標呈現。

03 線性推論：這是 SketchUp 的特異功能之一，現試為分述如下：

1 當游標移至某一鎖點上時，不要按下滑鼠按鍵同時在軸向上移動游標，可以產生一條虛線，此條虛線即為線性推論線，如圖 1-91 所示。

2 在矩形面中藉由互垂的兩條線中線之鎖點，可以藉由線產推論找出矩形的中點，如圖 1-92 所示。

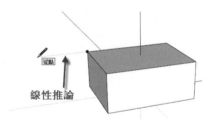

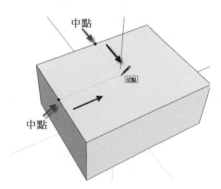

圖 1-91　由鎖點處拉出一條軸向推論線

圖 1-92　藉由線產推論找出矩形的中點

3 在矩形面上做推拉動作，當游標移至圓柱面上時，會產生一條線性推論虛線，藉此可以將立方體推拉與圓柱體同樣高度，如圖 1-93 所示。

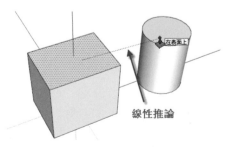

圖 1-93　借助線性推論可以製作出相同高度的物體

4 在立方體側面想繪相同軸向的矩形，可以移動游標到此矩形面上，按住鍵盤上（Shift）鍵，移動游標（不要按滑鼠按鍵）可以拉出一條線性推論的虛線，如圖 1-94 所示，即可繪製出相同軸向的矩形。

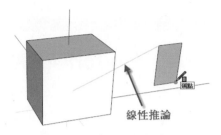

圖 1-94　利用線性推論定出繪圖軸向

5 當使用**畫線**工具，依軸向推出線段時，會呈現各軸向之顏色，此顏色線段的軸向表示，原則上也屬於線性推論的一種。

04 形狀推論：當使用者繪製圖形時，系統會產生各式形狀推論用來補捉，現分別說明如下：

1 使用**矩形**工具時，當拉出一條虛線的對角線，可以捕捉到一個完美的正方形，如圖 1-95 所示；使用**矩形**工具時，當拉出一條虛線的對角線，可以捕捉到一個黃金分割的矩形，亦即 1:1.618 比例的矩形，如圖 1-96 所示。

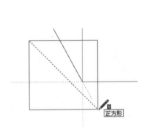

圖 1-95　捕捉到一個完美的正方形

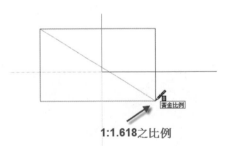

1:1.618 之比例

圖 1-96　繪製出黃金分割的的矩形

2 當使用**圓弧**工具時，SketchUp 可以自動檢測兩線的切線弧，在矩形一角繪製圓弧線，當 A、B 線段等長時，圓弧圓會呈現桃紅色的軸向線，此時即可以繪製出正切於此直角的圓弧線，如圖 1-97 所示。

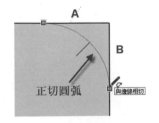

圖 1-97　繪製正切於此直角的圓弧線

3 當使用**圓弧**工具時，SketchUp 可以自動檢測半圓的形狀。

1-10 SketchUp 與後續配合軟體

SketchUp 經過多年來的努力推廣及賦予各種設計的可行性，且挾其快學易用的特性，目前已凌駕其它 3D 軟體而成為 3D 建模的主流軟體，總算令設計師們可以執著於他們的設計理念，而不用再勞神於軟體操作上，然其軟體因缺乏材質的反射、折射、光澤度及燈光等渲染系統，而其產出雖足以應付工作上的六、七成，然想成為一位專業級的設計師，必需具備有產出照片級透視圖的功能，而 SketchUp 在此方面卻付之闕如，因此，其後續完成照片級的任務，則由眾多軟體業者爭食渲染系統這塊大餅，目前市面上業已發表了數十種接續軟體，有以外掛方式嵌入到 SketchUp 程式中，有以獨立渲染軟體之姿與它做無縫接合，茲舉其代表性之表現方式説明如下：

01 **由 SketchUp 出圖＋Photoshop 之後期處理方式：**所謂以 Photoshop 軟體做後期處理，也就是用 Photoshop 模擬真實世界的光影表現，以做出擬真的照片級透視圖效果，如圖 1-98 所示，此為作者寫作 SketchUp2018 室內設計繪圖講座一書的範例。

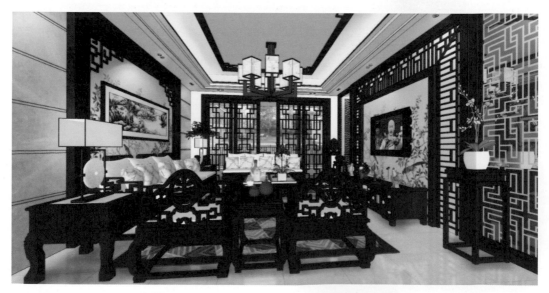

圖 1-98　由 SketchUp＋Photoshop 產出之透視圖

02 以 **SketchUp ＋ Artlantis 渲染軟體產出透視圖**：Artlantis 雖然是一款獨立的渲染軟體，但能與 SketchUp 做緊密的配合，且其操作模式有如 SketchUp 的直觀方式，同具操作簡單學習容易的特性，因此一般人稱它為 SketchUp 的渲染伴侶，其渲染速度之快為其它渲染軟體所無法比擬，如圖 1-99 所示，此為作者寫作 Artlantis 7 室內外透視圖渲染實務一書的範例。

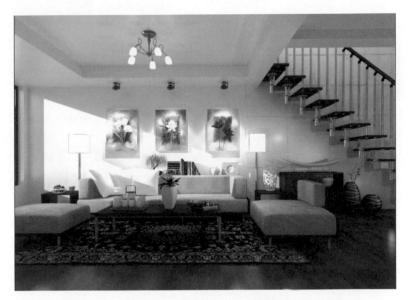

圖 1-99　以 SketchUp＋Artlantis 渲染軟體以產出透視圖

03 以 **SketchUp ＋ Vray For SketchUp 軟體產出透視圖**：Vray For SketchUp 是一款以外掛方式嵌入到 SketchUp 程式中，與 SketchUp 做全面綿密的配合，如圖 1-100 所示，為使用 SketchUp 建模，再經 Vray For SketchUp 做渲染處理的成果，本圖為作者寫作 VRay 3.4 for SketchUp 室內外透視圖渲染實務一書的範例。

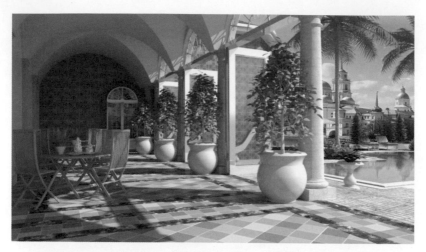

圖 1-100　以 SketchUp＋Vray For SketchUp 軟體以產出透視圖

04 以 SketchUp ＋ Artlantis ＋ Photoshop 產出之建築外觀透視圖：此方式為以 SketchUp 創建模型，再經 Artlantis 快速渲染，最後再以 Photoshop 加入各式配景，以完成不同風格的建築外觀透視圖，也許讀者會疑惑為何渲染捨棄 VRay 而就 Artlantis，在渲染品質上兩者不分軒輊，然在學習與操作上 VRay3.4 會難上二倍以上，如圖 1-101 所示，為三者結合產出之透視圖表現，此為作者寫作 Photoshop 建築與室內設計之透視圖表現一書的範例。

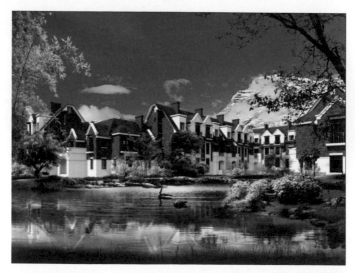

圖 1-101　由 SketchUp＋Artlantis＋Photoshop 結合產出之建築外觀透視圖

05 **以 SketchUp ＋ Lumion 動畫軟體產出透視圖：** Lumion（流明）軟體為一款即時建築景觀動畫軟體，其攝取建築景觀動畫所需的動態元素，再將其製作成模塊，以供現成快速取用，再配以天候、地形景觀系統，以及後期的視訊編輯系統，等於將需龐大團隊通力合作的軟體操作，集中在個別軟體及個人電腦上即可完成。

雖然它以製作景觀動畫為專長，但如果輸出單幅的透視圖則其渲染時間以秒計算，如圖 1-102 所示，為使用 SketchUp 創建場景再經 Lumion 渲染的建築景觀動畫透視圖，此圖為作者寫作 Sketchup2014 ＋ Lumion 4 建築設計與景觀動畫製作一書的範例。

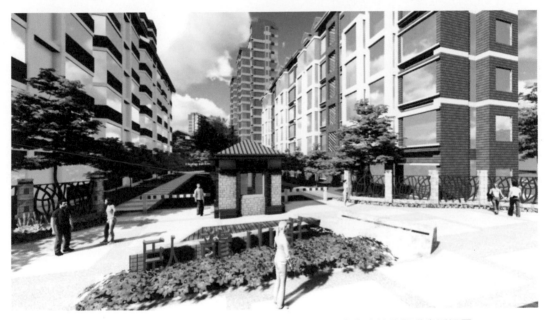

圖 1-102 使用 SketchUp 創建場景再經 Lumion 渲染的建築景觀動畫透視圖

MEMO

02

SketchUp 繪圖與
編輯工具詳解

前面一章對 SketchUp 的操作界面與基本操作技巧做深入探討與說明,它完全未涉及到實際圖形的繪製,讀者可能一時間對某些內容處於一知半解中,沒關係,在後續章節會再加強這方面的應用練習。SketchUp 所以會成軟體界直觀操作概念的宗師,完全是靠這些特異功能塑造而成;況且在 SketchUp2019 版本中推出令人期盼的 64 位元系統及更完備的繪圖工具,當隨著本書逐章練習,更深入了解 SketchUp 的功能後,會深切體會以此軟體做室內設計建模工作是一種聰明的選擇。

從本章開始要介紹 SketchUp 中的繪圖及編輯工具,這是建立模型或透視圖場景的主要核心部分,在熱輻射(又稱光能傳遞)渲染的嚴格要求下,必須具備真實尺寸及單面建模兩項標準 SketchUp 在這兩方面可說是業界最標準的建模方式,在以下練習中,為說明方便可能隨興建立物件,並未真切的建立明確的尺寸大小,但當真正做圖時,每一個步驟都會有尺寸的要求,做為一位設計者應熟悉各種物件的尺度,以應付未來職場的各項設計需求。

2-1 選取與橡皮擦工具

SketchUp 的常用工具面板中包含四個工具按鈕,如圖 2-1 所示,由左至右分別為**選取**、**轉為元件**、**顏料桶**及**橡皮擦**等四個工具按鈕,**顏料桶**工具將於第三章做說明,而轉為元件工具按鈕則會在第四章中做單獨介紹,本節只專對**選取**工具及**橡皮擦**工具提出說明。

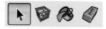

圖 2-1　常用工具面板中的 4 個工具按鈕

2-1-1 選取工具

選取工具在使用上非常普遍且有多種使用方法,其快捷鍵為鍵盤的**空白鍵**,現說明其操作方法如下:

01 請開啟第二章 Sample01.skp 檔
案，這是由立方體、瓷壺及多
個紙杯組合而成的 3D 模型，
除後側的立方體外，其餘模型
皆已各別組成群組，如圖 2-2
所示。

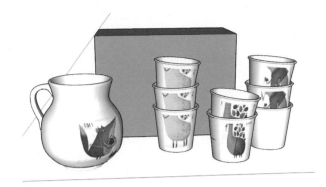

圖 2-2　開啟第二章 Sample01.skp 檔案

02 請選取**常用**工具面板中的**選取**
工具按鈕 ▶，使用滑鼠左鍵
在後側的立方體上的面或線上
點取一下，即可選取該面或線，
如果選取前方的瓷壺，則因已
組成群組所以整個模型會被選
取，如圖 2-3 所示。

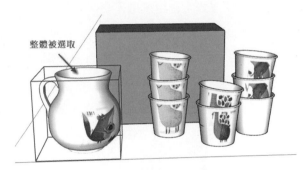

圖 2-3　瓷壺模型被選取

03 同時按住鍵盤上 Ctrl 鍵，游標旁會出現（＋）號，可持續加選；同時按住 Ctrl+
Shift 鍵，游標旁會出現（－）號，則可持續去除選取，即將已選取者改為未選取。

04 同時按住鍵盤上 Shift 鍵，游標旁會出現（＋－）號，可反向改變選取狀況，也就
是將已選取者改為未選取，未選取者改為選取。

05 一次要選擇多重物件時，可以使用框選或窗選方式，其方法與 AutoCAD 相同，現
分別說明其選取效果：

1 窗選方式：使用**選取**工具，在繪圖區中由左往右框出選框（框選的範圍會被實
線框住），這時被框選中的線、面、群組或元件，要全部選中才會被選取，如
圖 2-4 所示，左圖為由左向右窗選，右圖為完全被選中的物件才會被選取。

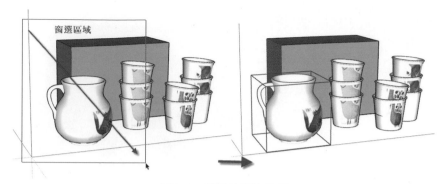

圖 2-4　窗選的選取效果

2 框選方式：使用**選取**工具，在繪圖區中由右往左框出選框（框選的範圍會被虛線框住），這時被框選中的線、面、群組或元件，只要部分被選中也會被選取，如圖 2-5 所示，左圖為由右向左框選，右圖為部分被選中的物件也全被選取。

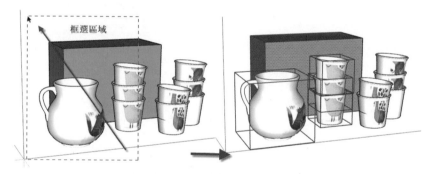

圖 2-5　框選的選取效果

溫馨提示

使用**選取**工具執行窗選或框選方式時要相當注意，當場景複雜時，使用此兩種選取方式選取物件時，會把物件背後看不見的面或線也一併選取，如果這時對此選取物做編輯時，也一併把背後不小心選取的部分也做了編輯，等到發現時再做修正，可要大費周章，請切記。

06 使用**選取**工具，在後方立方體上用滑鼠左鍵點選面或線，被點中的面或線會被選取，如用使用滑鼠左鍵連續點選線兩次，則線及相鄰的兩個面同時被選取；如果連續點選面兩次，則面及相鄰的四條線會同時被選取，如圖 2-6 所示，左圖為點選兩次線的效果，右圖為點選兩次面的效果。

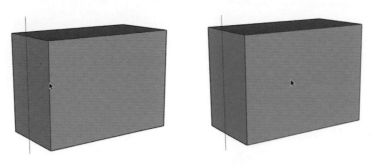

圖 2-6　點選兩次線及面的效果

07 如果在線或面上連續點三次滑鼠左鍵，則整
個物件會被選取，如圖 2-7 所示，如果想取
消選取物件，只要移動滑鼠到空白處點擊一
下左鍵，即可取消物件的選取。

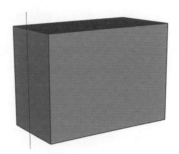

圖 2-7　在線或面上連續點三
次滑鼠左鍵可以選取全部物件

08 使用**選取**工具，移動游標至物件的面上，按下滑鼠右鍵在顯示的右鍵功能表中選
擇**選取**功能表單，可以再顯示出其次功能選項，如圖 2-8 所示，現將其次功能選
項之各項功能說明如下：

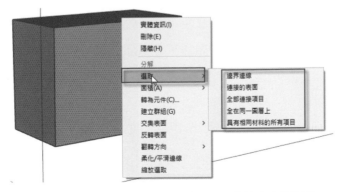

圖 2-8　執行**選取**功能表單可以再顯示出其次功能選項

1 **邊界邊緣功能**選項：選取此次功能選項，可以將游標上的面及其四周的邊線一齊被選取，有如使用**選取**工具在此面上點擊兩次的效果。

2 **連接的表面功能**選項：選取此次功能選項，可以將與此面相連的兩側面及頂面、底面等 4 個面都同時被選取，惟所有的邊線並未被選取。

3 **全部連接項目功能**選項：選取此次功能選項，可以將物件全部的面和線均予選取，有如使用**選取**工具在此面上點擊三次的效果。

4 **全在同一圖層上功能**選項：選取此次功能選項，則可以將屬於相同圖層的物件全被選取，有關圖層的使用方法將在下面章節中做說明。

5 **具有相同材料的所有項目功能**選項：選取此次功能選項，則可以將同一物件中具有相同材料（材質）者給予同時選取。

2-1-2 橡皮擦工具

　　橡皮擦工具不僅僅只是刪除線條的工具，在物件柔化方面具有相當重要功能，現說明其用法如下：

01 選擇**常用**工具面板中的**橡皮擦**工具按鈕 　，可以對線條做連續性刪除，但無法單獨去除面，而留下面的四邊；選取物件再按鍵盤上 Delete 鍵有著相同的功能且能單獨去除面，不過一次只能一個面或一條線去除，除非用**選取**工具的連選功能，選擇多個面或線按 Delete 鍵一次刪除。

02 要刪除多個物體時，可以按住滑鼠左鍵並拖動游標掠過要一併刪除的線條，如果游標拖動速度太快，可能掠過的線條會跳過而不被刪除，此時需要減緩游標的移動速度。

03 當要使用橡皮擦刪除一個面時，可以對面的一邊使用橡皮擦刪除，會刪除此條線並將面刪除，而留下三邊的線，如果要將面回復，只要在缺口處重畫線段即可。

04 請開啟第二章中 Sample02.skp 檔案，這是一頂帽子及左邊旁的立方體模型，使用**橡皮擦**工具同時按住鍵盤上（Ctrl）鍵，對著帽沿的多餘線條擦拭，可以柔化物件的多餘線段，如圖 2-9 所示。

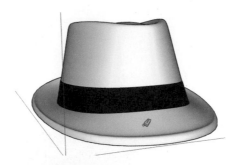

圖 2-9　使用**橡皮擦**工具同時按住（Ctrl）鍵可以圓滑線段

05 使用**橡皮擦**工具同時按住鍵盤上（Shift）鍵，可以將游標擦拭的線段給予隱藏，如圖 2-10 所示，左圖為經柔化線段的效果，右圖為經隱藏線段的效果，兩者有明顯的不同。

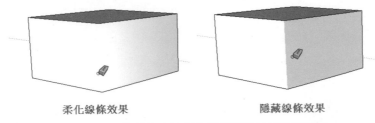

柔化線條效果　　　　　　　　　隱藏線條效果

圖 2-10　使用橡皮擦柔化與隱藏線段其效果不同

06 如果想恢復隱藏線段的顯示，可以執行下拉式功能表→**編輯**→**取消隱藏**功能表單，在其次功能表單中選取→**最後的項目（上一次）**或是**全部**功能表單，即可將隱藏的物件顯示回來。

07 使用**橡皮擦**工具同時按住鍵盤上（Ctrl ＋ Shift）鍵，可以將原先柔化處理的線段給予不柔化，即將柔化不見的線條顯示回來，如圖 2-11 所示。

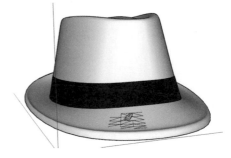

圖 2-11　將柔化的線條給予不柔化而顯示回來

08 使用**選取**工具框選全部的帽子模型，移游標到選取物件上，再按下滑鼠右鍵，在出現的右鍵功能表中選取**柔化 / 平滑邊緣**功能表單，如圖 2-12 所示。

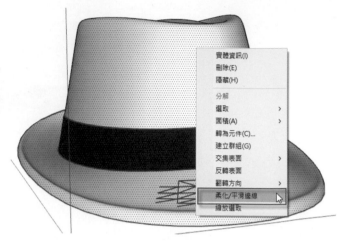

圖 2-12　在右鍵功能表中選取**柔化/平滑邊緣**功能表單

09 當選取了**柔化 / 平滑邊緣**功能表單後，可以立即打開繪圖區右側預設面板區中之**柔化邊線**預設面板，如圖 2-13 所示，在面板中調整**法線之間的角度**滑桿可以決定柔化的程度，至於柔化的角度應視物件的需要而為之。

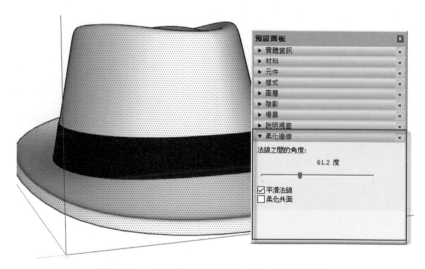

圖 2-13　打開**柔化邊緣**面板以調整柔化角度

10 使用者也可以選取物件後，直接在右側之預設面板中柔化邊線標頭，以展開柔化邊緣面板，惟其工序較為繁鎖，建議執行右鍵功能表方式工序較為簡潔些。

11 如果想要一次回復被柔化的邊線，依前面的方法選取全部物件，在柔化邊緣面板中將法線之間的角度滑桿調整到一定的小角度，即可將被柔化的邊線一次回復回來。

12 使用**選取**工具在立方體上點擊滑鼠左鍵三下，以選取全部的立方體，此時在柔化邊緣面板中將**法線之間的角度**滑桿調整超過 90 度時，則模型的直角面也會被柔化，如圖 2-14 所示，除非特殊需要應避免之。

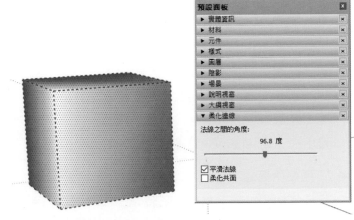

圖 2-14　在**柔化邊緣**面板中將法線之間的角度滑桿調整超過 90 度

13 為回復此怪異現象，在立方體仍被選取狀態下，只要將角度滑桿調整不超過 90 度，即可恢復原來的直角面。

2-2 繪製直線及矩形工具

　　在 SketchUp 中使用繪圖及編輯工具，最便捷的方式莫過於使用工具面板中的工具，但在下拉式功能表中亦有諸多繪圖與編輯功能表單可資運用，如執行下拉式功能表→**繪圖**功能選項，可以顯示諸多繪圖功能表單，如執行下拉式功能表→**工具**功能選項，亦可顯示諸多編輯功能表單。

　　本書以直觀的操作模式做為繪圖基礎，因此操作上會以工具面板中之工具為主，右鍵功能表操作為輔，因此這些功能表單都是備而不用，希望讀者能有迎接新時代新操作方式的準備。

2-2-1 繪製直線工具

01 如果使用者在繪圖區有繪製圖形，請執行標準工具面板中的**新增**工具按鈕，此時可以清空繪圖區的圖形並回歸到自設的範本中。

02 請在**繪圖**工具面板中選取**直線**工具 ✎，此時游標變成一支鉛筆的圖標，而在狀態欄區系統會提示選取起點。

03 請在繪圖區中任意處按滑鼠左鍵一下，以定下畫直線的第一點，移動游標到另一點，這時注意右下角測量區，數字會隨滑鼠移動而變化，這是與第一點的相對長度，在適當地方按下第二點，線段繪製完成，系統會以終點為第一點，接著繼續畫下去，此時按（ESC）鍵才能結束線段的繪製。

04 請再使用**直線**工具，在繪圖區中繪製數線段且使其中兩線段呈相交，此時 A 線段呈現完整的線段，而 B 線段因兩線兩交而出現斷點，如圖 2-15 所示。

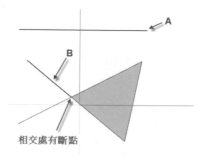

相交處有斷點

圖 2-15　其中 A 線段呈現完整的線段而 B 線段因兩線相交而出現斷點

溫馨提示

所謂斷點，即原來是一整段直線或弧線，在與其它線相交後，會在相交處產生斷點，此時可以把此直線或弧線的整段線分割成不同線段。

05 請在繪圖區中連續繪製任意長度且不同角度的數條直線，在圖形外部會顯示較粗的線是為輪廓線，較為細小的線則為內部線，讓使用者可以很容易分辨圖形的內外範圍。

06 如果讀者繪製的圖形沒有粗細之分，請執行下拉式功能表→**檢視**→**邊緣樣式**→**輪廓線**功能表單，使其呈勾選狀態即可，當操作熟稔後可能感覺粗線有礙圖形繪製，此時可考慮將其關閉。

07 根據實際尺寸來建模是繪圖最基本要求，SketchUp 能與許多後續軟體結合，因此在 SketchUp 中一定要使用非常精確的尺寸，否則輸出到其他軟體後要再修改就非常麻煩。

08 請選取**直線**工具 ✏ ，在繪圖區任意地方
按滑鼠左鍵一下，定下畫直線的第一點，
此時任意移動游標，這時在測量區中會
出現線段的目前長度，如圖 2-16 所示，
此時為黑色的線段，它代表不和任一 X、
Y、Z 軸向平行。

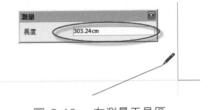

圖 2-16　在測量工具區
中會出現線段的目前長度

09 在未定下畫直線第二點前，如果移動游
標使即將繪製線段和 X、Y、Z 軸相平行，
即將繪製線段會由黑色轉為平行線段的
軸向顏色，且游標旁會出現相關的提示，
如圖 2-17 所示，出現**在紅色軸上**的提
示，這就是第一章所述的軸向鎖定。

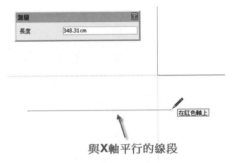

圖 2-17　即將繪製的線段與 X 軸平行

10 在未按下第二點前，直接在鍵盤輸入（500）並按（Enter）鍵確定，線段即可依指
定的方向繪製長度 500 公分的直線，這時要按下（ESC）鍵，才能終止畫線的繼
續執行。

11 使用**直線**工具，在定下畫直線的第一點後，移動游標依指定方向到另一點按滑鼠
左鍵定下第二點，此時在鍵盤上輸入數值後按（Enter）鍵確定，畫出的線段會自
動改回要求距離的線段。

12 因此在定下第二點前輸入長度值，或是在定下第二點後輸入長度值，系統會自動
依使用者需求而繪製圖形，這是 SketchUp 的特異功能，且每一種繪製工具都適用，
這種繪圖工序的一致性，是直觀式操作的精髓。

13 想要繪製與 Y 軸平行的線段，請使用**直線**工具，在繪圖區中按滑鼠左鍵一下以定
出畫直線第一點，當未定下第二點時，移動游標使呈綠色（即與 Y 軸平行），這
時游標旁會出現〈在綠色軸上〉的提示，如圖 2-18 所示。

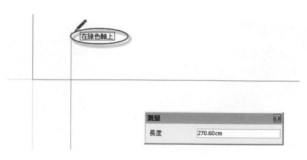

圖 2-18　繪製與 Y 軸平行的線段

14 如果在繪製線段時一時找不到紅色或綠色的線段，可以按鍵盤上的向右鍵，它會強制畫出的線段為紅色，按鍵盤上的向左鍵，它會強制畫出的線段為綠色，這是 SketchUp 的特異功能之一。

15 想要繪製與 Z 軸平行的直立線段，對 2016 以前版本的初學者而言可能有其難度，現在只要在定下畫線的起點後，按下鍵盤上的向上鍵，即可限制畫線的軸向為 Z 軸向（亦即藍色線），這也是 SketchUp 的特異功能

16 第一章中曾言及，在使用**直線**工具時，當預定的線段與某一軸線同顏色，則此線段與該線段成平行線，此時再按住 Shift 鍵不放，則整條預定要畫的線段會被鎖定在這個軸向上。

 依軸向畫線是 SketchUp 眾多功能之一，要熟悉並熟練，同時加上（Shift）鍵可以限制軸向，這對場景較大時相當有助益，後面章節會有很多實例的練習。

2-2-2　直線的 SketchUp 推理系統功能

01 SketchUp 自動打開了 3 類點推論的捕捉方式，即**終點（端點）捕捉、中點捕捉、交點捕捉**。在繪製物件時，游標只要遇到這 3 類特殊的點，即會自動捕捉上去，如圖 2-19 所示。

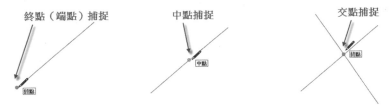

圖 2-19　SketchUp 點推論的捕捉方式

02 不僅如此，它還會對圓形及弧形物件的圓心做捕捉，如果一時找不到圓心或弧心點，只要移動游標在此等邊線上，即可自動顯示圓心並能立即捕捉到；如果在一個物件的面上會捕捉該面，使在其上繪製的圖形都會位於其面上，如圖 2-20 所示。

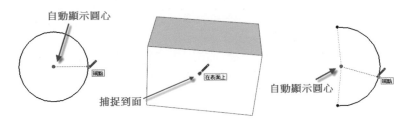

圖 2-20　可以對圓心及面進行自動捕捉

03 在場景中已有兩條相互垂直的直線，這時需要再增繪兩條相互垂直的直線，以完成矩形的 4 個邊且圍成一個面，移動第三條線使與軸向對齊，這時會發現畫面中出現與第一點間的淡化虛線出現，這就是線性推論的功能出現，如圖 2-21 所示，只要按下滑鼠左鍵，可產生與第一條等長的第三條線來。

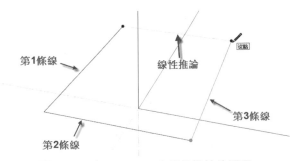

圖 2-21　在 SketchUp 中線性推論的運用

04 前面一章中提到桃紅色軸向限制可以畫任意線段之平行線及垂直線功能，現將其在**畫線**工具使用情形詳為分述如下：

1 經繪製了 A、B 兩條任意方向線段（非 X、Y 軸向線）後，想續畫與 A 線相互平行的線，此時可以移游標到 A 線上停留一下，移回游標後可以找出一條桃紅色軸的參考線，而 A 線段也會呈桃紅色，此時 C 線段即為與 A 線相互平行的線，如圖 2-22 所示。

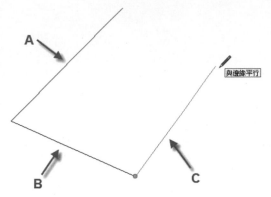

圖 2-22　代表 C 線段與 A 線段平行

2 對初學者而言想要拉出 C 線之桃紅色線段有點強人所難，不過此時只要游標從 A 線段移回後，按鍵盤上的向下鍵即可強制拉出一條桃紅色線段供繪製 A 線段的平行線。

3 當畫完 A、B 線段後（不平行於軸向的線段），想要由圖示 1 點畫一條與 A 線段相互垂直的線段，當游標移至 A 線投上，再按鍵盤上的向下鍵，可以強制拉出一條桃紅色線，惟此線為與 A 段平行的線段，如果再按一次鍵盤上的向下鍵時，則會改成垂直於 A 線段之垂直桃紅線段，如圖 2-23 所示。

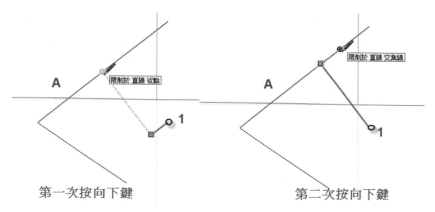

圖 2-23　連續按下向下鍵可以依序拉出平行軸向、垂直軸向線

溫馨提示 剛執行桃紅色限制軸向功能時，可能一時間無法順手，這是因為系統無法判使用者究竟要使用平行或垂直功能，因此當繪製的線段並非需要時，再重複按下鍵盤上向下鍵，系統會以此兩功能做循環顯示以供執行。

4 現想要從 A 線的 1 點畫 A 線的延伸線，可以使用**畫線**工具，以 1 點為畫線的起點，此時按下鍵盤上向下鍵，會顯示垂直於 A 線段的桃紅色線投，當再按下向下鍵，則會顯示由 1 點延伸 A 線段的桃紅色軸向線段，如圖 2-24 所示。

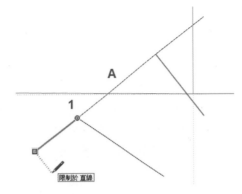

圖 2-24　按向下鍵兩可以快速繪製出 A 線段的延長線

2-2-3 繪製矩形工具

　　繪圖工具面板中的**矩形**工具，為透過游標定位兩個對角點，來繪製規則的平面矩形，此版本更賦予矩形平面鎖定功能，這是 SketchUp2019 版本對**矩形**工具的重大提昇，以下對**矩形**工具操作提出詳細說明。

01 請選取**矩形**工具按鈕 ▨，此時游標變成一支矩形帶有鉛筆的圖標，於繪圖區中任意點按下滑鼠左鍵以定下畫矩形的第一角點，此時可以不放開滑鼠直接拉出對角線，於滿意的矩形大小後再放開滑鼠，即可繪製出一矩形。

02 在定下畫矩形的第一角點後，於放開滑鼠左鍵也可以拉出對角線，至滿意的矩形大小後再按滑鼠左鍵一下，同樣可以繪製出矩形，且繪製的矩形會自動成面。

03 當使用**矩形**工具，由第一角點拉出第二角點，在兩角點間有一虛線，並於游標處顯示黃金比例提示，表示繪製出的矩形具有黃金比例，亦即長、寬的比值為 1.618 比 1；如果游標處顯示正方形提示，則可繪製出正方形，如圖 2-25 所示。當出現此兩種提示時同時按住 Shift 鍵即可維持此種比例做放大縮小圖形繪製。

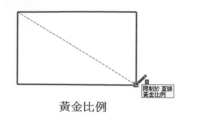
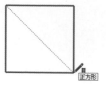

黃金比例　　　　　　　　　正方形

圖 2-25　可分別繪製出黃金比例與正方形的矩形

04 使用**矩形**工具，拉出對角線後，測量工具面板會出現矩形的長、寬值，和**直線**工具一樣，於定下第二點前或後均可定出距離，例如本例在鍵盤上輸入 **400, 300** 並按下（Enter）鍵以確認，即可繪製 400×300 公分的矩形，如圖 2-26 所示。

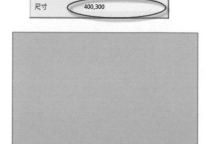

圖 2-26　繪製 400×300 公分的矩形

05 如果尺寸不符需求，在未按下（Enter）鍵前，可按 Backspace 鍵消除再重行輸入長、寬的數值即可，在長、寬值中間必以逗點隔開，並且在輸入長寬值後不要輸入單位。

當在 X、Y 或 X、Z 軸向繪製矩形，測量工具面板第一組數字會是 X 軸向的距離，第二組數字才會是 Y 或 Z 的軸向距離；當在 Z、Y 軸向繪製矩形時，第一組數字會是 Z 軸的距離，第二組數字才是 Y 軸的距離。

06 當選取**矩形**工具後同時按鍵盤上 Ctrl 鍵，此時繪製的矩形會以矩形的中心點做為畫矩形的第一角點，亦即以矩形的中心點繪製矩形，如圖 2-27 所示，此功能為 SketchUp2019 版本新增功能。

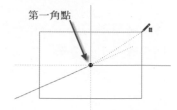

第一角點

圖 2-27　以矩形的中心點繪製矩形

07 請開啟第二章 Sample03.skp 檔案，這是一個不規則的體塊，如圖 2-28 所示，以做為矩形平面軸向鎖定之練習。

08 選取**矩形**工具後，立即按一下鍵盤上向左鍵，此時游標會呈現綠色矩形圖標，移動到物體的任一點上定下矩形的第一點，即可拉出 Y 軸向的直立矩形面，如圖 2-29 所示。

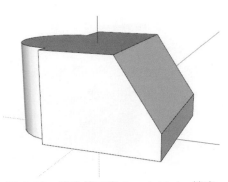

圖 2-28　開啟第二章 Sample03.skp 檔案

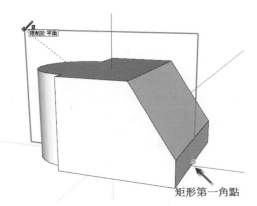

圖 2-29　繪製 Y 軸向的直立矩形面

09 同樣在選取**矩形**工具後，接著按下向右鍵或向上鍵，即可方面繪製 X 或 Z 軸向之矩形面，其操作方法相同請讀者自行練習。

10 選取**矩形**工具，移動游標至體塊的斜面上，立即按下鍵盤上的向下鍵，此斜面四邊線變成桃紅色，且游標也變成桃紅色矩形圖標，此時移動游標定下畫矩形的第一角點，再拉出對角線以繪製矩形，此時形成的矩形面與原體塊斜面為相互平行，如圖 2-30 所示。

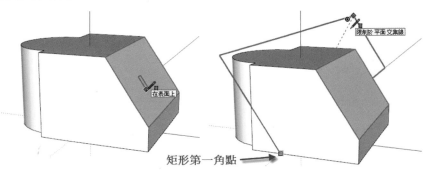

圖 2-30　繪製與原體塊斜面為相互平行的矩形面

2-2-4 旋轉矩形工具

旋轉矩形工具為 SketchUp 2015 以後版本所新增加的繪圖工具，它能在任意角度上繪製離軸的矩形，使用者可以簡單的把它當做是一個三點矩形的工具，以定出三點來定義矩形的大小，在 SketchUp 2018 版本以後對其進行優化，使其更加容易操作執行，現對其操作方法說明如下：

01 請選取**旋轉矩形**工具按鈕 ◨，此時游標變成一支藍色軸向量角器的圖標，以前版本需要按住滑鼠左鍵不放，移動游標可以找到其它兩個軸向，如今只要移動游標，當與 X、Y 軸向相同時，只要在輸入距離值（此處假設為 Y 軸向 600 公分），如圖 2-31 所示。

02 當按下 Enter 鍵定下 600 公分深度後，在測量面板中有兩組數字，前段數字表示目前圖形的高度，後段數字代表夾角的角度，如圖 2-32 所示。

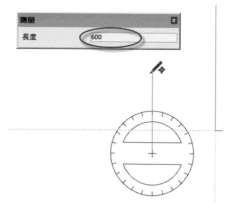

圖 2-31　向 Y 軸直接定 600 公分的長度

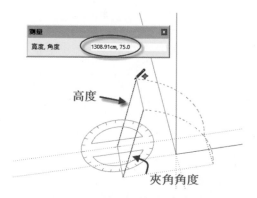

圖 2-32　前段數字代表高度後段數字代表夾角的角度

03 當在鍵盤輸入（1000, 75）數值再按下 Enter 鍵確定後，即可在繪製（600×1000）公分大小的矩形，而且它與地面呈 75 度的夾角（使用量角器量取），如圖 2-33 所示。

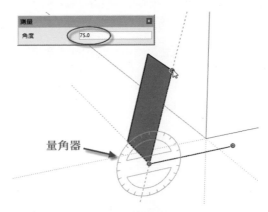

圖 2-33　快速繪製旋專角度之矩形

04 此工具在之前版的操作中相當繁瑣，如果已有操作經驗者，應特別注意，在以前
測量工具區中有兩組數字，前一組為角度，另一組則為矩形的邊長，與現行之操
作完全呈相反狀況。

05 使用**旋轉矩形**工具，當在定出地面基準線時，如果是黑色軸向線段，則代表它其
並不平行於 X、Y 軸向，其後續繪製的方法與前面的方法完全相同，請讀者自行
練習。

2-3　繪製圓形及圓弧工具

2-3-1　繪製圓形工具

　　圓形做為一個幾何體，在 CAD 及 3D 繪圖軟體出現的頻率都很高，是一項重要的構
圖要素，此版本更賦予圓形平面鎖定功能，這是 SketchUp2019 版本對**圓形**工具的重大
提昇，以下對**圓形**工具操作提出詳細説明。

01 在繪圖工具面板中選取**圓形**工具 　，此時游標變成一支圓中帶鉛筆的圖標，在
繪圖區中任意處按滑鼠左鍵，可以定下圓心位置，此時移動游標可以決定半徑的
大小，按下第二點即可產生一個圓，在測量工具區中會顯示半徑的值。

02 在繪製圓形時圖面會顯示各種不同的訊息，當拉出半徑時顯示的半徑線為紅色時表示其與 X 軸同一軸向，如為綠色表示與 Y 軸同一軸向，如果拉出的圓為藍色表示與 Z 軸同一軸向。

03 使用**圓形**工具，在定下圓心後可以拉出一條半徑線，於第二次按下滑鼠左鍵前或後，於鍵盤上輸入半徑值，均可準確畫出想要的圓。

04 由於是封閉的圓，SketchUp 會直接轉成面，如果只想要圓的邊線，可以使用**選取**工具選取圓面，再按鍵盤上（Delete）鍵刪除面即可。

05 在 SketchUp 所繪製的圓，其實是由多邊形所組成的，在圖形較小時看不出來，但圖形一經放大或是畫一大圓，就會很明確的顯現出，所以在 SketchUp 中繪製圓形，可同時調整圓的片段數，即正多邊形的邊數（系統內定為 24 段），其設定片段數的方法如下：

1 選取**圓形**工具，在未定圓心前，或在游標定圓心後，確定半徑數值前，在測量工具面板中輸入〈**邊數值 +s**〉，例如想要圓是 30 個片段數，只要輸入〈30s〉按（Enter）鍵後再輸入半徑值，即可完成 30 個片段數圓的繪製。

英文字放置在數字後或數字前均可，惟英文字在 SketchUp 中常代表工具的快捷鍵，如果將英文字放置在數字前容易產生執行繪圖或編輯功能的執行，因此建議養成習慣將數字前擺其後再加上英文字較為妥適。

2 在定下圓心及圓半徑值以完成畫圓形，接著在鍵盤上輸入〈**邊數值 +s**〉，亦可立即改變圓的片段數。

3 事後想更改圓形的片投數，可以使用**選取**工具選取要更改的圓形邊線，執行繪圖區右側預設面板中之**實體資訊**頁籤，在打開的**實體資訊**面板中，其區段欄位即為圓的片段數，如圖 2-34 所示。

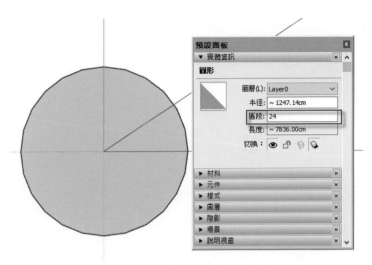

圖 2-34 打開**實體資訊**面板以設定圓分段數

4 當選取圓邊線後執行右鍵功能表
→**實體資訊**功能表單，如圖 2-35
所示，亦可立即打開**實體資訊**面
板，此種開啟**實體資訊**面板方法
比上面的方法更直接，讀者可依
自己喜好選擇執行。

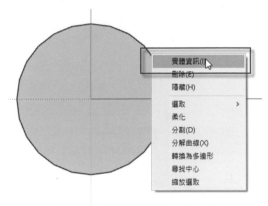

圖 2-35 執行**實體資訊**功能表單

5 當執行**畫圓**工具，在定半徑前或定半徑後，立即按住鍵盤上 Ctrl 鍵，同時按數
字鍵盤上＋鍵可以依序增加分段數，如按按數字鍵盤上－鍵可以依序減少分段
數，此為 SketchUp 2016 版以後新增功能。

06 選取圓的邊線它是一整體，如果想將每一片段數分離，可以在選取圓形邊線後，
執行右鍵功能表→**分解曲線**功能表單，即可單獨選取其中一片段的直線，如圖
2-36 所示。

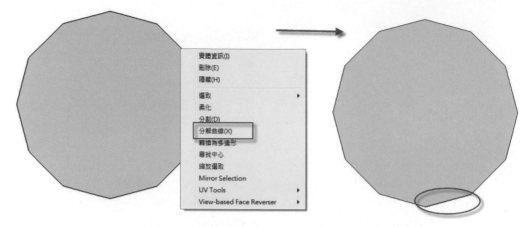

圖 2-36　執行**分解曲線**功能表單可以將圓形邊線各別分離

07 在 SketchUp2019 版本中畫好圓已很容易找到圓心，使用者也可以移動游標到圓邊線上，系統會立刻以虛線連結到圓心上，如果圓經執行**分解曲線**功能表單後即不再具有圓的屬性。

08 請打開第二章 Sample03.skp 檔案，選取**圓形**工具後，立即按一下鍵盤上向左鍵，此時游標會呈現綠色圓形圖標，移動到物體的任一點上定下圓形的圓心，再拉出半徑即可繪製 Y 軸向的直立圓形面，如圖 2-37 所示。

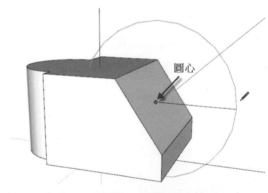

圖 2-37　繪製 Y 軸向的直立圓形面

09 同樣在選取**圓形**工具後，接著按下向右鍵或向上鍵，即可方面繪製 X 或 Z 軸向之圓形面，其操作方法相同請讀者自行練習。

10 選取**圓形**工具，移動游標至體塊的斜面上，立即按下鍵盤上的向下鍵，此斜面四邊線變成桃紅色，且游標也變成桃紅色圓形圖標，此時移動游標定下畫圓形的圓心點，再拉出半徑即可繪製出與原體塊斜面相互平行的圓，如圖 2-38 所示。

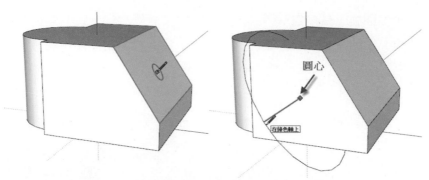

圖 2-38　繪製與原體塊斜面為相互平行的圓形面

2-3-2　繪製圓弧工具

在 SketchUp2019 版本中畫圓弧的工具比起 SketchUp 8 版本增加 3 個，以供不同需要時繪製圓弧線，如圖 2-39 所示，由左至右分別為圓弧、兩點圓弧、三點圓弧、圓形圖，現分別說明其操作方法如下：

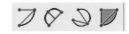

圖 2-39　在 SketchUp2019 版本中之**圓弧**工具

01 請選取**圓弧**工具按鈕 ⟋ ，此工具為 SketchUp2014 版本以後新增，在工作區中定下第 1 點做為畫弧的軸心，拉出角度與半徑值以定下第 2 點做為畫弧的起點，再定出圓弧的角度，即可繪製出一條圓弧線，如圖 2-40 所示。

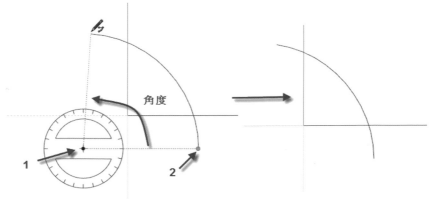

圖 2-40　利用**圓弧**工具繪製出一條圓弧線

02 請選取**兩點圓弧**工具按鈕 ⟡，在繪圖區中按滑鼠左鍵，定下圓弧的第一個點，移動游標，這時第一點至游標之間會產生一條與軸線相同顏色線段，這是弦長，至圓弧第二點未按滑鼠左鍵前，右下角測量工具面板會出現弦長數值，同**畫線**工具一樣，可用鍵盤直接輸入精確的弦長數值，按下（Enter）鍵後可確定弦長。

03 當確定弦長後，移動游標至要畫圓弧的方向，會在弦長線段的中點處拉出與軸向相同的弦高線，至弦高點再按滑鼠左鍵，同時右下角測量工具面板會出現弦高數值，同**畫線**工具一樣手法，可用鍵盤直接輸入精確的弦高數值即可畫出想要的圓弧，如圖 2-41 所示。

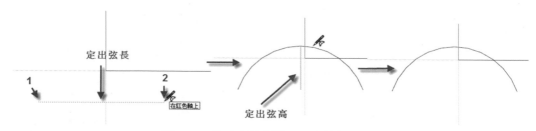

圖 2-41　使用**兩點圓弧**工具繪製出圓弧線

04 當在定弦高時，如果已達至半圓的位置時，游標旁會彈出半圓的提示，按下滑鼠左鍵即可畫出半圓弧。

05 請選取**三點圓**工具按鈕 ⟲，此工具為 SketchUp2015 版本以後新增工具，在工作區中定下圓弧的 1、2、3 點，即可繪製出一條圓弧線，如圖 2-42 所示。

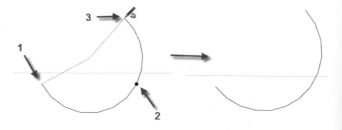

圖 2-42　使用三點圓弧工具繪製出一條圓弧線

06 請選取**圓形圖**工具按鈕 ◗，此工具為 SketchUp2014 版本以後新增，選取此工具後游標會變成量角器圖標，請先按滑鼠左鍵以定下中心點，再依次定下圖示 1、2 點，此兩點距離值即為半徑值，可在鍵盤上直接輸入，移動游標定出方向，然後輸入角度值，即可繪製一封閉的扇形面，如圖 2-43 所示，其中第 1、2 點的順時或逆時針方向旋轉，關係到扇形面的組成方向。

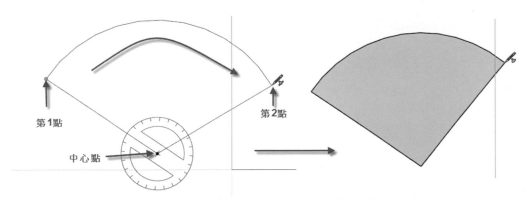

圖 2-43　定出半徑與旋轉角度值方式繪製扇形圓弧面

07 與畫圓定片段數的方法相同，畫弧線同時在鍵盤上輸入（數字＋S），可以定出想要的片投數（系統內定為 12 分段數）。

08 當執行畫**弧線**工具後，立即按住鍵盤上 Ctrl 鍵，同時按數字鍵盤上＋鍵可以依序增加分段數，如按按數字鍵盤上－鍵可以依序減少分段數，此為 SketchUp 2016 版新增功能。

09 在矩形的一角使用**兩點圓弧**工具畫圓弧線，當圓弧呈現桃紅色的正切狀態時，此時在定弧線第二點的位置上（圖示 1 點處）連續按滑鼠左鍵兩下，即可將矩形角做倒圓角處理，如果移動游標拉出弦高處（圖示 2 點處），按下滑鼠左鍵即可繪製出圓弧線而不做倒圓角處理，如圖 2-44 所示。

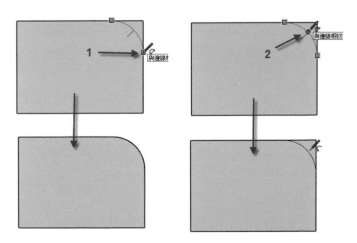

圖 2-44　利用**兩點圓弧**工具製作出矩形之倒圓角

2-4 繪製多邊形、手繪曲線工具

2-4-1 繪製多邊形工具

在 SketchUp 中，可建立 3 至 100 個邊的多邊形，前面介紹過圓形是一個正多邊形所組成，所以這兩種圖形畫法幾乎是一致的，其操作方法說明如下。

01 請選取繪圖工具面板上**多邊形**工具按鈕 ⬡ ，此時游標變成一支多邊形帶鉛筆的圖標，在繪圖區任意點按滑鼠左鍵一下，以定下多邊形中心點。

02 如果想繪製 5 邊形，可在定下多邊形中心點後，馬上利用鍵盤輸入（5s）按（Enter）鍵確定，這時游標變成一支 5 邊形帶鉛筆的圖標，或是在定下多邊形半徑距離值後，接著在鍵盤輸入（數字＋S）亦可將畫好的多邊形改成想要邊數的多邊形。

03 當定下圓心後移動游標，此時圖形中心點至游標之間會產生一條與軸向相同顏色線段，這是多邊形半徑，同時右下角測量工具面板會出現半徑數值，同**畫線**工具一樣手法，可用鍵盤直接輸入精確的半徑數值畫出想要的多邊形來。

04 繪製多邊形時在以往版本中只能繪製外接於圓之多邊形，在 SketchUp2015 版本以後也可設定為內接於圓方式繪製多邊形，其方法為按鍵盤上 Ctrl 鍵做為兩者切換，如圖 2-45 所示。

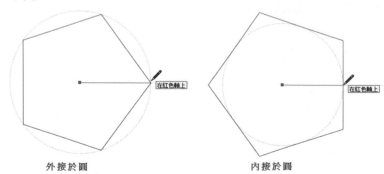

外接於圓　　　　　　　　　　內接於圓

圖 2-45　在 SketchUp2019 版本中已可選擇外接或內接於圓繪製多邊形

05 在繪製多邊形完成後，如想改變多邊形邊數，如同圓形一樣，可在**實體資訊**面板區段欄位中輕易更改多邊形的邊數，亦可執行右鍵功能表中的**分解曲線**功能表單，將多邊形邊線分解。

06 當執行畫**多邊形**工具時，在定半徑前或定半徑後，立即按住鍵盤上 Ctrl 鍵，同時按數字鍵盤上＋鍵可以依序增加多邊形邊數，如按數字鍵盤上－鍵可以依序減少多邊形邊數，此為 SketchUp 2016 版以後新增功能。

07 在繪圖區畫出相同半徑的多邊形和圓，在外形上兩者相差不多，但經由後面介紹的**推拉**工具將其推拉高，多邊形的直立面有邊界線會顯示出來，但圓形直立面卻沒有邊界線，當將多邊形的邊線給予柔化，則兩者差異性變小，如圖 2-46 所示。

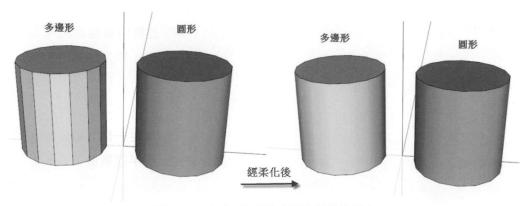

圖 2-46　多邊形經柔化後兩者差異性變小

溫馨提示　在 SketchUp 中，正多邊形的邊數達到一個階段後，多邊形與圓幾無差異；只是多邊形在直立面會有片段數邊線而已。

2-4-2　手繪曲線工具

01 選取繪圖工具面板中**手繪曲線**工具按鈕 ，此時游標變成一支不規則曲線帶鉛筆的圖標，在繪圖區中想要開始畫曲線的地方，按下滑鼠左鍵不放移動滑鼠，則在游標移動的路徑上留下不規則的曲線，放開滑鼠則可完成不規則曲線的繪製工作。

02 當滑鼠移回開始畫線的地方，形成一個封閉線時，SketchUp 會自動生成一個不規則的面，如圖 2-47 所示。

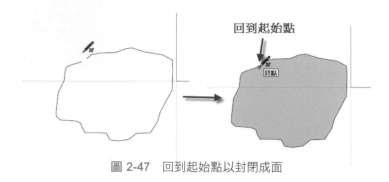

圖 2-47　回到起始點以封閉成面

03 **手繪曲線**工具一般在室內設計應用上可以快速建立窗簾模型，在室外建築上可以建立等高線以產出丘陵地形。

04 當使用**手繪曲線**工具在已知平面上繪製圖形，當與各軸向相同方向時會自動顯示各軸向的顏色，如在斜面上繪製曲線則顯示桃紅色軸向的顏色，如圖 2-48 所示，此功能為 2018 版本以後新增功能。

05 使用**手繪曲線**工具在各軸向的面上繪製曲線，除會顯示各軸向的顏色，當此曲線超出此平面，仍會是以相同的軸向顏色繪製，如圖 2-49 所示，此為 2018 版本以後新增功能。

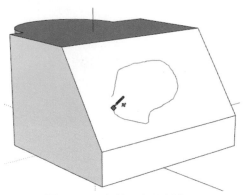

圖 2-48　在斜面上繪製曲線則顯示桃紅色軸向的顏色

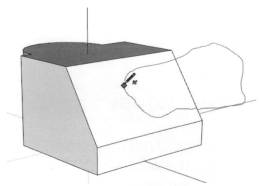

圖 2-49　曲線畫出平面外仍然具有相軸向顏色

2-5 編輯工具面板之推 / 拉、移動工具

2-5-1 推/拉工具

SketchUp 為何特別，為何好用，就在**推 / 拉**工具上，這是它特有功能，在室內設計創建場景過程中，有百分之八、九十以上都是使用推 / 拉工具（往後簡稱**推拉**工具），下面分別說明其操作方法：

01 請使用繪圖工具面板中的**矩形**工具，在繪圖區任意位置上繪製 300×200 公分的矩形，矩形面會呈淡灰藍色，這是系統內定為反面的結果，如圖 2-50 所示。

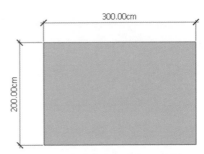

圖 2-50　使用**矩形**工具繪製
300×200 公分的矩形

02 利用滑鼠操控視圖的技巧，在繪圖區中，按住滑鼠滾輪不放，移動滑鼠將視圖轉動成透視狀態，其目的是方便使用**推拉**工具操作。

03 選取編輯工具面板中的**推拉**工具 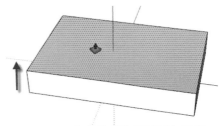，此時游標變成**推拉**工具圖像，**推拉**工具主要是對平面施作，移動游標到這個面上，面自動會被選取，按住滑鼠左鍵不放，往上移動游標則面會長高，如圖 2-51 所示。

圖 2-51　往上移動游標則面會長高

溫馨提示 使用**推拉**工具時不用先選取面，它會自動鎖定游標所在的面，如果沒鎖定表示它被別的面鎖定了，請按快捷鍵之(Ctrl＋T)鍵以放棄選取，此時移動游標到編輯的面，它就會自動被鎖定。

04 當游標向上移動時，會發現整個面向上拉出高度，至滿意的地方放開滑鼠即可產生一個立方體的物件，現想要精確的物體高度，接著在鍵盤上輸入 200，物體馬上會自動修正回要求的高度，這種操作方法相當直觀、方便，在 SketchUp 中很多模型都是這樣方便建立起來的，如圖 2-52 所示。

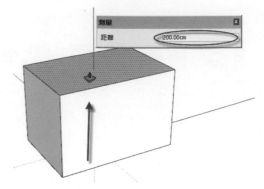

圖 2-52　由**推拉**工具推拉出 200 公分的高度

05 是否發覺立方體顏色也改變了，在推拉以產生立方體時，SketchUp 會立即將立方體的外表修改為正面，正反面會對後續渲染軟體產生影響，有照片級透視圖渲染需求者要特別注意，在後面章節會做更詳細的說明。

06 利用**推拉**工具鎖住面的功能，當想推拉與右側的圓柱等高時，使用**推拉**工具，移游標到立方體的頂面上，頂面被選取，然後移游標到右側圓柱的頂面上，則立方體會自動長高到與圓柱體的頂面具相同高度，如圖 2-53 所示。

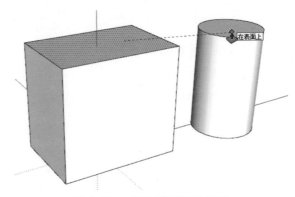

圖 2-53　移游標到圓柱頂端可以拉高立方體高度與之同高

07 請在標準工具面板中選取**復原**工具按鈕 ，回復到原來物體的高度，重複上面的推拉動作，不過此時要同時按一下（Ctrl）鍵並立即放掉，其結果推拉出相同的高度，惟在物體的高度上多出了一條四周的橫切線，如圖 2-54 所示；與上圖比較，因有按了（Ctrl）鍵一下，變成有複製的功能，所以把立方體的面橫切成兩組，有時為達編輯 3D 物件，這種方法相當快捷好用。

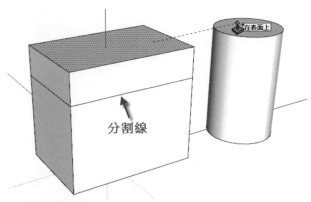

圖 2-54　同時按（Ctrl）鍵一下使有了切割面的功能

溫馨
提示

行使 SketchUp 的編輯工具時，按（Ctrl）鍵具有複製的功能，此方法以下簡稱為**推拉複製**，當執行推拉複製時，只要按下（Ctrl）鍵一下，當在游標出現有（＋）的標註時，即可放開（Ctrl）鍵而不用一直按住它。

---

08 當正面方向的面被分割成兩個面時，移動游標到體塊左側分割後上半部，按住滑鼠左鍵不放，向左推拉，會發現這個面向前生長，至滿意長度放開滑鼠即可，如圖 2-55 所示。

09 使用**直線**工具，以體塊前方底線中點為畫線的第一點，往上繪製垂直線至頂面邊線上（藍色軸），即可在體塊前立面繪製一條垂直線，如圖 2-56 所示。

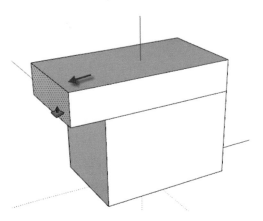

圖 2-55　使用**推拉**工具向左拉出立面體

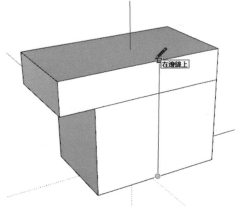

圖 2-56　在體塊前立面繪製一條垂直線

10 這時前立面方向的面被分害成四個面，使用**橡皮擦**工具將下段的垂直線刪除，再利用**推拉**工具，移動游標到下段面上，按住滑鼠左鍵不放向前推拉，會發現這個面向前生長，至滿意長度放開滑鼠左鍵即可，如圖 2-57 所示。

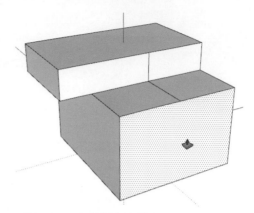

圖 2-57　在前立面由**推拉**工具拉出造形

11 在繪圖工具面板中選取**圓形**工具 ⊘，在剛才推拉的面上畫上任意半徑值的圓，此時因在面上畫圓形，SketchUp 會發揮軸向鎖定功能，如圖 2-58 所示。

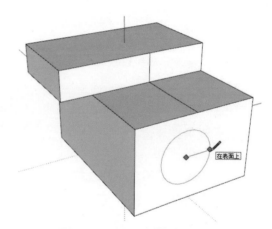

圖 2-58　選擇一個面畫上圓形

12 使用**推拉**工具，移動游標到新生成的圓形面，按住滑鼠左鍵不放，往立方體內部推拉，會發現這個圓形面向後凹陷下去，至滿意深度放開滑鼠即可，要精確，請接著在鍵盤上輸入數字後按 Enter 鍵以確定，如圖 2-59 所示。

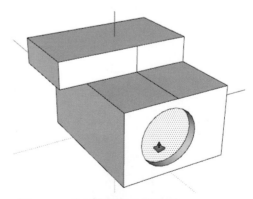

圖 2-59　使用**推拉**工具將圓形面向內推拉

13 如果想將圓形面整個貫穿立方
體，只要在推拉時將游標移至
內側線上，利用鎖點功能移動
到角點上，即可將整個圓形面
往後推拉掉，如圖 2-60 所示。

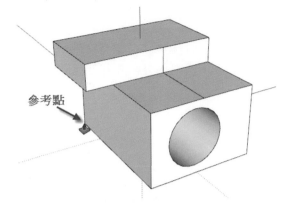

圖 2-60　將整個圓形面往後推拉掉

14 請開啟第二章中 Sample04.skp
檔案，這是一堵 L 形的牆面，
其上已預先繪製了 6 個矩形，
如圖 2-61 所示，以做為**推拉**
工具的後續練習。

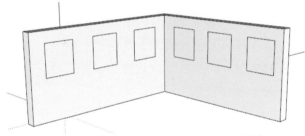

圖 2-61　開啟第二章中 Sample04.skp 檔案

15 使用**推拉**工具，將最左側的矩形面往後推拉掉成一窗洞，在還未變更推拉距離前，
移動游標至下一個矩形面上，以雙擊滑鼠左鍵兩下方式，以複製剛才的動作，如
此可以在其他的矩形面上一直複製相同深度的推拉動作，如圖 2-62 所示，這在製
作門窗時相當好用。

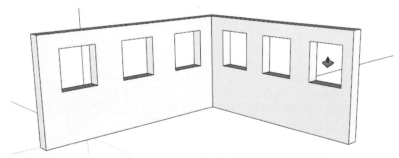

圖 2-62　使用按滑鼠左鍵兩下可以複製推拉動作

16 請開啟第二章中 Sample05.skp 檔案，這是在一立方體頂面上經過**偏移複製**工具處理，及在內外兩矩形間畫對角線，如圖 2-63 所示。

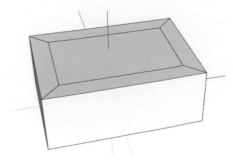

圖 2-63　開啟第二章中 Sample05.skp 檔案

17 使用**推拉**工具，移游標到立方體頂面之中間區域，面會被鎖定請同時按住鍵盤上（Alt）鍵，移動滑鼠往上推拉，此時不僅此面向上推拉其相鄰的四面也會同時被推拉折疊成斜面，如圖 2-64 所示。

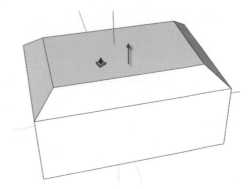

圖 2-64　同時按住（Alt）鍵則此面與相鄰的四面也會同時推拉

18 使用此方法無法直接輸入數值以定其折疊高度，而必需借助旁邊的高度參考點；另**移動**工具也有此項功能，且具有直接輸入數值以定其折疊高度，所以成為使用者較常使用的方法。

2-5-2　移動工具

SketchUp 中對物件的移動和複製是通過同一個工具來完成的，但操作方法有些不一樣，下面詳細說明其操作方法。

01 請打開第二章中之 Sample06.skp 檔案，這是一張舒適坐椅的模型元件，如圖 2-65 所示，以做為**移動**工具之操作練習。

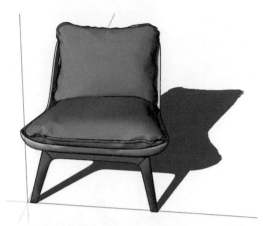

圖 2-65　開啟第二章中之 Sample06.skp 檔案

02 在編輯工具面板中選取**移動**工具 ，此時游標變成**移動**工具圖像，移游標至坐椅元件上，坐椅會被自動選取，再移動游標至想做為坐椅移動的基準點上按下滑鼠左鍵，可以定下移動的基準點。

03 此時按住游標左鍵不放，移動游標物件也會跟著移動，至滿意處放開滑鼠，即可移動物件到想要的地方；如果定下移動基準點後，放開滑鼠左鍵，把游標移動到滿意處再點擊滑鼠左鍵亦具相同效果。

> 溫馨提示　使用**移動**工具時，如果物件為元件或群組時，移動游標至此物件上物件會自動被選取，如果物件不具上述的物件特性時，在使用**移動**工具時，必需先使用**選取**工具選取想要移動或複製的物件。

04 如果要維持一定軸向的移動，在（移動虛擬線）出現時，顏色維持與想要移動方向的軸向顏色相同，如此時再按住 Shfit 鍵不放，這時游標再怎麼移動都會維持這個軸向，將按 Shfit 鍵改成按鍵盤上想要軸向的方向鍵亦同。

05 和其他工具一樣，移動時在未定移動距離值之前後，都可以在鍵盤輸入距離值，可用很精確的尺寸移動物件，但首先必需把移動的方向定好。

06 要複製物件時，與**推拉**工具相同的動作，使用**移動**工具並在鍵盤上按一下 Ctrl 鍵，當游標旁出現（＋）號後即可放開 Ctrl 鍵，此時移動游標，即可執行移動複製的工作，如圖 2-66 所示。

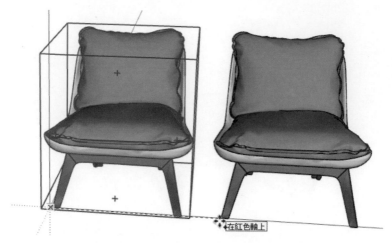

圖 2-66　移動時加按（Ctrl）鍵可執行移動複製工作

07 執行上面移動複製方法，當定出移動的距離值並按（Enter）鍵確定，再由鍵盤輸入要複製的倍數＋X（大小寫均可），再按（Enter）鍵確定，在這裡如果要同時再複製 4 個坐椅時，於移動距離確定後，輸入（4x），即可多出 4 個坐椅的複製工作，如圖 2-67 所示。

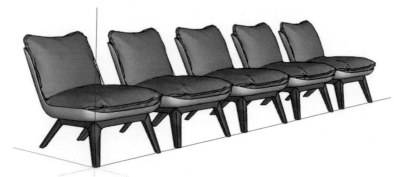

圖 2-67　同時再複製出 4 個坐椅

08 使用**移動**工具，選擇坐椅元件的基準點，同時按（Ctrl）鍵一下，移動游標至要複製方向的終點處再按滑鼠一下，或是在鍵盤上輸入移動最終處的距離值並按（Enter）鍵確定，再由鍵盤輸入（**/X**），X 值即平均距離的分配數，按（Enter）鍵確定後，即可按 X 數平均距離分配物件；此處鍵盤輸入（/4），即可在此等距離平均分配 4 個坐椅，如圖 2-68 所示。

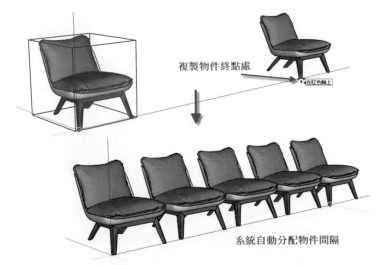

複製物件終點處

在紅色軸上

系統自動分配物件間隔

圖 2-68　在一定距離間平均分配複製坐椅

09 創建一立方體，並使用**直線**工具在立方體頂面畫一中分線，先使用**選取**工具選取此中分線，再使用**移動**工具，將線段往上垂直移動（藍色軸向），可以建立如房屋的斜面，如圖 2-69 所示，如果無法找到藍色軸向，可以在移動前按鍵盤上的向上鍵。

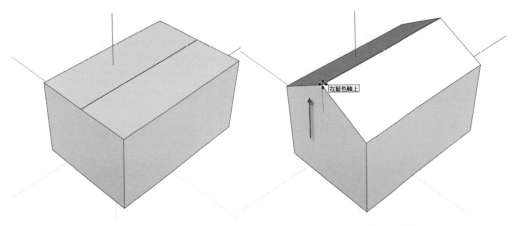

在藍色軸上

圖 2-69　將頂面的中分線向上垂直移動可建立如房屋的斜面

10 建立一立方體，選取頂面的 4 邊和面或是只選擇面，使用**移動**工具移動位置，可以對立方體做變形處理，如圖 2-70 所示。

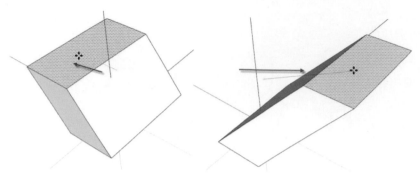

圖 2-70　選取頂面移動會對立方體做變形處理

11 請開啟第二章中 Sample07.skp 檔案，這是一立方體而其頂面經過偏移複製了小矩形，先使用**選取**工具，在小矩形面上點擊一下以單獨選取面（亦可選取在面上點擊兩下以選取面和 4 邊線），如圖 2-71 所示。

12 使用**移動**工具並同時按住（Alt）鍵，將面和線往上垂直移動，此時可在鍵盤上輸入數值，以決定拉高的尺寸，則小矩形相鄰的面同時被拉高並產生折疊效果，如圖 2-72 所示，和**推拉**工具不同的是不用先畫對角線，而且可以輸入數值以準確移動高度。

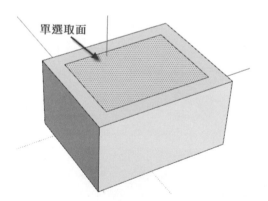

單選取面

圖 2-71　在立方體之頂面上選取小矩形面

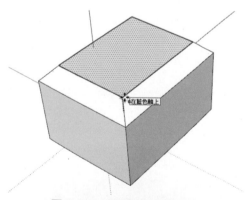

拉在藍色軸上

圖 2-72　小矩形與相鄰的面同時被拉高並產生折疊效果

溫馨提示

要保持移動時的垂直性，可以將游標移至立方體的垂直邊線上，藉著沿垂直線移動即能確保折疊面向上垂直移動，這是 SketchUp 的特異功能；另一種方法，同時按住（Alt）鍵後往上移動游標，然後再放掉（Alt）鍵而立即去按鍵盤向上鍵，即可限制移動方向為垂直向上。

13 使用**畫圓**工具在繪圖區繪製半徑
120 公分的圓（或任意長度之半
徑），使用**移動**工具並將游標移動
到圓的四個現象點上，即以圓心
為準輻射至紅、綠軸向至圓週上
的四分點上，這些點可以出現藍
色的抓點，如圖 2-73 所示。

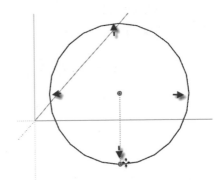

圖 2-73　使用**移動**工具可在圓週四分點上出現抓點

14 當四分點被自動抓取時，移動游標往內或往外移動，立即在鍵盤上輸入移動數值，
即可改變圓半徑值，如圖 2-74 所示，當往外移動並輸入 20 數值，即可改變圓之
直徑為 280 公分。

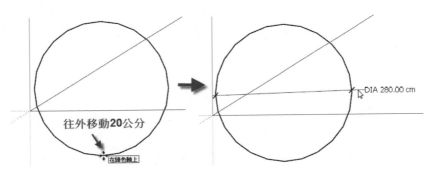

圖 2-74　移用**移動**工具直接改變圓半徑為 140 公分

15 使用**移動**工具，移動到圓弧線的中心點上，包含圓弧心共有四點會被自動抓取，
此時上下移動游標並立即在鍵盤上輸入數值，即可圓弧心不動，而直接改變圓弧
的弦高值，如圖 2-75 所示。

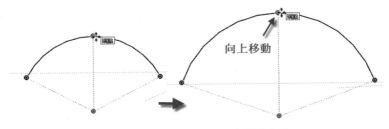

圖 2-75　利用**移動**工具改變弦高值

2-6 編輯工具面板之路徑跟隨、旋轉工具

2-6-1 旋轉工具

　　旋轉工具可以對單個物件或多個物件的集合進行旋轉，也可以對一個物件中的某一個部分進形自身旋轉，還可以在旋轉的過程中進行複製。

01 請開啟第二章中 Sample08.skp 檔案，這是一餐具及食物之組合元件模型，如圖 2-76 所示，以供做旋轉操作練習。

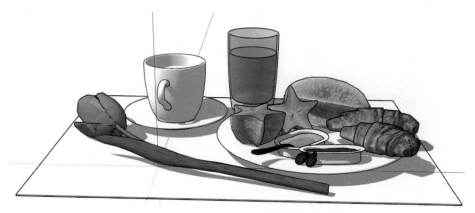

圖 2-76　開啟第二章中 Sample08.skp 檔案

02 初學者執行**旋轉**工具時常會感覺不順暢，其實它有三個執行步驟，其一為定旋轉軸心，物件將以此軸心做旋轉；二為定出旋轉的基準線，此基準線的目的是以此線做為計算旋轉角度的起始線；三為執行旋轉，此時可以目測方式或直接輸入角度值做旋轉。

03 使用**選取**工具框選全部的元件圖形，在編輯工具面板中選取**旋轉**工具　，此時游標變成一個量角器，並會隨著軸向的不同而變換顏色，本處做 Z 軸的旋轉，因此先按下鍵盤上向上鍵以維持藍色的量角器。

04 移動游標至元件一角上並在其上按滑鼠左鍵一下，以做為旋轉的軸心，移動游標可以拉出一條虛線，如與各軸向平行時會顯示各別的顏色，按下滑鼠左鍵以定出基準線，再移動游標時會出現旋轉角度線，元件也會跟著旋轉，至滿意角度再下滑鼠左鍵（或在鍵盤上輸入角度值），即可將元件做自身旋轉，如圖 2-77 所示。

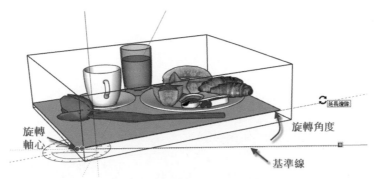

圖 2-77　將元件做自身旋轉角度

05 請回復元件未旋轉狀態，剛才以軸心置於物件上做自身旋轉，現製作以元件外的點做為軸心旋轉；先選取元件，使用**旋轉**工具，在元件前方按下滑鼠左鍵以定下軸心，此時按一下（Ctrl）鍵（不用一直按著），游標處會出現（＋）號表示執行複製，移動游標會出現一條虛線，至元件處（任何一點皆可）按下滑鼠左鍵，可以定出旋轉的基準線，如圖 2-78 所示。

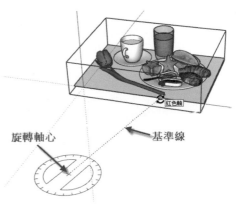

圖 2-78　使用**旋轉**工具定出軸心及基準線

06 當定出基準線後，移動游標時會複製出一組元件，並以軸心做旋轉，立即在鍵盤上輸入 45，並按下（Enter）鍵確定，即可以軸心、基準線在 45 度角上再複製一組元件，如圖 2-79 所示。

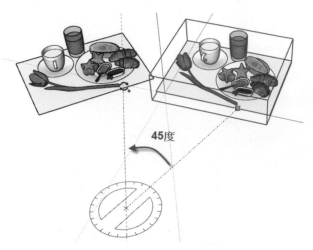

圖 2-79　在 45 度角上再旋轉複製一組元件

07 在旋轉角度確定後，立即在鍵盤上輸入**倍數值＋X**（大小寫均可），再按（Enter）
鍵確定，即可數倍旋轉複製物件，例如在上例中，在旋轉角度後，立即在鍵盤上
輸入 45，並按下（Enter）鍵確定，並隨後在鍵盤上再輸入（3x）並按下（（Enter）
鍵，即可以每 45 度角旋轉複製 3 組元件，如圖 2-80 所示。

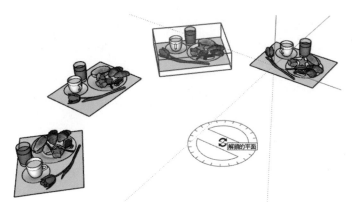

圖 2-80　以 45 度旋轉並複製 3 組元件

08 於上例中，在鍵盤上輸入 360 並按下（Enter）鍵確定最後的旋轉角度後，立即在
鍵盤上再輸入（/8）並按下（Enter）鍵，即可將元件旋轉一圈，然後將最後一張
重複餐具及食物之組合刪除，即可在一圓週內平均分配旋轉複製 8 組元件，如圖
2-81 所示。

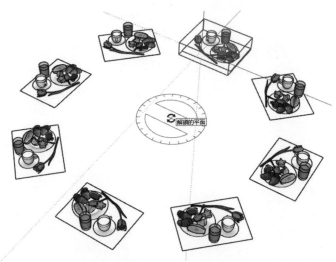

圖 2-81　在一圓周內平均分配旋轉複製 8 組元件

2-6-2　路徑跟隨工具

路徑跟隨工具就是一個剖面沿著一個指定路線進行拉伸的建模方式，和 3ds max 中的 loft（放樣）命令有些類似，是一種傳統的從二維到三維的建模工具。

01 使用**路徑跟隨**工具有兩項先決條件，其一就是必需有剖面和路徑，且兩者相互間垂直，其二就是必需在同一空間中，亦即必需在同一元件或群組內，或是全在元件或群組外。

02 請開啟第二章中 Sample09.skp 檔案，這是一個圓形面及一條曲線（兩圓弧形線連接）的場景，圓形可做為**路徑跟隨**工具的剖面，曲線可以做為**路徑跟隨**工具的路徑，如圖 2-82 所示。

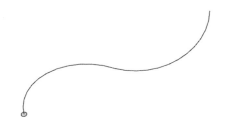

圖 2-82　開啟第二章中 Sample08.skp 檔案

03 當使用者第一次操作**路徑跟隨**工具時，會有點不太順手，請記住它的操作順序步驟：

1 第一步驟：先選取路徑。

2 第二步驟：先選**路徑跟隨**工具。

3 第三步驟：移動游標去點擊剖面。

04 請使用**選取**工具，選取全部的曲線做為路徑，在編輯面板中選取**路徑跟隨**工具 🌀，移游標至圓形面上（做為剖面），當於面上按下滑鼠左鍵，即可創建圓管造形，如圖 2-83 所示。

05 在繪圖區中使用**矩形**及**推拉**工具，創建任意尺寸的立方體，再使用**兩點圓弧**工具，在立方體側立面繪製圓弧線，此圓弧線不能超出此立面，如圖 2-84 所示，黃色區域的面將做為路徑跟隨的剖面。

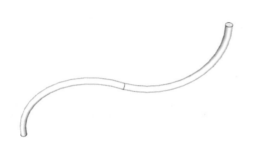

圖 2-83　利用**路徑跟隨**工具創建圓管造形

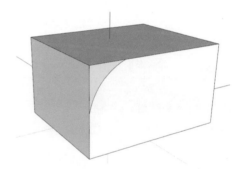

圖 2-84　在立面畫弧形線並以黃色區域做為剖面

06 現先選取路徑，使用**選取**工具，移動游標至立方體的頂面上，按滑鼠左鍵在面上點擊兩下以選取面和四邊線，再按住（Shift）鍵在面上點擊一下，以去除面的選取而只剩下選取四邊，以做為路徑跟隨之路徑，如圖 2-85 所示。

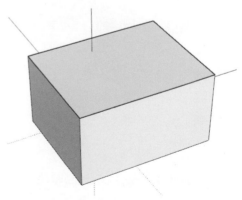

圖 2-85　選取頂面的四邊線做為路徑

07 選取**路徑跟隨**工具，移游標至黃
色的面上按下滑鼠左鍵，即可將
頂面的四周做倒角處理，如圖
2-86 所示，此部分一般運用在
做軟包墊時使用。

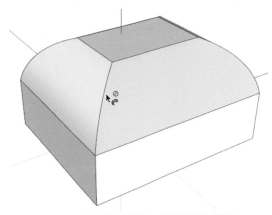

圖 2-86　將頂面的四周做倒角處理

08 如果只選擇頂面而不選擇其四邊，亦可利用此面做為路徑而產生相同的效果，然
為使初學者能依據固定的法則操作，還是建議以上一次的操作方法（依據路徑）
為佳。

09 另外一種施作方法不用先選擇路徑，直接使用**路徑跟隨**工具，移游標至黃色區域，
同時按住（Alt）鍵，按住滑鼠左鍵不放，移動游標至立方體的頂面上，先放開
（Alt）鍵再放開滑鼠左鍵，也同樣可以將頂面的四周做倒角處理，如圖 2-87 所示，
此種方法需要一點技巧，因此建議初學者使用前面的方法較容易理解。

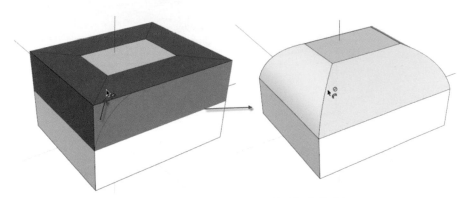

圖 2-87　同時按住（Alt）鍵的操作模式

10 請開啟第二章中 Sample10.skp 檔案，這是一個吧檯之剖面，如圖 2-88 所示，以
此做為創建吧檯模型的示範。

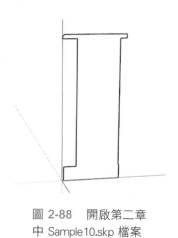

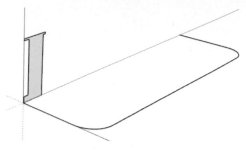

11 請使用畫線及**兩點圓弧**工具，在地面上畫出欲做吧檯位置之線段，如圖 2-89 所示，使用者亦可自行繪製線段，惟其先決條件即讓吧檯剖面與線段在接觸點上必為垂直狀態。

圖 2-88　開啟第二章中 Sample10.skp 檔案

圖 2-89　在吧檯前繪製線段做為吧檯之位置

---

12 選取吧檯剖面，執行右鍵功能表→**分解**功能表單，將元件先行分解，接著選取地面線段，再選取**路徑跟隨**工具，移游標至吧檯剖面上點擊滑鼠左鍵，即可創建吧檯 3D 模型，如圖 2-90 所示。

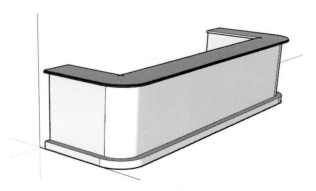

圖 2-90　快速創建吧檯 3D 模型

13 選取全部的造形柱給予柔化處理，經給予吧檯立面及內側部再細作各種造形結構，再賦予全部物件之木紋材質紋理貼圖，整體吧檯 3D 模型製作完成，如圖 2-91 所示，本物件經組成元件，以吧檯為檔名存在第二章中，供讀者自行開啟研究之，有關材質之賦予方法將在第三章中再詳為說明。

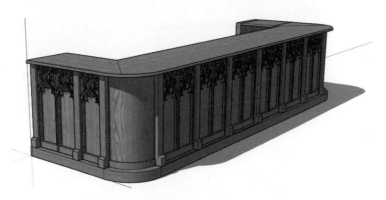

圖 2-91　完成吧檯 3D 模型並賦予材質

14 請開啟第二章中 Sample11.skp 檔案，這是一個花瓶之剖面，如圖 2-92 所示，以此做為創建花瓶模型的示範。

15 使用**畫圓**工具，以原點為圓心畫半徑值為 14.77 公分的圓，再使用**移動**工具，將花瓶剖面移動到到負 X 軸向上之圖示 1 點上，如圖 2-93 所示。

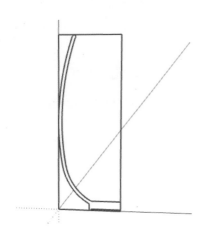

圖 2-92　開啟第二章中 Sample11.skp 檔案

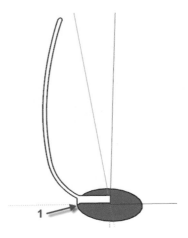

圖 2-93　將花瓶剖面移動到到負 X 軸向上之圖示 1 點上

16 選取花瓶剖面，執行右鍵功能表→**分解**功能表單，將元件先行分解，接著選取圓週線段，再選取**路徑跟隨**工具，移游標至花瓶剖面上點擊滑鼠左鍵，即可創建花瓶 3D 模型，如圖 2-94 所示。

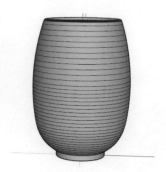

圖 2-94　創建花瓶 3D 模型

17 選取全部的花瓶，執行右鍵功能表→
反轉表面功能表單，先將外表改回正
面，再給予柔化處理，再賦予花瓶材
質並插入花卉植物，整體花瓶 3D 模
型製作完成，如圖 2-95 所示，本物
件經組成元件，以花瓶為檔名存在第
二章中，供讀者自行開啟研究之，有
關材質之賦予方法將在第三章中再詳
為說明。

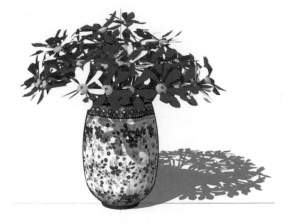

圖 2-95　整體花瓶 3D 模型製作完成

18 現利用**路徑跟隨**工具製作圓球體，使
用**畫圓**工具在平面上繪製一圓，再使
用**畫線**工具，由此圓心往上繪製任一
長度之垂直參考線，如圖 2-96 所示。
要繪製 Z 軸之垂直線，需先將視圖做
一旋轉方可。

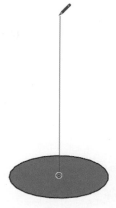

圖 2-96　由圓心往上繪製垂直的參考線

19 使用**畫圓**工具，在垂直參考線上畫上立立之圓面，要畫立面圓可能較困難，可以將視角轉到很小，幾近水平的位置即可畫出，如圖 2-97 所示。

20 先將垂直參考線刪除，選取平面圓之圓週以做路徑，接著選取**路徑跟隨**工具，移游標到立面圓上按滑鼠選左鍵下，即可製作出一圓球 3D 模型，如圖 2-98 所示。

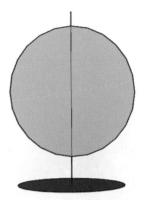

圖 2-97 在垂直參考線上畫出立面圓

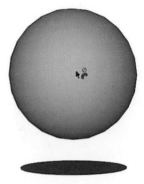

圖 2-98 利用**路徑跟隨**工具創建圓球 3D 模型

21 先刪除底下的平面圓，選取圓球表面，執行右鍵功能表→**反轉表面**功能表單，先將外表改回正面，賦予圓球材質，即可將完成圓球的製作，如圖 2-99 所示。

22 請開啟第二章中 Sample12.skp 檔案，這是一個掛畫邊框剖面（綠色部分）及一 130×152 公分直立矩形組合，如圖 2-100 所示，以此做為創建掛畫模型的示範。

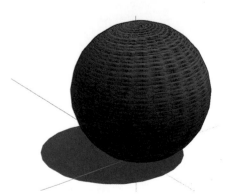

圖 2-99 製作完成的圓球

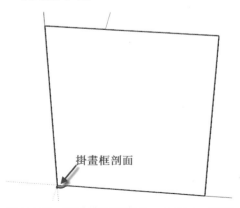

掛畫框剖面

圖 2-100 開啟第二章中 Sample12.skp 檔案

23 請使用**選取**工具,先選取直立面矩形之四邊線段,再選取**路徑跟隨**工具,移游標至掛畫框剖面上點擊滑鼠左鍵,即可創建掛畫之 3D 模型,如圖 2-101 所示。

24 使用**顏料桶**工具,將畫框賦予木紋材質,再將中間直立矩形面賦予一張國畫之紋理貼圖,整體掛畫 3D 模型製作完成,如圖 2-102 所示,本物件經組成元件,以掛畫為檔名存在第二章中,供讀者自行開啟研究之。

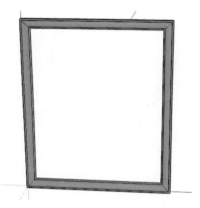

圖 2-101　快速創建掛畫 3D 模型

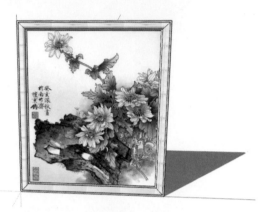

圖 2-102　完成掛畫 3D 模型並賦予材質

2-7　編輯工具面板之比例、偏移工具

2-7-1　比例工具

使用**比例**工具可以對物件進行放大與縮小,縮放可以是 X、Y、Z 等 3 個軸向同時進行的等比縮放,也可以鎖定任意一個軸向或兩個軸向的非等比縮放,現對三維物件縮放的操作說明如下:

01 如同**旋轉**工具一樣,如未先選擇物件,**比例**工具會無法使用。請開啟第二章中 Sample13.skp 檔案,這是一套沙發組 3D 模型,如圖 2-103 所示。

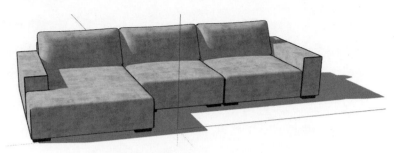

圖 2-103　開啟第二章中 Sample13.skp 檔案

02 使用**選取**工具選取全部的物件，在編輯工具面板中選取**比例**工具按鈕 ，此時
　　游標變成一個**比例**工具圖標，而選取的物件會被縮放格柵所圍繞，如圖 2-104 所
　　示，如未出現格柵表示未選取物件。

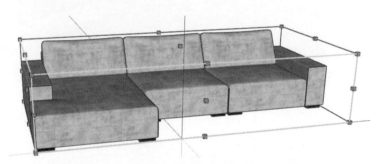

圖 2-104　選取的物件會被縮放格柵所圍繞

03 將游標移動到對角點處，此時游標處會出現提示（等比例繞對角點縮放），表示此
　　時以對角點為基準點，由縮放點同時對 X、Y、Z 軸 3 個軸向進行等比縮放，如圖
　　2-105 所示。

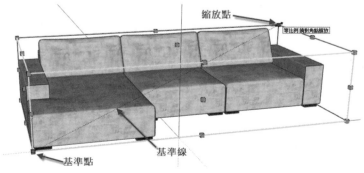

縮放點
等比例繞對角點縮放
基準線
基準點

圖 2-105　以對角點為基準點由縮放點同時對 3 個軸向進行等比縮放

40 單擊滑鼠左鍵不放，在繪圖區移動游標，會有一條虛線表示的基準線，移游標靠近對角點則為縮小，遠離對角點則為放大，當物件縮放到需要的大小時放開滑鼠左鍵，即可完成操作。

05 縮放時根據需要，可利用鍵盤輸入縮放百分比數值，再按（Enter）鍵確定，以達到精確縮放目的。數值小於 1 者為縮小，數值大於 1 者表示放大。

06 將游標移動到綠色軸上端的中點上，此時游標處會出現提示（紅色、藍色比例繞對角點縮放），表明此時以對角點為基準點，由縮放點同時對 X、Z 軸等 2 個軸向進行非等比縮放，如圖 2-106 所示。

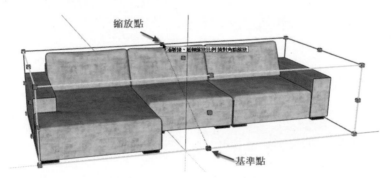

圖 2-106　由縮放點同時對 X、Z 軸等 2 個軸向進行非等比縮放

07 將游標移動到藍色軸的頂面中點上，此時游標處會出現提示（藍色比例繞對角點縮放），表明此時以對角點為基準點，由縮放點只對 Z 軸進行非等比縮放，如圖 2-107 所示，其它軸向之縮放請讀者自行練習。

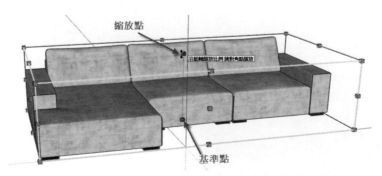

圖 2-107　由縮放點只對 Z 軸進行非等比縮放

08 在操作非等比縮放時，如同時按住（Ctrl）鍵，基準點會由相對點改成物件的中心點，進行非等比縮放。

09 在操作非等比縮放時，如同時按住（Shift）鍵，會以同樣的相對點為基準點，但同時會鎖定三個軸向，改為等比縮放。

10 在操作非等比縮放時，同時按住（Ctrl）＋（Shift）鍵，強制改物件的中心點為縮放的基準點，並同時鎖定三個軸，改成等比縮放。

11 在操作等比縮放時（即以格柵的角點為縮放點），同時按住（Ctrl）＋（Shift）鍵，同樣會改成以物件中心為基準點，進行等比縮放。

12 使用非等比縮放方式，將物件由一邊推向另一端，並輸入縮放比例為（-1），可以產生物件的鏡像作用。

13 使用**選取**工具在各種體塊的頂面按滑鼠兩下，以選取頂面的面和四邊，使用**比例**工具，以格柵的任一點為縮放點，並同時按住（Ctrl）＋（Shift）鍵，以面的中心點基準點，執行等比縮放，可對物件做出各種造形，如圖 2-108 所示。

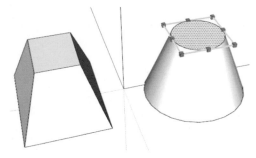

圖 2-108　對面做等比縮放可以做出各種造形

2-7-2　偏移工具

偏移複製工具可以將同一平面中的線段或面沿著一個方向偏移相同的距離，並複製出一個新的物件。偏移的對象可以是面、相鄰兩條線、相接的線段、圓弧、圓或多邊形。

在 SketchUp2019 版本中提昇**偏移**工具為 2.0 版，它智慧型的表現絕對沒有以前版本所表現的線條錯亂情形，現將智慧型**偏移**工具操作方法詳述如下：

01 在繪圖區中繪製一矩形，於編輯工具面板中選取**偏移**工具（亦可稱為**偏移複製**工具）按鈕　，此時游標變成一個**偏移**工具圖標，移動游標到想要操作的面上，面會自動被鎖定，這時游標旁會出現提示文字（在邊緣上）。

02 按住滑鼠左鍵不放，往內拉表示縮小偏移複製，往外拉表示放大偏移複製，放開滑鼠即可完成偏移複製，在原來的面上做分割另產生一個面，如圖 2-109 所示，左圖為向內偏移複製，右圖為向外偏移複製。

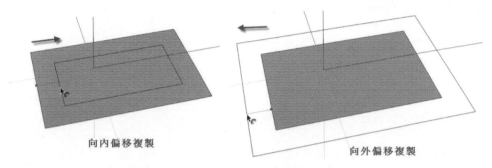

圖 2-109　向內或向外偏移複製一個矩形

03 放開滑鼠後，可利用鍵盤輸入偏移值，再按（Enter）鍵確定，可以達到精確偏移複製的目的。

04 正多邊形和圓的偏移複製和上面的操作方法相同，請讀者自行練習。

05 偏移線段時必需兩段以上相鄰的線段才可使用**偏移複製**工具，此時系統沒有鎖定功能，因此執行此工具時，必先使用**選取**工具選取要偏移複製的線段，如果是面的偏移複製，系統會自動鎖定面。

06 請開啟第二章 Sample14.skp，這是一幾何圖形，試著將此圖形在 SketchUp2016以前的版本中執行偏移複製的結果，如圖 2-110 所示，偏移複製後的圖形充滿諸多錯誤，修補起來當相當費勁。

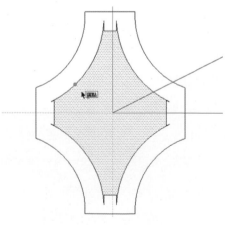

圖 2-110　在 SketchUp2016 以前的版中執行偏移複製的結果

07 現將此圖形在 SketchUp2019 中執行，**偏移複製**工具製作的圖形幾乎完美無缺，如圖 2-111 所示。

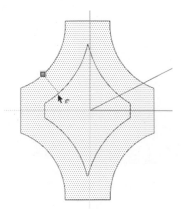

圖 2-111　**偏移複製**工具製作的圖形幾乎完美無缺

08 請開啟第二章 Sample15.skp，這是一堵 12 公分厚的磚牆，中間留有一 90 公分寬 210 公分高的門位置，如圖 2-112 所示。

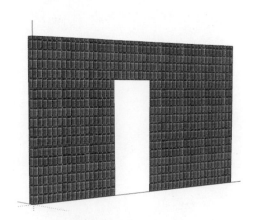

圖 2-112　開啟書附光碟第二章 Sample15.skp 檔案

09 利用**選取**工具，先選擇門的 3 邊線（底邊線除外），選取**偏移複製**工具，移游標到門的面上，按住游標左鍵不放，往內偏移複製，立即在鍵盤上輸入（4），即可快速製作出 4 公分寬的門框，如圖 2-113 所示。

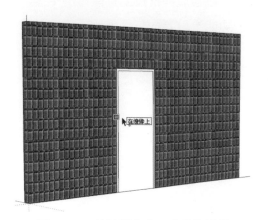

圖 2-113　快速製作出 4 公分的門框

溫馨提示　要對數條線段（內包含圓弧線在內）做偏移複製，必需這些線段是相鄰且不得有中斷情形，否則無法執行偏移複製工作。

10 使用**推拉**工具，將中間矩形面往內推拉 8 公分，將 4 公分的門框往前推拉 2 公分，門結構大致完成，將門扇及門框賦予木紋材質，再匯入門把安裝於門上，整體門製作完成，如圖 2-114 所示。

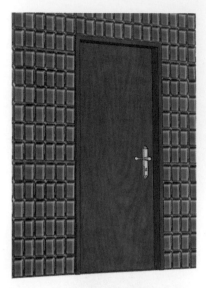

圖 2-114　房門元件經製作完成

11 要做圓弧線的偏移複製，其操作方法與線的偏移操作方法大致相同，惟圓弧線不用先選取，只要游標靠近圓弧線即可自動選取。

12 **偏移複製**與**推拉**工具都可用（按滑鼠兩次）以複製執行的動作，這是相當重要的功能，只要保持原選工具或重新選回這工具，系統會保留原來的參數值，這時只要按滑鼠左鍵兩次，就可重複執行相同參數的命令，如圖 2-115 所示，為重複執行偏移複製的結果。

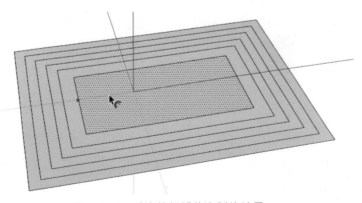

圖 2-115　重複執行偏移複製的結果

03

───────────── Chapter ─────────────

材質與輔助設計
工具之運用

經由前面一章繪圖與編輯工具的練習，對於 SketchUp 快速創建 3D 模型應有了基礎的了解，更能理解它頗符合建築及室內設計創建 3D 場景之原理原則。

SketchUp 本身無渲染系統，如果想由它創建場景然後直接出圖，在場景中必需靠材質貼圖來吸引人們目光，而且為表現其真實感幾乎都會把陰影打開，惟如此將增加系統的負擔，確記在創建模型過程中記得要把其關閉。至於如何在複雜龐大的物件中，貼出擬真的透視圖場景，這需要一些技巧；本章中將詳述一般貼圖技巧，更對不規則模型面如何貼出擬真的表面紋理，將借由作者使用 SketchUp 多年實戰經驗，將以特殊的方法教導使用者如何完成困難的材質貼圖。

有設計經驗者都了解，設計創意的具體構思是從空間中合理分割而來，在早期手繪年代，設計師每人手持一把比例尺，依空間縮小比例而在紙上恣意揮灑創意，如今 SketchUp 靠著**捲尺**工具，以原尺寸在空間中預為分割與標記，它是 SketchUp 特有的智能工具之一，不僅可以量取點與點間距離，也可以做空間規劃的輔助線、輔助點，更能從事於比例縮放功能於一身，這是其它軟體所無法比擬的工具。另外剖面工具在此次改版中亦做了相當大的改進，這對 SKetchUp 在兼具施工圖的製作上邁進了一大步，當使用者創建 3D 場景完成後，即可利用此工具完成各面向立面圖說，諸如此類之補助設計工具，本章中將做完整且全面性的說明。

3-1　顏料桶工具之材料面板

SketchUp 無燈光及材質系統，只有簡單的陽光及天光表現，而其材質因為沒有反射、折射及光澤度等功能加持，所以不能稱為材質，而只能說是紋理貼圖，它完全靠顏色和貼圖內容來吸引人們的目光。因此對 SketchUp 使用者來說，要一張透視圖好看，除了設計細節，材質中的貼圖實扮演著相當重要的角色。

3-1-1　更換材質系統內之顏色內容

01 在 SketchUp2019 版本中材料面板位置與之前版本大不相同，如果已依第一章預設
面板的設定方式，當選取常用工具面板中之**顏料桶**工具按鈕 後，此時游標變
成顏料桶圖標，惟繪圖區並未像以往一樣顯現材料面板。

02 此時系統會自動打開預設面板中之材料
面板，在面板中請選取**選取**頁籤，再選
取**顏色**選項，如果讀者有執行之前版本
者，立即可以發現顏色數量明顯減少，
且顏色排列與其編號也被重新排列組合，
如圖 3-1 所示。

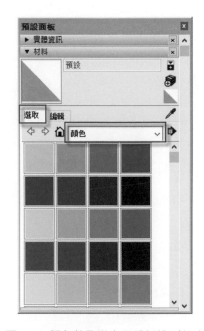

圖 3-1　顏色數量變少且重新排列組合

03 請使用檔案總管進入到 C:\Program Data\SketchUp\SketchUp2019\SketchUp\Materials\
Colors 資料夾內，可以發現它只有 106 個檔案，亦即只有 106 色，而之前版本
則有 310 個顏色，足足少掉三分之二。

溫馨提示　Program Data 為系統內定的隱藏資料夾，想要顯示此資料夾內容必先將其隱藏屬
性取消方可，如圖 3-2 所示，在檔案總管頂端選取檢視頁籤，然後再將選項面板中
隱藏的選項欄位勾選即可，此處以 Windows10 作業系統為例所做的說明，如果使
用者操作之作業系統為 Windows7 者，請參考第四章延伸程式安裝小節中的說明
加以更改即可。

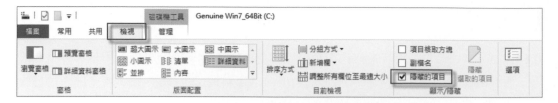

圖 3-2　在檔案總管中將系統的隱藏資料夾屬性取消

04 對初學者而言，顏色數量好像無關緊要，但有渲染軟體操作經驗者都知道，在渲染軟體中是靠材質編號來辨識物體，如果材質編號越多操作上就會越順暢，除非不厭其煩以人工方式為每一材質隨時隨地更改材質編號名稱。

05 在書附光碟第三章中附有 Colors 資料夾，其內容即為 SketchUp2015 版本內Colors 資料夾的內容，請將前揭 SketchUp2019 路徑內之 Colors 資料夾刪除，再將此資料夾複製到此路徑內，即可替代原有之顏色內容。

溫馨
提示
　如果想保留原有 2015 版本之顏色材質，請不要刪除原有之 Colors 資料夾，而是先更改資料名稱為 Colors-2019，當需要時再把它改回 Colors 資料夾名稱即可。

06 如果依照前面的步驟操作，重新進入SketchUp 程式中，此時再打開材質面板，即可恢復 2015 版本的材質數量及其編號，如圖 3-3 所示，本書往後會使用此材質顏色及其編號，如果讀者未更換材質者，其材質編號雖然一樣但材質顏色會略有不同，但並未影響整體場景之建置及其表現，在此先予敘明。

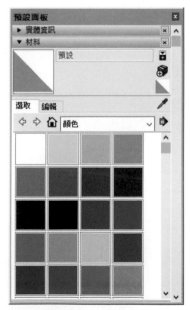

圖 3-3　更換為 2015 版本後之材質顏色及其編號

3-1-2 材料選取面板之操作

　　打開材料預設面板並選取**選取**頁籤，如
圖 3-4 所示，此面板同一般 Widows 面板一
樣，可以使用滑鼠調整大小，現將面板中各
欄位功能，對照圖中的索引號碼說明如下：

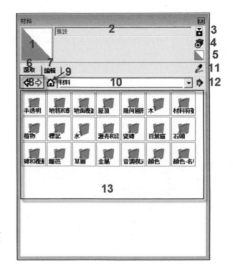

圖 3-4　打開材質面
板並選取**選取**頁籤

01 此處為目前編輯材質的縮略圖區，因目前尚未使用材質，所以其內定值是正反面
的顏色（其正反面顯示的顏色當視樣式設定的不同而有所不同）。

02 此為材質名稱（編號）欄位，如使用材質此處會顯示該材質名稱，利用滑鼠點擊
名稱欄位，使其內文字呈藍色區塊，即可進行文字編輯以更改材質名稱。

03 選取**顯示補助選取窗格**按鈕 ，執行此
按鈕，會在現有面板下再增加第二個**材
料選取**面板，再按一次則可隱藏，如圖
3-5 所示，這樣有個好處，當將**材料選
取**改成編輯面板時，可以同時擁有材料
選取面板，以節省兩者間的切換。

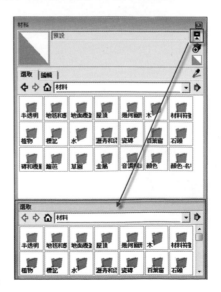

圖 3-5　在現有面板中
再增加**材料**選取面板

04 選取**建立材料**按鈕 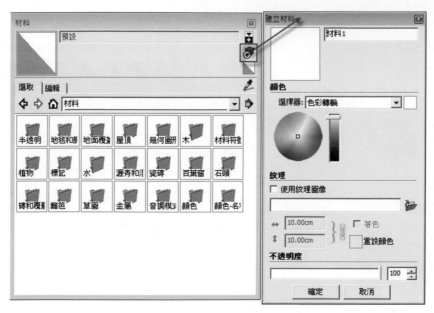，會在現有面板中再開啟**建立材料**面板，如圖 3-6 所示，其面板操作方法與**材料**編輯面板相似，待在另一小節中再一併說明，惟其功能與**材料**編輯面板大不相同，它所建立的材質會自動存放場景中，以供直接貼圖使用，很多人會使用此方法賦予物件材質，不過作者習慣另以其他方法施作，其賦予材質的方法，在下面小節中會提出詳細操作說明。

圖 3-6　再開啟**建立材料**面板

05 選取**將繪製用的材料設定為預設值**按鈕 ◣，執行此按鈕，會把現有編輯中的材質改為預設材質，即正反面的材質。

06 選取材料頁籤選項，這是材料管理面板內定的選項，其顯示內容即為材料選取面板內容。

07 **編輯**材料頁籤選項，選擇此選項會顯示**材料編輯**面板，此部分將待下一小節中說明。

08 ◆ ◆ 兩按鈕是針對材質圖標與資料夾展示區，使其向前或後退展示頁面的操作。

09 按下**在模型中**按鈕 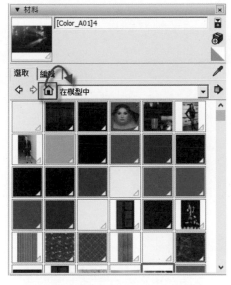，會在材質圖標與資料夾展示區中顯示現有場景中使用的材質，並在右側的欄位中顯示**在模型中**之選項，如圖 3-7 所示。

圖 3-7　顯示現有場景中使用的材質

10 在此欄位中用游標按下右方黑色向下箭頭，可表列出材質庫中可供選擇的材質類型功能選項，如圖 3-8 所示，其中最上面的兩個功能選項：**在模型中**選項：選取此選項會顯示出在場景中使用中的材質；**材料**選項：選擇此選項會顯示在材質資料夾下的材質子資料夾，其下則列出材質子資料夾的名稱。

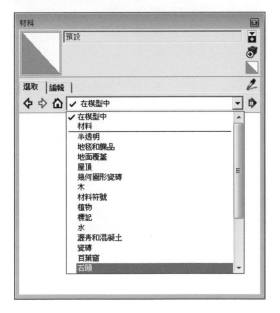

圖 3-8　表列出材質庫中可供選擇的材質類型功能

11 選取**樣本顏料**按鈕 ，游標會變成吸管，可到場景中吸取物件材質做為當前編輯材質，吸取後游標會變回油漆桶，可以馬上給其他物件表面賦予此材質；此工具在材料**選取**面板中才會有作用，當在材料**編輯**面板模式時吸管按鈕為灰色不可執行，但此時只要同時按住（Alt）鍵，移游標到場景中，游標也會變成吸管圖標，表示亦可以執行吸取材質的作用。

12 選取**詳細資訊**按鈕 ▶ ，會彈出表列功能選項，如圖 3-9 所示，其功能是對材質庫的管理，此部分請讀者依自己喜好做設定。

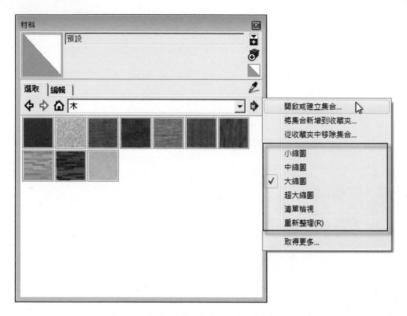

圖 3-9　**詳細資訊**按鈕的表列功能選項

13 此處如果是處於在模型中選項模式，即顯示在場景中使用的材質，如選擇材料選項模式，則會顯示在材質資料夾下的所有材質子資料夾，如果直接選擇材質子資料夾的名稱，則會顯示子資料夾下的所有材質圖標。

3-1-3　材料編輯面板

01 在場景中創建一立方體，在**材料選取**面板的表列材質資料夾中，選取**顏色**資料夾，請使用滑鼠點擊 Color_A01 材質圖標，移游標到繪圖區中的立方體頂面點擊一下，可以將 Color_A01 顏色材質賦予此面，如圖 3-10 所示。

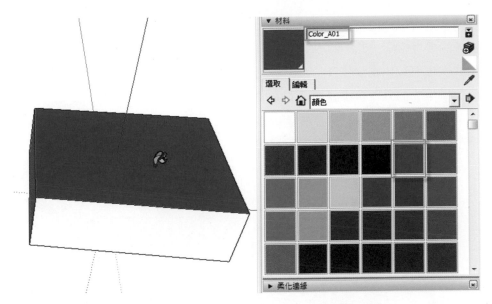

圖 3-10　為立方體頂面賦予 Color_A01 的顏色材質

02 選擇**編輯**選項頁籤，會將**材料選取**面板
改為**材料編輯**面板，如圖 3-11 所示，
如果沒有顯示全部的內容，可以使用滑
鼠將面板拉長。

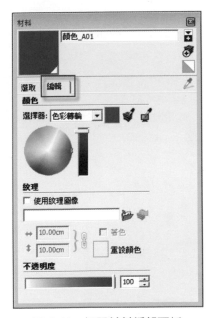

圖 3-11　打開**材料編輯**面板

03 在顏色選項以上的欄位與**材料選取**面
板中的欄位相同,此處不再重覆說明,
顏料選項可以自由選擇及編輯材質顏
色,使用滑鼠點擊**選擇器**欄位右方向
下箭頭,可以打開表列顏色的選取模
式,系統內定為**色彩轉輪**模式,如圖
3-12 所示。

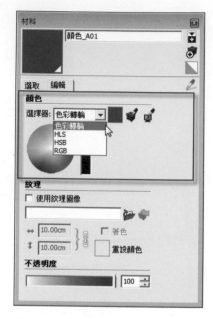

圖 3-12　打開表列顏色的選取模式

04 如圖 3-13 所示,由左到右分別為色彩轉輪、HLS、HSB、RGB 模式,隨個人喜好
及目的選擇顏色模式,除色彩轉輪是以滑鼠點取色標,其它模式皆可以用數字很
精確的設定顏色,惟其前題是對組成顏色的代號要相當的熟稔才能為之。

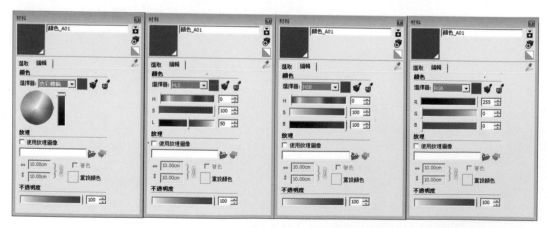

圖 3-13　可以選擇不同類型的顏色選取模式

05 使用滑鼠點擊**配合模型中的物件的顏色**按鈕 ，使用此按鈕可以吸取場景中物件紋理貼圖的顏色，注意，使用此按鈕雖然游標呈吸管狀，但它與**材料選取**面板中的吸管是不相同的作用，因它只會吸取紋理貼圖的顏色。

06 使用滑鼠點擊**配合螢幕上的顏色**按鈕，可以吸取視窗中的任一顏色，此視窗包含 Windows 視窗在內，注意，它也只是吸取螢幕上的顏色，與**材料選取**面板中的吸管是不相同的作用。

> **溫馨提示** 此選項欄位內容專為帶有紋理貼圖的材質所服務，如果單純想改變顏色應該到**材料選取**面板中重選顏色才是正辦；當材質有了紋理（即有了貼圖），而想改變貼圖的顏色時才使用此選項內容，以改變原紋理貼圖之顏色。

07 在顏色選擇器右方為**復原顏色變更**按鈕，當材質已做混色處理，當想恢復回原來的顏色設定，可以執行此按鈕以放棄混色之操作。

08 在色彩轉輪顏色模式下，色輪的右邊滑桿，可以調節顏色的彩度，當移動滑桿向下，使顏色加入黑色越多以至於全黑，往上則彩度越純。

09 在**材料編輯**面板中執行**瀏覽**按鈕，或是直接勾選**使用紋理圖像**欄位亦可，即可打開**選擇圖像**面板，如圖 3-14 所示。

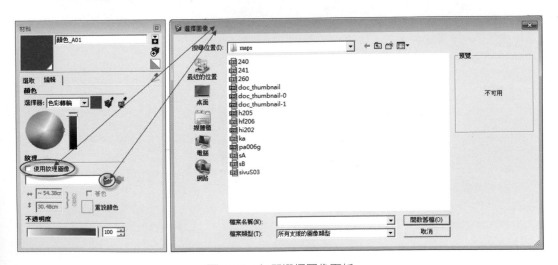

圖 3-14　打開選擇圖像面板

10 請在面板中到指定存放圖檔資料夾中選取欲開啟圖像檔案，如果想預知圖檔的內容，可以使用滑鼠點擊**檢視功能表**按鈕，在表列的選項中選擇**大圖示**功能選項，如圖 3-15 所示，左側的滑桿則可以放大或縮小縮略圖的圖像顯示。

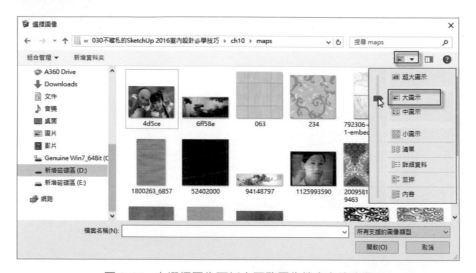

圖 3-15　在選擇圖像面板中預覽圖像檔案之縮略圖

11 在選擇圖像面板中，請選取第三章之 maps 子資料夾中之 13.jpg 檔案，當按下**開啟**按鈕，可以將貼圖賦予場景中立方體的頂面，如圖 3-16 所示，在圖中仍看不出貼圖結果，這是因為設定的貼圖尺寸太小所致。

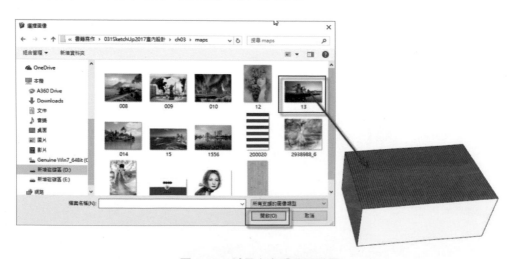

圖 3-16　賦予立方體頂面貼圖

12 貼圖檔名下方為貼圖大小調整，左右箭頭是圖像寬度，上下箭頭是圖像高度，後面的鎖鏈是圖像依原來圖形長寬比值，一般使用**捲尺**工具量取貼圖面的寬、高值，再填入圖像寬、高欄位中，如圖 3-17 所示，設定圖像寬度為 1850 公分，有關**捲尺**工具的使用方法，在後面小節中會做說明。

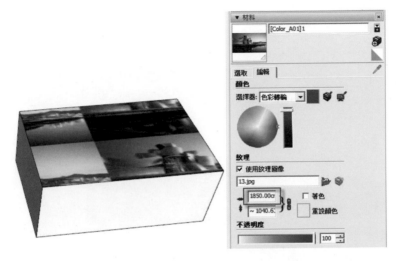

圖 3-17　使用**捲尺**工具量取貼圖面的尺寸再填入圖像寬、高欄位

13 圖像寬、高欄位的右邊為一鎖鏈鎖住，即維持原圖像的長寬比（亦即調整寬度值後高度值會自動調整），惟原圖像與貼圖面的長寬比常不一致，如不想用貼圖檔的固定比例，請用滑鼠左鍵按鎖鏈一下，即可將鎖鏈打開以維持圖像長寬比為非固定比例，圖 3-18 所示，當再點擊一下即可又恢復鎖鏈鎖住狀態。

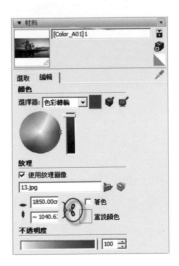

圖 3-18　將鎖鏈打開可以維持圖像的非固定比例

14 目前圖像雖賦予在立方體頂面上，但其表現並非正常，如何調整圖像位置以符合頂面，將待下面小節再做詳細說明；如果此時將**使用紋理圖像**欄位勾選去除，則貼圖紋理將取消，欲恢復原有貼圖紋理必需要重新選擇圖像檔案。

15 最底下為**不透明度**欄位設定，可以移動滑桿或是在右邊直接填入數值亦可，不透明度數值越低則材質越透明，反之則越不透明，如圖 3-19 所示，將滑桿往左移動，可將貼圖調成半透明狀。

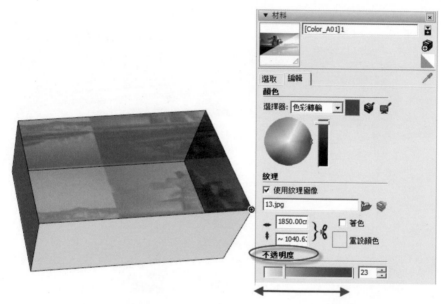

圖 3-19　將貼圖紋理調成半透明狀

3-1-4　材料面板的進階編輯

01 請開啟第三章中 Sample01.skp 檔案，這是一立方體模型並對 6 個面賦予不同顏色及紋理貼圖材質，請選取**顏料桶**工具，並在**材料**面板中選取**在模型中**模式，則面板中會呈現此 6 種材質，如圖 3-20 所示。

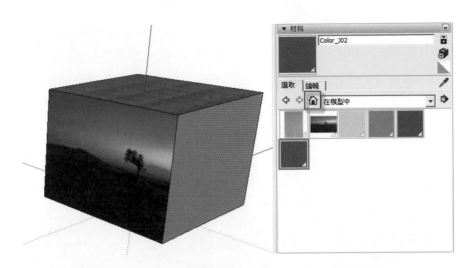

圖 3-20　開啟第三章中 Sample01.skp 並執行**顏料桶**工具

02 當對立方體頂面原有之木紋貼圖重新賦予 Color_C01，最後再賦予 Color_E01 顏色材質，則在面板中 Color_A011 及 Color_C01 兩材質縮略圖其右下角沒有白色三角形，而其它材質則有之，如圖 3-21 所示。

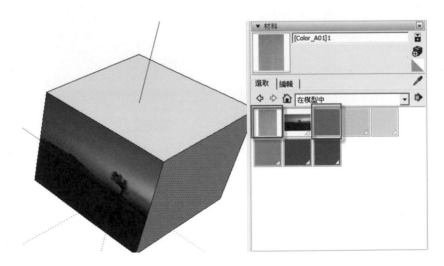

圖 3-21　對立方體頂面重複賦予材質

03 SketchUp 的材質有一特性，即所有使用材質均會存在記憶體中，而在場景中使用的材質會以右下角的三角形表示，而未有三角形者代表曾經使用而又放棄的材質。

04 如想刪除 Color_A011 材質，可以選取此材質後執行右鍵功能表→**刪除**功能表單，如圖 3-22 所示，即可將此未用的材質給予刪除；如果想要一次刪除所有未使用材質，可以執行**詳細資訊**按鈕，在其顯示的表列功能表中執行**清除未使用項目**功能表單即可（此時應處於在模型中模式下才有此功能選項），如圖 3-23 所示。

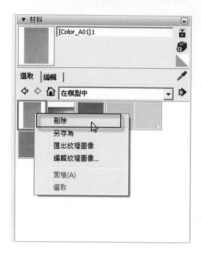

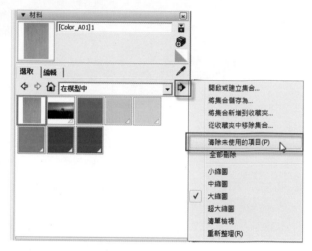

圖 3-22　選取要刪除的材質再執行右鍵功能表中**刪除**功能表單

圖 3-23　執行**清除未使用項目**功能表單即可以一次刪除所有未使用材質

05 在面板中選取風景圖像材質再執行右鍵功能表，如圖 3-24 所示，在表列功能表中除了**刪除**功能表單已如前述，茲再將其餘功能選項說明如下：

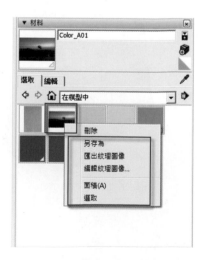

圖 3-24　選取風景圖像材質再執行右鍵功能表

1 **另存為**功能選項：執行此選項，可以把選中的材質另儲存成 SKM 檔案格式的材質，有關 SKM 檔案格式的材質在下面小節會做詳細說明。

2 **匯出紋理圖像**功能選項：執行此選項，可以打開匯出光柵圖像面板，在此面板中可以把此紋理貼圖另存到使用者自建的資料夾中，本紋理圖像 01552.jpg 檔案業已存入到第三章 maps 資料夾中。

3 **編輯紋理圖像**功能選項：執行此選項，可以打開在第一章中環境設定章節所選定影像編輯軟體，即可方便在此軟體中執行對此圖像進行編輯作業。

4 **面積**功能選項：- 執行此選項，可以對場景中所有使用此材質的表面，進行總體面積的計算。

5 **選取**功能選項：執行此選項，可以對場景中所有使用此材質的表面執行選取動作。

06 如果想刪除場景中的所有材質，可以執行**詳細資訊**按鈕，在其顯示的表列功能表中執行**全部刪除**功能表單即可，如圖 3-25 所示，此為 SketchUp2015 版本以後新增功能。

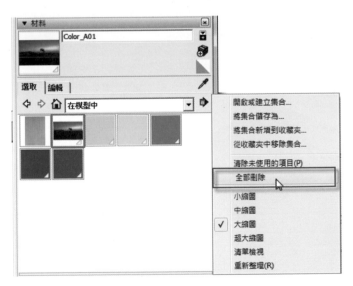

圖 3-25　執行**全部刪除**功能表單

3-2 SketchUp 賦予材質的途徑

在 SketchUp 中賦予物件材質的方法，有數種不同的途徑，可依各入喜好擇一使用，現將其使用方法略為說明如下：

3-2-1 直接使用 skm 檔案格式的材質

01 skm 檔案格式為 SketchUp 的材質專屬格式，它位於 C:\ProgramData\SketchUp\SketchUp2019\SketchUp\Materials 子資料夾內，其內之次資料夾英文檔名與**材料選取**面板中的中文材質類別相對應。

> **溫馨提示** ProgramData 為一系統隱藏之資料夾，必需依前面説明方法取消系統隱藏，如此才可以看見此資料夾。

02 在**材料選取**面板中選取**木**材質類別，則會顯示此類材質的所有 skm 材質的縮略圖，使用滑鼠左鍵點擊想要的材質圖標，會使游標變為油漆桶，目前編輯材質的縮略圖區會顯示木材質，移動游標到立方體頂點擊左鍵一下，即可將此面賦予此木紋材質，如圖 3-26 所示。

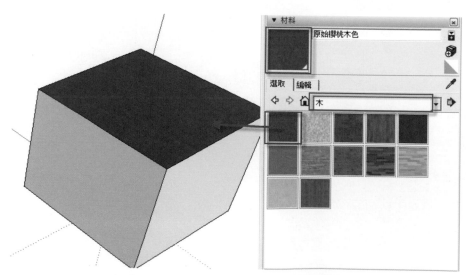

圖 3-26　直接將 skm 格式材質賦予物件

03 skm 格式材質可以直接賦予物件，不失為快速簡便的方法，但終究 SketchUp 內建的材質，不管種類與數量都不足應付工作所需，這是它先天性的缺點。

04 網路上可以蒐集到一些材質檔案（ *.skm 格式），這些檔案不用放在 SketchUp 安裝目錄中，使用者可以存放在自建資料夾，如果想與材料面板做聯結，可以開啟**材料選取**面板，在面板中使用滑鼠左鍵點擊**詳細資訊**按鈕，在顯示的表列選項中選擇**將集合新增到收藏夾**功能選項，如圖 3-27 所示。

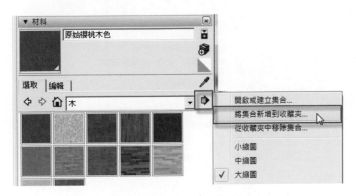

圖 3-27　選擇**將集合新增到收藏夾**功能選項

05 當選取**將集合新增到收藏夾**功能選項後，會開啟**瀏覽資料夾**面板，在面板中將路徑指向自建資料夾中，如圖 3-28 所示，本書所附光碟第三章中備有 SKM 檔案格式之 **SketchUp 材質大全**資料夾，讀者應把它複製到自己的硬碟中以方面使用。

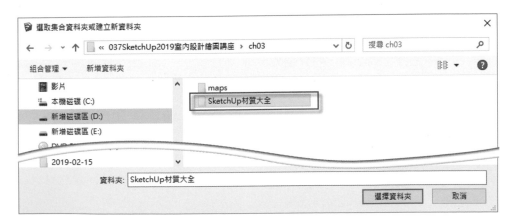

圖 3-28　開啟選取集合資料夾或建立新資料夾面板

06 當在面板中按下**選擇資料夾**按鈕，即可將此資料夾與**材料選取**面板做連結，而在**材料選取**面板的材質類別選項中找到自建資料夾名稱，如圖 3-29 所示。

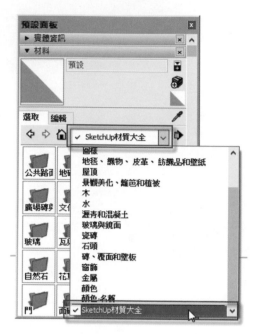

圖 3-29　**材料**選取面板的材質類別選項中找到自建資料夾名稱

07 利用此方法可以將 skm 檔案做擴充，然終究其數量有其極限，一般均會使用 JPG 或是 PNG 檔案格式之材質檔案，因它流通較為普遍，且在網路上可以蒐集到無窮盡之數量。

08 在第四章中延伸程式小節，將介紹如何將 JPG 或是 PNG 圖檔轉換為 SKM 檔案格式之方法，如此使用者將不再被 SKM 數量少所困擾了。

3-2-2　由建立材料面板建立材質

01 前面小節曾說明，在**材料選取**面板中選取建立材料按鈕，可以打開**建立材料**面板，此面板與前述的**材料編輯**面板大致相似，如圖 3-30 所示。

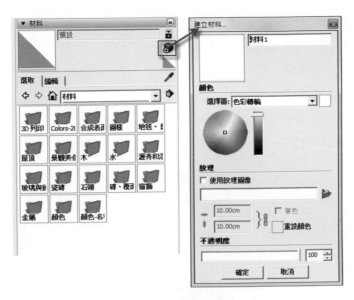

圖 3-30　打開**建立材料**面板

02 在面板中執行**瀏覽材料圖像檔案**按鈕，可以打開**選擇圖像**面板，在面板中可以將路徑指向自行蒐集圖像的資料夾中，以選取要做為 SketchUp 材質的紋理圖像檔案（一般均為 JPG 檔案格式），如圖 3-31 所示。

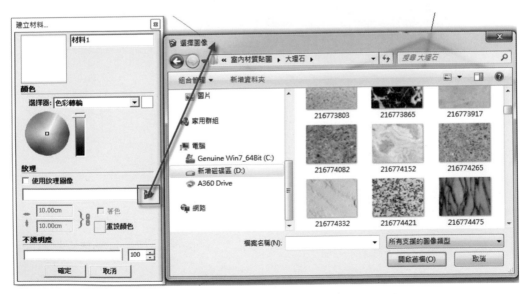

圖 3-31　選取要做為 SketchUp 材質的紋理圖像檔案

03 在**選擇圖像**面板中按下**開啟舊檔**按鈕後，在**建立材料**面板中的目前編輯材質縮略圖欄位會顯示此材質紋理，圖檔名稱下的尺寸大小欄位會顯示目前的圖檔尺寸大小，如圖 3-32 所示，惟一般尺寸應回到**材料編輯**面板中調整才會實際些。

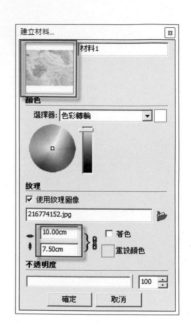

圖 3-32 在**建立材料**面板中會顯示圖檔名稱、縮略圖及圖像尺寸

04 在**建立材料**面板中按下**確定**按鈕，回到**材料選取**面板中，選取**在模型中**按鈕，即可顯示剛才建立的大理石材質，點選此材質游標會變為油漆桶，移游標到立方體頂面按一下滑鼠左鍵，即可將此材質賦予此矩形面，如圖 3-33 所示。

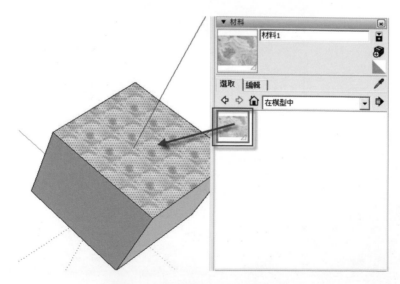

圖 3-33 將材質賦予立方體的頂面

05 如果材質紋理太密，可以開啟**材料編輯**面板，將圖像尺寸加大即可；以此種方法賦予物件材質過於迂迴，並不鼓勵使用者行使此方法。

3-2-3 由匯入圖像方式建立材質

01 執行下拉式功能表→**檔案**→**匯入**功能表單，可以打開**匯入**面板，在面板的右下角選擇 jpg 檔案格式，在檔案名稱上方選取**紋理**欄位，並在指定的資料夾選取要做為材質紋理的圖像，如圖 3-34 所示，此處選取第三章 maps 資料內之 010.jpg 檔案。

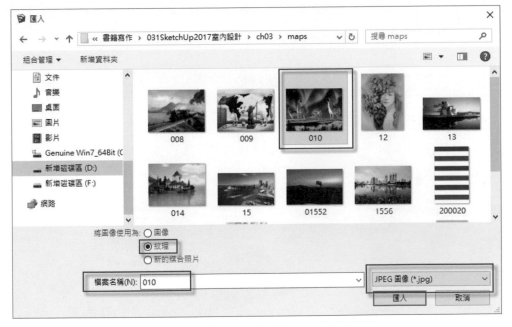

圖 3-34　在開啟檔案面板中選取用作**紋理**欄位

02 在面板上按下**匯入**按鈕後，回到繪圖區中，於立方體前立面的左下角按滑鼠左鍵一下以定第一角點，接著再到立面右上角按滑鼠左鍵一下以定第二角點，即可將圖像以材質方式賦予此立方體之前立面，如圖 3-35 所示。

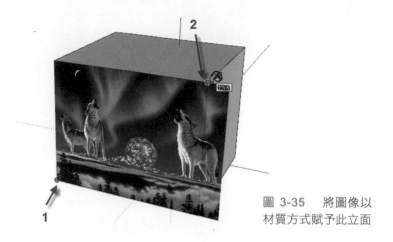

圖 3-35　將圖像以
材質方式賦予此立面

03 使用此方法建立材質，還是需要到**材料編輯**面板中做材質設置，因此平常不建議
使用此種方法。

3-2-4　使用材質因子以建立材質

01 當目前編輯中的材質為預設材質（亦即正反面材質）時，**材料編輯**面板中的**瀏覽**
按鈕為灰色不可執行，但當使用顏色材質賦予此矩形面，使目前編輯中的材質為
非基本材質時，**瀏覽**按鈕呈可使用狀態，如圖 3-36 所示。

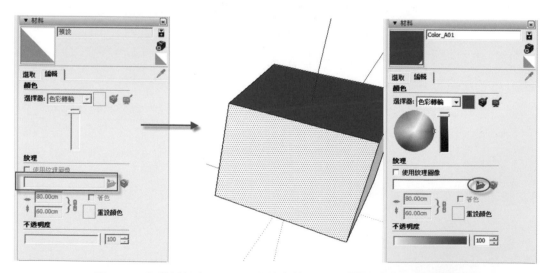

圖 3-36　目前編輯中的材質為非基本材質時，**瀏覽**按鈕呈可使用狀態

02 由上面的實驗可以得知，只要目前編輯中的材質為非基本材質，即可使用紋理貼圖，因此在理論上任何顏色都可做為紋理貼圖的因子，惟當場景相當複雜，使用材質顏色過多時，做為材質因子不慎時會產生錯亂現象，使用者必需自己有一套使用規則。

03 依作者習慣，會以 Color_A01 材質編號做為固定的材質因子，此材質編號只做為導引紋理貼圖使用，而不做為一般顏色的材質，當然使用者亦可用另外的材質編號做為材質因子，惟此因子就不能再做為一般顏色使用。

04 當使用 Color_A01 材質編號做為材質因子接續使用紋理貼圖，則當後續接著再使用 Color_A01 做為紋理貼圖後，此材質編號會是 Color_A011，其最後的數值即為使用此材質因子做為紋理貼圖之次數，如此，可做為各紋理貼圖材質編號之自動區隔。

05 使用此方法相當直接、簡便，在往後處理材質之紋理貼圖時，均會使用此材質因子方法，如果使用者另有其他材質編號做為材質因子時，其方法相同，在往後操作中將不再提出說明。

3-3 賦予平面物件紋理貼圖

01 在繪圖區中建立長寬為 280×175 公分，高度任意之立方體，選取**顏料桶**工具，游標會變成油漆桶圖標，並開啟**材料選取**面板，依前面說明的方法，選取 Color_A01 材質編號做為材質因子，再打開**材料編輯**面板，並選擇第三章中 maps 子資料夾中 WW-049.jpg 圖檔，做為材質紋理貼圖，並賦予立方體的頂面，如圖 3-37 所示，這是一個木地板紋理貼圖。

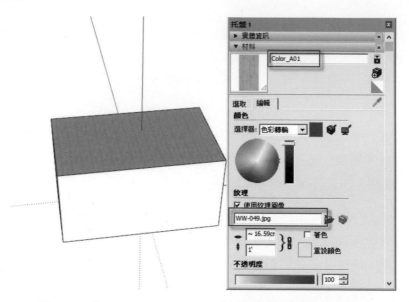

圖 3-37　將 maps 子資料夾中的 WW-049.jpg 圖檔賦予立方體頂面

02 在**材料編輯**面板中圖檔的尺寸太小，以致貼圖紋理太密，在維持圖像長寬比值模式下，將其寬度改為 90 公分，其高度系統會自動調整，如圖 3-38 所示。利用圖檔的寬度和高度欄位值可以調整貼圖紋路的疏密度。

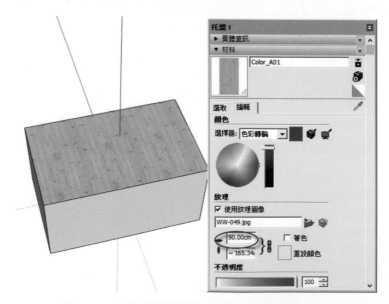

圖 3-38　調整圖檔的寬度以調整貼圖紋路疏密度

溫馨提示　在往後章節遇到有關貼圖尺寸大小的設定，如果只提出寬度欄位的尺寸設定，而不提高度欄位值的尺寸，這是因為使用等比縮放，其高度系統會自動調整，在此先予敘明，往後操作中將再不再重複敘述。

03 使用選取頁籤中的**吸管**工具吸取木紋材質做為目前編輯材質，如果想改變貼圖紋理，在材質編輯板中點擊**瀏覽**按鈕，可以重新打開**選擇圖像**面板，請選擇第三章 maps 子資料夾內的 STBZ_4011.jpg 圖檔，如圖 3-39 所示，圖像大小與平面並不相襯。

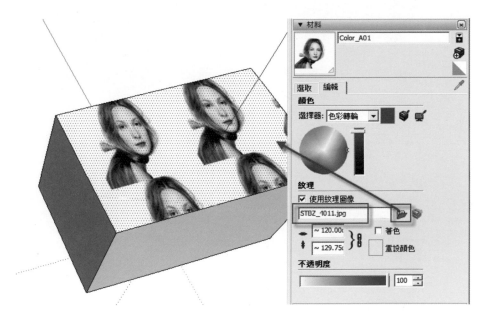

圖 3-39　改使用 maps 子資料夾內的 STBZ_4011.jpg 圖檔做為紋理貼圖

04 先使用**捲尺**工具，量取立方體頂面寬度為 280 公分（有關**捲尺**工具用法本章其他小節會詳為說明），在**材料編輯**面板中更改圖檔的寬度為 280 公分，等比鎖鏈不打開，上下高度系統會自動計算為 210 公分，如圖 3-40 所示。

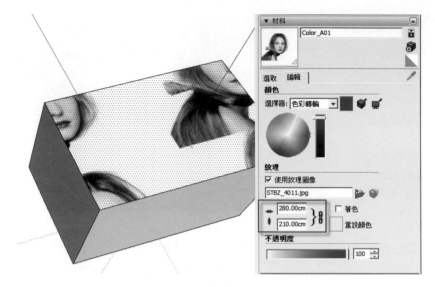

圖 3-40　使用**捲尺**工具量取立方體頂面寬度再調整圖檔大小

05 由圖面觀之，貼圖檔在頂面的位置並不正確。使用**選取**工具選取立方體頂面，並在其上按滑鼠右鍵，在彈出右鍵功能表中選擇**紋理→位置**功能表單，如圖 3-41 所示。

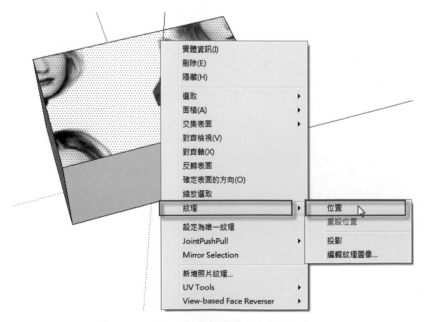

圖 3-41　打開右鍵功能表選取**位置**功能表單

06 此時游標變成手形，在頂面圖上會出現淡
化連續方格貼圖檔圖形，移動四邊圍住圖
形的虛線去對應立方體的頂面，本處寬度
剛好而高度太多，請依圖形需要將高度位
置做適度調整，如圖 3-42 所示。

07 如果將貼圖對到貼圖面的位置，
可以按下（Enter）鍵，即可結束
貼圖位置對位的編輯，如圖 3-43
所示，為完成紋理貼圖之賦予。

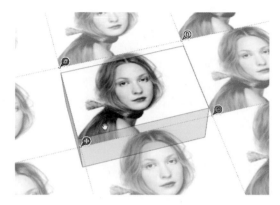

圖 3-42　移動游標將圖形對位到頂面

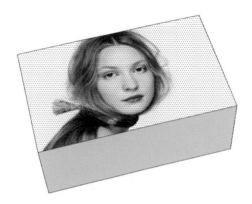

圖 3-43　按下（Enter）鍵結束材質編輯

08 另一種簡便的方法，如果不想維持原圖長寬比例，可以在執行右鍵功能表→**紋理**
→**位置**功能表單後，在貼圖位置編輯狀態下，移游標到頂面圖上再按滑鼠右鍵一
次，在右鍵功能表中把**固定圖釘**功能表單勾選去除，如圖 3-44 所示。

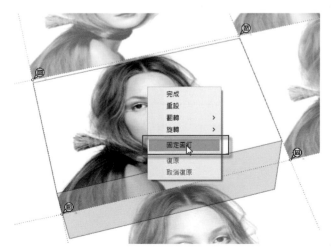

圖 3-44　在右鍵功
能表中把**固定圖釘**
功能表單勾選去除

09 移動游標到圖釘上，游標變成手形，可將圖釘移動到立方體頂面的四個角點上，如此可以很方便將圖形充滿整個頂面，但長寬比會失衡，如圖 3-45 所示。

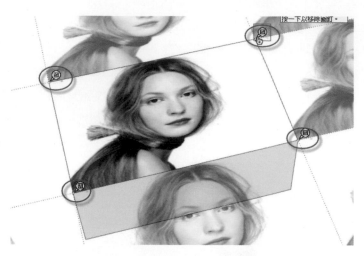

圖 3-45　利用移動圖釘方法可以順利將圖形充滿整個頂面

10 如果想旋轉圖形，在頂面圖上按滑鼠右鍵，在右鍵功能表選擇**紋理→位置**功能表單後，在貼圖位置編輯狀態下，移游標到頂面圖上再按一次滑鼠右鍵，在右鍵功能表中選擇**翻轉**功能表單，可以將圖像左 / 右、上 / 下方向的翻轉，選擇**旋轉**功能表單，可以對圖檔做 90、180、270 度的旋轉，如圖 3-46 所示。

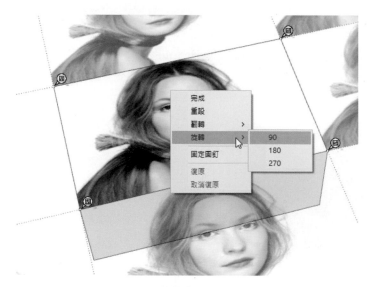

圖 3-46　可以對圖像做翻轉也可以做各角度旋轉

11 在頂面圖上按右鍵，可以在右鍵功能表選擇**紋理→位置**功能表單後，在貼圖位置編輯狀態下，移游標到頂面圖上再按右鍵，選擇右鍵功能表中固定**圖釘**功能表單，把**固定圖釘**功能表單勾選，則圖釘會變成四個各具功能圖釘圖標，如圖 3-47 所示。

12 此四組圖釘圖標均會對圖像做變形處理，使用滑鼠左鍵按住右下角旋轉圖釘做移動，圖形會以左下角的軸心圖釘為軸心，把圖形做旋轉處理，如圖 3-48 所示。

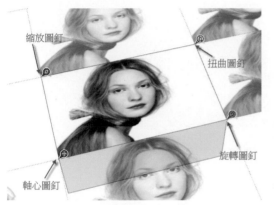

圖 3-47　圖釘會變成四個各具功能圖釘圖標

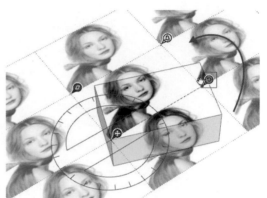

圖 3-48　移動旋轉圖釘圖形會以軸心圖釘為軸心做旋轉

13 其他三個圖釘圖標之功能，在材質紋理貼圖上較少使用到，此處請讀者自行練習。

3-4　賦予曲面物件材質

SketchUp 無法對曲面做編輯，相對的也無法對曲面紋理貼圖做編輯，如果想克服這些障礙，惟有靠延伸程式一途了，在第四章中會有此延伸程式的介紹，本小節則將以作者使用經驗，完全不靠延伸程式方式，詳細說明完成此曲面紋理貼圖之操作過程。

3-4-1　圓弧面之材質貼圖

01 在繪圖區建立 600×400 公分的矩形，再使用**推拉**工具，將面推拉高 300 公分以創建立方體，使用**圓弧**工具在頂面繪出任意弦高的弧形，再使用**推拉**工具，移動游標至圓弧面上，圓弧面被選取，按住滑鼠左鍵往下推拉，即可建立出一個曲面，如圖 3-49 所示。

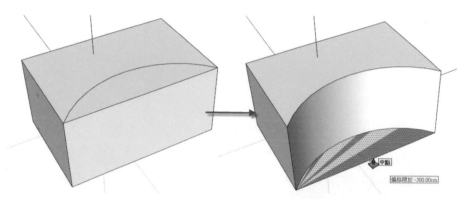

圖 3-49　利用**推拉**工具建立一個曲面

02 選取**顏料桶**工具，使用 Color_A01 顏色做為材質因子，利用前面賦予平面紋理貼圖方法，在**材料編輯**面板中將第三章 maps 子資料夾內的 1556.jpg 檔案，賦予剛製作的曲面上，並將圖檔的**高度**欄位調整為 300 公分，如圖 3-50 所示。

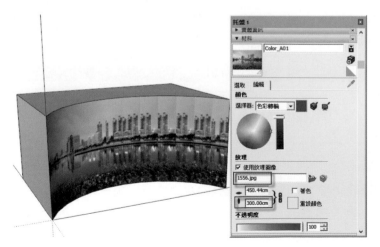

圖 3-50　賦予曲面一個紋理貼圖並調整**高度**欄位為 300 公分

03 先觀看曲面的貼圖，圖形的位置與弧形面並不吻合，按滑鼠右鍵在彈出右鍵功能表中並無**紋理**功能表單，SketchUp 在平面以外是不允許做紋理位置編輯。

04 選取**顏料桶**工具，使用 Color_A01 顏色做為材質因子，利用前面賦予貼圖材質方法，將第三章 maps 子資料夾內的 1556 .jpg 圖檔，賦予立方體的背立面，在**材料編輯**面板中，調整寬度欄位為 600 公分，再執行右鍵功能表→**紋理**→**位置**功能表單，將圖像調整到正確的位置（高度略予裁切），如圖 3-51 所示。

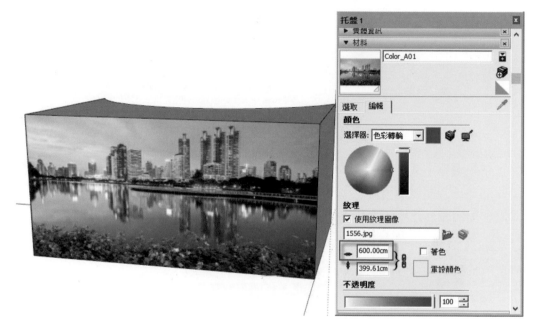

圖 3-51　在背立面將圖像調整到正確位置上

05 使用**選取**工具選取此立面，並在其上按下滑鼠右鍵，在右鍵功能表上選擇**紋理**→**投影**功能表單，使**投影**功能表單呈勾選狀態，如 3-52 所示。

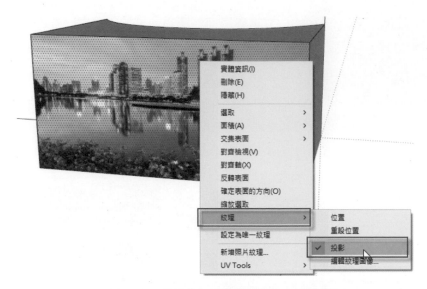

圖 3-52　執行**投影**功能表單使其呈勾選狀態

06 在**材料選取**面板中，使用**吸管**工具，吸取此完成對位工作的紋理圖像，游標會變回油漆桶，將視圖轉回到弧形面上，移動游標在弧形面點擊滑鼠左鍵一下，即可將背面的圖形正確的複製到弧形面上，如圖 3-53 所示。

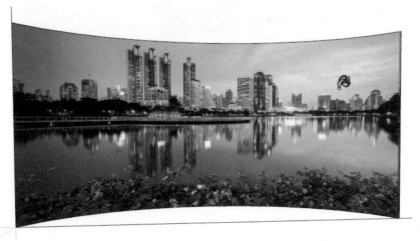

圖 3-53　將背面的圖形正確的複製到弧形面上

3-4-2 柔軟物件之紋理貼圖

　　SketchUp 材質在曲面的弱點已如前述，而在柔軟面上更是棘手，因此要使紋理貼圖表現正常且漂亮，必需利用經驗值加上特殊技巧以解決之，以下說明這些操作過程。

01 請開啟第三章 Sample02.skp 檔案，如圖 3-54 所示，這是一組帶床頭櫃的床組，其所有物件的紋理貼圖大小都已調整好，惟不管是枕頭或被褥的貼圖都不正確，這是因為這些物件都是不規則的曲面所致。

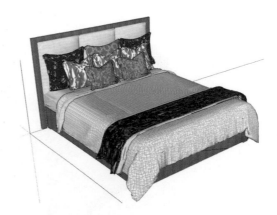

圖 3-54　開啟第三章 Sample02.skp 檔案

02 請執行下拉式功能表→**檢視**→**隱藏的幾何圖形**功能表單，讓此功能表呈勾選狀態，如圖 3-55 所示。在場景中的所有物件會被很多虛線所劃分，這些虛線所劃分出來的面，就是原始組成物件的結構面，如圖 3-56 所示。

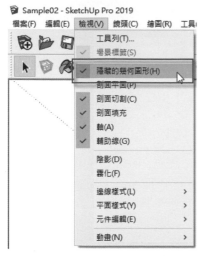

圖 3-55　執行**隱藏的幾何圖形**功能表單

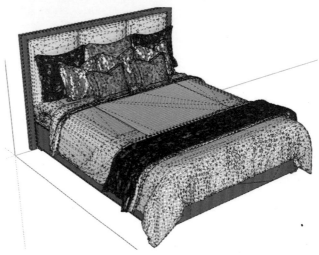

圖 3-56　在場景中物件會顯示結構面

03 選取被褥的某一個結構面，然後在此結構面上按滑鼠右鍵，在右鍵功能表中選取**紋理→投影**功能表單，讓此功能表呈勾選狀態，如圖 3-57 所示，此動作在執行材質的投影功能。

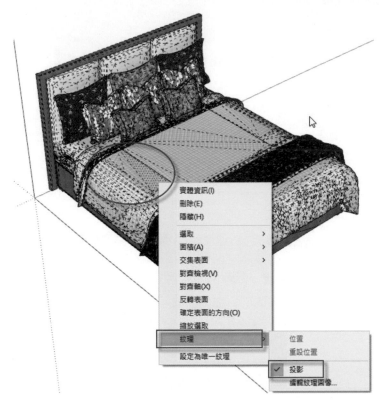

圖 3-57　選取任結構面然後執行**投影**功能表單

04 然後在**材料選取**面板中使用**吸管**工具，到此結構面上吸取此材質，以使目前編輯中的材質具有投影模式，此時的游標會改成油漆桶圖標。

05 請執行下拉式功能表**→檢視→隱藏的幾何圖形**功能表單，讓此功能表呈不勾選狀態，在場景中的被褥物件的虛線會消失，其目的是以物件做為一整體而不被結構線分割。

06 當結構線消失後，移動游標（呈油漆桶圖標）在被褥上點擊一下，即可以將被褥的紋理貼圖改成正，而呈現極為漂亮、正確的紋路，如圖 3-58 所示。

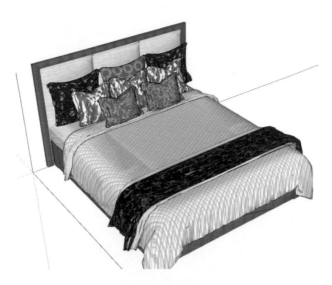

圖 3-58　將被褥的紋理貼圖理正

07 其他數個抱枕請讀者依上面的方法自行施作，本場景紋理貼圖理正後，經以床組
為檔名存放在第三章中，供讀者自行開啟研究之，如圖 3-59 所示。

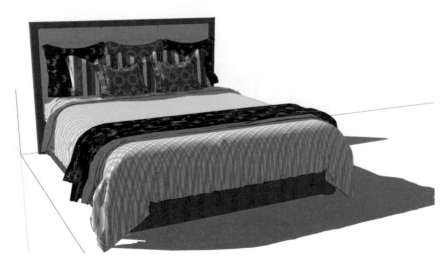

圖 3-59　紋理貼圖理正之床組

08 至於圓柱體及圓球之紋理貼圖，以延伸程式處理較為便捷，因此，此部分將待下
一章中之延伸程式單元再做詳細操作說明。

3-5 輔助定位工具

在**營造**工具面板中之**尺寸**與**文字**兩工具，因 LayOut 功能的加強，在 SketchUp 內施作已不具功能性，因此其運作方法將留待 LayOut 章節中再做說明，然而**捲尺**和**量角器**工具雖然不能拿來直接繪圖，但是其輔助功能十分強大，經常在繪圖中使用到，現詳細說明其操作方法。

3-5-1 捲尺工具

這個工具有三大功能，一是測量物體的長度，二是繪製臨時的虛直線之輔助線，三是做為場景或元件的縮放功能。

01 請開啟第三章 Sample03.skp 檔案，這是一張嬰兒床 3D 模型及一 50×50×50 公分之立方體，如圖 3-60 所示，請在**營建**工具面板中選取**捲尺**工具 ，此時游標變成**捲尺**工具並帶有一小段虛線圖標。

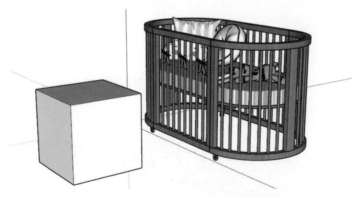

圖 3-60　開啟第三章 Sample03.skp 檔案

02 在物件測量的起始點處單擊滑鼠左鍵，注意要利用自動捕捉功能，沿著所需要的方向移動游標，此時從起始點處會拉出一條細線，利用自動捕捉功能，捕捉到第二點，在螢幕右下角測量工具面板及游標旁都會出現長度距離值，如圖 3-61 所示。

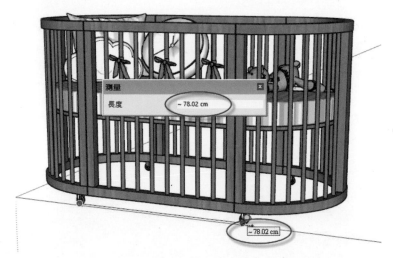

圖 3-61　測量工具面板會及游標旁都會出現長度距離值

03 在使用**捲尺**工具狀況下，當把游標移至線上，在游標附近會顯示此線段之長度，如果當把游標移至面上，在游標附近會顯示此面之面積，如圖 3-62 所示，如圖 3-62 所示，此為 SketchUp2019 版本新增功能。

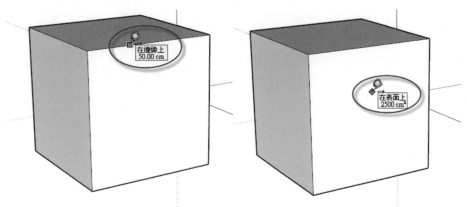

圖 3-62　**捲尺**工具自動顯示線段長度或面之面積

04 現要繪製輔助線，選取**捲尺**工具時，游標會出現捲尺並有一小段虛線之圖標，在元件旁的立方體頂面上，於想要做輔助線的起始點處單擊滑鼠左鍵，注意請多利用自動捕捉功能。

溫馨提示 捲尺工具內定為繪製補助線並兼具量取距離值功能,如果按下 Ctrl 鍵,此時游標變成無虛線之捲尺圖標,而它則只具有量取距離值而無繪製輔助線功能,惟當使用者再次使用**捲尺**工具時,它又回復到內定之繪製補助線並兼具量取距離值功能。

05 沿著所需要的方向移動游標,此時從起始點處會拉出一條細線,細線的顏色與同軸向的顏色相同,游標旁會出現長度距離值,到想要長度的地方按下滑鼠左鍵,會出現一條無限長且與細線垂直的虛線,這條虛線即為輔助線,如圖 3-63 所示。

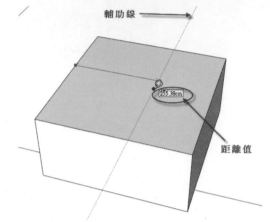

圖 3-63 在頂面上拉出一條與 Y 軸平行的輔助線

06 和**畫線**工具一樣,在定下輔助線後,利用鍵盤輸入正確的距離值,可以將輔助線自動改回到與起點的距離值。

07 在邊線上做輔助線,如果此輔助距離值超出此邊線,只會從邊線延伸到距離值的點上畫出虛線並產生一參考點,而不會產生無限長的延伸線,如圖 3-64 所示。

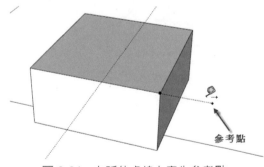

圖 3-64 在延伸虛線上產生參考點

08 如果是在物件的邊線上做輔助線動作,此時其距離值不超出此邊線長時,只會在此邊線上留下一參考點,如圖 3-65 所示。

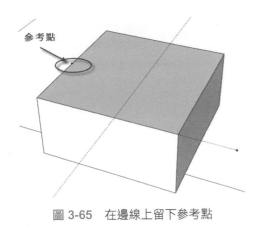

參考點

圖 3-65　在邊線上留下參考點

09 在實際作圖時，常會先在畫面中建立縱、橫的各式輔助線，再利用輔助線的交點，可以做為繪圖工具的抓點，以製作精確尺寸的各式圖形，這是 SketchUp 智能工具，相當方便好用。

10 使用**橡皮擦**工具可以個別刪除輔助線、輔助點，如果想一次刪除全部的輔助線、輔助點，可以執行下拉式功能表→**編輯→刪除輔助線**功能表單，可以將所有輔助線、參考點一次刪除。

11 **捲尺**工具亦可做為縮放工具使用，在場景中量取立方體的長度為 50 公分，如圖 3-66 所示，此時在鍵盤上輸入 100，系統會顯示提示**是否調整模型的大小**，並提醒不能調整外部元件的大小的訊息面板，如圖 3-67 所示。

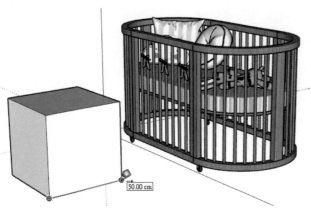

圖 3-66　量取矩形邊長為 50 公分

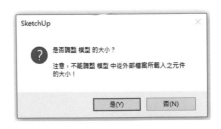

圖 3-67　顯示**是否調整模型的大小**的訊息面板

12 當按下**是**按鈕後，整個場景的所有物件（除元件以外）會以等比方式做縮放，再使用**捲尺**工具對立方體的邊線重做測量，其長度已變為 100 公分長，旁邊的嬰兒床模型因為是外部的元件，所以大小並不受影響。

13 嬰兒床模型為一元件，如果只想變更元件的比例，可以使用**選取**工具選取此元件，然後執行右鍵功能表→**編輯元件**功能表單，即可進入元件編輯中，有關元件操作方法在後面章節會詳述之。

14 使用上面相同的方法，在元件中使用**捲尺**工具量取此模型的長度，並在鍵盤上改變它的長度值，系統會顯示**是否調整作用中的群組或元件的大小**之訊息面板，此時改變比例大小只會是影響編輯中的元件，而不會擴及到整個場景，此部分請讀者自行練習。

溫馨提示

如果將此嬰兒床模型先執行分解，在現有場景中再將其組成元件，依前面的操作方法，使用**捲尺**工具調整立方體之大小，此時因為嬰兒床模型為在場景中建立的元件，因此它也會跟隨著調整大小，有關元件分解及組成元件方法，在第四章中會做詳細說明。

3-5-2 量角器工具

量角器工具可以用來測量角度，也可以透過角度來建立所要的輔助線。

01 延續上面的場景續作練習，請在**營造**工具面板中選取**量角器**工具 ，此時游標變成**量角器**工具圖標。

02 在場景中移動游標，量角器會跟隨模型表面軸向更改本身的軸向，且會與 X、Y、Z 任一軸向平行，則量角器會與其同一顏色，如再同時按住（Shift）鍵，則移動游標仍會鎖定此一軸向而不會改變。

03 利用點捕捉功能，確認軸向為藍色，移動游標至圖示 1 點按下滑鼠左鍵以定量角器軸心，移動游標至圖示 2 點處按下滑鼠左鍵以定下基準線，移動游標至圖示 3 點處按下滑鼠左鍵以定下想要量取的角度，此時可以在測量工具面板中顯示量取的角度，亦即以圖示 1 點為軸心，量取圖示 2 至圖示 3 間的夾角間角度，如圖 3-68 所示。

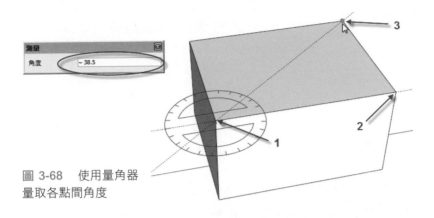

圖 3-68　使用量角器
量取各點間角度

04 在量取角度的同時，有如**捲尺**工具的功能，會產生一條無限長的虛線，此即為角度輔助線，其刪除的方法，亦同於**捲尺**工具產生的輔助線。

05 同畫線一樣，在按下滑鼠第三下前或後，均可在鍵盤輸上入角度值，以最精確的方法取得一條想要的角度輔助線。

3-6　剖面工具之運用

剖面工具為 SketchUp 特有之工具，它的主要功能是將創建完成的透視圖場景，借由此工具將 3D 圖形轉換為 2D 圖形表示，以做為後續 LayOut 程式加工為施工圖説之用，換句話説，當使用者完成 3D 模型的創作，不用辛苦再一次將圖形意像轉化為 2D 圖形來表示，這將是一舉數得的功能，對於厭煩 AutoCAD 龐大系統羈絆的設計者而言，可以説是省時省力的一大福音。

SketchUp 的**剖面**工具面板中包含四個工具按鈕，如圖 3-69 所示，由左至右分別為**剖面平面**、**顯示剖面平面**、**顯示剖面切割**及**顯示剖面填充**等四個工具按鈕，其中最右側的**顯示剖面填充**工具為 2018 版以後新增功能，本小節將只針對剖面工具的運用提出説明，其餘如何製作各面向立面圖及與 LayOut 做聯結部分，將待後面章節講解施工圖製作時再詳為説明。

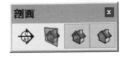

圖 3-69　剖面工具的 4 個工具按鈕

01 請開啟第三章 Sample04.skp 檔案，這是一間二層樓之室外別墅場景，如圖 3-70 所示，以做為剖面工具之操作練習。

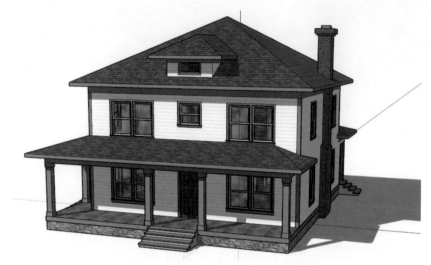

圖 3-70 開啟第三章 Sample04.skp 檔案

02 請在**剖面**工具面板中選取**剖面平面**工具 ⊕，可以打開**放置剖面平面**面板，現將面板中各欄位試為編號，如圖 3-71 所示。茲將各欄位功能說明如下：

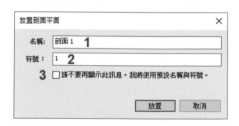

圖 3-71 打開放置**剖面平面**面板

① **名稱**欄位：本欄位可以為此剖面取名稱，以供在大綱視窗中做有效編輯管理，此為 2018 版以後新增功能。

② **符號**欄位：本欄位可以為剖面平面取一易於辨識的文字符號，以做為剖面間之區隔。

③ 是否再顯示此面板之詢問欄位，當此欄位為勾選狀態時，上述兩欄位將以系統預設的名稱取代而不再詢問，系統內定為不勾選，請維持系統內定值。

03 當在面板中按下**放置**按鈕，游標會
變成剖面圖標，而且在靠近建物
表面時，會隨著表面的軸向更換顏
色，當使用者想要製作俯視狀態的
剖面，請按下鍵盤上的向上鍵，剖
面工具則面一直維持藍色軸的軸向
顏色，如圖 3-72 所示。

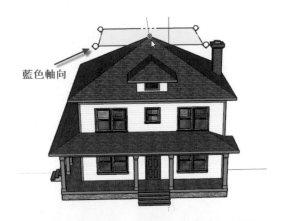

圖 3-72　按向上鍵以維持藍色軸向的剖面

04 當按下滑鼠左鍵可以確立剖面平面，使用**選取**工具選取此平面，此時剖面平面會
變為藍色，在**剖面**工具面板中顯示剖面平面及顯示剖面切割兩工具會自動啟動，
同時剖面平面四角圖標也要同時標上剖面符號，如圖 3-73 所示。

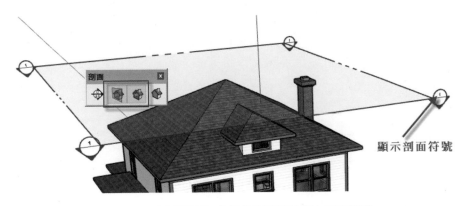

圖 3-73　剖面平面四角圖標也要同時標上剖面符號

05 使用**移動**工具，將此剖面平面往下移動，即可將此建物橫切出剖面來，至想要的
位置上按下滑鼠左鍵，即可建立一建物之剖面，此時預設面板之大綱視窗中會顯
示此剖面之名稱，如圖 3-74 所示。

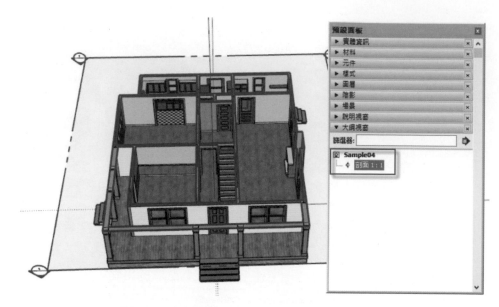

圖 3-74　預設面板之大綱視窗中會顯示此剖面之名稱

06 當在工具面板中取消顯示**剖面平面**工具之作用，則剖面平面消失而留下建物剖面，如圖 3-75 所示；而當再次啟動顯示**剖面平面**工具，而取消顯示剖面切割工具作用，則會只留下剖面平面而不會產生剖切效果，如圖 3-76 所示，如果同時取消顯示**剖面平面**工具作用，則連剖面平面也會一併消失。

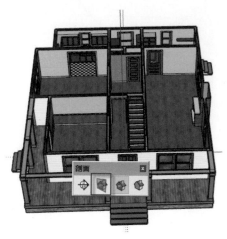

圖 3-75　剖面平面消失而留下建物剖面

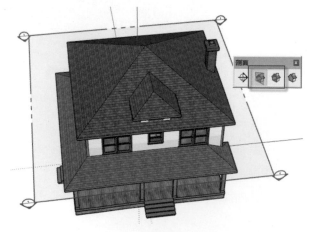

圖 3-76　只留下剖面平面而不會產生剖切效果

07 在工具面板中同時啟動**顯示剖面切割**及**顯示剖面填充**等二個工具按鈕，則整層牆體之剖面都會被填上顏色，如圖 3-77 所示，而這此填充顏色是可以在樣式面板中被編輯。

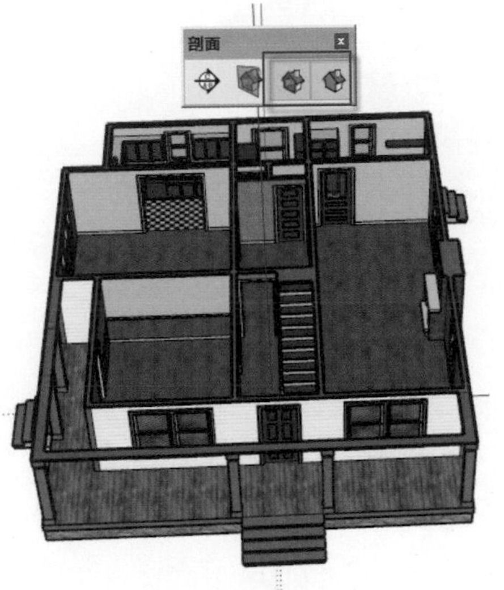

08 現示範更改剖面填充內容，請開啟視窗右側之**樣式**面板，在面板中選取編輯頁籤，並點擊**建模**設定按鈕，即可開啟**建模**設定面板，如圖 3-78 示。

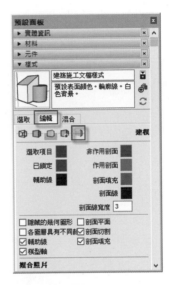

圖 3-77　整層牆體之剖面都會被填上顏色

圖 3-78　開啟建模設定面板

09 在面板中之**剖面填充**欄位，系統內定為灰色的顏色，請使用滑鼠點擊欄位右側的色塊，可以打開**選擇顏色**面板，在面板中選取藍色顏色（或任何一種顏色），如圖 3-79 所示。

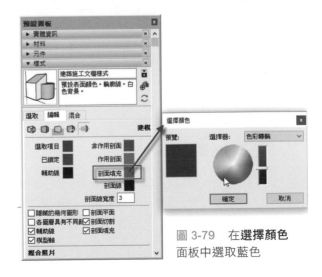

圖 3-79　在**選擇顏色**面板中選取藍色

10 在**選擇顏色**面板中按下**確定**按鈕以回到建模設定面板，在面板中之剖面線欄位，系統內定為黑色的顏色，請使用滑鼠點擊欄位右側的色塊，可以打開**選擇顏色**面板，在面板中選取紅色顏色（或任何一種顏色），如圖 3-80 所示。

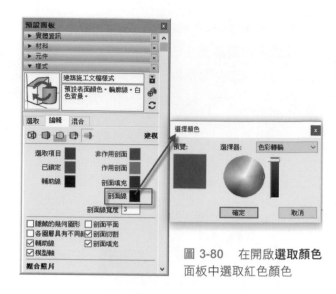

圖 3-80　在開啟**選取顏色**面板中選取紅色顏色

---

11 在**選擇顏色**面板中按下**確定**按鈕以回到建模設定面板，在面板中之**剖面線寬度**欄位，系統內定值為 3，請將其更改為 1，如圖 3-81 所示，使用者亦可依自己需要自由更改之。

12 當完成以上的操作，在場景中建物之牆體剖面會賦予藍色之填充，且牆體剖面線會呈現紅色，如圖 3-82 所示。本功能為 SketchUp2018 版本以後新增功能，將有助於施工圖繪製的美化效果。

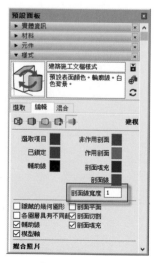

圖 3-81　**剖面線寬度**欄位數值更改為 1

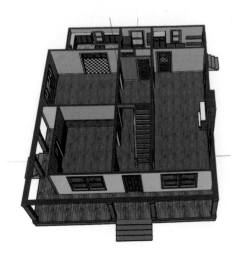

圖 3-82　牆體剖面呈現美化效果

3-7 陰影設置

SketchUp 有關陰影設置，近似日光儀的性質，以真實地理位置以求陽光的真實表現，雖不能直接以手動方式調整太陽方位那樣方便，但如果能適當了解日光儀的操作方法，其實也不失是一種快速簡便方法。

01 在 SketchUp 8 版本中尚有**朝陽偏北**工具面板，可以手動方式調整北方位置，而在 SketchUp 2013 以後版本中已將其移除，因此太陽位置的設定，惟有靠地理位置設置一項了，另外在延伸程式中作者為讀者準備了**朝陽偏北**延伸程式以彌補此項缺憾，在第四章中會詳細說明其使用方法。

02 有關地理位置設置方法，已在第一章中做過詳述，本小節將不再重複說明，如果使用者尚未設定者，請依該章說明自行設定之。

03 請開啟第三章中 Sample05.skp 檔案，這是一棟建築外觀的場景模型，如圖 3-83 所示，以做為陰影設置練習。

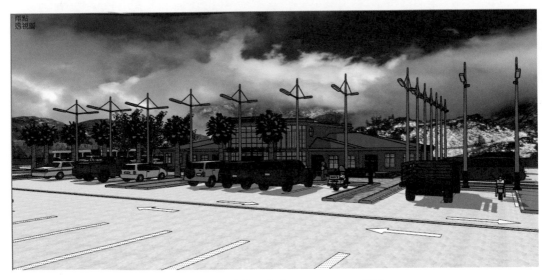

圖 3-83　開啟第三章中 Sample05.skp 檔案

04 現説明**陰影**工具面板的使用方法，在第一章工具列設定時，因顧慮電腦螢幕不是夠大，因此將**陰影**工具面板隱藏不開啟，現為説明需要請予開啟，如圖 3-84 所示。

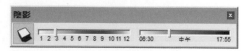

圖 3-84　開啟陰影工具面板

05 在**陰影**工具面板中由左至右分別為顯示 / 隱藏陰影欄位、日期設定欄位、時間設定欄位，而之前版本中的陰影設定工具業已取消，蓋在 SketchUp2019 版本中已將其移置到預設面板區中。

06 按下**顯示 / 隱藏陰影**欄位按鈕 ，會使場景出現陰影效果，其與執行下拉式功能表→**檢視**→**陰影**功能表單具有相同的功用。

07 在預設面板區中按下**預設面板**頁籤中之**陰影**標頭，可以打開**陰影**設定面板，如圖 3-85 所示，在 SketchUp2019 版本將陰影設定折解成兩部分，**陰影**工具面板已如前述，它的作用即讓使用者可以快速設定陰影的表現，另一部分則存在預設面板中，讓使用者可以更進一步對日光做更深入設定。

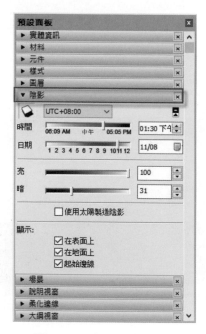

圖 3-85　在預設面板區中
開啟陰影設定面板

08 在陰影設定面板中有諸多欄位，如圖 3-86 所示，茲將各欄位功能説明如下：

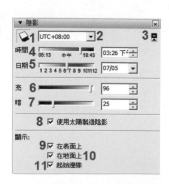

圖 3-86　陰影
設定面板各欄位

1 **顯示／隱藏陰影**工具按鈕：此與**陰影**工具面板上的按鈕相同。

2 **世界協調時間**欄位：如果讀者依第一章地理位置設置方法，以台北做為 SketchUp 的地理位置，中華民國（台灣）所採用的標準時間，比世界協調時間（UTC）快八小時，亦被稱為台灣時間、台北時間或台灣標準時間，因此在下拉表列選項中選取 UTC ＋ 08:00 選項。

3 **詳細資訊**按鈕：執行此按鈕，可以關閉面板的下半部面板，再按一此按鈕，則可顯示下半部的面板，如圖 3-87 所示。

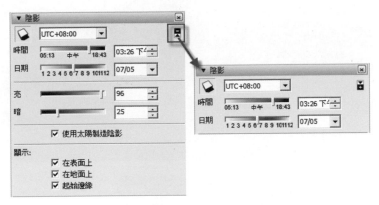

圖 3-87　執行**詳細資訊**按鈕可以開啟或關閉下半部面板

4 **時間設定**欄位：本欄位可以設定一天中的時間點。

5 **日期設定**欄位：本欄位可以設定日期點，當按下右側的向下箭頭，可以顯示月曆面板，在此面板中可以設定年份及月份，如圖 3-88 所示。

6 **陽光亮度**欄位：此欄位控制陽光亮度的數值。

7 **陰影暗度**欄位：此欄位控制陰影的濃淡度。

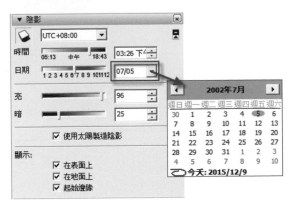

圖 3-88　在月曆面板中可以設定年份及月份

8 使用太陽製作陰影欄位：本欄位在啟用陰影時無作用，但當不啟用陰影時勾選本欄位，雖然不會產生陰影效果，但物件表面會顯示陽光的光照效果，如圖 3-89 所示，為關閉陰影而不勾選使用太陽製作陰影欄位之表現；如圖 3-90 所示，為關閉陰影而勾選使用太陽製作陰影欄位之表現。

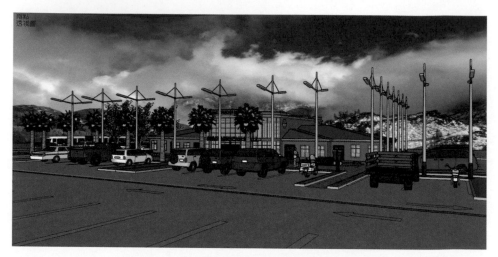

圖 3-89　為不勾選使用太陽製作陰影欄位之表現

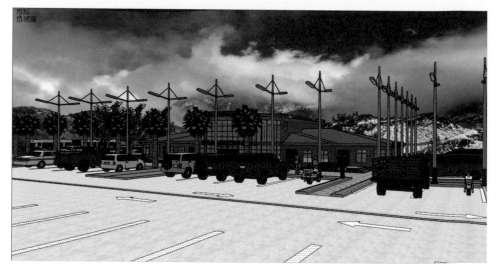

圖 3-90　為勾選使用太陽製作陰影欄位之表現

9 **在表面上**欄位：勾選本欄位則在物體的表面上會產生陰影。

10 **在地面上**欄位：本處所謂的地面是系統原始座標原點的地面，如果創建之地面不等同系統的地面，則會產生雙重陰影的現象，其解決的方法是關閉其中之一欄位，或是將創建的地面移動到原點同樣平面上。

11 **起始邊緣**欄位：本欄位為從單獨的線段產生陰影（即不是圍成面的線段），例如在場景中畫一直立線段，如勾選本欄位則線段亦會產生陰影，如圖 3-91 所示，如果本欄位不勾選，則線段不產生影陰。

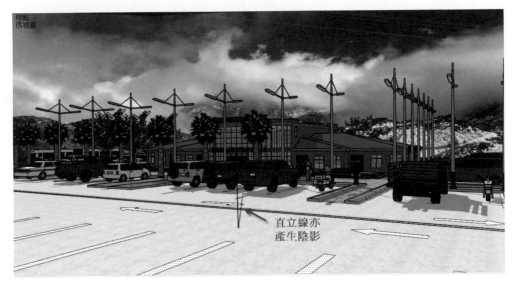

圖 3-91　本欄位勾選則直立線線亦產生陰影

溫馨提示 啟動陰影的設置會佔用很多的系統資源，因此一般在創建場景完成要直接匯出為 2D 透視圖時，才會開啟陰影設定面板去做調整，以免在設計階段拖慢系統的運行速度。

3-8 SketchUp 的交集表面功能

SketchUp 在原先存在的交集表面功能之外，於 SketchUp 8 之後的版本中新增加了實心工具，至此 SketchUp 的布林運算功能已相當完備，惟實心工具面板中的工具對實體物件規定相當狹隘，以致在做運算因子時會有許多限制，對於初學者造成某些困擾，也將其功能大打折扣，因此本小節將只針對**交集表面**功能做詳細解說，至於實心工具部分之運用，有興趣的讀者請自行參閱筆者另一本著作:-Google Sketchup8 室內設計基礎與運用一書。

01 請開啟第三章元件子目錄中的 Sample06. skp 檔案，這是已建立好立方體和球體，且各別製作成群組並放置在一起的場景，如圖 3-92 所示。

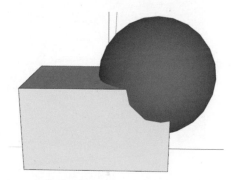

圖 3-92　打開 Sample06.skp 檔案所呈現畫面

02 使用**選取**工具，同時框選立方體與圓球體物件，執行右鍵功能表→**交集表面**→**與模型**功能表單，如圖 3-93 所示。

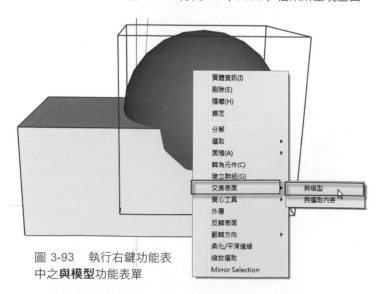

圖 3-93　執行右鍵功能表中之**與模型**功能表單

03 兩物體經交集表面後,將兩物件選
取,執行右鍵功能表→**分解**功能表
單,將其都予分解,亦即使其成為
一般物件而非群組物件;接著把紫
色圓球體刪除,可以在立方體上留
下立方體與圓球體相交的線條,如
圖 3-94 所示。

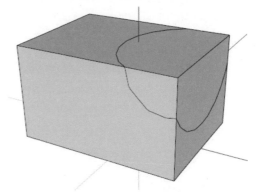

圖 3-94　在立方體上留下立方體與圓球體相交的線條

04 選取原球體的面將其刪除,可以留下原圓球體在立方體中的圓弧面,將其反面改
為正面,即可製作出特殊造形,如圖 3-95 所示,反之,刪除立方體,亦可在圓球
內製作出特殊造形,如圖 3-96 所示。

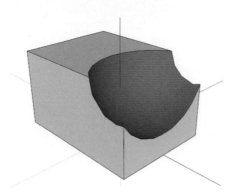

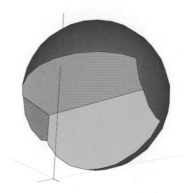

圖 3-95　在立方體內塑造特殊造形　　　　圖 3-96　在圓球體內塑造特殊造形

05 請開啟第三章 Sample07.skp 檔案,這是一
拱門造形的圖案,使用**推拉**工具,將其往
後推拉 1000 公分,使用**橡皮擦**工具,將
不需要線條給予柔化,如圖 3-97 所示。

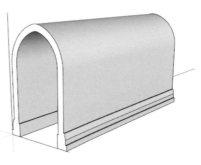

圖 3-97　　開啟第三章 Sample07.skp
檔案並向後推拉 1000 公分

06 選取全部造形，使用**旋轉**工具，於地面上近物件中心定為旋轉軸心，將其旋轉複製 90 度，使兩物件呈相互垂直交叉狀態，如圖 3-98 所示。

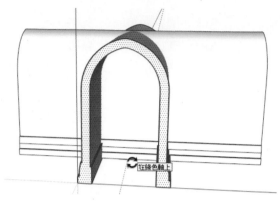

圖 3-98　將拱門物件旋轉複製 90 度

07 選取全部的物件，執行右鍵功能表→**交集表面**→**與選取內容**功能表單，如圖 3-99 所示，可以將所選取的物件做交集處理，再將兩側多餘的圖形刪除，而只剩下中間的造形部分，如圖 3-100 所示。

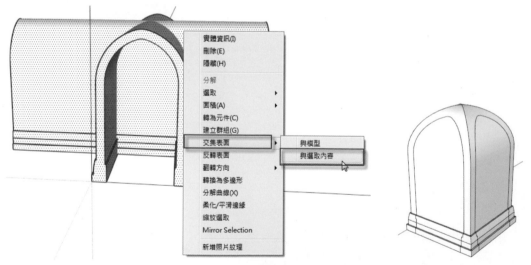

圖 3-99　執行右鍵功能表中之**與選取內容**功能表單　　圖 3-100　刪除兩側多餘部分

08 執行下拉式功能表→**鏡頭**→**平行投影**功能表單，再執行**正視圖**工具按鈕，將視圖轉為正視圖模式，使用**選取**工具框選柱體外之內側各面，如圖 3-101 所示，再按（Delete）鍵將選中的面刪除。

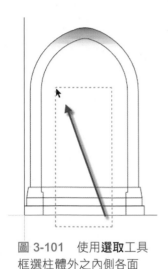

09 將視圖再轉為右視圖模式，依相同的方法框選柱體外之內側各面，再將其各面刪除，執行下拉式功能表→**鏡頭→透視**功能表單，將其恢復為透視圖模式，特殊造形之拱門創建完成，如圖 3-102 所示。

圖 3-101　使用**選取**工具框選柱體外之內側各面

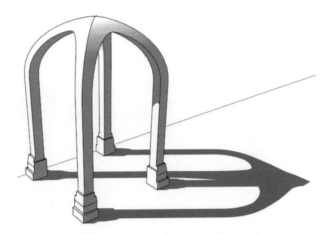

圖 3-102　特殊造形之拱門創建完成

10 本拱門造形經組成元件，並以拱門為檔名存放在第三章中，供讀者自行開啟研究之。

3-9　鏡像

　　鏡像的運用在建立場景時亦常使用到，例如利用現有門扇時，常因把手位置不對邊，怎麼旋轉都不理想，這時利用鏡像功能，可以很容易把把手調到另一邊，本工具不具有鏡向複製功能，因此想要對物件做鏡向複製，必先做複製動作再執行鏡向，以下說明其使用方法：

01 請開啟第三章中 Sample08.skp 檔案，這是古典書桌及其上裝飾物組合之 3D 模型，如圖 3-103 所示，以做為鏡像功能之操作示範。

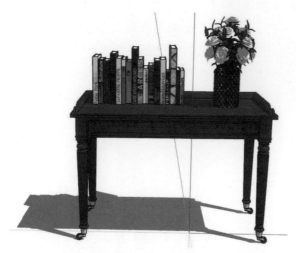

圖 3-103　開啟第三章中 Sample08.skp 檔案

02 使用**選取**工具選取古典書桌及其上裝飾物組合元件，移游標到元件上，執行右鍵功能表→**翻轉方向**→**紅軸方向**功能表單，即可將古典書桌及其上裝飾物組合元件做 X（紅色）軸向的翻轉，如圖 3-104 所示。

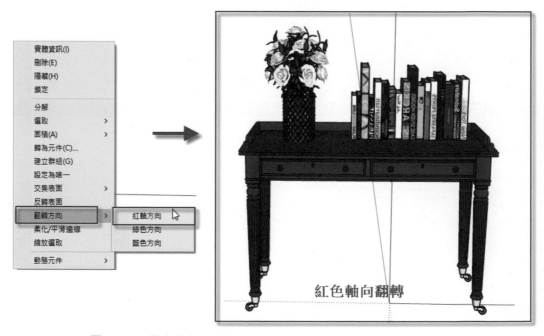

圖 3-104　將古典書桌及其上裝飾物組合元件做 X（紅色）軸向的翻轉

03 如果想做 Y 軸向的鏡向，請選取古典書桌及其上裝飾物組合元件，並在其上執行右鍵功能表→**翻轉方向**→**綠色方向**功能表單，即可將古典書桌及其上裝飾物組合元件做 Y 軸向的鏡向。

04 SketchUp 本身的鏡像功能只能鏡向不能同時執行複製，在第四章延伸程式單元中，會介紹鏡向延伸程式，此程式具有鏡向複製功能且功能較為強大，因此，有鏡向需求時皆會使用該延伸程式，到時再做詳細說明。

3-10 圖層管理

SketchUp 主要是單面建模，單體建物是一個物體，一個場景也是一個物體，所以圖層管理的功能就不像 AutoCAD 使用頻率那麼高，但是如果場景過於龐大，在操作效率有困難時，可以把物件分門別類存入不同的圖層，利用圖層的顯示或隱藏功能，將暫時編輯不到物件先隱藏，如此即可提高建模效率。

在 SketchUp2019 版本中增加了線型之設定，而其控制設定則在圖層中，因此在此版中圖層管理面板之設定與以往版本差異極大，使用者不可不察。

01 在 SketchUp2019 中也如**顏料桶**工具般，將圖層分為**圖層工具**面板和**圖層管理**面板，在本書第一章中工具列的設置小節，並未將圖層工具面板開啟，另圖層設定面板則預存在預設面板中，使用者可以直接在預設面板中開啟。

02 請依第一章介紹方法，在**工具列**面板中將**圖層**選項勾選以打開圖層工具面板，此面板現只是對現有圖層的列表管理，如圖 3-105 所示。

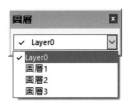

圖 3-105 開啟圖層工具面板

03 此圖層工具面板與之前版本有了顯著的不同，它只留下了圖層列表選項，單擊欄位黑色向下箭頭，會自動列出當前場景中所有的圖層，可從選單中選擇一個圖層做為當前圖層，如圖 3-106 所示。

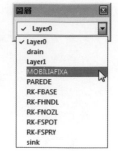

圖 3-106　可從選單中選擇一個圖層做為當前圖層

04 在 SketchUp2019 版本中想要打開圖層設定面板，需要在預設面板區中按下**預設面板**頁籤中之**圖層**標頭，可以打開圖層設定面板，如圖 3-107 所示，與之前版的執行方法大異其趣，使用者應盡快的適應。

05 在 SketchUp 中，系統自建一個 Layer0 圖層。如果不新建其他圖層，所有繪製的圖形將被置入 Layer0 圖層中，Layer0 圖層不能被刪除也不能改名。如果系統只有 Layer0 圖層該圖層也不能被隱藏。

06 面板中的新增圖層按鈕 ⊕，可以增加新圖層，面板中刪除圖層按鈕 ⊖，可以刪除 Layer0 圖層以外的圖層。

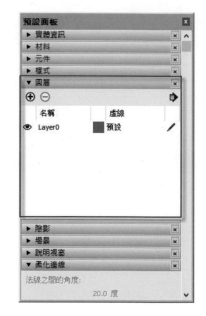

圖 3-107　開啟圖層設定面板

07 請按新增圖層按鈕 ⊕ 以增加一圖層 1 圖層，在圖層前方有一眼睛按鈕 👁，當按下此按鈕會改為無眼球之按鈕 ○，並將該圖層關閉。

08 在圖層 1 名稱上快速點擊兩下滑鼠左鍵，當圖層名轉為藍色區塊時，可以改變圖層名稱。

09 圖層名稱右側為圖層顏色欄位，系統內定為不啟動，則物件的顏色是各別賦予，如果此欄位啟動，則同一圖層的物件會是相同的顏色，想要更改圖層顏色，可以使用詳細資訊之功能表執行之，有關操作方法後續會再說明。

10 **虛線**欄位：此欄位為 SketchUp2019 版本新增加功能，當使用者在預設文字上按滑鼠左鍵，系統會表列預定的線段型式供使用者選取，如圖 3-108 所示，現將其操作方法說明如下：

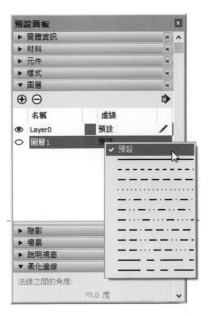

圖 3-108　系統表列預定的線段型式供使用者選取

1 請開啟第三章中之 sample09.skp 檔案，這是一開一關之兩扇門模型，如圖 3-109 所示，以做為線型設置之示範。

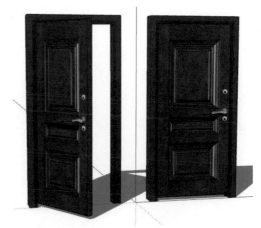

圖 3-109　開啟第三章中之 sample09.skp 檔案

2 如果是閉合之門扇，想要表示門開啟之方向，可以在地面畫上圖形以示之，請以**畫線**及**兩點圓弧**工具，在地面畫上直線及圓弧線段，以表示門之開啟方向，如圖 3-110 所示。

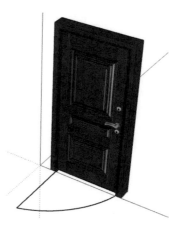

圖 3-110　在地面畫上直線及圓弧線段以表示門之開啟方向

3 在圖層預設面板中增加一圖
層 1 圖層，並設定線段型
式為虛線，先選取門前之兩
線段，然後打開**實體資訊**面
板，將此等線段歸入到圖層
1 圖層，則此門開啟方向之
示意圖會以虛線表示，如圖
3-111 所示。

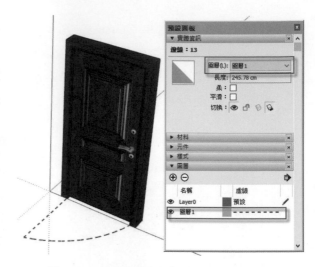

圖 3-111　此門開啟方向之示意圖會以虛線表示

4 在 SketchUp 並無設置線型
疏密度的功能，如果想要改
變線型的粗細，可以打開**樣
式**預設面板，在面板中選取
編輯頁籤中之**線型**編輯按
鈕　，在其下方顯示的面
板中更改**輪廓**欄位的寬度即
可，如圖 3-112 所示，惟如
此改變將更改場景所有圖形
的輪廓線。

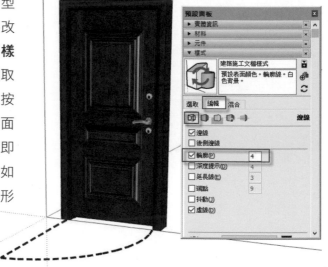

圖 3-112　將虛線改為輪廓線為 4 之結果

溫馨
提示　在 SketchUp 中並無更改虛線之疏密度，但在 LayOut2019 內之 SketchUp 模型預
設面板中新增直線比例欄位，藉由此欄位可以調整虛線之疏密度。

5 當在面板中將**虛線**欄位勾選去除，則繪圖區中的虛線改為實線模式，而且圖層中之線型功能也將失去功能，如圖 3-113 所示，此欄位系統內定為勾選狀態。

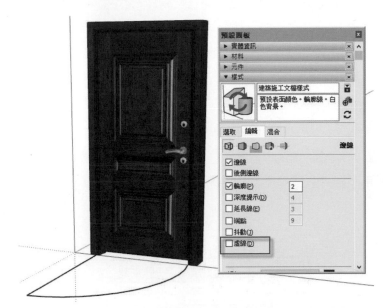

圖 3-113　虛線欄位勾選去除後將失去線型功能

11 在線型欄位右側為一鉛筆圖標，使用滑鼠左鍵點擊鉛筆之位置，則可以將鉛筆圖標位於該圖層上，同時也代表該圖層為目前編輯圖層，此時繪製的圖形將位於該圖層上，且目前圖層不能被隱藏，系統內定圖層 0 為目前圖層。

12 如果想要啟動圖層顏色，可以執行面板中的**詳細資訊**按鈕，在顯示的表列選項中選取各圖層具有不同顏色功能選項，使此選項呈勾選狀態即可，如圖 3-114 所示，惟依作圖習慣都會維持系統內定不啟動狀態。

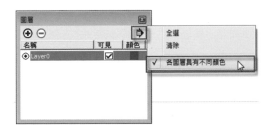

圖 3-114　選取**各圖層具有不同顏色**功能選項

3-11　大綱視窗與對場景生成報告

　　前面小節提到當使用剖面工具以創建**剖面平面**時，可以在大綱視窗中產生剖面名稱以方便操作管理，而當在場景中所建立或匯入的元件及群組，亦均可在大綱視窗中展示其名稱及其組成結構，堪稱相當方便的管理工具；另外，在本版中亦增加對場景生成報告之功能，其與大綱視窗習習相關，因此在本小節對此兩功能做統合說明。

01 請開啟第三章中 sample10.skp 檔案，這是一棟集合住宅一層樓之平面配置圖，如圖 3-115 所示，圖內之門、窗及各類傢俱平面圖均已組成元件，以此做為本小節之練習。

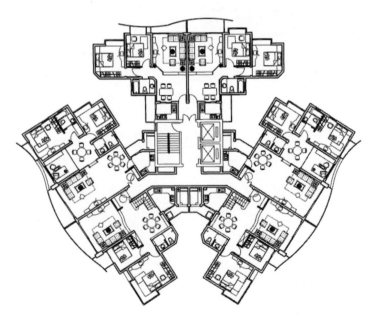

圖 3-115　開啟第三章中 sample10.skp 檔案

02 在視窗右側的預設面板區中打開大綱視窗面板，在面板中會羅列出平面圖中包含的所有元件或群組名稱，如圖 3-116 所示，當在場景中選取某一元件則大綱視窗中其元件名稱會被同時選取，反之，在大綱視窗面板選取元件名稱時，其在場景中元件亦被選取。

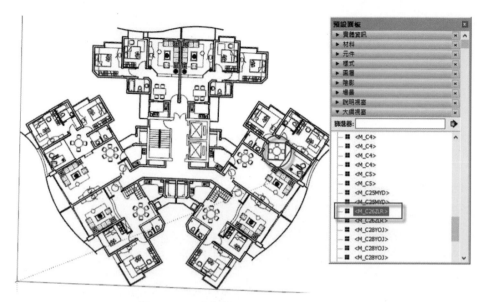

圖 3-116　在大網視窗面板及場景中均可選取元件

03 大網視窗面板的好處，在於把場景中的元件或群組都集中列名，方便使用者管理及編輯，其操作方法如同在場景中操作，有關元件及群組的編輯方法，將待下一章再做說明。

04 當將 M_C26ZLR 元件
（四人坐圓桌椅組）內
之四張椅子亦轉為元
件，則此 4 張椅子元
件 會 位 於 M_C26ZLR
元件之下一層級，如
圖 3-117 所示，此種
子母層級關係稱為元
件之嵌套。

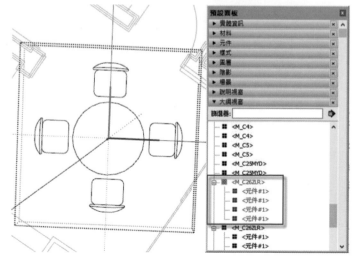

圖 3-117　製作元件之層級嵌套

05 原則上元件之層級嵌套可深入相當多級，惟依使用經驗得知，某些渲染軟體對於多層級的嵌套可能產生無法讀取材質的問題，因此建議最多不要超過三個層級。

06 如果萬一發生材質流失問題，請在大網視窗中，選取該元件最底層的所有元件名稱，執行右鍵功能表→**分解**功能表單，即可快速感少嵌套層級。

07 當元件有層級嵌套的情形，在面板中元件名稱之左側會有 ⊞ 號的標誌，如果已呈展開層級嵌套的情況下，面板中元件名稱之左側會有 ⊟ 號的標誌，此處在面板中相同的 M_C26ZLR 元件亦有嵌套情形，如圖 3-118 所示，這是因為兩者為相同的元件具有其關聯性的關係。

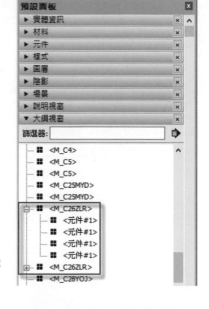

圖 3-118　相同的 M_C26ZLR 元件亦有嵌套情形

08 當在面板右上角按下**詳細資訊**按鈕，可以表列出三個功能表，如圖 3-119 所示，現各別對其功能說明如下：

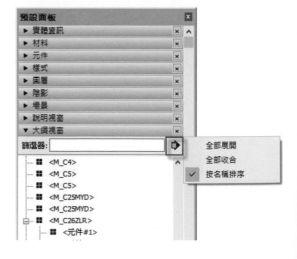

圖 3-119　按下**詳細資訊**按鈕可以表列三功能表

1 **全部展開**功能表單：執行此功能表單，可以將大網視窗中所有元件名稱左側有 ⊞ 號者，均展開其嵌套層級。

2 **全部收合**功能表單：執行此功能表單，可以將大網視窗中所有元件名稱左側有 ⊟ 號者，均收合其嵌套層級。

3 **按名稱排序**功能表單：執行此功能表單，可以將面板中所有元件或群組名稱，按名稱重新排序；蓋以滑鼠左鍵按住名稱不放，可以隨處移動上下位置，利用此功能可以重為排序以方便管理。

09 執行下拉式功能表→**檔案**→**產生執告**功能表單，如圖 3-120 所示，可以開啟**產生報告**面板，如圖 3-121 所示，這是 SketchUp2018 版本以後新增功能。

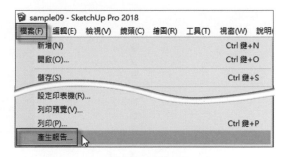

圖 3-120 執行**產生執告**功能表單

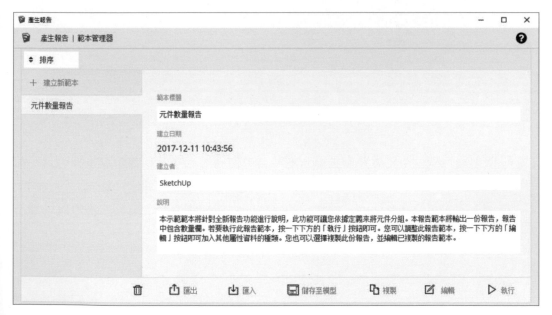

圖 3-121 開啟**產生報告**面板

10 在面板中按下**建立新範本**按鈕,可以打開下一層的產生執告面板,因為本案為對整體平面圖施作,所以維持內定的**整體模型**選項(當針對各別物件時,請先選擇該物件再選取目前所選內容選項),接著在模型屬性欄位中將 Entity Name(實體名稱)拖曳到右側的群組歸類依據欄位中,如圖 3-122 所示。

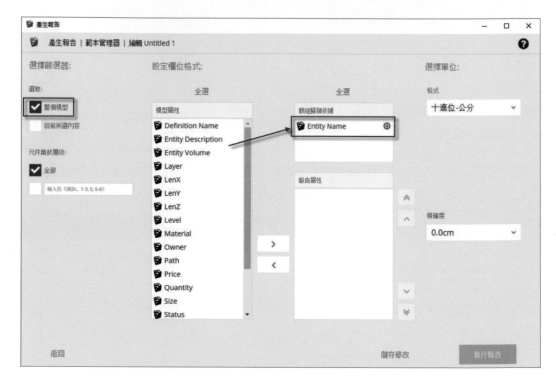

圖 3-122　將 Entity Name 拖曳到右側的群組歸類依據欄位中

11 在模型屬性欄位中將想要產生報告的項目,使用滑鼠拖曳到**報告屬性**欄位中,如圖 3-123 所示,兩欄位中間有向右及向左兩按鈕,向右按鈕的功能為將選定的項目加入到報告屬性欄位中,向左按鈕為將報告屬性欄位中項目移回模型屬性欄位中。

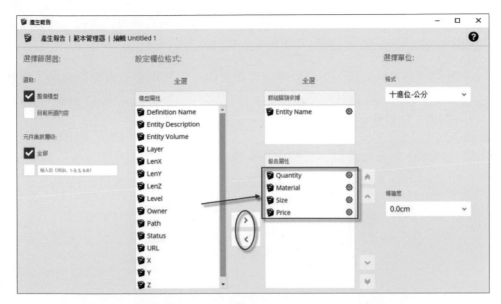

圖 3-123　將想要產生報告的項目使用滑鼠拖曳到報告屬性欄位中

12 當在面板中按下執行**報告**按鈕後，即可產生一份場景中所有元件之四種項目的總體報告，如圖 3-124 所示，其中系統會對相同的元件做加總計算。

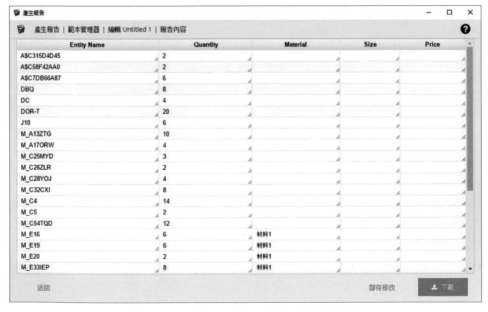

圖 3-124　所有元件之四種項目的總體報告

13 有關元件 Size（大小）及其 Price（價格）等項，一般在建立元件面或是**實體資訊**面板中做設定，此部份之操作待第四章中再詳為說明。

14 當在面中按下**下載**按鈕，可以打開儲存報告面板，使用者可以自取檔名，系統會自動儲存成 csv 的檔案格式，此檔案格式可以使用 Microsoft Excel 軟體打開編輯，亦可利用 LayOut 將其插入，以增添施工圖的可讀性。

15 本範例所產生之報告經以場景報告 .csv 為檔名，存放在第八章試算表資料夾中，至於如何插入 LayOut 中供施工圖直接套用，在第八章中會有詳細的說明。

04

Chapter

延伸程式、群組與
元件之設置

第一章曾言及，SketchUp 因為對曲面無法編輯，想要利用現有十多個智能工具組合，以製作出較為複雜、特異的 3D 模型較為困難，因此它採取開放式延伸程式 (Plug-in) 接口，以補足這方面的缺憾，而這些延伸程式一般為免費程式，使用者可以在 Extension Warehouse 或網路中下載使用。對 SketchUp 的愛好者來說，學習瞭解和掌握 SketchUp 延伸程式是一件非常有意思的事情，而且成為必備的技能，本章將對什麼是 SketchUp 延伸程式及如何安裝與使用，做深入的剖析與說明。

在前面數章中曾數次使用到群組、元件，當時可能尚不清楚此兩種物件區別、使用時機與它的重要性。有經驗的設計師都知道，不管是使用 SketchUp 或是 3ds max 軟體從事室內設計，在透視圖場景的創建上，除了牆體、天花板造形及必要的櫥櫃傢俱責無旁貸需由設計師自己創建外，其餘如燈飾、床組、植物及裝飾物等皆是利用現成元件匯入使用，因此，如何利用閒暇時間從 3D Warehouse 或網路上下載元件，並加以整理分類以供隨時取用，成為設計師每日必修課程，在本章中將有精闢的解說。

4-1 SketchUp 的延伸程式

4-1-1 SketchUp 2019 的擴展模型庫

01 在 SketchUp 中增加了擴展模型庫，這有如仿手機中 APP 程式模式，以延伸程式商店庫模式，提供使用者與延伸程式設計者做為溝通平台。

02 在第一章工具列設置小節中，未將**倉儲**工具面板開啟，請執行下拉式功能表→**檢視→工具列**功能表單，可以打開**工具列**面板，在面板中將**倉儲**選項勾選，即可開啟**倉儲**工具面板，如圖 4-1 所示。

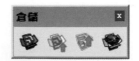

圖 4-1　開啟**倉儲**工具面板

03 在**倉儲**工具面板中之工具，由左向右分別為 3D Warehouse（3D 模型庫）、分享模型、分享元件、Extension Warehouse（擴展模型庫）等按鈕。

04 首先將電腦連上網路，然後在**倉儲**工具面板中選取 Extension Warehouse（擴展模型庫）按鈕 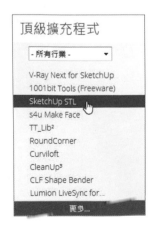，即可打開 Extension Warehouse（擴展模型庫）面板，如圖 4-2 所示，在此面板中展示所有在 SketchUp 官方網站中已註冊並掛單的延伸程式。

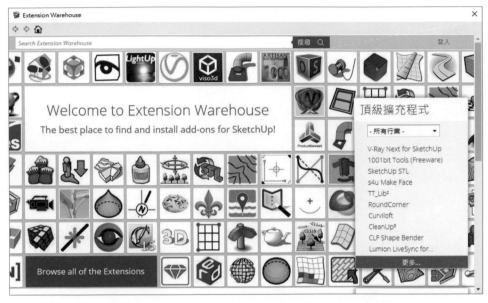

圖 **4-2** 打開 Extension Warehouse（擴展模型庫）面板

05 在此面板中，讓使用者可以不必離開 SketchUp，即可隨時蒐尋、下載與安裝面板上的延伸程式，例如選擇了下拉式表列中之 SketchUpSTL 延伸程式，如圖 4-3 所示，這是 SketchUp 中的將模型轉為 3D 列印格式的延伸程式。

圖 **4-3** 選擇下拉表列中的 SketchUpSTL，它是將模型轉為 3D 列印格式

06 當使用滑鼠點擊 SketchUpSTL 選項，可以續打開 SketchUpSTL 延伸程式擴展模型庫面板，在面板中介紹該延伸程式使用方法及相關訊息，如圖 4-4 所示，使用者更可藉由此面板可以獲得此延伸程式的操作方法及設計者之基本訊息。

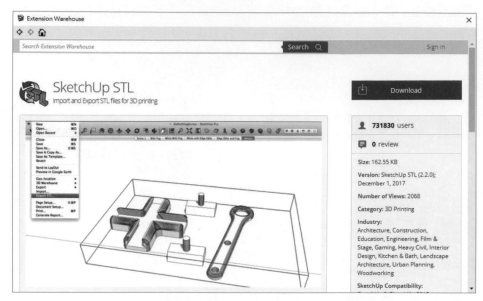

圖 4-4　續打開的 CleanUP 延伸程式擴展模型庫面板

07 當要下載使用此延伸程式，可以使用滑鼠點擊右上角的 **Download** 按鈕，會再打開 Extension Warehouse 面板，如圖 4-5 所示，在此面板中使用者必需先做登入的動作，此部分請讀者自行向 Trimble 公司申請帳號，或使用 Google 信箱帳號亦可登錄進入，請自行下載練習不再另行說明。

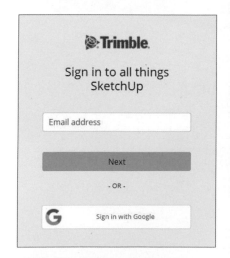

圖 4-5　在 Extension Warehouse 面板中進行登入作業

以往版本執行下拉式功能表→**視窗**→**Extension Warehouse（擴展模型庫）**功能表單，同樣可以開啟 Extension Warehouse（擴展模型庫）面板，在此版本中已取消此功能選項。

08 在 Extension Warehouse（擴展模型庫）中下載使用延伸程式，相當快速方便，而且範圍相當廣泛，讀者可以多加利用，但想要執行部分較早期的延伸程式，可能需要使用者從網路上下載使用。

4-1-2 延伸程式的安裝

SketchUp 延伸程式在擴展模型庫或網路上，幾乎可以自由下載到數千種之多，除少數是要收費的程式，而大部分程式應是免費提供，而這些以 Ruby 程式語言撰寫的延伸程式功能彌補了 SketchUp 對曲面編輯及一些平面繪製的缺憾。然隨 Ruby 版本不斷更新，因此所有延伸程式並不一定都能使用，且依使用經驗得知，需把握實用、會用為原則，建議不要安裝過多延伸程式以免拖累到軟體操作。

01 在安裝延伸程式前，需要考慮版本適用問題，例如有的延伸程式在 SketchUp 8、2013 或 2014 版中可以順利執行，到了 2019 版本時其程式語言已升級到了 Ruby 2.5.1，在安裝前需先確定可否相容執行。

02 SketchUp 延伸程式的安裝方法有三種，現分述如下：

1 第一種副檔名為 *.exe 格式的延伸程式，它可以直接進行程式安裝，只需依安裝步驟執行即可，對新手而言相當方便。惟對於使用老手而言，這種方式不夠透明，讓人感覺不太安全，因為這些延伸程式到底在電腦上寫入了那些資料，以及不需要時應刪除那些資料，全然不能理解。

2 第二種副檔名為 *.rb 或 *.rbs 格式的延伸程式，這是早期最為普遍的延伸格式，這些 *.rb 文件都可以使用任何文字編輯軟件直接打開，打開之後就能看到程序的原始碼，其安裝方法相當簡單，只需要將其複製到指定資料夾中即可，在本小節中會詳述其資料夾位置。

3 第三種檔名為 *.rbz 格式的延伸程式，這種類型的延伸程式是從 SketchUp8.0 才開始支持的新格式文件，在 SketchUp2015 版本以後已是標準的延伸程式。對於這種延伸程式的安裝在 SketchUp2018 版本以後做了重大改革，只需要執行下拉式功能表→**視窗**→**擴充程式管理器**功能表單，可以打開**擴充程式管理器**面板，如圖 4-6 所示，其操作方法將另闢小節詳細說明。

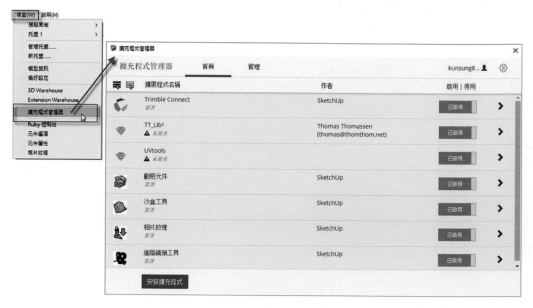

圖 4-6　打開**擴充程式管理器**面板

03 副檔名為 *.exe 的延伸程式，因本身即為執行檔案，利用檔案總管在其檔案連續按滑鼠兩下即可順利執行。

04 在 SketchUp 2019 版本中之 *.rb 或 *.rbs 延伸程式需要複製到系統隱藏的資料夾中，現將其安裝方法說明如下：

1 要執行安裝動作得先把此隱藏的資料夾中顯示出來方可，如果使用者為 Windows 7 操作系統的使用者，請打開檔案總管，執行下拉式功能表→**組合管理**→**資料夾和搜尋選項**功能表單，如圖 4-7 所示，即可以打開**資料夾選項**面板。（如果使用者之操作系統為 Windows10 者，請參考第三章材料面板之操作小節中說明）。

4-6

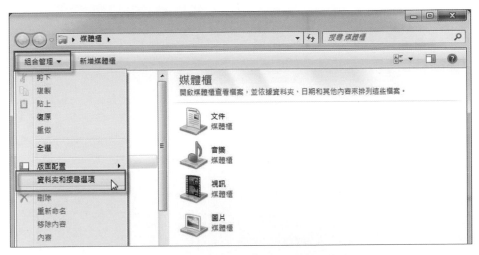

圖 4-7 在檔案總管中執行**資料夾和搜尋選項**功能表單

2 在打開資料夾選項面板中選
取檢視頁籤,在頁籤面板中
之隱藏檔案和資料夾選項中
點選**顯示隱藏的檔案、資料
夾及磁碟機**欄位,如圖 4-8
所示。

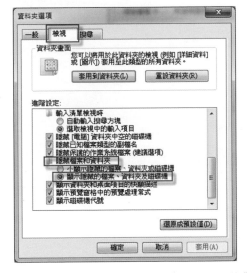

圖 4-8 在面板中點選**顯示隱藏的檔案、資料夾及磁碟機**欄位

3 當按下**確定**按鈕後檔案總管即會將一些隱藏的資料夾或檔案顯示出來。

4 作者為室內設計之所需,蒐集了十多種的延伸程式,存於第四章延伸程式資
料夾內,請將除了副檔名為 rbz 的檔案外,將其餘的檔案(共有 5 個程式及 1
個圖檔)進行複製。

5 將剛才複製的檔案貼入到 C:\Users\ 使用者電腦名稱 \AppData（此資料夾原被系統隱藏）\Roaming\SketchUp\SketchUp 2019\SketchUp\Plugins 資料夾中，即可完成此種格式之延伸程式安裝，如圖 4-9 所示。

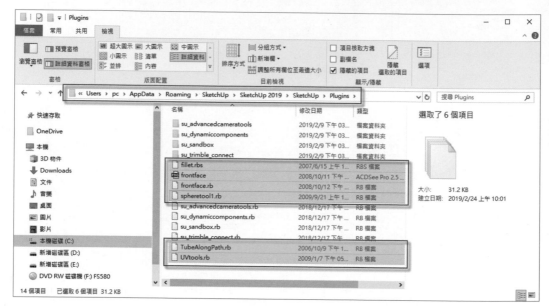

圖 4-9　將 rb、rbs 檔案及其資料夾複製到指定的資料夾中

6 另外使用者亦可將 *.rb 或 *.rbs 延伸程式複製到 C:\Program Files\SketchUp\ SketchUp 2019\ShippedExtensions 資料夾內，惟當使用者執行 SketchUp 後，系統會把此延伸程式同時複製一份到 C:\Users\ 使用者電腦名稱 \AppData\ Roaming\SketchUp\SketchUp 2019\SketchUp\Plugins 資料夾中。

7 複製延伸程式至 Plugins 子資料夾內後，必需退出 SketchUp 程式的執行，於再次進入 SketchUp 系統後才可以使用，此時下拉式功能表會多出延伸程式功能選項，且大部份的延伸程式都會呈現在此處。另外延伸程式也會出現在其它功能選項中，如有的在繪圖、工具功能選項，有的在右鍵功能表上，單看原延伸程式設計者，所預計顯示的位置而定。

8 如果想要移除這些延伸程式，只要在 Plugins 資料夾中將剛才複製進來的檔案或資料夾刪除即可。但複製到 ShippedExtensions 資料夾內者需將兩資料夾內資料同時要刪除方可，因此非常不建議使用後者之安裝方式。

4-1-3 擴充程式管理器之使用

在以前版本中對於延伸程式之安裝及卸載相檔繁瑣及複雜，很多初學者對於不適用的延伸程式想要排除，時常感到棘手而無所適從，在 SketchUp2018 版本以後新增加了此擴充程式管理器，可以方便使用者統一管理延伸程式，為相當貼心的創舉，以下說明此面板之詳細操作方法。

01 當使用者依前面說明的方法安裝了 rb 或 rbs 之延伸程式後，執行下拉式功能表→**視窗→擴充程式管理器**功能表單，可以打開**擴充程式管理器**面板，在面板中可發現剛才複製的延伸程式已表列在面板中，如圖 4-10 所示。

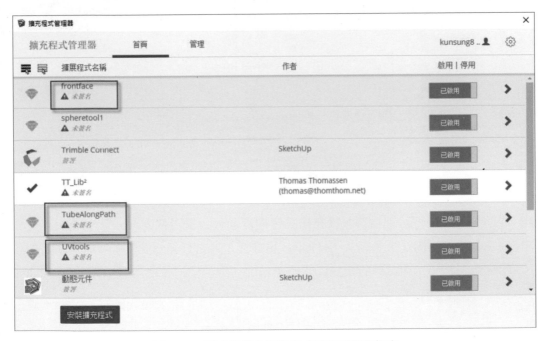

圖 4-10　剛才複製的延伸程式已表列在面板中

02 在面板右側有兩欄位，是否啟用欄位可使用滑鼠點擊欄位，使其呈已啟用或停用之切換，當按下最右側的訊息欄位後，會對此延伸程式在 Extension Warehouse 當中註冊掛單之情形，此時欄位箭頭會改為向下，如圖 4-11 所示，當然其前提是使用者必先連上網路。

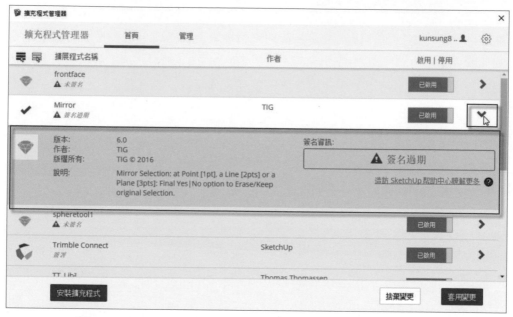

圖 4-11　報告延伸程式在 Extension Warehouse 當中註冊掛單之情形

03 想結束此延伸程式在 Extension Warehouse 註冊掛單之報告，請在訊息欄位上再按一次向下箭頭按鈕，即可將報告隱藏並同時將箭頭改為向右狀態。

04 在面板上端按下管理頁籤，**擴充程式管理器**面板會呈現擴充程式管理面板，在面板右側有三排欄位，如圖 4-12 所示，**更新**欄位為當延伸程式有新版本更新時會顯示紅色之按鈕，可以執行按鈕以立即更新之，惟其前提是使用者必先在 Extension Warehouse 登錄。

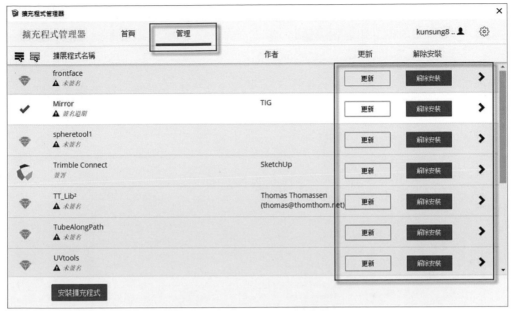

圖 4-12　打開擴充程式管理面板

05 最右側的**訊息**欄位和首頁面板中的訊息欄位欄位內容相同，中間欄位為**解除安裝**按鈕，當使用者想要卸載延伸程式可以執行此按鈕，則 SketchUp 會將該程式自上述之 Plugins 資料夾內刪除。

06 SketchUp2019 新增了擴充程式管理器，讓使用者可以此為做為管理平台，方便對延伸程式之啟用、停用及解除安裝等做有效管理，而不像之前版本讓很多初學者感到無所適從。

 如果想要將現有之 rb 或 rbs 之延伸程式改為 rbz 格式，以方便延伸程式安裝及解除，請使用壓縮軟體將此等檔案壓縮成 ZIP 檔案格式，再將其檔案類型改名 rbz 即可。

07 在書附光碟第四章延伸程式資料夾中，作者為讀者準備了 8 個 rbz 格式的檔案，其中 RBC_Library_v7.7.6.rbz 為程式庫延伸程式，需要最先安裝，否則相關的延伸程式將無法順利安裝成功，現說明此種格式之安裝方法如下：

1 rbz 格式的檔案其實它本身即為 zip 的壓縮檔案格式,利用解壓縮程式即可了解其檔案內容,如以**朝陽偏北**.rbz 檔案為例,其解壓縮後即為 su_solarnorth 資料夾及 su_solarnorth.rb 檔案之合體。

2 進入 SketchUp2019 軟體中,執行下拉式功能表→**視窗**→**擴充程式管理器**功能表單,可以打開**擴充程式管理器**面板,在該面板左下角使用滑鼠點擊安裝擴展程式按鈕,可以打開**開啟**面板,如圖 4-13 所示。

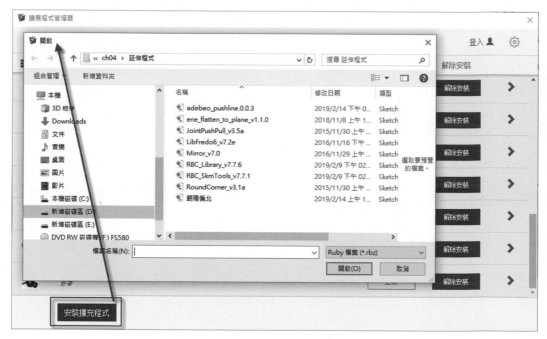

圖 4-13　打開**開啟**面板

3 請將檔案路徑指向第四章延伸程式資料夾內**朝陽偏北**.rbz 檔案(**朝陽偏北**之延伸程式),然後在面板中按下右下角之開啟按鈕,系統即會自動安裝該延伸程式至 SketchUp 程式中,如圖 4-14 所示,已可發現**朝陽偏北**延伸程式已被安裝妥當。

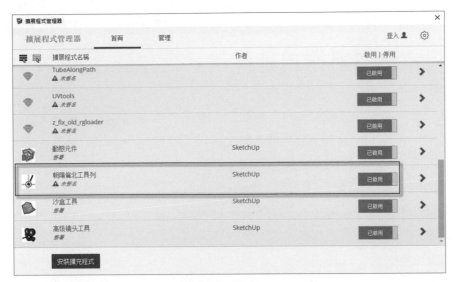

圖 4-14　**朝陽偏北**延伸程式已被安裝妥當

4 其它 6 個 rbz 格式的延伸程式，請利用前面所述的方法自行安裝，此處不再分別說明。

溫馨提示　當安裝了 rbz 格式的延伸程式，很多延伸程式會有自己的工具面板，如果一時顯示不出這些面板，系統會提示需要重新進入 SketchUp 方可，此時請退出再進入即可顯示這些工具面板。

08 當工具列中之**朝陽偏北**工具面板不小心被關閉後，想要恢復原有的工具面板，只要依第一章方法執行下拉式功能表→**檢視**→**工具列**功能表單，在開啟的**工具列**面板中將**朝陽偏北**選項勾選即可，如圖 4-15 所示，**朝陽偏北**工具面板又會重新顯示回來。

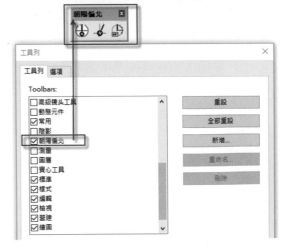

圖 4-15　重新啟用**朝陽偏北**工具面板

4-2 室內設計常用延伸程式之示範使用

　　當將第四章延伸程式資料夾內的檔案執行安裝後，重新啟動 SketchUp 2019 會在下拉功能表單上出現**延伸程式**的功能選單，其下拉表列中會顯示已安裝好的大部分延伸程式功能表單，如圖 4-16 所示。但有些會放置在其它功能選項中或是在右鍵功能表中，其所出現的位置視設計者所預設位置而定，現將第四章所附部分延伸程式之使用方法略述如下。

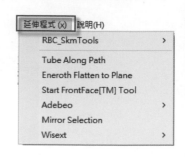

圖 4-16　大部分的延伸程式會出現在延伸程式選項中

▎4-2-1　Tube Along Path：生成圓管延伸程式

01 在繪圖區繪製直線及圓弧線，先選取這些線段，執行下拉式功能表→**延伸程式**→ Tube Along Path（**生成圓管**）功能表單，在繪圖區中會開啟生成圓管設定面板，如圖 4-17 所示。

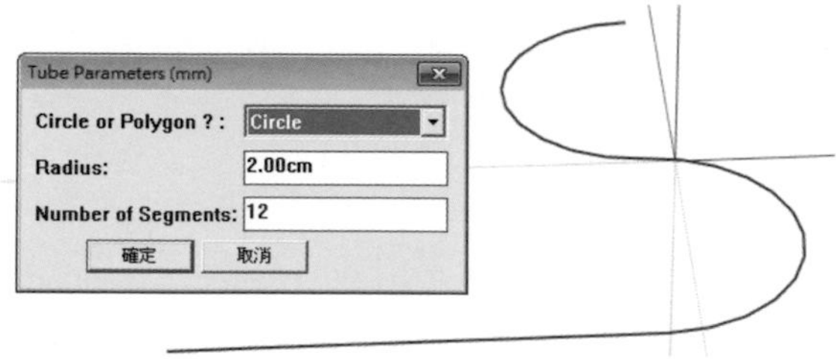

圖 4-17　開啟生成圓管設定面板

02 在面板中可以選擇 Circle 或是 Polygon 形式，接下來是設定圓管半徑與圓的片段數，這裡設定圓管半徑為 5 公分，片段數 12 不變，如圖 4-18 所示，為形式選擇 Circle 形式，如圖 4-19 所示，為選擇 Polygon 形式。

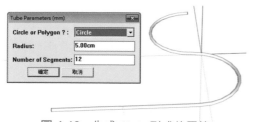

圖 4-18　生成 Circle 形式的圓管

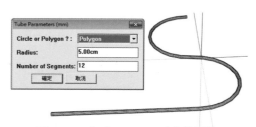

圖 4-19　生成 Polygon 形式的圓管

03 使用此延伸程式生成的圓管，不必先備**路徑跟隨**工具中的圓剖面，而且不必考慮剖面與路徑是否垂直的問題，是相當便利、快速的工具，為一款經常會使用到的延伸程式。

4-2-2 Start FrontFace[TM]Tool：自動轉換正面延伸程式

01 這是一個非常好用且常用的延伸程式，請開啟第四章 Sample01.skp 檔案，這是一多面體及立方體的組合，如圖 4-20 所示。

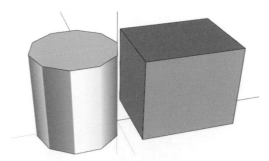

圖 4-20 開啟第四章 Sample01.skp 檔案

02 要執行自動轉換正面延伸程式，可以執行下拉式功能表→**延伸程式**→ **Start FrontFace [TM]Tool** 功能表單，另外它亦自備有圖標按鈕，可以直接執行此按鈕以執行之，如圖 4-21 所示。

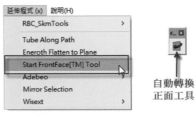

圖 4-21 此延伸程式有自己的圖標按鈕可以方便執行

03 執行延伸程式後，移游標到物件的反面上，反面立即會變為正面，如圖 4-22 所示。左側體塊為 10 邊形的多面柱體並經過柔化處理，內邊有一面為反面，不靠延伸程式要將此面調正，需要多道手續方可改正。

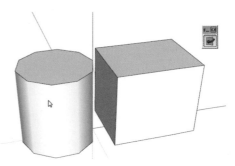

圖 4-22 移游標到物件的反面上立即將反面改為正面

4-2-3 Sphere：創建圓球體延伸程式

在 SketchUp 中並未有創建圓球體的工具，在第三章曾示範以 SketchUp 本身之**路徑跟隨**工具以創建圓球體，其需經過多道工序方足以成事，對初學者而言有點困難。

01 請執行下拉式功能表→**繪圖**→ Sphere 功能表單，如圖 4-23 所示，再依畫圓的方法，先定出圓心點，再移動滑鼠拉出一條半徑，立即在鍵盤上輸入半徑值，即可繪製出想要大小的圓球體，如圖 4-24 所示。

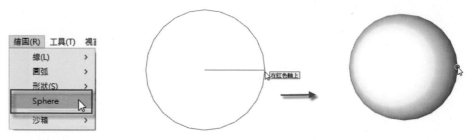

圖 4-23　執行 Sphere 功能表單　　　圖 4-24　依畫圓方法快速製作出圓球體

02 此製作出的圓球體，可以自定圓球之半徑值，且其圓週固定為 24 分段數，最後製作完成之球體會自動形成群組形態。

4-2-4 Mirror Selection：選後鏡向延伸程式

01 請在場景中創建任意形狀的立方體，要執行選後鏡向延伸程式，可以執行下拉式功能表→**延伸程式**→ Mirror Selection 功能表單，另外它亦自備有圖標按鈕，可以直接執行此按鈕以執行之，如圖 4-25 所示。

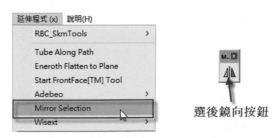

圖 4-25　此延伸程式有自己的圖標按鈕可以方便執行

02 先選取要執行鏡向的物件，再使用滑鼠點擊**選後鏡向**圖標按鈕，由圖示 1 點至圖示 2 點畫 X 軸向的線段再由圖示 2 點畫至圖示 3 點的 Y 軸向線，如圖 4-26 所示，這些圖示點的距離值可以任意定出，惟要依軸向繪製。

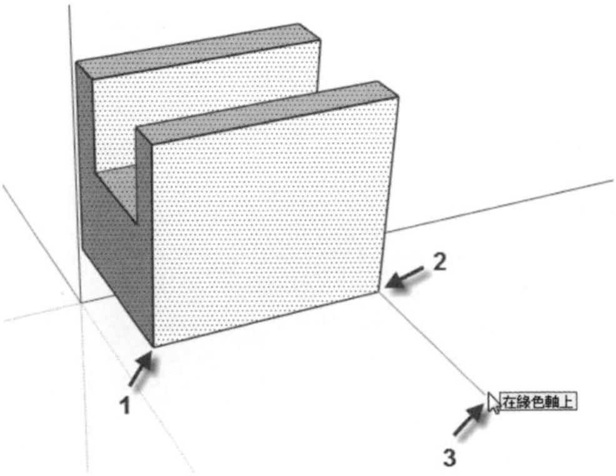

03 當使用滑鼠左鍵定出圖示第 3 點後，會開啟 SketchUp 面板，然後詢問 Erase Original Selection？（是否刪除原選取）的訊息，如圖 4-27 所示。

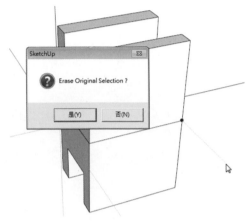

圖 4-26　選取按鈕後定出軸向線

圖 4-27　顯示是否刪除原選取的訊息

04 在面板中如選取**否**按鈕，則可以執行鏡向複製功能，如果選擇**是**按鈕，則只執行鏡向功能而把原選取物件刪除，如圖 4-28 所示，左側圖為執行鏡向複製功能，右側圖則只執行鏡向功能。

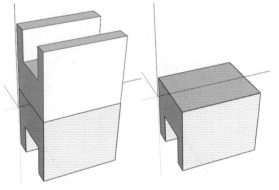

圖 4-28　左側圖為執行鏡向複製功能右側圖則只執行鏡向功能

05 在執行**選後鏡向**延伸程式按鈕後，如果接著畫出 X、Z 的軸向線，則其鏡向出的物件也會跟隨改變，如圖 4-29 所示，其它 Y、Z 軸向請讀者自行練習。

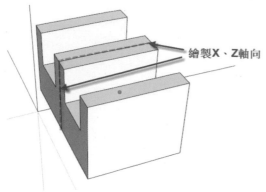

繪製**X、Z**軸向

圖 4-29　畫出 X、Z 軸向線後的鏡向結果

06 本延伸程式彌補 SketchUp 鏡向功能無法鏡向複製的缺憾，另一方面，利用此工具，可以做為鏡面的反射或地面倒影的特殊作用，在後面實作範例中會做這樣的操作說明。

4-2-5　UV Tools：UV 貼圖延伸程式

01 經由第三章的了解，SketchUp 對於曲面貼圖較為弱些，因此要以較為迂迴方式為之，且不一定能將貼圖紋理貼好，而此延伸程式則專門解決圓柱體及圓球體的紋理貼圖而設計。

02 請開啟第四章 Sample02 檔案，這是已經創建好圓球體及圓柱的合集，如圖 4-30 所示，如果使用前述之 Sphere 延伸程式創建圓球，請選取此圓球，再執行右鍵功能表→**分解**功能表單，將圓球分解成不具群組形態之圓球。

03 使用第三章說明的方法，直接賦予球體第四章 maps 資料夾內世界地圖 .jpg 圖像，以做為紋理貼圖，此時圖像在球體中表現凌亂，且無法對其位置做編輯，如圖 4-31 所示。

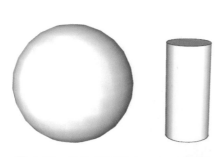

圖 4-30　開啟第四章 Sample02 檔案

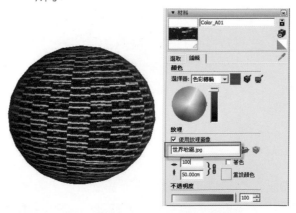

圖 4-31　圖像在球體中之紋理貼圖表現不正常

04 使用**選取**工具，選取球體面並執行右鍵功能表→ UV Tools → Spherical Map 功能
表單，如圖 4-32 所示，此時整個球體貼圖完整而且漂亮，如圖 4-33 所示。

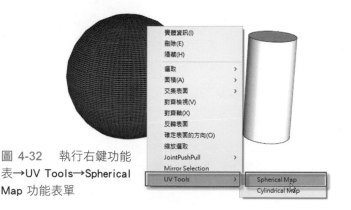

圖 4-32　執行右鍵功能
表→UV Tools→Spherical
Map 功能表單

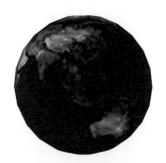

圖 4-33　整個球體
貼圖完整而且漂亮

---

05 請選取圓柱體並賦予第四章 maps
資料夾內 8103.jpg 圖像，以做為
紋理貼圖，此時圖像在圓柱體中表
現凌亂，請執行右鍵功能表→ UV
Tools → Cylindrical Map 功能表單後，
此時整個圓柱體會表現完整貼圖，如
圖 4-34 所示。

06 觀察圓柱體貼圖，圖形向橫發展
有點變形，這是圖像長、寬比值
與圓柱高度及圓柱半徑值失衡的關
係，請使用**推拉**工具，將圓柱體再
推拉高一定高度後，再執行一次
Cylindrical Map 功能表單，圖形即
可得到明顯改善，如圖 4-35 所示。

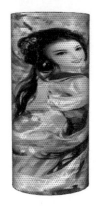

圖 4-34　整個圓柱體會表現完整貼圖

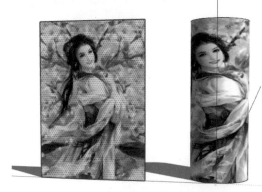

圖 4-35　將圓柱體推拉高再重
新執行 Cylindrical Map 功能表單

4-2-6 朝陽偏北工具之延伸程式

　　室內外建築要表達的只是設計圖的光影效果，因此依作者經驗，場景地理位置並不重要，重要的是陽光的投射方向，所以位置設定可以不理會，只依需要設定適當日期及時間，再轉動指北針的方位即可。作者在第四章延伸程式資料夾內附有此延伸程式，現將其使用方法說明如下：

01 在大部分電腦輔助繪圖軟體中，系統認定的方位是北上南下右東左西，亦即正 Y 軸的方向即為北方，如圖 4-36 所示。

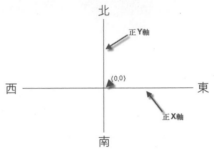

圖 4-36　正 Y 軸的方向即為北方

02 如果想要在負 Y 軸的方向產生陰影，不論如何調整時間與日期，陽光是不太容易由北方投射，此時只有調整北方的方向，才能做出符合場景需求的光影表現。

03 請開啟第四章 Sample03.skp 檔案，這是一簡單的室內場景 3D 模型，如圖 4-37 所示，以做為**朝陽偏北**延伸程式之練習。

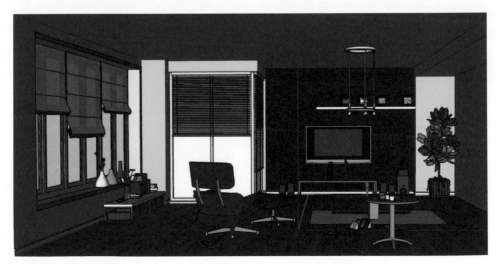

圖 4-37　開啟第四章 Sample03.skp 檔案

04 如果讀者依前面説明方法安裝了**朝陽偏北**延伸程式後，在延
伸程式下拉式功能表中並無此延伸程式供選取。請依第一章
説明開啟**工具列**面板，在其中會有**朝陽偏北**選項，請將此選
項勾選，則會顯示**朝陽偏北**工具面板，如圖 4-38 所示，由左
向右分別為切換指北箭頭、設定指北工具及輸入偏北角度等。

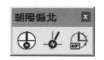

圖 4-38　顯示**朝陽
偏北**工具面板

05 請選取**朝陽偏北**工具面板中的 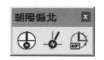 切換指北箭頭工具時，在場景中會出現一條橘
色的標示線，表示正北方的方向，如圖 4-39 所示，再按一次工具按鈕則不顯示此
標示線，此工具只能在場景中顯示北方位置，一般尚需配合其它兩種工具以調整
北方位置。

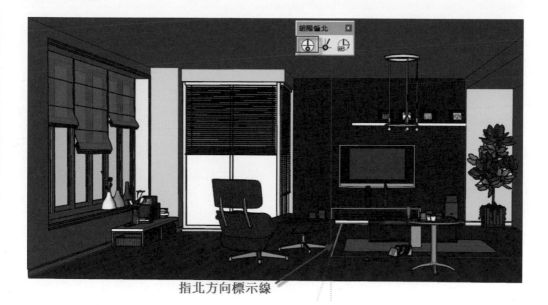

圖 4-39　在場景中顯示指示北方的標示線

06 請先啟動陰影顯示，選取**朝陽偏北**工具面板中的 設定指北工具，此時在場景
中會顯示指北針調整盤，藉由滑鼠的操作，可以任意調整北方的方向，配合上面
的工具，可重新設置北方位置，如圖 4-40 所示。

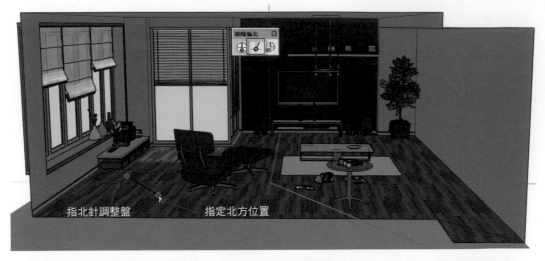

圖 4-40　使用滑鼠可以很調整指北針方向

07 請選取**朝陽偏北**工具面板中的 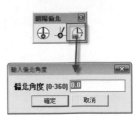 **輸入偏北角度**工具，可以顯示輸入偏北角度面板，在面板中可以填入指北針的角度，可以很快的設定北方的方向，如圖 4-41 所示。

08 本工具以正 Y 軸為計算角度的起始線計算角度，以順時針方向旋轉時為正數，當以逆時針方向旋轉時為負數。

圖 4-41　填入北方角度以決定太陽位置

4-2-7　adebeo_pushline 將邊推成面之延伸程式

01 這是相當好用的延伸程式，可以將直線或曲線推拉成面，請隨意在繪圖區中繪製直線及圓弧線，如圖 4-42 所示，以做為 adebeo_pushline 延伸程式之操作示範。

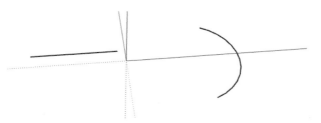

圖 4-42　在繪圖區任意繪製直線及圓弧線段

02 請執行下拉式功能表→**延伸程式**→ Adobeo → Push
Line 功能表單,或是直接點擊本延伸程式圖標,
此時游標會顯示類似**推拉**工具且帶有不可執行的
圖標,請將它移到直線上,此線段會自動被選取,
此時不可執行的圖標消失而只剩推拉圖標,如圖
4-43 所示。

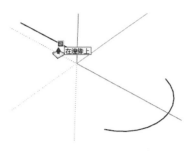

圖 4-43　直線被自動選取

03 與 SketchUp **推拉**工具操作方法相同,首先按下滑鼠左鍵以確定起點,此時移動游
標可以拉出一片面出來,當在鍵盤上輸入長度值即可由線創建一平面,再**移動**工
具到邊線上,依上述方法可以連續繪製出平面來,如圖 4-44 所示。

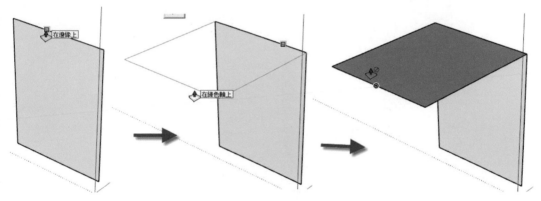

圖 4-44　直接由線段創建面

04 使用 Push Line 延伸工具,移動游
標至圓弧線上線段會自動被選取,
依前面操作直線的方法,移動游
標可以自動創建一圓弧面,如圖
4-45 所示,由圓或手繪曲線繪製
的圖形,亦可被此延伸程式自動
選取線段。

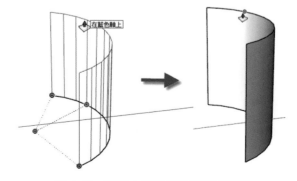

圖 4-45　直接由圓弧線段創建圓弧面

05 依前面的方法，將游標移至圓弧面之頂端圓弧線上，向紅色軸推拉，此時只能推拉出分段線的一部分，而非整體的圓弧線段都被推拉，如圖 4-46 所示，使用者不可不察。

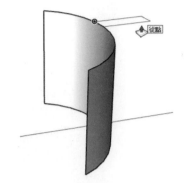

圖 4-46　只能推拉出分段線的一部分

06 請使用窗選方式，選取圓弧面之頂端全部圓弧線，使用 Push Line 延伸工具，依前面的方法，拉出一紅色軸方向，即可將選取的圓弧線段推拉成一個面，如圖 4-47 所示。

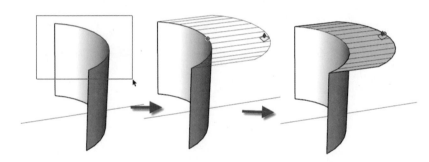

圖 4-47　將選取的圓弧線段推拉成一個面

┃4-2-8　Eneroth Flatten to Plane 展平面延伸程式

01 Eneroth Flatten to Plane 延伸程式可以將幾何圖形，由 Z 軸將其壓縮成平面，且不管幾何體位於那種高度上，都會展置於 Z＝0 的高度上，請在繪圖區中繪製任意的幾何圖形，如圖 4-48 所示，如有群組或元件請先將其分解。

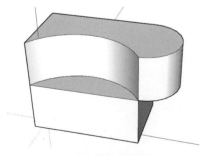

圖 4-48　在繪圖區中繪製任意的幾何圖形

02 先選取全部的幾何圖形,再執行下拉式功能表→**延伸程式**→ **Eneroth Flatten to Plane** 功能表單,可以將幾何體壓扁成一平面,且其高度位於 Z = 0 的高度上,如圖 4-49 所示。

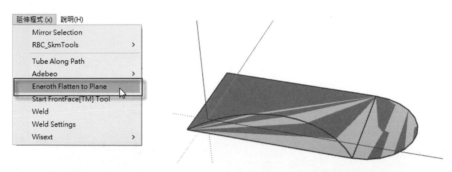

圖 4-49　執行 Eneroth Flatten to Plane 功能表單將幾何體壓扁成平面

03 觀看圖形有面重疊的現像,這是因上下面被壓扁成一面的關係。此延伸程最大功能在於清理導入的 DWG 圖檔,其中線段可能在 2D 繪圖上具有不同的 Z 軸高度。

04 請開啟第四章 Sample04.skp 檔案,這是由 AutoCAD 所繪製的住家平面傢俱配置圖,經由執行下拉式功能表→**檔案**→**匯入**功能表單將 DWG 檔案格式轉存成 SKP 的檔案格式,如圖 4-50 所示。

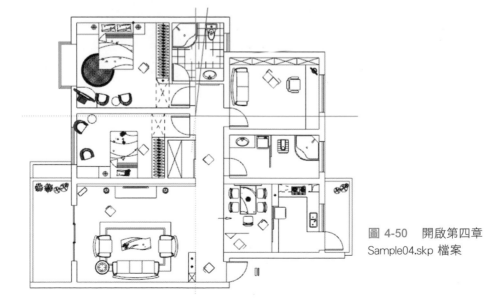

圖 4-50　開啟第四章 Sample04.skp 檔案

05 當將視圖稍做旋轉，可以看到 CAD 圖中很多圖形並未為同一平面上，如圖 4-51 所示，請選取全部的圖形，執行右鍵功能表→**分解**功能表單，將全部的圖形給分解開來。

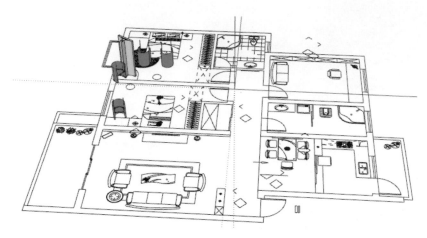

圖 4-51　CAD 圖中很多圖形並未為同一平面上

06 維持圖形全被選取狀態，執行下拉式功能表→**延伸程式**→ Eneroth Flatten to Plane 功能表單，即可將所有圖形調整為同一平面且位於 Z 軸為 0 的高度上，如圖 4-52 所示。

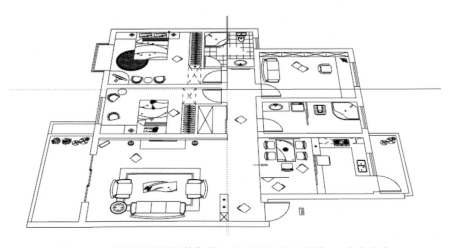

圖 4-52　將所有圖形調整為同一平面且位於 Z 軸為 0 的高度上

4-2-9　RBC_SkmTools 圖像轉換延伸程式

01 這是相當迫切需要的延伸程式，大部分的 SketchUp 的愛好者常為 SKM 材質種類缺乏所苦，以前在網路上流傳一支**材質生成器**小程式，可以將圖像檔案整批轉換成 SKM 格式檔案，惟其只能在早期的 SketchUp8 中執行，如今有了 RBC_SkmTools 延伸程式可以解決使用者的困擾了。

02 請執行下拉式功能表→**延伸程式** → **RBC_SkmTools** → **Image To Skm** 功能表單，它本身亦自帶工具面板，或在工具面板中使用滑鼠點擊 Image To Skm 按鈕，如圖 4-53 所示。

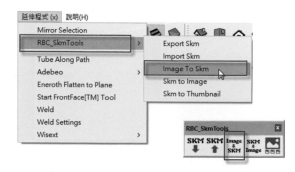

圖 4-53　執行 Image To Skm 功能表單

03 執行了 Image To Skm 功能表單，可以打開 To Skm 面板，在面板中請指定第四章之圖像 A 資料夾，如圖 4-54 所示，在此資料夾內存放了 JPG 格式之材質檔案。

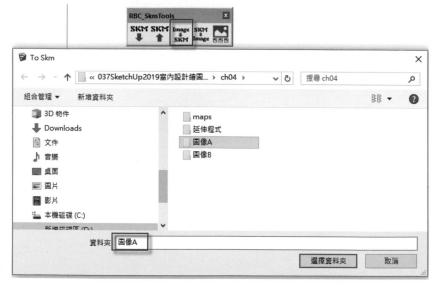

圖 4-54　在 To Skm 面板中請指定第四章之圖像 A 資料夾

04 當在面板中按下**選擇資料夾**按鈕後，系統經過短暫之運算後，會在此資料夾內將所有 JPG 格式之材質檔案轉換一份 SKM 格式的檔案，如圖 4-55 所示。

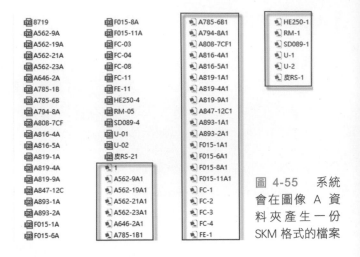

圖 4-55　系統會在圖像 A 資料夾產生一份 SKM 格式的檔案

05 讀者可以另設資料夾後將此 SKM 格式的檔案移入，或將 JPG 檔案移出以後供其它軟體續使用此等檔案，為維持創建場景的瘦身需要，每一 JPG 檔案請不要超 512×512 大小。

06 當使用者需要使用到 SKM 格式的檔案，請依第三章說明，在材料預設面板中，將其存放 SKM 檔案格式的資料夾做聯結即可。

07 當讀者擁有了 SKM 格式之材質後，可能對其中之紋理貼圖相當喜歡，此時可以利用材料預設面板，將場景中已使用之 SKM 材質一次一個將其存成圖像檔案，而用 RBC_SkmTools 延伸程式可以一次將資料夾內之所有 SKM 材質全轉換成 JPG 圖像檔案。

08 請執行下拉式功能表→**延伸程式** → RBC_SkmTools → **Skm To Image** 功能表單，或在工具面板中使用滑鼠點擊 Skm To Image 按鈕，如圖 4-56 所示。

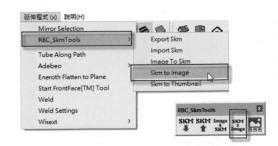

圖 4-56　執行 Skm To Image 功能表單

09 執行了 Skm To Imag 功能表單，可以打開 To Image 面板，在面板中請指定第四章之圖像 B 資料夾，在此資料夾內存放了 SKM 格式之富美家之木紋材質檔案。

10 當在面板中按下**選擇資料夾**按鈕後，系統經過短暫之運算後，會在此資料夾內將所有 SKM 格式之富美家木紋材質檔案，轉換成一份 JPG 格式的檔案，如圖 4-57 所示。

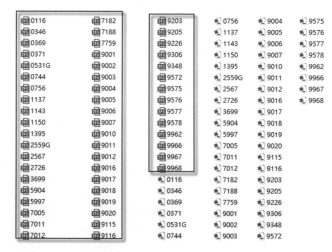

圖 4-57　系統會在圖像 B 資料夾產生一份 JPG 格式的檔案

11 讀者可以選取全部 JPG 格式的檔案，另取資料夾後移出，以供 SketchUp 往後做為材質貼圖使用，或供做其它軟體使用。

溫馨提示　此 RBC_SkmTools 延伸程式為 v7.7.6 版本，可能在 SketchUp2019 版本中會無法順利執行，不過在以前的版本中絕對可相容，如果讀者遇到此問題，可以安裝在 SketchUp2018 版本中操作。

4-2-10　3D Offset（3D 偏移複製）延伸程式

01 請開啟第四章 Sample05.skp 檔案，這是使用**畫線**工具繪製連續的直線，再由 adebeo_pushline 將邊推成面之延伸程式推拉成立面，如圖 4-58 所示，以做為 3D Offset（3D 偏移複製）延伸程式之操作練習。

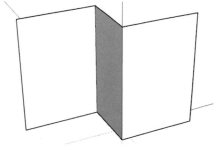

圖 4-58　開啟第四章 Sample05.skp 檔案

02 請選取 3D Offset 工具按鈕，移動游標分別去點擊此 3 個立面，或是框選全部的立面再選取 3D Offset 工具按鈕亦可，立即在在鍵盤上輸入 30，畫面中會出現 30 公分寬的紅線框線表示偏移範圍，如圖 4-59 所示。

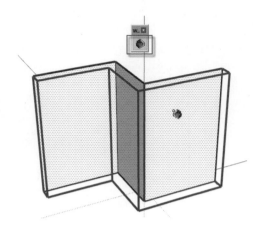

圖 4-59　出現 30 公分寬的紅線框線表示偏移範圍

03 最初以面之正面為偏移方向，如果想要更改前後偏移方向，可以按下向左鍵以轉向後方方向，再按右鍵則又改回前方方向，如圖 4-60 所示。

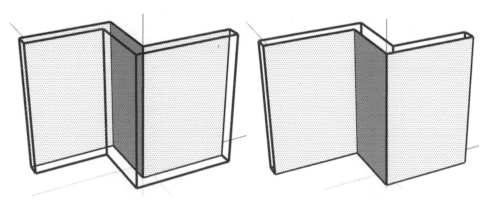

圖 4-60　利用鍵盤上之左、右方向可以決定偏移複製方向

04 當在鍵盤上按下 Enter 鍵後，即可製作完成此三立面之偏移複製工作，而產出離原有立面 30 公分之三立面，如圖 4-61 所示。

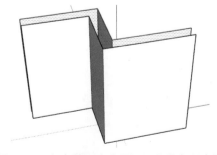

圖 4-61　產出離原有立面 30 公分之三立面

05 在未按下鍵盤上 Enter 鍵前，可以再按下
向上鍵，以決定此偏移複製要以封面呈現，
此時紅框範圍線會以粗線顯示，當按下鍵
盤上 Enter 鍵後，此立面會呈現 30 公分厚
的實體牆面，如圖 4-62 所示。

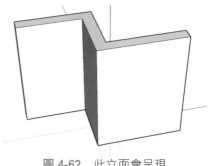

圖 4-62　此立面會呈現
30 公分厚的實體牆面

06 此延伸程式有延續上一次設定之特性，因不管偏移複製距離或封面決定，在每次
操作時都會延續相同的設定，如果想要解除封面的設定，請按下鍵盤上之向下鍵，
即可改為不封面之偏移複製。

07 當決定偏移複製距離為 30 公分後，
可以在鍵盤上立即輸入 **10-10-10** 後
按下 Enter 鍵，可以將此牆面間隔 10
公分切割成 3 立面，如圖 4-63 所示。

08 創出來的牆體會自動組成群組狀態，
執行右鍵功能表→**編輯群組**功能表
單，以進入群組編輯狀態，使用**移動**
工具，可以將此三立面牆予移動隔離，
如圖 4-64 所示。

圖 4-63　將此牆面間隔 10 公分割成 3 立面

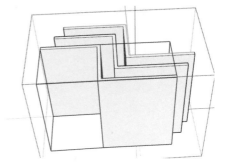

圖 4-64　將此三立面牆予移動隔離

09 當決定偏移複製距離為 30 公分後未按 Enter 鍵前，可以做多重的切割，中間以
(-) 符號隔開即可，如果在鍵盤輸入的格式為（10-5），它雖然只表示兩份切割，
但它並未符合 30 公分之寬度，因此延伸程式仍然會以（10-5-15）做 3 份切割。

10 如果讀者想由平面配置圖創建實體牆面，可以選擇所有內牆線，使用 adebeo_ pushline 將邊推成面之延伸程式推拉成立面，再使用本延伸程式產生實體牆面，此部分請讀者自行練習。

4-3 群組與元件

　　群組和元件在 SketchUp 中佔有相當分量，它們都是場景中不可或缺的要角，在往後的設計過程會常用到，但兩者常會讓人混淆不清。群組有如 AutoCAD 中的圖塊一樣，只是把很多的圖形集合在一起，如窗框、玻璃及五金配件等組合成一個群組，使和場景脫離不黏附在一起，以利移動及編輯。元件如同群組一樣功能，但可以拿來與別人分享，及自己往後設計時可重複使用，如門、床、桌椅等，其功能相當強大，這是 SketchUp 特異功能之一。

▌4-3-1 建立群組

01 群組通常是把多個同類型的物體集合成一個物件，與場景中物件做分離，以方便編輯、移動及複製，如果不做成群組，很多圖形想要進一步移動，都會和原物件黏結在一起，而增加處理上的困難。

02 請開啟書附光碟第四章 Sample06.skp 檔案，這是在矩形旁建立六角柱的場景，如圖 4-65 所示。

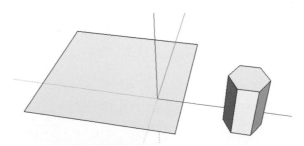

圖 4-65　開啟第四章 Sample06.skp 檔案

03 選取全部六角柱物件,使用**移動**工具,將其移動到矩形內部並與矩形邊線相連,當再移動六角柱時,它即會與矩形沾粘而無法單獨移動,如圖 4-66 所示。

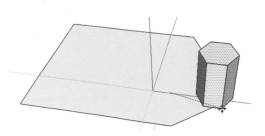

圖 4-66　六角柱與矩形產生沾粘情形

04 如果在未進行移動時即將六角柱組成群組,如此不管它如何移動都不會影響到其它物體的表面,因此對物件適時組成群組是創建 3D 景場首先養成的習慣。

05 在繪圖區中使用滑鼠左鍵在六角柱上點擊 3 下,以選取整個六角柱體,移游標至面上按右鍵,以執行右鍵功能表→**建立群組**功能表單,如圖 4-67 所示,可以將六角柱體編成群組。

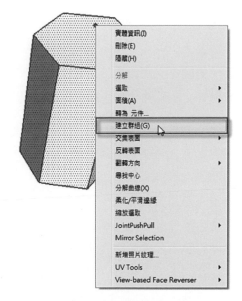

圖 4-67　執行右鍵功能表中之**建立群組**功能表單

06 當編成群組後,原則上整個六角柱是一個整體,如想單獨編輯其中的一個面,在群組外是不被允許,讀者可以試著使用**推拉**工具對圓頂面進行推拉,在游標處會出現不得編輯的訊息。

07 如想編輯群組內的物件,可選取此群組,再執行右鍵功能表→**編輯群組**功能表單,或是在群組上連續按滑鼠左鍵兩下,亦可使其成為編輯群組狀態。

08 當物件在編輯群組狀態時,該群組四周會有淡灰色的體塊邊框,此時即可對此群組物件做編輯,使用了**推拉**工具,已經可以對圓柱頂面做推拉動作。

09 當編輯完成想結束群組編輯，使用**選取**工具，再移游標到空白地方按一下，可以結束群組編輯狀態。

10 群組可以允許裡面再包含群組，這種大群組與小群組的包容就是群組的嵌套，亦即將群組設定父與子的階層關係。

4-3-2 製作 3D 模型元件

SketchUp 依使用方式，可以分為兩大類，一種就是自己建立，這會花很多時間，但要維持各人的特色也只有自己建立了。另一種就是利用現成的元件供做設計時使用，而元件的製作又可分為 3D 元件與 2D 元件兩種，本小節專門為製作 3D 模型元件做說明，另外 2D 元件之製作則待第五章再做說明。

另外依元件屬性做分類，可以分為兩大類，一種即普遍使用的一般元件，另一種即所稱的動態元件，而在室內設計的範疇中使用一般元件已足矣，至於動態元件的使用者大都偏向於傢俱系統商，因此在第六章中會以一動態門元件為範例，做簡單動態元件創設方法做介紹，在本章中將只針對一般元件提出說明，如果讀者對動態元件有興趣者可參考作者早期寫作之 Google SketchUp 7 室內設計經典Ⅳ基礎應用篇一書，書內有詳盡的動態元件製作說明。

01 請開啟第四章 Sample07.skp 檔案，這是多人坐之沙發及、茶几之模型組合，如圖 4-68 所示，在場景中之物件各以元件或群組形態存在。

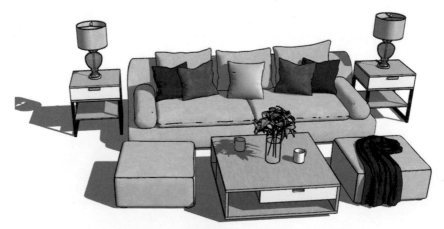

圖 4-68　開啟第四章 Sample07.skp 檔案

02 使用**選取**工具，框選場景中全部的物件，移動游標到此物件上並按下滑鼠右鍵，以執行右鍵功能表→**轉為元件**功能表單，如圖 4-69 所示，也可以在選取物件後，在常用工具面板中選取**轉為元件**工具按鈕。

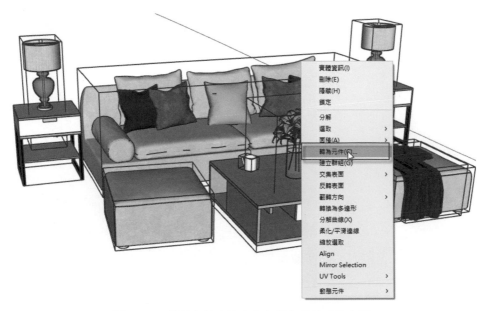

圖 4-69　執行右鍵功能表中之**轉為元件**功能表單

03 當執行**轉為元件**功能表單後，會開啟建立元件面板，現在面板中為欄位賦予編號，如圖 4-70 所示，並將其各欄位功能說明如下：

1 本欄位可以讓使用者自行為元件定義名稱，亦可使用系統內定的名稱。

2 本欄位可以為元件做簡略說明與介紹，亦可空白不處理。

3 本欄位通常與切割開口欄位共同設置，專為門、窗之開洞功能而設，將待下面小節再做詳細說明。

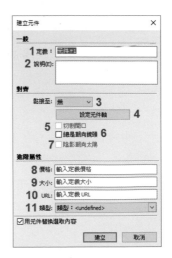

圖 4-70　在建立元件面板中為各欄位賦予編號

4 本欄位可以為元件重新設定座標軸。

5 本欄位通常與**黏接至**欄位共同設置，專為門、窗之開洞功能而設，將待下面小節再做詳細說明。

6 本欄位專為 2D 元件而設，將待下一章中再做詳細介紹。

7 本欄位一般配合總是朝向鏡頭欄位而設，將待下一章中再做詳細介紹。

8 本欄位為 2018 版以後新增欄位，可以為元件設定價格。

9 本欄位為 2018 版以後新增欄位，可以為元件設定尺寸大小。

10 本欄位為 2018 版以後新增欄位，可以為元件作者設定網址，以方便使用者與創作者做為聯繫的管道。

11 本欄位為 2018 版以後新增欄位，可以為元件設定類型，此處為灰色不可執行。

04 當在上述第 8 至第 11 設有資料時，則可以在第三章介紹的產生報告資料時也會帶上這些資訊，同時在本章最後面介紹的**實體資訊**面板中亦會顯示此等資訊。

05 在此建立元件面板中，將所有欄位值均維持系統參數值不變，接著按下**建立**按鈕，即可建立一新元件。

06 想要編輯元件內容，可以在元件上按滑鼠右鍵，執行右鍵功能表→**編輯元件**功能表單，或是在元件上按滑鼠兩下亦可，即可以對元件內部展開編輯，其方法與群組編輯相同。

07 沙發組如完成元件的建立，但要在其他場合運用，就必需將其儲存起來，在沙發組元件被選取狀態，在其上按滑鼠右鍵，執行右鍵功能表→**另存為**功能表單後，如圖 4-71 所示，會打開**另存新檔**面板，檔案類型當然為 SKP 檔案格式，內定為 2019 版本的檔案，也可以存成之前版本的檔案格式，如圖 4-72 所示，本元件經以沙發組 .skp 為檔名存放在第四章中。

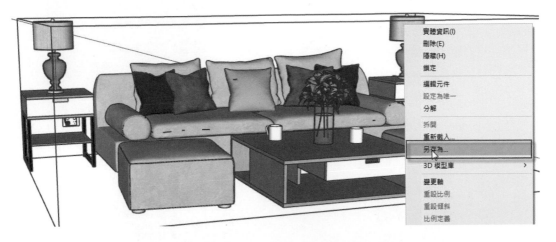

圖 4-71　執行右鍵功能表→**另存為**功能表單

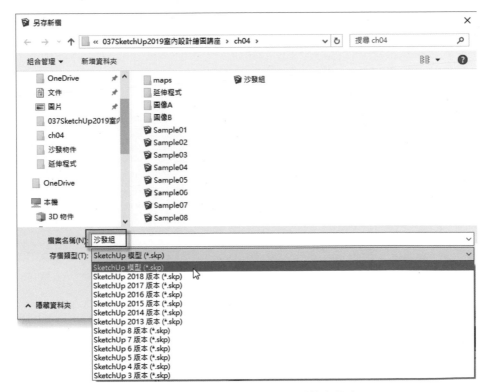

圖 4-72　也可以存成之前版本的檔案格式

08 本沙發組元件其實由眾多的群組或元件組合而成，使用者想了解其中的內部結構，可以打開預面板中的大綱視窗標頭即可打開大綱視窗面板，如圖 4-73 所示，在元件名稱左側有 ⊞ 號者代表尚有元件層級未打開，只要使滑鼠點擊即可再打開下層結構。

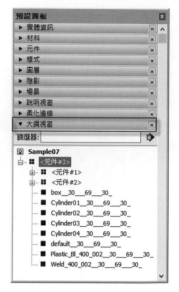

圖 4-73　展開沙發組之大綱視窗面板

09 想要對某一層級之元件做編輯（例如鎖定、分解或隱藏皆可），可以選取此元件層級再執行右鍵功能表中的各功能選項即可。

10 請開啟第四章 Sample08.skp 檔案，這是門的模型並於地面上附帶一矩形，如圖 4-74 所示，以做為群組轉為元件之練習。

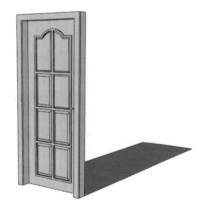

圖 4-74　開啟第四章 Sample08.skp 檔案

11 請窗選全部的門模型（不含地面矩形），執行右鍵功能表→**轉為元件**功能表單，如圖 4-75 所示，在開啟建立元件面板中按下**建立**按鈕後，並未如預期建立元件，發生此種情形，其大部原因是在選取時尚包含了多餘的線段之故。

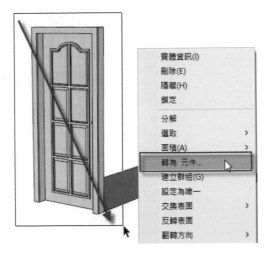

圖 4-75　將選取的
門模型轉為元件

12 如果遇到此情形，通常的做法是將選取的模型建立為群組，再執行右鍵功能表→
轉為元件功能表單，如此即可順利將門模型轉為元件了。

13 之前版本在將群組轉為元件不會開啟建立元件面板，以至無法重新設定元件之座
標軸，在 SketchUp2017 版本以後，當執行將群組轉為元件時會同時開啟建立元件
面板，供使用者可以設定面板中各欄位值。

4-3-3　元件管理面板

　　使用自己的元件，在設計上會有自己的樣式與特色，但是畢竟類別數量有限，在大
量、快速作圖時常會不敷所需。在安裝 SketchUp 時系統內建了一些元件，網路上也可
蒐尋到一些，將自己製作或蒐尋到的元件，統一放入元件庫中，不但查詢瀏覽一目了
然，使用上更是方便無比，現將其操作方法說明如下：

01 系統內建的元件庫放在 C:\ProgramData\SketchUp\SketchUp 2019\SketchUp\
Components 資料夾內，ProgramData 為隱藏資料夾其操作方法在前面章節已述及，
在 Components 資料夾內分為兩個子資料夾，Components Sampler 子資料夾內存放
的是一般元件。Dynamic Components Training 子資料夾內放的是動態元件，如圖
4-76 所示。

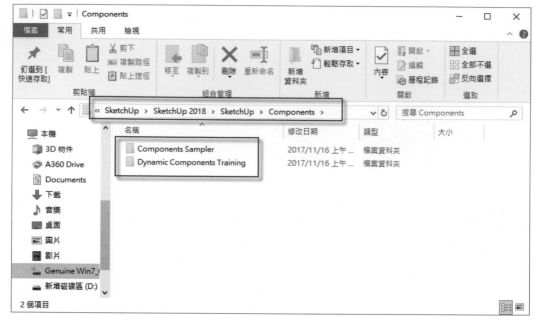

圖 4-76　在 SketchUp 內定資料夾中存放元件之路徑

02 想要將新增加的元件加入，只要在 Components 資料夾內再建好自己的子資料夾，再把新增元件存入在此資料夾內即可。例如在 Components 資料夾內，再建了一個 kunsung 的子資料夾，將網路蒐集來的元件存放到此資料夾內。

03 在 SketchUp2019 版本中已經取消了下拉式功能表→**視窗**→**元件**功能表單，想要開啟元件管理面板，則必需要預設面板區中使用滑鼠點擊**元件**標頭即可打開，如圖 4-77 所示。

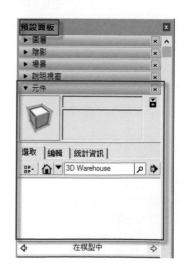

圖 4-77　在預設面板區中打開元件管理面板

04 當打開元件管理面板，它與材料面板有點類似，但比較起來似乎有點零亂，可能要適應一段時間，使用滑鼠點取**選取**頁籤，再使用滑鼠按右邊向下箭頭，在下拉選項中選取**元件**功能選項，在資料夾與元件顯示區中可見剛才自建的資料夾，如圖 4-78 所示。

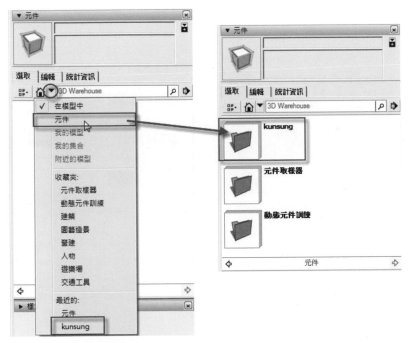

圖 4-78　在資料夾與元件顯示區中可見剛才自建的資料夾

05 首先在面板中選取自建的資料夾，以觀看此資料夾內之元件，再選取頁籤的左下方選取**檢視**選項按鈕 ，可以顯示下拉式表列選項供選擇，如 4-79 所示。

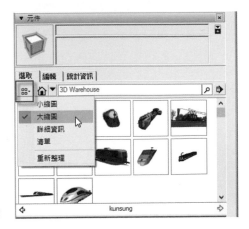

圖 4-79　選取檢視選項按鈕

06 在面板中選擇**模型中**按鈕 ，在資料夾與元件圖標區中，會顯示場景中使用的元件。

07 如果想在網路蒐尋可用的元件，可在輸入區輸入關鍵字，例如想要蒐尋沙發元件，首先必連上網路，然後在輸入區中輸入 sofa 字樣，再按右側的蒐尋按鈕，即可在 3D Warehouse 資料庫中取得想要的元件，在面板下方會顯示共搜集到 34,798 件的沙發元件，如圖 4-80 所示。

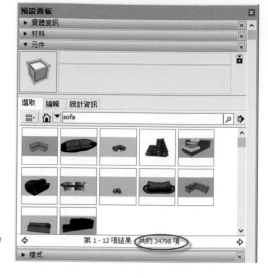

圖 4-80　在 3D Warehouse 資料庫中取得想要的元件

使用者想要在 3D Warehouse 元件搜尋元件，其關鍵詞應以英文為主，盡量不要使用中文，如此才能搜集到最多的元件，蓋此網站為對世界的網友提供免費的模型庫，而提供模型者亦以世界流通的語言—英文為主。

08 想要將 3D 模型庫中的元件下載儲存到自己硬碟中，必需先在面板中選取此元件，等待系統自網路下載後，移動游標時元件會跟隨著移動，到滿意位置處再按滑鼠左鍵即可將其置入到場景中，此時再按滑鼠右鍵，執行右鍵功能表→**另存為**功能表單，即可將元件存入自己的資料夾中。

09 利用此種方法蒐集元件太過迂迴，現介紹一般下載方法，請打開**工具列**面板，在面板中勾選**倉庫**選項，可以打開**倉庫**工具面板，如圖 4-81 所示，工具面板由左至右分別為 3D Warehouse、分享模型、分享元件、Extension Warehouse。

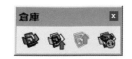

圖 4-81　打開倉庫工具面板

10 讀者電腦如果連上網路，請使用滑鼠點擊 3D Warehouse 工具，可以打開 3D 模型庫面板，請在搜尋欄位輸入 **sofa** 字樣，系統會報告搜尋的結果為 1000 ＋，表示其數量超過 1000 個以上，如圖 4-82 所示。

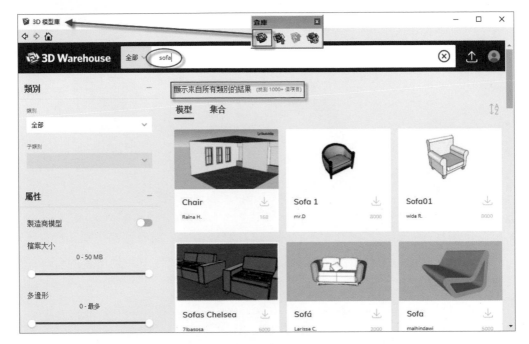

圖 4-82　在 3D 模型庫搜尋沙發元件之結果

以往打開 3D 模型庫的方法，可以執行下拉式功能表→**檔案**→**3D Warehouse**→**取得模型**功能表單，可以開啟 3D Warehouse 面板，在 SketchUp2019 版本中已被取消。

11 選擇其中一沙發組，按下右下角的**下載**按鈕 ⬇，可以打開是否載入到模型中面板，如圖 4-83 所示，當在面板中按下**是**按鈕，可以將此元件匯入到場景直接使用，在元件縮略圖中其右下角無 ⬇ 圖標者表示不提供下載。

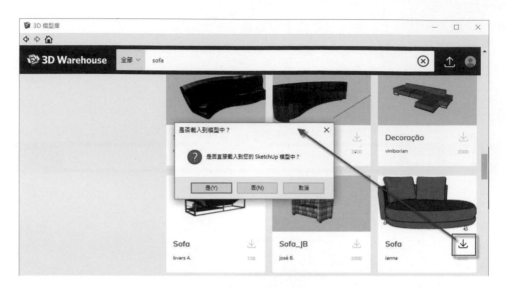

圖 4-83　可以打開是否載入到模型中面板

12 當按下**否**按鈕，可以打開檔案下載面板，在面板中按下**儲存**按鈕，會再開啟 Save File 面板，在面板中可以指定路徑及檔名，將此床組元件下載到自建的資料夾中，如圖 4-84 所示。

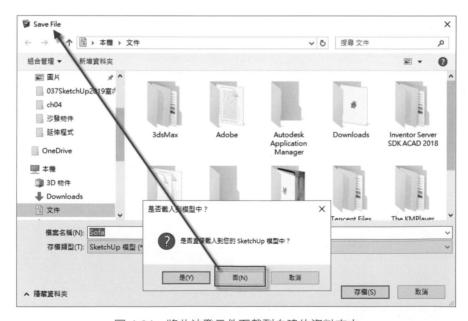

圖 4-84　將此沙發元件下載到自建的資料夾中

13 當使用者於場景中有建置元件，而想從 3D Warehouse 模型庫中重新選擇載入時，可以選取此元件並執行右鍵功能表→ **3D 模型庫→重新載入**功能表單，可即時打開 3D Warehouse 重新載入面板，供使用者重新選取下載的元件，此為 SketchUp 2016 版本以後新增功能。

14 3D Warehouse 為從 Google 設置以來，由世界各地愛好者無私貢獻有多達無數個各式元件，足供各行業設計者所需，做為一位室內設計師平常應多蒐集這方面的元件，以供設計職場上不時之需。

4-4 元件的特異性

元件與群組具有共同的特性，即將場景中的一組元素製作成一個整體，以利編輯、移動及複製，然而兩者間存在著相當大的差異，此即為元件之特異性，其差異性如**元件與群組差異表**所示，如能掌控元件的特性，對於創建 3D 模型將有相當助益，這可能為一般人所忽略，現將元件所具有的關聯性與開洞技巧分別提出說明如下：

元件與群組差異表　　　　表中○代表具有 × 代表不具有

功　能	元　件	群　組
具關聯性	○	×
獨立座標	○	×
有開洞功能	○	×
永遠面向鏡頭	○	×
可否儲存	○	×
具獨立性	○	○

01 請開啟書附光碟第四章 Sample09. skp 檔案，這是已轉為元件的體塊，經以**移動**工具複製成 4 組，如圖 4-85 所示。

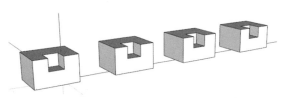

圖 4-85　開啟第四章 Sample09.skp 檔案

02 現想對最左側的元件進行編輯，請使用滑鼠在其上點擊左鍵兩下以進入元件編輯，使用**推拉**工具，對其頂面進行推拉高，則所有的元件都會跟隨著推拉高，如圖 4-86 所示。

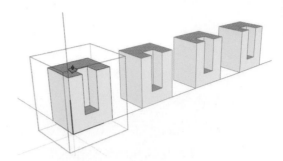

圖 4-86　對其中一元件推拉高
則所有的元件都會跟隨著推拉高

03 在元件編輯狀態下，使用**顏料桶**工具賦予元件材質，則其它元件也會被賦予相同的材質，如圖 4-87 所示，這是元件的特異性之一，利用此特異性在創建模型時可以省卻很多的工序，在後面章節創建樓梯模型時即利用此特異性。

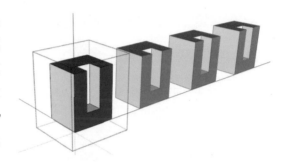

圖 4-87　賦予一元件材質則其
它元件也會被賦予相同的材質

04 請退出元件編輯，使用**顏料桶**工具並選取任一顏色材質，在元件外對最左側的元件點擊滑鼠左鍵，可以一次賦予全部元件材質（未賦予材質的部分），惟此時賦予動作只對目前的元件有效而不產生關聯性，如圖 4-88 所示。

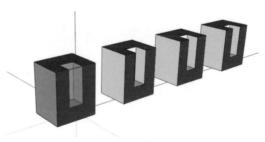

圖 4-88　在元件外賦予材質只
對單一元件有效而不產生關聯性

05 再使用**顏料桶**工具並選取任一顏色材質，在元件外對最左側的元件點擊滑鼠左鍵，可以將原外部賦予的材質給予覆蓋（亦即將藍色改為綠色），但只對單一元件有效而不產生關聯性。

06 由上面的實驗可以得知，在元件外部進行材質賦予動作，所有正反面材質會被全部覆蓋，惟不影響元件內部原先已被賦予的材質，且只對單一元件有效而不產生關聯性，因此，相同的元件可以是不同的材質。

07 相同的原理，進入元件編輯後選取最左側的全部元件，使用**比例**工具進行縮放，則全部的元件會被全部進行縮放，如在元件外只對左側的元件進行縮放，則會是單一元件的縮放而不產生關聯性，如圖 4-89 所示。

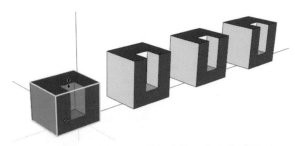

圖 4-89　在元件外部進行縮放不會產生關聯性

08 由上面的觀察得知，在場景中可以存在具有相同定義元件，但可以存在不同比例的特性，有如元件的材質特性一樣。

09 有關元件的鏡向功能，也如**比例**工具的操作特性一樣，此部分請讀者自行操作，此處再不重複說明。

10 選取最左側的元件，執行下拉式功能表→**重新載入**功能表單，如圖 4-90 所示，可以打開**開啟**面板，請在面板中輸入第四章元件資料夾內旅行袋 .skp 元件。

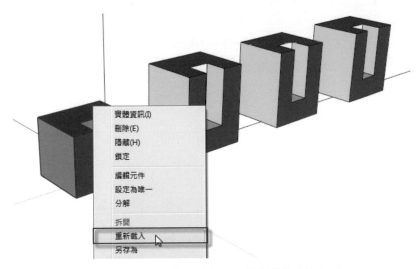

圖 4-90　執行下拉式功能表→**重新載入**功能表單

11 在面板中按下**開啟**按鈕後，會將原有 4 組體塊元件替換成旅行袋元件，並依原來的縮放比例自動進行縮放，如圖 4-91 所示，此功能稱為元件的外部參照，在大面積的景觀規劃時相當快速好用。

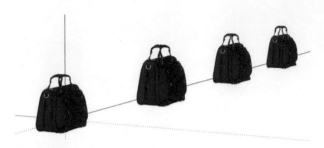

圖 4-91　將原有 4 組體塊元件替換成旅行袋元件

12 如果想將某一元件排除其關聯性，可以選取此元件，再執行右鍵功能表→**設定為唯一**功能表單，如圖 4-92 所示，則此元件將不再具有關聯性。

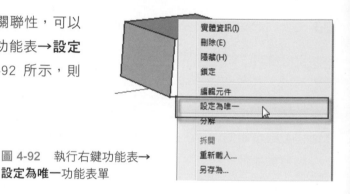

圖 4-92　執行右鍵功能表→
設定為唯一功能表單

13 請讀者自行創設體塊並組成群組，並依前面的操作示範，可以發現不管在群組內部或外部，它們之間並不具有關聯性。

4-4-2　元件的開洞及黏接特性

元件的自動開洞和黏接是 SketchUp 的一大特異功能，熟練的掌握和運用這個功能，可以大大提高建模速度。

很多人（不管新手或老手）都對元件開洞這個功能概念相當模糊，不清楚元件開洞的基本條件，造成在建模過程中經常遇到無法自動開洞或黏接等問題。下面通過試驗來探討元件開洞和黏接的必要條件和應用技巧。

01 一個基本的概念是元件自動開洞只能對單面建模有效，亦即只是對一個面的自動開洞，如果要給一個有厚度的牆（就是兩個面的牆）則開洞只能以手工切割拉伸做出牆洞了。

02 請開啟第四章中之 Sample10.skp 檔案，這是在場景中建立一立方體以做為房體，並在立方體旁再建立一小直立矩形以做為窗戶，如圖 4-93 所示。

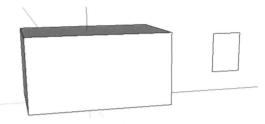

圖 4-93　開啟第四章中之 Sample10.skp 檔案

03 使用**推拉**工具，將右側矩形面往前推拉 6 公分，再使用**偏移**工具，將前立面往內偏移複製 4 公分，再使用**推拉**工具，將中間的面往後推拉掉成中空，以此做為窗戶的模型，如圖 4-94 所示。

04 窗選全部的模型，執行右鍵功能表→**轉為元件**功能表單，在開啟的建立元件面板中，將**黏接至**欄位中選取任何功能選項，並勾選**切割開口**欄位，如圖 4-95 所示。

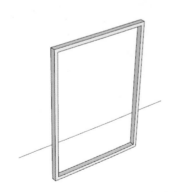

圖 4-94　將中間的面往後推拉掉成中空

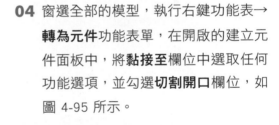

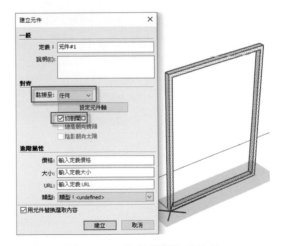

圖 4-95　將窗戶轉為元件並在建立元件面板中設定各欄位

05 為了元件未來黏接之順暢,請在面板中按下**設定元件軸**按鈕,此時以窗戶之左下角為原點,原來的紅色軸維持不變,但將綠色軸設定在垂直的方向上,如圖 4-96 所示。

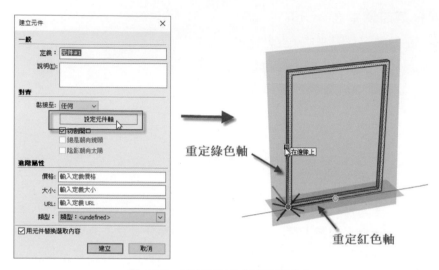

圖 4-96　將窗戶元件重定座標軸向

06 在建立元件面板中按下建立按鈕,使用**移動**工具,將窗戶模型移動到立方體的前牆面上,雖然剛才在建立元件面板中勾選了**切割開口**欄位,惟當移動到立方體上時,它仍然不具開洞功能,如圖 4-97 所示。

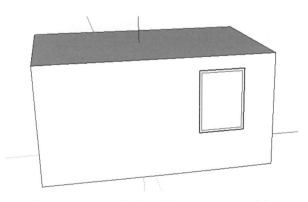

圖 4-97　在立方體外製作的元件不具開洞功能

07 將此元件先移動到之房體外，再使用**矩形**工具，在房體前牆製作一矩形，選取此矩形的面和 4 邊線，執行右鍵功能表→**轉為元件**功能表單，在開啟的**建立元件**面板中，將**黏接至**欄位中選取任何功能選項，並勾選切割開口欄位，如圖 4-98 所示。

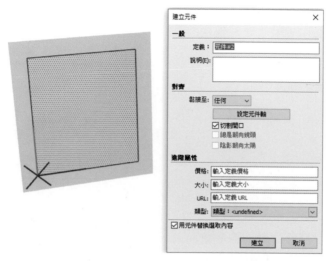

圖 4-98　將矩形轉為元件並在建立元件面板中設定各欄位

08 進入元件編輯，依剛才製作窗戶的方法在此立方體的前牆面上製作相同的窗戶，退出元件編輯狀態，利用**移動**工具移動複製此窗戶元件，可以發現此元件已具開洞功能，如圖 4-99 所示。

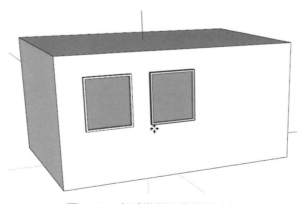

圖 4-99　窗戶模型已具開洞功能

09 選取此元件，執行右鍵功能表→**另存為**功能表單，將其儲存成元件 1，再選取剛才在房體外製作的窗戶元件，將其組成元件 2，此兩元件均存放在第四章元件資料夾中。

10 執行下拉式功能表→**檔案→匯入**功能表單，將第四章元件資料夾中之元件 2.skp 元件，匯入到房體之前立面上，則此元件具有開洞功能，如圖 4-100 所示。

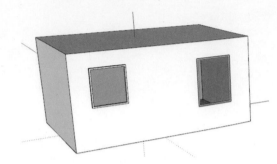

圖 4-100　在房體外製作的窗戶模型也同具開洞功能

11 使用**移動**工具，將元件 2 的窗戶往頂面及左側牆上移動複製，此時這些窗戶會隨牆面軸向自動變更方向，且兼具有開洞功能能，如圖 4-101 所示。

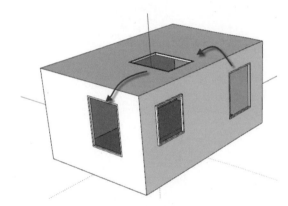

圖 4-101　將元件做各軸向移動複製同具有開洞功能

12 選取現場之元件 1.skp 元件，使用**移動**工具，將其做各軸向牆面之移動複製，或是使用匯入方式匯入元件 1.skp 元件，同樣做移動複製，也同樣具有開洞功能，此部分請讀者自行操作練習。

13 經由以上的實驗可以得知，建立在面上的元件都具有開洞功能，至於在房體外創建之窗戶，於建立元件面板內，必需重設元件軸且 Z 軸需位於深度方向。至於**黏接至**欄位中應選取**任何**選項似乎較為明智些，如此在另存成元件後，於使用上較為方便些。

4-5 實體資訊面板

　　實體資訊面板對 SketchUp 使用者來説具有相當重要的意義，當場景中選有物件再打開此面板，此面板會自動提供此物件的相關資訊，並能立即改變物件的表現形式，理所當然，依所選擇物件的不同其顯示內容也會大不同。

01 請開啟第四章中 Sample11.skp 檔案，這是在前面這是 3D 人物及傳統置物桌之集合元件，如圖 4-102 所示，以做為**實體資訊**面板之操作練習。

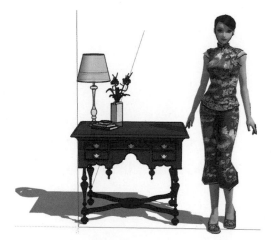

圖 4-102　開啟第四章中 Sample11.skp 檔案

02 在預設面板區中按下之**實體資訊**標頭，裡面空無一物並無欄位之設置，這是尚未選取物件之故，請在場景中選取 3D 人物，則實體資訊設定面板可以展現各欄位，如圖 4-103 所示。

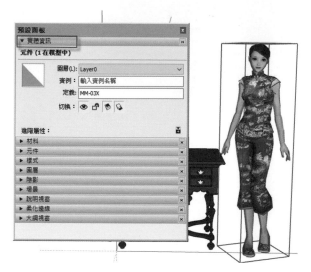

圖 4-103　選取 3D 人物可以展現實體資訊設定面板各欄位

03 在**實體資訊**面板中各欄位之設置與排列，
與 2017 之前版本有相當大的變更革，現
把面板中各欄位試為編號，如圖 4-104 所
示，茲將面板中各欄位功能說明如下：

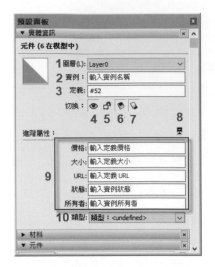

圖 4-104　**實體資訊**面板中各欄位設置

1 **圖層**欄位：如果本場景在圖層設定面板中設有多個圖層時，在此可以將選取的
物件歸入到想要的圖層中，例如本例選取 3D 人物於圖層欄位選擇了圖層 1，
則表示 3D 人物自動會歸入到圖層 1 中，如圖 4-105 所示，讀者可以試著在
圖層面板中將圖層 1 關閉，則 3D 人物將會被隱藏，如圖 4-106 所示。

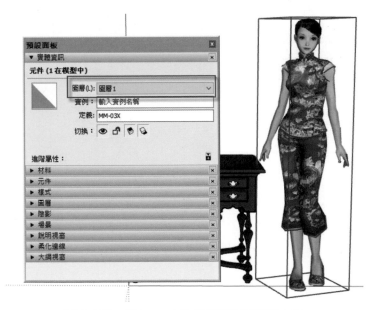

圖 3-105　選取 3D 人物將其歸入到圖層 1 中

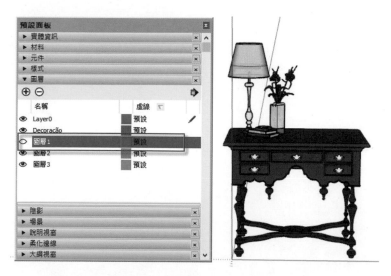

圖 4-106　在圖層面板中關閉圖層 1 則 3D 人物被隱藏

2 **實例**欄位：本欄位允許使使者為場景中之元件設定物件名稱。

3 **定義**欄位：此欄位為將物件組成元件時的元件名稱。

4 **隱藏**按鈕：將此按鈕不啟用時，可以將此元件隱藏起來，系統內定為啟用狀態，當物件被隱藏時，可在大綱視窗中選取此元件名稱，再執行右鍵功能表→**取消隱藏**功能表單。或是執行下拉式式功能表→**編輯**→**取消隱藏**功能表單。

5 **鎖定**按鈕：將此按鈕啟動可以將此元件鎖定，以防止被更改及移動。

6 **接收陰影**按鈕：本按鈕系統內定為啟用，即代表物件會接收陰影，如將此按鈕不啟用，則在此物件表面上不接收陰影，亦即不會顯示別物件的陰影。

7 **投射陰影**按鈕：當本按鈕系統內定為啟用狀態，則開啟陰影顯示時，此元件會自動產生陰影。當此按鈕為啟用，則物件本身不產生陰影。

8 **進階屬性面板開啟**或**關閉**按鈕：系統內定為開啟進階屬性面板，當按下本按鈕可以關閉進階屬性面板，再一次則會再次開啟。

9 進階屬性面板各欄位在元件建立面板中已做過說明，如果在該面板中於各欄位填入資料，則在此處亦會同時顯示其內容。

10 類型欄位：在此欄位中右側的向下箭頭，可以打開模型資訊面板中的分類選項面板，在此面板中可以選擇一個分類系統載入，如圖 4-107 所示。

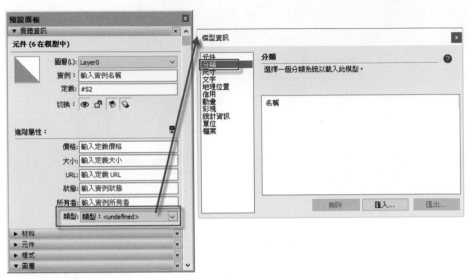

圖 4-107 打開模型資訊面板中的分類選項面板

04 請開啟第四章中 Sample12.skp 檔案，這是預先創建的簡單房體，在牆面及地面上各賦予不同的顏色，如圖 4-108 所示，以供後續**實體資訊**面板之操作練習。

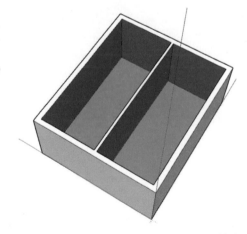

圖 4-108 開啟第四章中 Sample12.skp 檔案

05 移動游標至房體之地面上，執行右鍵功能表→**選取**→**具有相同材料的所有項目**功能表單，則所有綠色材質的面都會被選取，此時**實體資訊**面板中之面積欄位內系統會自動算出所有綠色地坪的總面積，如圖 4-109 所示。

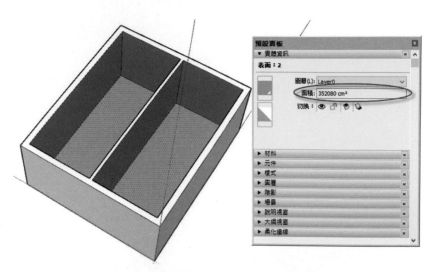

圖 4-109　系統自動算出選取地坪的面積總合

06 在房體內連續選取兩地坪之面與 4 邊線，再將兩面去除選取而只留下兩處之 4 邊線，此時**實體資訊**面板長度欄位系統會自動算出兩地邊週圍之總長度，如圖 4-110 所示，同理如果只選取某一線段，則系統會自動計算此線段的長度。

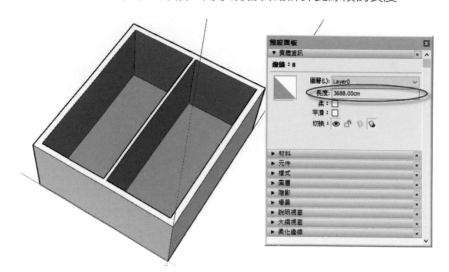

圖 4-110　系統會自動算出兩地坪四周圍之總長度

07 如果想要計算牆面之總面積，可以賦予牆面相同的顏色，再利用上述方法，即可快速取得牆面之總面積，此部分請讀者自行操作。

MEMO

05

SketchUp 設計流程及
與相關軟體之配合

台灣的室內設計發展史可說相當完整，一路上從手繪到 2D 電腦繪圖，最後由 3D 電腦繪圖而達真實場景的透視圖與景觀動畫效果，筆者在民國六、七十年當設計師即接受這樣的洗禮，回溯這段歷程如歷在目。早期設計師手握製圖筆及比例尺，即可自由揮灑出手繪 2D 施工圖及手繪透視圖，接著電腦作圖興起，2D 電腦繪圖成為設計師夢寐以求的技能，蓋具備此項技能成為搶案的利器，而藉由 AutoCAD 軟體以繪製工作中之平、立面圖，成為設計師必備技能，然而至 21 世紀始，電腦已狂飆至 3D 時代，一般業主已無法接受以 2D 圖溝通的型態，而傾向於一目了然且易於理解的 3D 透視圖表現形式，以致成為設計師與業主溝通的橋樑，而 2D 施工圖回歸本質成為設計師與施工人員溝通的媒介。

在十多年前，一般人會以 3ds max 做為創建 3D 場景的主要工具，然其困難與複雜度實令人難於領教，因此，當 SketchUp 剛發布時許多人喜歡拿它做為前期的建模工作，再轉檔至 3ds max 中做後續處理，然至 SketchUp 已成為主要操作軟體時，多數人倒轉由 3ds max 提供傢俱元件供 SketchUp 使用，不可諱言，3ds max 較之 SketchUp 元件華麗細緻多了，網路上也有相當多的資源供擷取，然想將它轉檔為 SketchUp 所用困難度相當高，因此本章中將對彼此間轉換做一般性的介紹，如果想要高效且更完美的轉換檔案，請參考作者為 SketchUp 進階寫作的**跟 3ds max 說掰掰！SketchUp 高手精技**一書（由旗標公司出版），書中有極其詳盡的說明。

一般人以為做室內設計非學習 AutoCAD 不可，這是被傳授者長期洗腦的結果，其實 SketchUp 不僅擅長 3D 場景的創建，在最近版本中更不斷增加 LayOut 功能，其製作平面圖與施工圖比 CAD 更具優勢與便利性，因此發展至今，CAD 軟體在室內設計功能已大幅萎縮，然對某些習慣使用 CAD 做平面圖者，本章也將對 CAD 轉檔至 SketchUp 過程做詳細介紹。而在 LayOut2019 版本中已可完美將 DWG/DXF 等圖形導入，以充實施工圖內容。如果讀者擅長於 AutoCAD 的操作者，亦可以將此施工圖導出 DWG/DXF 檔案，供進一步施工圖的細化，有關此操作部分請參酌第八章中的說明。

另 Photoshop 在 SketchUp 中所扮演角色，除做為後期處理的主要工具較為人知外，其對圖檔的去背處理以供 SketchUp 做為透明圖使用，則較少人觸及。在本書第九章創建混搭風格之客餐廳空間中，對後期處理方法有詳細著墨，而本章中將只針對透明圖的製作提出說明。

5-1　繪製房體結構

　　室內設計接案開始首要工作即需繪製房體結構圖，而繪製房體結構有三種方法，第一種是到現場丈量房體，將房體全部尺寸重新在電腦上繪製。第二種是業主提供 CAD 圖，惟此種圖乃存在圖面與實際尺寸不相符情形，最好還是要跑現場做尺寸與隔局的確認工作。第三種是業主提供紙張形式的晒圖或影印紙本，可以利用掃描器將它掃描成圖像檔案，再把圖像利用 SketchUp 製作成房體結構，惟此種方式常有比例不準確問題，因此必需使用**捲尺**工具將其尺寸還原，以做為應急之提案使用。

　　依照上面的分析，設計師跑現場丈量尺寸成為常態，因此本節將以人工丈量現場，以繪製平面房體結構為始，說明整個繪製過程，其次再以現有 CAD 圖及紙本方式，如何由 SketchUp 加以繪製成平面結構圖過程，做詳細完整說明。

5-1-1　以 SketchUp 做為現場丈量工具

　　丈量現場為設計師開始工作的第一步，現在一般都是帶著紙、筆和丈量工具到現場，對每一個地方量取尺寸並做註記，有遺漏或註記不明處時還得再跑一趟。

　　這裡想要介紹的是顛覆傳統思維，利用 SketchUp 的智能工具組合，使用筆記型電腦和丈量工具即可輕鬆完成現場丈量工作，其神奇處絕對是前所未見，也是傳統 CAD 軟體使用者不能想像的景象。現利用一張在現場繪製的現場丈量圖，如圖 5-1 所示，代替現場丈量來說明整個繪製過程，如果讀者感覺書中圖面尺寸太小看不清楚，可將書附光碟第五章元件資料夾內現場丈量圖 .tif，使用看圖軟體打開觀看。

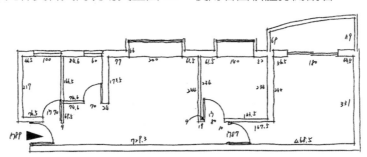

圖 5-1　現場繪製的現場丈量圖

現將使用 Sketchup 丈量現場的操作方法說明如下。

01 這張丈量圖是以公分為單位記載，較細者為內牆，其厚度為 10 公分，較粗者為外牆，其厚度為 24 公分。

02 這是間二房（臥房及書房）二廳（客廳、餐廳）一衛一廚的小住家，進門的地方是餐廳，左邊是廚房及衛浴，再進去左邊是客廳其後是書房及臥室。

03 由丈量圖面觀之，房子的總深度為 1207.8 公分（729.3 ＋ 10 ＋ 468.5），寬度為 331 公分。使用**矩形**工具，在繪圖區中繪製 1207.8×331 公分的矩形，如圖 5-2 所示。

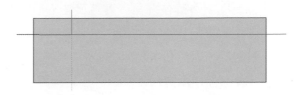

圖 5-2　使用**矩形**工具繪製 1207.8×331 公分的矩形

04 使用**偏移複製**工具，選取此平面將其向外偏移複製 24 公分，此 24 公分將做為外牆，窗選全部的平面圖，執行右鍵功能表→**反轉表面**功能表單，如圖 5-3 所示，此功能表單將會把此面的反面轉為正面，亦即將系統內定的灰色（反面）改為白色（正面）。

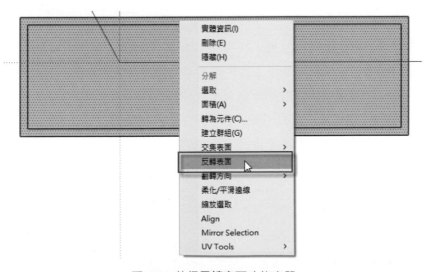

圖 5-3　執行**反轉表面**功能表單

注意：所謂正反面是單面建模上特有現象，想當然，單一個面會有正反向問題，而在 SketchUp 中此兩面都可以分別賦予材質，因此只在此軟體中作圖，可以不理會正反面，但渲染軟體只能辨識正面材質，如果最後要送到此做渲染，就必需注意正反面問題，有關正反面的解說，在後面範例實做部分會有更詳盡說明。

05 本案件在繪出總平面圖後，可以由臥室往大門方向繪製，請使用**捲尺**工具，由右側牆向左量取間隔為 301（64.5 ＋ 180 ＋ 56.5）、24、253.5（52 ＋ 140 ＋ 61.5）、10 公分的輔助線，由下端線往上量取 87、10 公分的輔助線，如圖 5-4 所示。

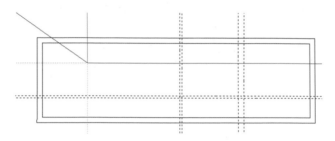

圖 5-4　依丈量圖尺寸繪製輔助線

06 使用**矩形**工具，利用輔助線交點，可以畫出不同厚度的內牆，使用**捲尺**工具，由圖示 A 點向右量出 19、80 公分的輔助點，使用畫**直線**工具畫出門的位置，再把門位置的直線刪除，再執行下拉式功能表**→編輯→刪除輔助線**功能表單，可以把所有輔助線及輔助點刪除，如圖 5-5 所示。

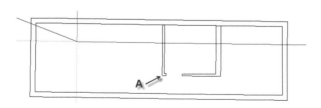

圖 5-5　畫出內牆及門並刪除輔助線及輔助點

07 續使用**捲尺**工具，由剛才製作的內牆往左量取間隔為 338.5（61.5 ＋ 200 ＋ 77）、24 ＋ 144.6（60 ＋ 84.6）、10、146.5（100 ＋ 46.5）、24 公分的輔助線，由上端外牆的內側線往下量取間隔 163.5（173.5-10）、10、45.2（69.5-24）、24 公分的輔助線，如圖 5-6 所示。

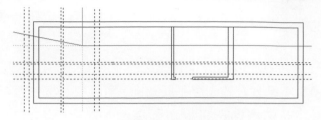

圖 5-6　續在平面上做輔助線

08 使用**矩形**工具，先把牆體勾勒出來，使用**捲尺**工具，量出浴室門寬度，使用畫**直線**工具，補上該有的線段，再把不要的線段刪除，並且把輔助線也一併刪除，如圖 5-7 所示。

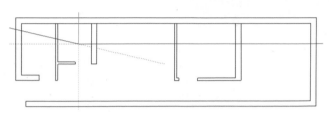

圖 5-7　繪製完成牆體

09 為繪製平面傢具配置圖的方便性，作者為讀者準備了數百個平面傢俱的元作，存放在第六章單色平面傢俱元件子資料夾中，這些元件有如 CAD 中的圖塊，只要匯入即可使用，如果尺寸不合者，可以使用**比例**工具加以改正。

10 使用畫**直線**工具，依據現場丈量圖中窗戶的位置尺寸，在牆體中畫出窗戶的位置，在匯入第六章單色平面傢俱元件子資料夾中，在窗戶子目內匯入各式窗戶，在門子資料夾中匯入各式門，如圖 5-8 所示。

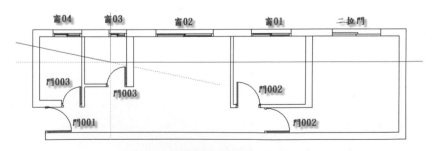

圖 5-8　在房體內匯入窗戶及門元件

11 在上圖中窗 01 和窗 02 的位置
不對，應該有窗檯往外 56 公
分，請使用畫**直線**工具畫出其相
對位置，使用**偏移複製**工具，選
取窗檯的 3 邊往外偏移複製 10
公分，如圖 5-9 所示，再把窗戶
元件移到正確位置上即可，如圖
5-10 所示。

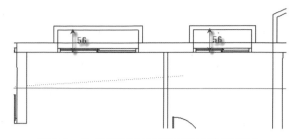

圖 5-9　先畫出窗檯位置再偏移複製牆厚度

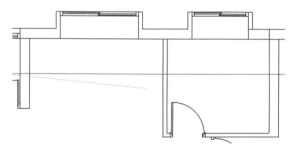

圖 5-10　將窗戶移到窗檯外側上

12 主臥室的陽台，請依丈量尺寸圖由兩牆外側各
依尺寸往上畫直線，使用**圓弧**工具畫弦高 28.1
的圓弧線，選取兩條直線及圓弧線，使用**偏移
複製**工具，將其向內偏移複製 10 公分，陽台即
可製作完成，如圖 5-11 所示。

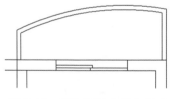

圖 5-11　主臥室陽台製作完成

13 本範例房體結構繪製完成，如圖 5-12 所示，經以房屋原始結構圖為檔名，存放在
第五章中，供讀者自行開啟研究之。

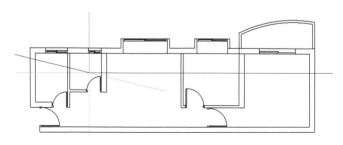

圖 5-12　房屋原始結構圖繪製完成

SketchUp 因為有量尺工具（**捲尺工具**），所以把它做為現場丈量的工具，如果當現場丈量完成，其實體的房體結構也建置完成，如果熟練它，可以令業主刮目相看。

5-1-2 以 CAD 圖做為房體結構圖--AutoCAD 轉檔 SketchUp 過程

在一般人觀念中以為繪製室內設計平面傢俱配置圖是 AutoCAD 軟體之事，其實在本章前言中曾言及，AutoCAD 在平、立面圖繪製已逐漸被 SketchUp 所取代，而成為無足輕重的地步，惟如果客戶能夠提供原始的 CAD 圖，則可以讓設計師節省很多現場丈量時間，不過 CAD 圖與實際現場是否有落差，建議設計師還是要親自跑到現場仔細核對，以免最後設計圖與現場尺寸有誤差，以致產生無法挽回的錯誤情況。惟由 CAD 圖轉入到 SketchUp 中，難免因檔案轉換而產生資料流失情形，現將由 CAD 轉入到 SketchUp 中之重要步驟說明如下：

01 請進入 AutoCAD 軟體中，在軟體中請開啟第五章 CAD 資料夾中二房兩廳平面配置圖 **.**dwg，如圖 5-13 所示，這是一間具備二房兩廳之住家平面傢俱配置圖，以供本小節操作練習。

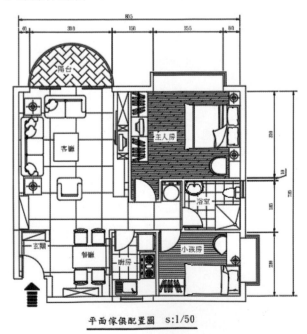

圖 5-13　在 AutoCAD 中開啟第五章 CAD 資料夾中二房兩廳平面配置圖 .dwg

02 在輸出 CAD 圖之前，讀者應養成一種習慣，將要轉檔的 CAD 圖清理乾淨，即將不需要的尺寸、文字標注、填充的圖案及文字去除，此乾淨的圖面經以二房兩廳乾淨圖 .dwg 為檔名，存放在第五章 CAD 資料夾中，供讀者可以直接引用，如圖 5-14 所示。

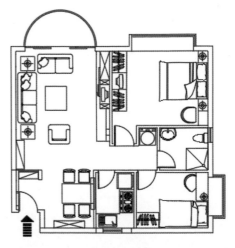

圖 5-14　在 AutoCAD 清理乾淨的平面圖

溫馨提示

如果使用者使用 SketchUp2018 及以前版本者，在 AutoCAD 存檔時務必存成 AutoCAD2013 版本或是以前版本，而現在 SketchUp2019 版本已可讀取成 AutoCAD2018 版本的檔案了。另在上述清理圖檔中，亦可將無用的平面配置一同清理乾淨，而只剩下房體結構即可。

03 至於為何要做這些清理動作，一來 SketchUp 無法讀取傢俱以外的圖形，二來讓畫面簡單明白，三來減少 Sketchup 的系統負擔。

04 其實這些動作在 SketchUp 中清理亦相當方便，至於圖層在 AutoCAD 並不執行清理，而把它藉由 SketchUp 操作説明來做為兩者效率之比較。

05 請進入 SketchUp 軟體中，如果畫面中有圖形請把它清空，接著執行下拉式功能表**→檔案→匯入**功能表單，可以打開匯入面板。

06 在打開匯入面板中，檔案類型選擇 AutoCAD 檔案 (*dwg, *dxf) 類型，在檔案名稱欄位中請輸入第五章 CAD 資料夾中之二房兩廳乾淨圖 .dwg，如圖 5-15 所示。

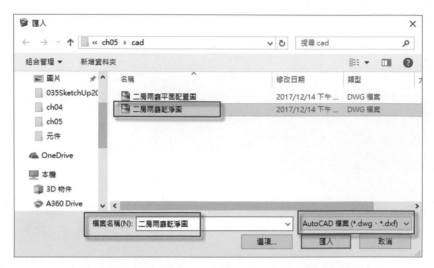

圖 5-15　請匯入第五章 CAD 資料夾中之二房兩廳乾淨圖 .dwg

07 請不要直接執行**匯入**按鈕，而先選取**選項**按鈕，可以打開**匯入 AutoCAD DWG/ DXF** 選項面板，在面板中請勾選**合併共面平面**及**使用平面方向一致**兩欄位，**單位**欄位選擇公分（選擇圖檔在 CAD 中設定的單位），其他欄位則保持不勾選，如圖 5-16 所示。

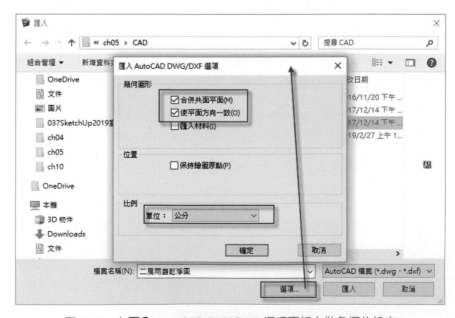

圖 5-16　在**匯入 AutoCAD DWG/DXF** 選項面板中做各欄位設定

08 勾選**合併共面平面**欄位的用意，在於匯入 DWG 文件時，一些平面上會有三角形的劃分線，以手工刪除這些多餘的線段相當麻煩，如此欄位勾選，將讓 SketchUp 自動刪除多餘的劃分線。

09 勾選**使用平面方向一致**欄位：在於讓 SketchUp 自動分析匯入表面的朝向，並統一表面的法線方向。

10 不勾選**保持繪圖原點**欄位：在於使用 AutoCAD 繪圖時使用的原點並非使用者需要，因此不勾選，待在 SketchUp 中重為設定較為實際些。

11 在面板中按下**確定**按鈕後，可以回到匯入面板中，在此面板中按下**匯入**按鈕，則可以在 SketchUp 中開啟此 AutoCAD 檔案，請按下**充滿畫面**工具，可將整個 CAD 圖充滿整個繪圖區，如圖 5-17 所示。

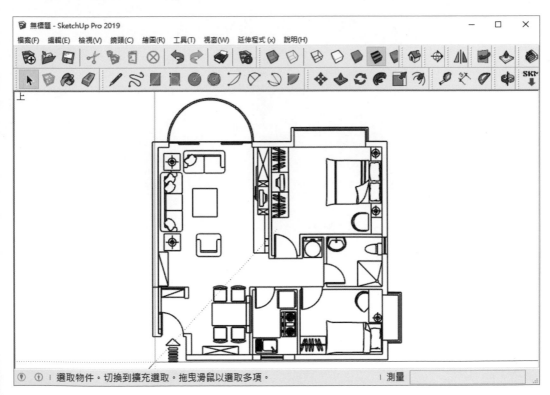

圖 5-17　在 SketchUp 中匯入二房兩廳乾淨圖 .dwg 檔案

12 選擇下拉式功能表→**檢視**→**邊緣樣式**→**輪廓**功能表單，將**輪廓**功能表單的勾選去除，使 CAD 圖的邊線變細，以利圖形編輯，如圖 5-18 所示。

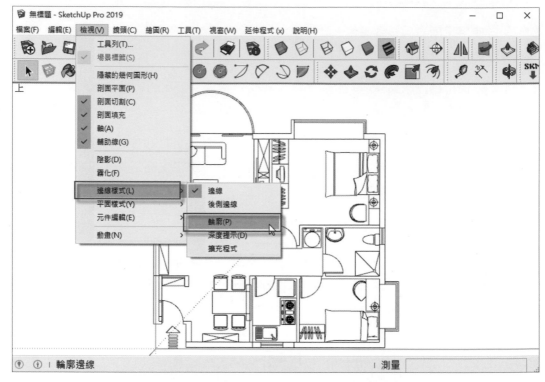

圖 5-18　執行**輪廓線**功能表單以使圖形線條變細以利編輯

13 請在繪圖區右側的預設面板中使用滑鼠點擊圖層標頭，即可開啟圖層編輯面板，在面板中除了 Layer0 圖層外尚有文字圖層，如圖 5-19 所示，此圖層為在 AutoCAD 中所建立。

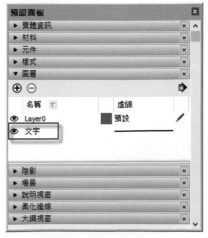

圖 5-19　開啟圖層編輯器面板

14 在打開的圖層編輯面板中,請選取文字圖層,再按上面的 ⊖ 號按鈕,當按下 ⊖
號按鈕後,會打開刪除包含實體的圖層面板,請選取將內容移至預設圖層選項,
如圖 5-20 所示,再按**確定**按鈕,即可把 Layer0 圖層以外圖層刪除,並將所有圖
形歸入到 Layer0 圖層內。

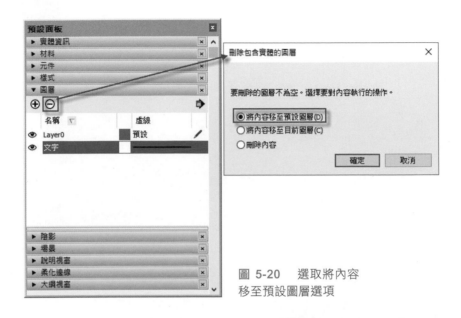

圖 5-20 選取將內容
移至預設圖層選項

15 接著建新圖層以方便管理,請按圖層管
理面板上方的 ⊕ 號,可以增加一新的
圖層,請把它改成 cad 圖層名稱,如圖
5-21 所示。

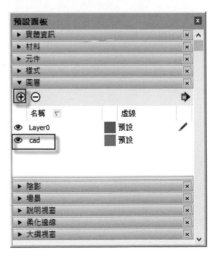

圖 5-21 建立一個 CAD 的新圖層

16 接下來要將 CAD 圖形全部移動到 CAD 圖層，請先框選全部的圖形，在預設面板中使用滑鼠點擊**實體資訊**標頭，即可打開**實體資訊**面板，如圖 5-22 所示。

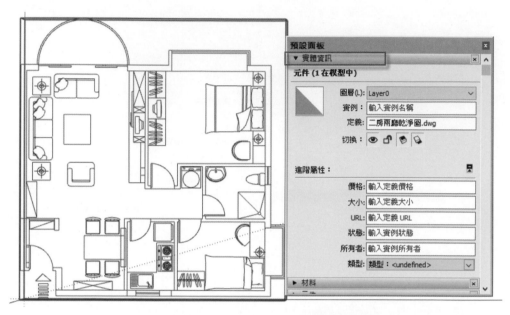

圖 5-22　選取全部的圖形再打開**實體資訊**面板

17 在出現的實體訊息面板中，用游標按圖層欄位右方的向下箭頭，在圖層選單中選擇 CAD 圖層，如圖 5-23 所示，即可將剛選取的圖形全部歸入到 CAD 圖層中。

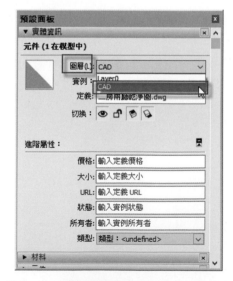

圖 5-23　將選取的圖形歸入到 CAD 圖層中

18 打開圖層管理面板，在 CAD 圖層前端的眼睛按鈕點擊一下以取消顯示，如圖 5-24 所示，這時工作區的圖形完全隱藏起來，由此可知，剛才的操作已把這些圖形歸入 CAD 圖層中，請再次啟動眼睛按鈕。

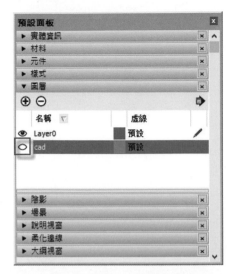

圖 5-24　利用可見選項可控製圖層的開啟或隱藏

19 保持這些圖形全選狀態，移動游標到圖形中任一處，執行右鍵功能表→**建立群組**功能表單，將全部的圖形組成群組。

20 接著執行下拉式功能表→**視窗**→**模型資訊**功能表單，可以打開模型資訊面板，在面板的左側選擇**統計資訊**選項，在右側最上頭欄位先選擇整個模型，再用滑鼠左鍵按下清理未使用的項目按鈕，這時可以把 CAD 圖自帶多餘的物件，包括了組件或一些圖塊等清除掉，接著在面板中使用滑鼠左鍵按下修正問題按鈕，會彈出有效性檢測報告，如果有問題系統會自動修復並報告檢查結果，如圖 5-25 所示。

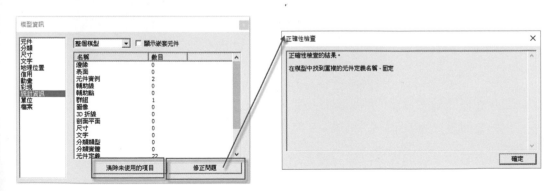

圖 5-25　系統報告找不到問題的畫面

21 為了防上 CAD 圖被不經意的移動或
編輯，請移動游標到圖形線上，執行
右鍵功能表→**鎖定**功能表單。此時平
面圖群組被鎖定，不能移動也不能編
輯、刪除，如被選取時整個群組會呈
現紅色，如圖 5-26 所示。

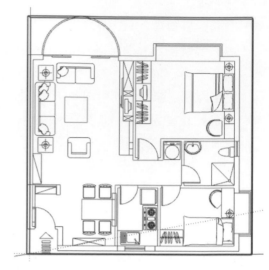

圖 5-26　整個群組以紅色顯示表示被鎖定

以上是 CAD 圖引入到 Sketchup 中的標準動作，在本例中 CAD 圖相當單純，所以有
些動作是可省略，如炸開、圖形檢測等。

當把 CAD 圖轉入到 SketchUp 中確實可以省卻現場丈量的麻煩事，但是要切記 CAD
圖是否與現場結構吻合，必需設計師親自到現場景勘驗才能一探究竟，希望不要因偷
懶而造成往後難以彌補的遺憾。

5-1-3　以紙本繪製房屋結構圖

使用紙本方式繪製房屋結構，一來比例不具準確性，二來因圖形不具抓點功能，所
以繪製的圖形與實際場景會有些出入，因此除非時間緊迫，一般還是以到現場丈量為
要。

01 當業主提供紙張形式的晒圖或影印紙本，可以利用掃描器將它掃描入電腦，利用
此影像檔設計師即可立即將它匯入到 SketchUp 中以做成房體結構圖。

02 請執行下拉式功能表→**檔案**→**匯入**功能表單，可以打開匯入面板，在檔案類型欄
位選擇**標籤圖像檔案（*.tif）**類型，在**將圖像使用為**欄位中選取**圖像**選項，並選取
第五章元件資料夾內建築平面圖 .tif 檔案，如圖 5-27 所示。

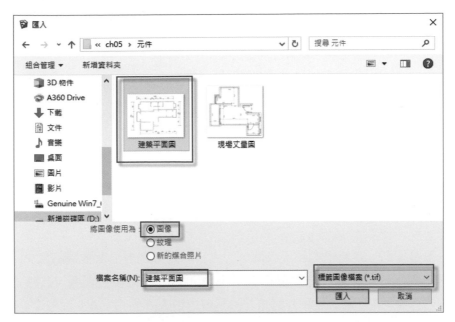

圖 5-27　選取第五章元件資料夾內建築平面圖 .tif 檔案

03 當在面板中按下**匯入**按鈕，在繪圖區
中按下滑鼠左鍵一下，可以定下圖像
的第一角點，當移動游標圖像會跟著
變大，此時不知圖像多大才適當，所
以在任意點按下滑鼠第二點，以定圖
像大小，如圖 5-28 所示。輸入的圖
像會自動形成群組。

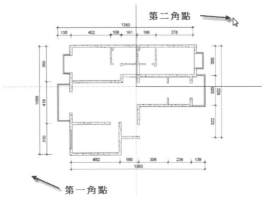

圖 5-28　按下滑鼠的第一、二點以定圖像大小

04 使用**捲尺**工具，在圖像的尺寸標示處（即圖示 1、2 點處），使用**捲尺**工具量取兩
個點的距離（因為圖像關係沒有抓點功能），因為圖像的比例不正確，所以顯示的
距離值也不正確，請立即在鍵盤輸入 306（亦即尺寸線標示的距離值），系統會彈
出 SketchUp 面板，詢問是否調整模型的大小，如圖 5-29 所示。

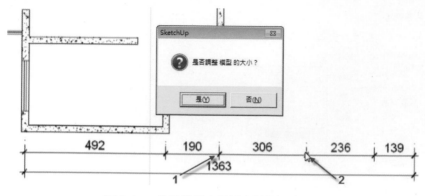

圖 5-29　使用**捲尺**工具以改變模型的大小

05 當按下**是**按鈕，系統會自動更改圖像的大小，以符合自己所要求的大小，此時可能看不到圖形，請執行**充滿畫面**工具按鈕，即可看到整張圖像，此時重新量取 306 公分長之尺寸標註線，以驗證尺寸是否為正確。

06 使用**矩形**工具，在內、外牆體上繪製矩形，因本 CAD 圖為一影像檔案因此沒有鎖點功能，經由如此的繪製平面圖絕對不會十分精準，使用者應有心理準備，如圖 5-30 所示。

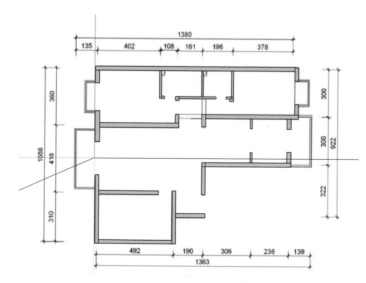

圖 5-30　依照圖像描繪的內、外牆體

07 雖然使用此種方法無法掌握精確性，但在緊急提案上應有相當助益，只要使用**推拉**工具，將牆體往上推拉高房體高度，在配上現有傢俱元件即可向客戶匯報整體場景的 3D 景觀及動線規劃，如圖 5-31 所示。

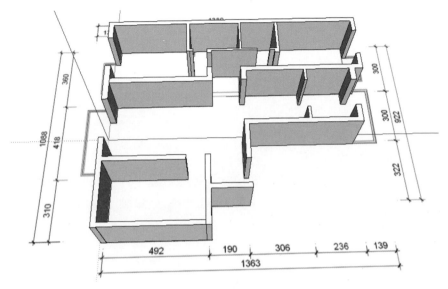

圖 5-31　將影像圖做成 3D 場景

08 和使用 AutoCAD 圖一樣，其尺寸與現場景房體結構存在誤差的情況，設計師需帶者影像圖到現場重為丈量才是正確的做法。

5-2　繪製室內平面傢俱配置圖

　　繪製室內平面傢俱配置圖為設計師的第二項工作，惟其前題必需要有接案的原始房體結構，在前面小節中已介紹過繪製房體結構的方法，如果使用親自現場丈量方式者，請只保留牆體面而將房間封面的部分刪除，如此在匯入傢俱元件時不會因為重疊面的關係而產生閃爍現像，以下將對平面傢俱配置方法提出完整說明。

01 請執行下拉式功能表→**檔案**→**開啟**功能表單，在**開啟**面板請輸入第五章房屋原始結構圖 .skp 檔案，這是在前面小節中繪製的房屋結構圖，如圖 5-32 所示。

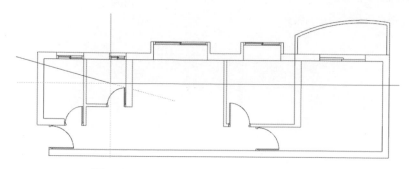

圖 5-32 輸入前面小節中繪製的房屋結構圖

02 由原始結構圖觀之，後半段的房間功能及動線還算可行，但前段的餐廳因動線過多，以致非常不合適，因此把餐廳區的動線重新做規劃，讓浴室門由廚房方向出入，而原浴室門位置則可以做為獨立的用餐區。

03 另外為擴大整體房間視野，把書房靠走道牆面，做成拉門，與客廳處牆面則予折除。如果另有設計構思亦可自行設計更改。

04 在廚房與浴室部分，使用畫**直線**工具，改浴室門為牆面，刪除廚房門及廚房與餐廳間的牆面，另在廚房進浴室方向開一門，並將現有門移置使用，如圖 5-33 所示，左圖為更改前隔間，右圖為更改後的隔間。

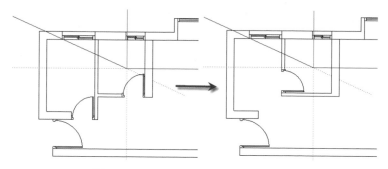

圖 5-33 將廚房、浴室的隔間做更改

05 書房的兩面牆拆除，在左下角處製作一假柱子，面向走道部分安裝了三開門，其詳細尺寸，如圖 5-34 所示，左圖為更改前隔間，右圖為更改後的隔間。

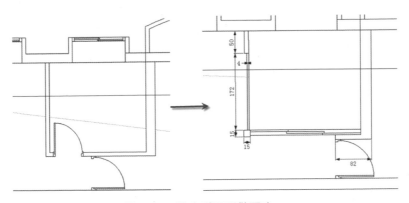

圖 5-34　將書房隔間做更改

06 當隔間更改完畢，則為櫥櫃的設計和傢俱的擺置，此部分因各人理念的不同，可能設置出來的平面傢俱配置圖千百種，這完全憑各人設計涵養不同，而有不同的設計理念，這裡只示範作者配置情形，如圖 5-35 所示，本範例經以**平面傢俱配置圖 -- 完成**為檔名，存放在第五章中，有興趣的讀者可自行開啟後研究之。

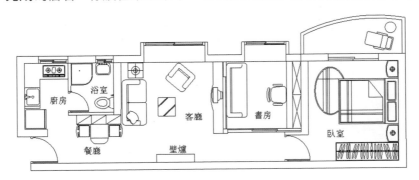

圖 5-35　平面傢俱配置的情形

07 上圖的傢俱配置圖僅做為參考，讀者可以利用第五章單色平面傢俱元件資料夾內的傢俱元件，自行自由配置練習，甚或可以把隔間大改造，以創造出不一樣的空間設計。

08 室內設計是在做空間的規劃與分析設計，其表現在圖紙上，雖然只是區區的一些傢俱擺置，及一些符號設置，但它真正的含義在做空間的合理組織，因此建議讀者，在做平面傢俱配置圖時，同時也要想像其空間的擺設情況，如此在往後創建 3D 場景時，會有較清晰的概念與設計思惟，所以切記，不要把它當做只是一些圖形的堆砌，而草草了事。

5-3 創建帶燈槽之造形天花平頂

　　有經驗的設計師都了解，在創建透視圖場景時，大部分工作都只是在建構牆體、牆壁飾面、各類櫥櫃及造形天花平頂等工作上，至於燈具及各類家俱都會套用現有的元件，有關建構牆體及牆壁飾面會在往後的實際範例操作中說明，至於家俱建構部分會在第六章中做說明，本小節則針對帶燈槽之造形天花板製作方法，提出作者個人的獨門技法，以快速解決此類造型之創建。

01 請執行下拉式功能表**→檔案→新增**功能表單，以清空繪圖區，使用**矩形**工具，繪製 600×400 公分的矩形，使用**推拉**工具，將矩形面向上推拉高 300 公分，以製作成房體，選取所有面將其外表翻轉為反面，使用**移動**工具，將此房體向右再複製 2 組備用，如圖 5-36 所示。

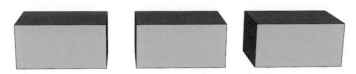

圖 5-36　創建 3 組立方體以做為房體使用

02 所有以單面創建模型者，都會因為單面而有正反面的問題，SketchUp 為單面建模的標竿軟體，當建立物體時即會在物體表面形成正面，然因室內透視圖要表現的是室內場景，因此需要將房體外部改為反面，則內部自然會改成正面，不過不用煩惱，當在室內創建物件時自然都會是正面的表現。

03 因為 SketchUp 對正反面都可以賦予材質，如果以它做為最終的出圖表現，則可以不管正反面的問題，但是渲染軟體一般只會辨識正面的材質，而無法讀取反面的材質，如果在 SketchUp 建構完場景，想要轉由渲染軟體做最終渲染時，就必需注意模型的正反面問題，在此僅提供作圖參考。

04 現操作最左側的房體，選取其前牆面將其隱藏，可以看見室內的透視圖場景，將鏡頭轉到室外天花平頂上，使用**偏移**工具，將頂面向內偏移複製 60 公分，使用**推拉**工具，將中間的面向上推拉 10 公分，如圖 5-37 所示。

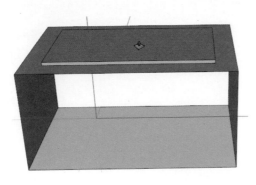

圖 5-37 將中間的
面向上推拉 10 公分

05 使用**偏移**工具，將圖示 A 的面往外偏移複製 20 公分，使用**推拉**工具，將圖示 B
的面向上推拉複製 25 公分（注意需推拉複製），如圖 5-38 所示。

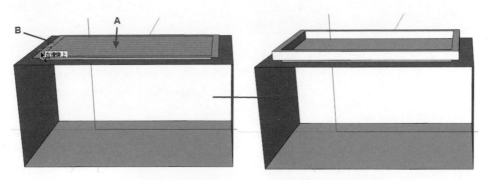

圖 5-38 將圖示 B 的面向上推拉複製 25 公分

06 使用**橡皮擦**工具，刪除圖示 A 的線段（內側矩形的任一邊皆可），系統會自動把
中間面補回，接著把其它三條多餘線段也刪除，選取這些不正確的面，將其改為
反面，如圖 5-39 所示。

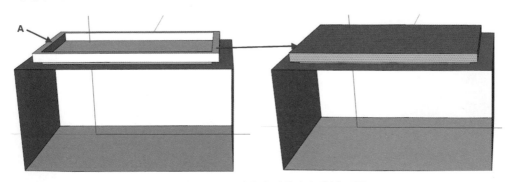

圖 5-39 刪除內側邊線系統會自動補回面

07 將視圖轉回到室內天花平頂上，將頂面刪除，則帶燈槽造形天花板製作完成，如圖 5-40 所示，在渲染軟體中只要在燈槽的面上賦予發光材質，即可製作燈槽發射光線的效果。

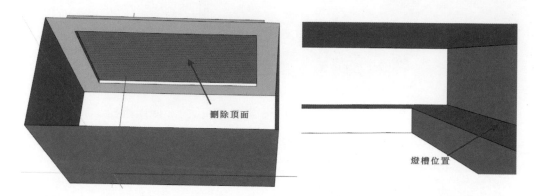

圖 5-40　帶燈槽的造形天花板製作完成

08 將鏡頭轉到第二房體之屋外平頂上，先將前牆給予隱藏，使用**捲尺**工具，找出平頂矩形的中心點（矩形邊線的中點），使用畫**圓形**工具，以此中心點為圓心畫半徑為 150 公分的圓形，如圖 5-41 所示。

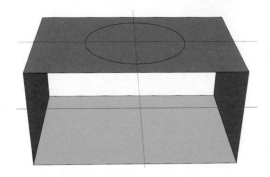

圖 5-41　在第二房體頂面中心處畫半徑為 150 公分的圓形

09 使用**推拉**工具，將圓形面向上推拉 10 公分，使用**偏移**工具，將推拉上來的面向外偏移複製 20 公分，使用**推拉**工具，將 20 公分之圓形面向上推拉複製 25 公分，如圖 5-42 所示。

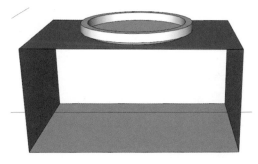

圖 5-42　將向外偏移複製 20 公分的面向上推拉複製 25 公分

10 將推拉複製 25 公分上來的內側圓邊線刪除，系統會自動將圓面補回，將不正確的面改為反面，將視圖轉回室內平頂上再將圓頂面刪除，即可製作出帶燈槽之圓造形天花平頂，如圖 5-43 所示。

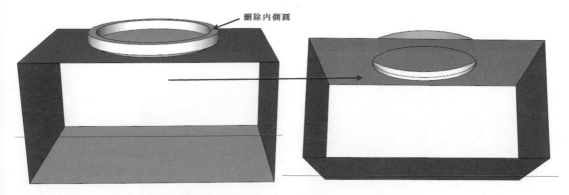

刪除內側圓

圖 5-43　製作出帶燈槽之圓造形天花平頂

11 將鏡頭轉到第三房體之屋外平頂上，先將前牆給予隱藏，使用**矩形**工具及**畫圓弧**工具，在頂面上隨意畫出任意造形的幾何圖形，如圖 5-44 所示。

12 使用**推拉**工具，將幾何面向上推拉 10 公分，使用**偏移**工具，將推拉上來的面向外偏移複製 20 公分，使用**推拉**工具，將偏移複製 20 公分之面向上推拉複製 25 公分，如圖 5-45 所示。

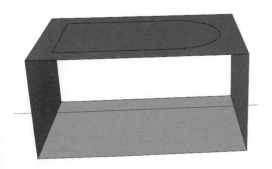

圖 5-44　在頂面上隨意畫出任意造形的幾何圖形

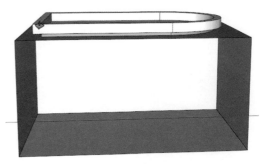

圖 5-45　將偏移複製 20 公分之面向上推拉複製 25 公分

13 將推拉複製 25 公分上來的內側幾何線刪除，系統會自動將幾何面補回，接者將多餘的線段刪除，將不正確的面改為反面，將視圖轉回室內平項上再將幾何頂面刪除，即可製作出帶燈槽之幾何形造形天花平頂，如圖 5-46 所示。

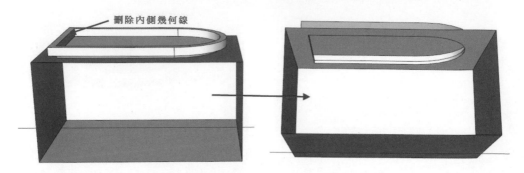

圖 5-46　製作出帶燈槽之幾何形造形天花平頂

14 帶燈槽的造形天花板，一般在後續的渲染軟體中，只要在燈槽平面上賦予發光材質，則渲染的結果自然會增加燈光的氛圍，如圖 5-47 所示，為作者寫作 Artlantis 5 室內外透視圖渲染一書的範例。

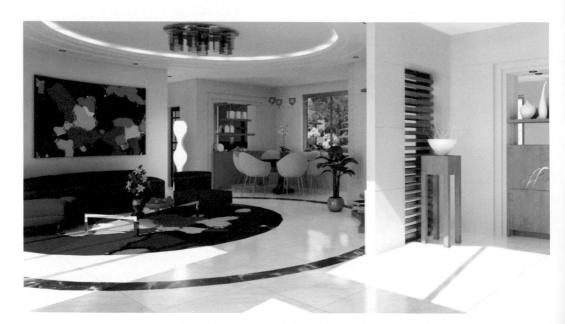

圖 5-47　在渲染軟體中於燈槽賦予發光材質的情境

15 請將視圖轉回到第一個房體上，這是剛才已經製作好的帶燈槽之矩形造形天花平頂，請執行下拉式功能表→**檔案**→**匯入**功能表單，可以打開匯入面板，在面板中右下方選擇 dwg 檔案格式，然後選取請選取第五章 CAD 資料夾內之格柵 **.**dwg 檔案，如圖 5-48 所示。

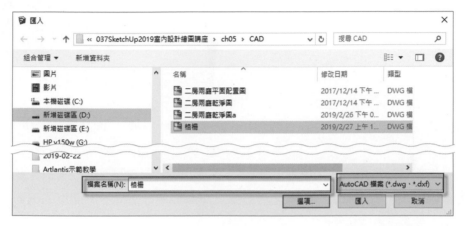

圖 5-48 在匯入面板選取第五章 CAD 資料夾內之格柵 .dwg 檔案

16 請不要直接執行**匯入**按鈕，而先選取**選項**按鈕，可以打開**匯入 AutoCAD DWG/ DXF** 選項面板，**單位**欄位選擇公分，其它欄位請依前面的說明，勾選必要的欄位，如圖 5-49 所示。

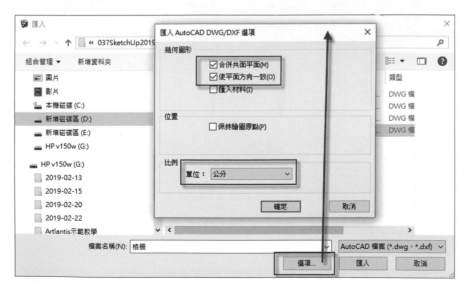

圖 5-49 在**匯入 AutoCAD DWG/DXF** 選項面板中設定單位為公分

17 最後結束匯入面板之操作，將格柵 .dwg 檔案匯入到場景它會位於地面上，請使用**移動**工具，將它移動到最左側之帶燈槽之造型天花平頂上，如圖 5-50 所示，選取此房體與格柵圖案向左複製一份以備用。

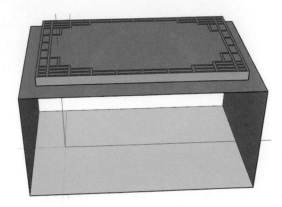

圖 5-50 將格柵 .dwg 圖案匯入到最左側之帶燈槽之造型天花平頂上

18 先將格柵圖形分解，使用**選取**工具選取平頂，面並未依圖形之格柵被分割，請使用**畫線**工具，依格柵之分塊區之再意處直線重描線段，即可將圖形區塊與頂面區隔開，如圖 5-51 所示。

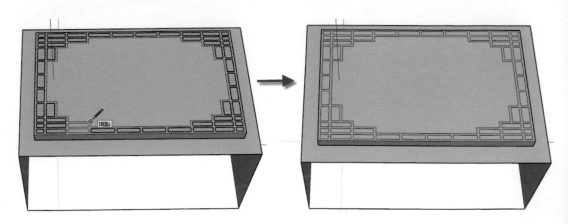

圖 5-51 將圖形區塊與頂面區隔開

19 將視圖轉到屋內，先使用**顏料桶**工具賦予格柵木紋材質，再使用**推拉**工具，將相通的格柵面往下推拉 4 公分，即可利用現有 cad 圖形，製作出相同格柵圖形之造形天花平頂，如圖 5-52 所示。

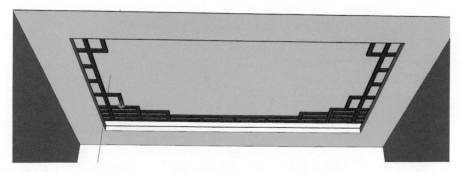

圖 5-52　製作出相同格柵圖形之造形天花平頂

20 現示範另外一種製作方法,將視圖移到剛才複製的房體及格柵圖上,使用**移動**工具,將格柵圖形垂直移動到房體的頂面上方,其高可以是任意尺寸,如圖 5-53 所示,注意格柵圖形處於未分解狀態。

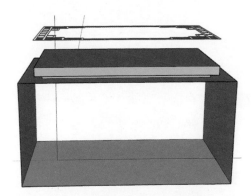

圖 5-53　將格柵圖形移動到房體頂面之上

21 使用滑鼠點取頂面則此頂面會被選取,按住 Shift 鍵同時窗選全部的房體,則除頂面外其餘的房體被選取,執行右鍵功能表→**隱藏**功能表單,則除頂面外其餘的房體會複隱藏,如圖 5-54 所示。

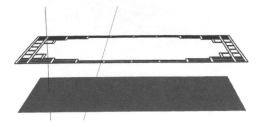

圖 5-54　除頂面外其餘房體被隱藏

22 開啟**沙盒**工具面板,選取其中的**投影**工具,使用滑鼠第一步先點擊格柵圖形,第二步再點擊頂面,則會將格柵之圖形投影到頂面上,如圖 5-55 所示,執行投影工作後再將其餘房體顯示回來。

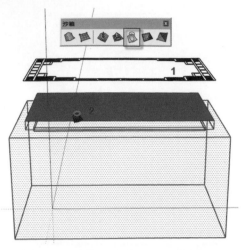

圖 5-55　將格柵之圖形投影到頂面上

注意：施作投影前必需把不做投影的面先隱藏，以避免順帶被投影到。另沙盒工具之投影功能只能在 Z 軸上做投影功能，如果想要做側面的投影，需將其先旋轉到 Z 軸方向上，當投影完後再將其旋轉回原軸向即可，在此僅提供參考。

溫馨提示

23 先將格柵圖形隱藏或將其刪除亦可，使用**選取**工具點取頂面，可以發現中間的面並未與四週的格柵分隔開，這是因為中間的線段有多處並未連接所致，如圖 5-56 所示。

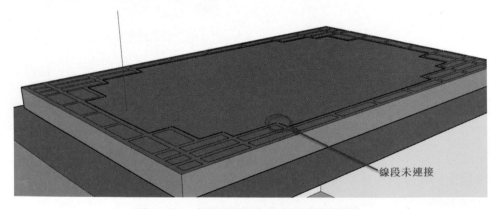

線段未連接

圖 5-56　　中間的線段有多處並未連接所致

24 使用**畫線**工具，將內側之線段重畫一圈，即可將中間的面區隔開來，再依前面的方法，亦可製作出相同格柵圖形之造形天花平頂。

25 將 dwg 圖形使用分解方法或是投影以取得所要圖形，兩者如何取捨當靠使用者習慣而定，至於圖形何故都無法一次完美取得，這是因為 CAD 軟體在繪製圖形時不完美所致，以下介紹直接由 SketchUp 製作圖形即無此種缺憾。

26 現示範製作地坪勾縫，使用**矩形**工具，在房體一側繪製 100×100 公分的矩形，選取此矩形，使用**移動**工具，將其往一側移動複製 101 公分並複製 10 組，如圖 5-57 所示。

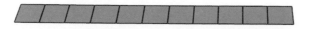

圖 5-57　將 100×100 公分的矩形隔 101 公分複製 10 組

27 選取全部矩形，使用**移動**工具，將其往前移動複製 101 公分並複製 6 組，再選取所有的圖形將其組成群組，如此即可製作出 11×7 組的矩形，並使每個矩形都是有 1 公分相隔的間距，如圖 5-58 所示。

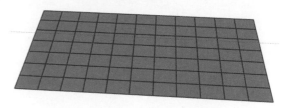

圖 5-58　製作出 11×7 組的矩形並使每個矩形都是有 1 公分相連的間距

28 將此矩形群組移動到建物之地面上，適當移動使其位於地面理想的位置上，再使用**移動**工具，將其移往房體屋頂之上，如圖 5-59 所示。

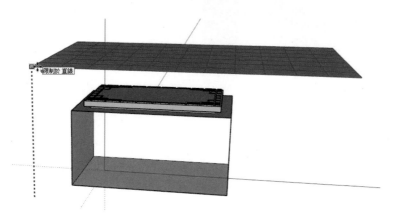

圖 5-59　將矩形群組移動到房體屋頂之上

29 使用滑鼠點取地面則地面會被選取，按住 Shift 鍵同時窗選全部的房體，則除地面外其餘的房體被選取，執行右鍵功能表→**隱藏**功能表單，則除地面外其餘的房體會被隱藏，如圖 5-60 所示。

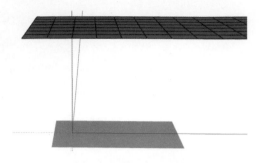

圖 5-60　將地面以外的房體隱藏

30 選取**沙盒**工具面板中的**投影**工具，使用滑鼠第一步先點擊矩形群組，第二步再點擊地面，則會將矩形群組之圖形投影到地面上，如圖 5-61 所示，執行投影工作後再將其餘房體顯示回來。

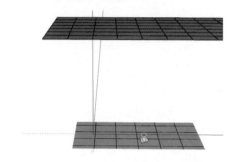

圖 5-61　將矩形群組之圖形投影到地面上

31 使用**顏料桶**工具，將地面之各矩形及 1 公分間隔之勾縫，分別賦予不同的材質，使用**推拉**工具，將 1 公分間隔之勾縫往下推拉 0.5 公分，建物地面之磁磚材質創建完成，如圖 5-62 所示。

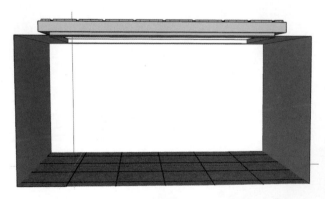

圖 5-62　建物地面之磁磚材質創建完成

32 選取矩形群組，執行右鍵功能表→**轉為元件**功能表單，將其建立為元件，經以矩形群組 **.**skp 為檔名存放在第五章元件資料夾中，供讀者直接匯入使用。

5-4 3ds max 與 SketchUp 之間模型的轉換

　　SketchUp 因學習容易操作簡單的特性，早在十年前就已經被廣泛的做為 3D 建模軟體，然因軟體本身缺乏渲染系統，因此早期時為產出照片級效果的透視圖，很多人會把建好 SketchUp 場景轉換到 3ds max 中做後續處理並渲染，然 3ds max 操作過於複雜且學習困難，實有違 SketchUp 學習簡單操作容易之直觀設計概念，且格式轉換存在材質流失問題。如今 SketchUp 後續渲染軟體如雨後春筍般百家爭鳴，總計有數十種之多，有以產出照片級透視圖者，有以模擬手繪效果者，更有以製作建築景觀動畫而執牛耳者。反觀 3ds max 其操作模式完全以遊戲動畫為職誌，並未以建築及室內設計者之思維模式為考量，因此，當兩者最終產出效果一樣時，使用者還沿襲早期思想死路，將 3ds max 做為其後期渲染軟體者，這只有加重自己的負擔而無助於產出品質與效率的提高。

　　SketchUp 自有了 3D Warehouse 提供三、四千萬個 3D 元件供設計師無償使用，然不可諱言，由於 3ds max 建立的模型較為細緻擬真，且早期盛行一段時間，在網路上也備有眾多傢俱元件供使用者下載，如果能將其轉為 SketchUp 使用，當然對場景的美化有一定助益，然因為細緻擬真而形成面數過多，導致檔案體積相對龐大，且在轉檔過程中產生一堆問題待修補，相當耗時費力，因此本節將只對 3ds max 轉入到 SketchUp 的轉檔動作做基礎說明，至於更多的轉檔途徑以及減少 3ds max 面數、體積等更細緻技巧，請參考作者為 SketchUp 續寫作的**跟 3ds max 說掰掰！SketchUp 高手精技一書**（旗標公司出版），書中將做更詳細的操作方法之示範與說明。當 3ds max 與 SketchUp 產出效果相同，然其操作困難卻多出一、二十倍之際，聰明的讀者應知道怎樣選擇使用軟體工具，才能在競爭的職場中爭取勝利。

01 3ds max 模型何處可下載？有上網經驗者只要在 Google 搜尋網頁中鍵入 **3d 模型庫 下載**字樣即會有無數的網站提供免費下載，其間的差別只是下載速度的快慢而已，甚或有的網站需要註冊方得以下載。

02 有執行過 3ds max 者都了解 Evermotion Archmodels 模型集，它是由美國 Evermotion 公司所發行，每一集都彙集了超過數十種專業的高質量高細節表現的建築裝飾模型，可以運用在建築外觀或室內設計上，擁有了它使用者就可以用漂亮的 3D 模型來裝飾場景，目前已出版到近 200 集，如圖 5-63 所示，為第 121 桌椅沙發櫃子茶几模型。

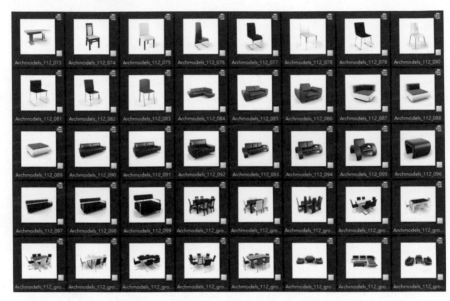

圖 5-63　第 121 桌椅沙發櫃子茶几模型

03 由於 SketchUp 無法直接讀取 max 檔案格式，想要將 3ds max 格式的元件轉檔讓 SketchUp 可用，會有數種途徑可供使用，其中最直接的當屬導出為 3ds 及 Dxf 等二種格式。

04 由於 3ds max 物體皆由三角面組成，一般面數會相當多，當轉成 3ds 或 Dxf 格式時它們都會有面數的限制，例如 dxf 格式會有 32,767 面的限制，如圖 5-64 所示，而 3ds 格式則會有 64K 的限制，如圖 5-65 所示。

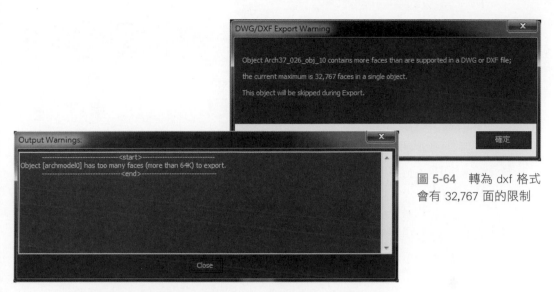

圖 5-64　轉為 dxf 格式
會有 32,767 面的限制

圖 5-65　轉為 3ds 格式會有 64K 的限制

05 此類問題最主要的是該模型面數過於龐大所致，最佳的解決方法就是在 3ds max 執行減面操作，一方面能順利執行轉檔動作，同時也可以減輕檔案在 SketchUp 檔案體積過大問題，其操作方法請參考前揭書目。

06 就 dxf 與 3ds 兩格式做比較，轉為 dxf 格式的檔案體積較之 3ds 格式大約膨脹了 15 倍之多，惟 3ds 格式容易產生座標軸錯亂情形，如圖 5-66 所示，而 dxf 格式則無此問題。

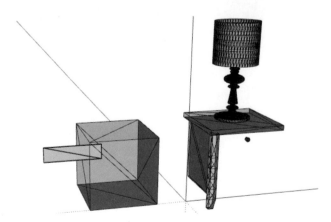

圖 5-66　轉成 3ds 格式易產生座標軸錯亂情形

07 當使用 3ds 與 dxf 格式做為轉檔的中介格式時，在 SketchUp 中容易產生破面及反面現象，尤其 dxf 格式更容易產生破面及反面現象，如圖 5-67 所示，當要把這些面修補回來可能要花費相當多的心力。

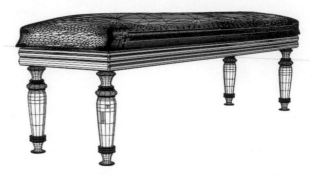

圖 5-67　使用 3ds 與 dxf dxf 格式容易產生破面現象

08 另一種讓人較為煩惱的即為結構線及廢線問題，結構線可以使用 SketchUp 的柔化邊緣功能加以快速解決，刪除廢線問題則可借助 tt_cleanup（清除廢線）延伸程式解決。

09 為解決上述法線錯亂、破面、廢線及反面現象，亦可以先轉成 OBJ 檔案格式，再藉由 Artlantis 渲染軟體做為中轉，將其再轉成 SketchUp 格式，它完成的模型相當完美而且無上述之煩惱問題，惟其缺點是模型沒有邊線，且檔案體積比 dxf 格式還要來得大。

10 另外可以藉由 PolygonCruncher 程式，它可以讀入數十種軟體格式，當然在這些格式內包含了較早期之 max 格式檔案，同時也包含了 SKP 的檔案格式，將這些導入檔案轉存成 SketchUp 的檔案格式，同時在轉檔前可以發揮另一強項，即可對導入的模型進行減面工作以減少檔案體積，惟轉存到 SketchUp. 後會出現眾多的廢線及結構線，此時可以利用前面介紹的清除廢線延伸程式將它一次清除。

11 另一種方法則是在 3ds max 中將模型轉成 VRay 代理物件，然後在 SketchUp 中將 VRay 代理物件匯入，即可完成轉檔動作，惟其前題是兩軟體都要有 VRay 外掛程式，如想 VRay 代理供其它軟體使用（非 VRay 軟體），則在設定代理時減面不要減縮過多，只要基本維持其外觀可視，最後再將此 VRay 代理模型轉成元件即可供其它軟體一體共用。

12 現示範由 3ds max 中將 Max 格式之 3D 模型，轉換為 3ds 格式以供 SketchUp 匯入的操作過程說明：

1 請進入 3ds max 軟體中，開啟第五章 CAD 資料夾中之床組 .max 檔案，這是
床、床頭櫃及檯燈的組合模型，如圖 5-68 所示。

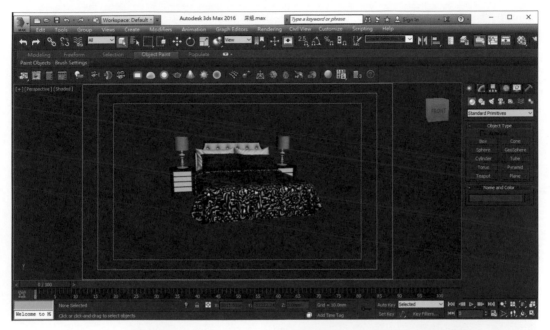

圖 5-68　在 3ds max 軟體中開啟床組 .max 檔案

2 為避免座標軸錯亂情形，請選取床的模型，再
執行下拉式功能表→ **Group** → **Ungroup** 功能表
單，將此模型分解，經重複相同的動作以至不
能再行分解為止。

3 在控制面板頂端選取 Utilities 按鈕，再選取
Reset XForm 選項，然後在最下方顯示的面板中
按下 Reset Selected 按鈕，執行此動作的目的是
要重置模型的法線方向，如圖 5-69 所示。

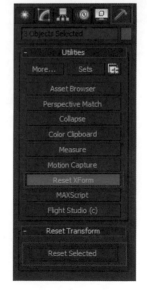

圖 5-69　執行重置模
型的法線方向的功能

4 在場景中選取床模型，執行 3ds max 程式按鈕→ **Export** → **Export Selected（導出選定）**功能表單，可以打開 Selecte File to Export 面板，如圖 5-70 所示。

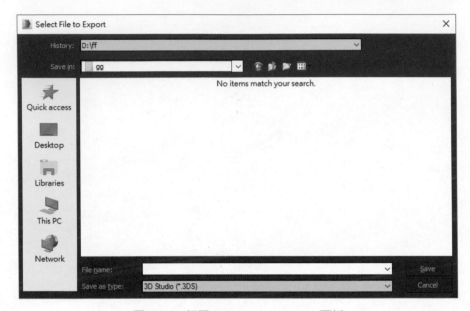

圖 5-70　打開 Selecte File to Export 面板

5 在 Selecte File to Export 面板中先指定存放檔案路徑，然後在 Save as Type 欄位中選擇 3D Studio(*3DS) 格式，在 File name 欄位中指定匯出檔名，如圖 5-71 所示，當按下 Save 按鈕即可儲存檔案，本檔案經以 aa01.3DS 為檔名存放第五章 CAD 資料夾中。

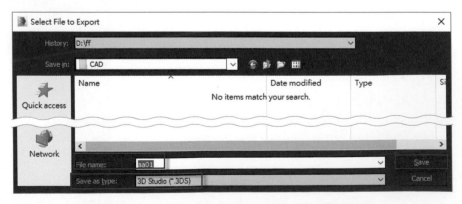

圖 5-71　在 Selecte File to Export 面板中做各欄位設定

6 請進入 SketchUp 軟體中，執行下拉式功能表→**檔案**→**匯入**功能表單，可以打開**匯入**面板，在面板中請選擇 3ds 格式並選取剛才匯出的 aa01.3DS 檔案，如圖 5-72 所示。

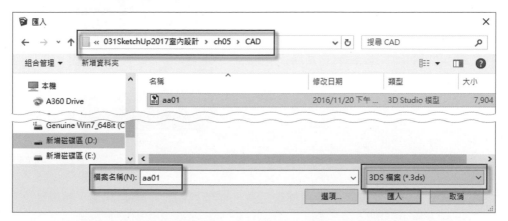

圖 5-72　在面板中選擇 3ds 格式並選取剛才匯出的 aa01.3DS 檔案

7 在面板中不要急著執行**匯入**按鈕，請按**選項**按鈕以打開 3DS 匯入選項面板，在面板中將**合併共面平面**欄位勾選，並將**單位**欄位選擇公厘，如圖 5-73 所示，此處的單位必需要與 3ds max 中模型單位一致。

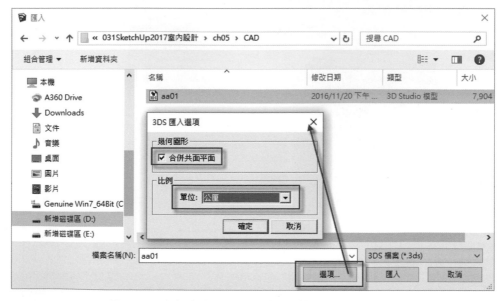

圖 5-73　在打開的 3DS 匯入選項面板中做各欄位設定

8 按下**確定**按鈕以結束 3DS 匯
入選項面板,再按下**匯入**按
鈕以關閉匯入面板,在繪圖
區中按下滑鼠左鍵以定下匯
入點,因檔案很大可能要計
算一些時間,接者按下**充滿
畫面**按鈕,即可將模型完整
顯示在繪圖區中,如圖 5-74
所示。

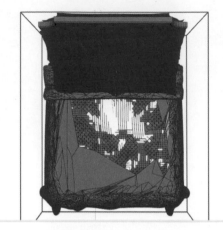

圖 5-74 按下**充滿畫面**按鈕可將模型完整顯示在繪圖區中

9 在模型被選取狀態下,使用**移動**工具,在模型中定下移動起點,將模型做稍微
移動,立即在鍵盤輸入 [0, 0, 0] 並按下 Enter 鍵後,即可將模型的移動點移到
系統的原點上。

10 打開材料面板選取**在模型中**工具,再點擊**詳細資訊**按鈕,在顯示的表列選單中
選取**全部刪除**功能表單,可以將模型的材質刪除,如圖 5-75 所示,經 3DS 格
式轉檔後無法保留原材質貼圖。

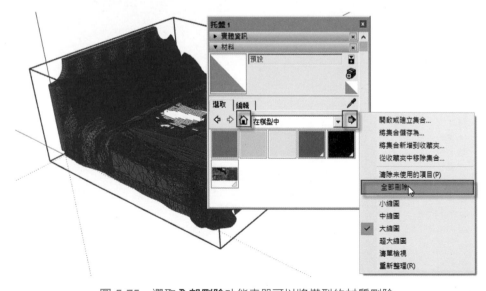

圖 5-75 選取**全部刪除**功能表單可以將模型的材質刪除

11 從 3ds max 轉入的檔案會
自動形成元件，請進入元
件編輯狀態，選取全部的
模型，接者打開柔化邊緣
面板，將全部給予一次柔
化處理，經柔化後的模型
仍然免不了會有少部分破
面及廢線問題待處理，這
是相當費時又惱人的工作，
如圖 5-76 所示。

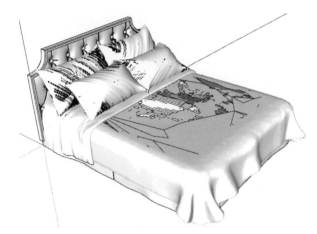

圖 5-76　模型經柔化後發現破面及廢線問題

12 對於廢線問題，可以使用**橡皮擦**工具將其刪除，至於刪除後會產生破面者，則
要加按 Ctrl 鍵加以柔化處理。至於破面之處理，則在破面處補畫線段即可完成
封面處理。

13 當然處理廢線及破面需要耐心及高超技巧方可，當一切處理完成後造形相當完
美，如圖 5-77 所示，本物件經以床組 .skp 為檔名，存放在第五章元件資料夾
中，供讀者自行開啟研究之。

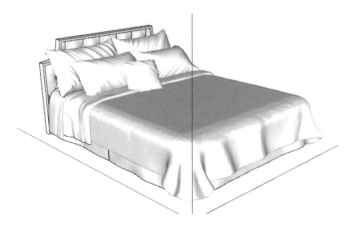

圖 5-77　經整理完成的床組

13 現示範由 3ds max 中將 Max 格式之 3D 模型，轉換為 dxf 格式以供 SketchUp 匯
入的過程說明：

1 請進入 3ds max 軟體中，一樣利
用剛才的場景，請先將左側的檯
燈及床組刪除，再框選左側的全
部床頭櫃，如圖 5-78 所示。

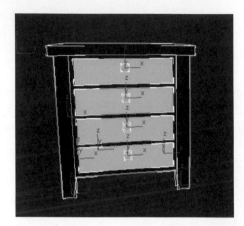

圖 5-78　在 3ds max 中框選左側的全部床頭櫃

2 dxf 格式並無 3ds 格式有座標軸錯亂的問題，因此選取模型後直接執行 3ds
max 程式按鈕→ Export → Export Selected 功能表單，以打開 Selecte File to
Export 面板。

3 在 Selecte File to Export 面板中先指定存放檔案路徑，然後在 Save as Type
欄位中選擇 AutoCAD(*DXF) 格式，在 File name 欄位中指定匯出檔名，如圖
5-79 所示。

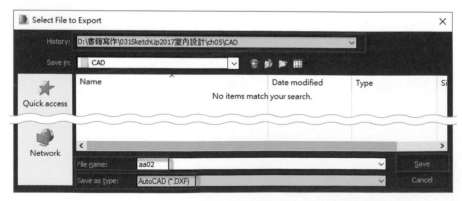

圖 5-79　在面板中選擇 AutoCAD(*DXF) 格式並賦予路徑及檔名

4 當按下 Save 按鈕後可以再打開 Export to AutoCAD File 面板，於面板 Export version 欄位選取 **AutoCAD 2004 DXF** 選項，其它欄位維持系統內定值即可，如圖 5-80 所示。

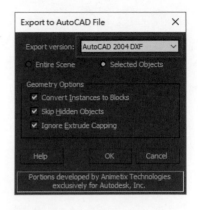

圖 5-80　在 Export to AutoCAD File 面板中做各欄位設定

5 在面板中按下 OK 按鈕，即可將此檔案儲存，本檔案經以 aa02.DXF 為檔名存放第五章 CAD 資料夾中。

6 請進入 SketchUp 軟體中，請先清空繪圖區，執行下拉式功能表→**檔案**→**匯入**功能表單，可以打開**匯入**面板，在面板中請選擇 AutoCAD 檔案（*.dwg、*.dxf）格式並選取剛才匯出的 aa02.DXF 檔案，如圖 5-81 所示。

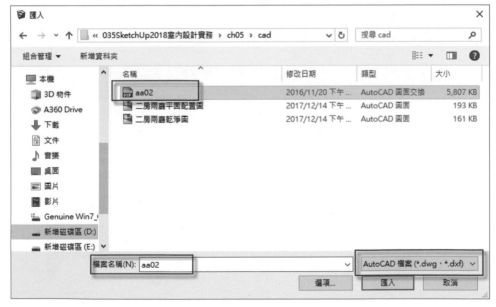

圖 5-81　在面板中選擇 AutoCAD 檔案（*.dwg、*.dxf）格式並輸入檔名

7 面板中不要急著執行**匯入**按鈕，請按**選項**按鈕以打開**匯入 AutoCAD DWG/DXF**
選項面板，在面板中將**合併共面平面**及**使平面方向一致**兩欄位勾選，**單位**欄位
選擇公厘，**保持繪圖原點**欄位不勾選，如圖 5-82 所示，此處的單位必需要與
3ds max 中模型單位一致。

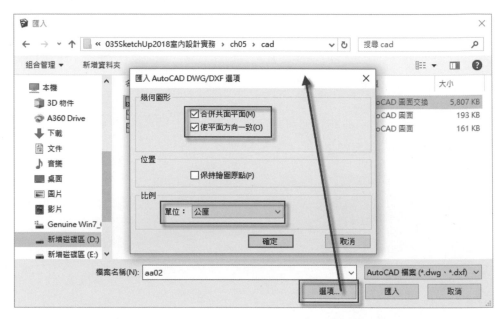

圖 5-82　在 AutoCAD DWG/DXF 選項面板做各欄位設定

8 按下**確定**按鈕以結束 AutoCAD
DWG/DXF 選項面板，再按下**匯入**
按鈕以關閉匯入面板，模型會自
動顯示在繪圖區中如果看不到模
型，請按下**充滿畫面**按鈕，即可
將模型完整顯示在繪圖區中，如
圖 5-83 所示。

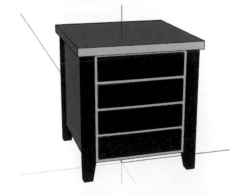

圖 5-83　將模型完整顯示在繪圖區中

9 依前面 3DS 格式刪除材質的方法，將所有材質刪除，再使用第四章介紹的 Start FrontFace[TM] Tool：自動轉換正面延伸程式，將所有反面改正為正面，如圖 5-84 所示。

10 依前面 3DS 格式處理刪除廢線及柔化程序方法，將本模型給予優化處理完成，如圖 5-85 所示，本模型經以床頭櫃.skp 為檔名存放在第五章元件資料夾中，供讀者自行開啟研究之。

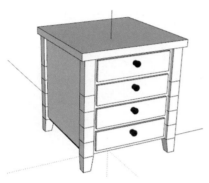

圖 5-84 將材質刪除並將反面改為正面

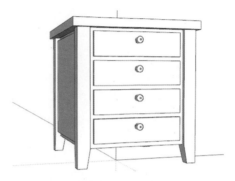

圖 5-85 將床頭櫃模型給予優化處理完成

依作者轉檔經驗，會較偏好於使用 obj 格式，因為它較無破面及法線錯亂問題，雖然體積稍為龐大些，但藉由 PolygonCruncher 程式可以減少比 3ds 更小的檔案體積。至於產生結構線問題，可以藉由 Cleanup 清除廢線延伸程式解決。

5-5 Photoshop 在 SketchUp 中的運用

在前面第一章中曾設定 SketchUp 與 Photoshop 軟體做連結的操作示範，可見兩者間緊密不可分的狀態，因此在學習 SketchUp 過程中多少也應涉獵 Photoshop 軟體才是正辦，現將兩軟體間緊密關係試為分析如下：

◆ 不管渲染軟體再強，其最終還是需要藉由 Photoshop 強大的色彩調整功能，以做為渲染後透視圖中之色階、彩度與明度的微調處理。

◆ 在創建的透視圖場景中，很多植物、人物、裝飾物等，均不在 3D 場景中置入，原因是這些物件均為點綴性，且其面數多檔案體積大，相當佔用系統資源，如果以真實圖片在後期置入，不僅真實性夠，且施作方便又不佔系統資源。

◆ SketchUp 缺乏渲染系統，它靠的只是貼圖和物件創作的細緻度，因此當材質紋理貼圖並非完美時，此時即可在 SketchUp 中啟動 Photoshop 軟體而加以適時修正。

◆ 在 SketchUp 場景中想以 2D 圖模擬 3D 物件，就必需在 Photoshop 中做圖像的去背處理，這也就是所謂透明圖運用，而在 SketchUp 在創建 3D 場景時，常為豐富場景內容而又不想增加場景檔案體積，就必需靠它來完成。

5-5-1 使用 Photoshop 修正紋理貼圖瑕疵

01 在 Sketchup 中使用**矩形**及**推拉**工具，在繪圖區創建 300×200×200 公分的立方體，如圖 5-86 所示，以做為紋理貼圖瑕疵之修正練習。

02 請依第三章的方法，賦予此立方體第五章 maps 資料夾中之 FIL5840.JPG 圖檔做為紋理貼圖，並將圖檔寬度設為 200，因此圖檔不甚完美導致貼出之紋理貼圖有瑕疵，如圖 5-87 所示。

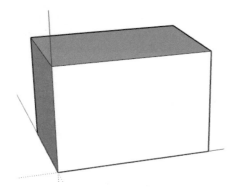

圖 5-86　在繪圖區創建 300×200×200 公分的立方體

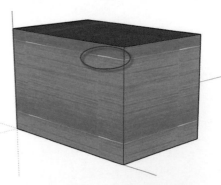

圖 5-87　貼出之紋理貼圖有瑕疵

03 假設讀者依第一章中環境設定的操作，在 SketchUp **偏好設定**面板中選取**應用程式**選項，並在打開應用程式選項面板中設定與 Photoshop 的執行檔做連結。

04 選取帶紋理貼圖之面，執行右鍵功能表**→紋理→編輯紋理圖像**功能表單，如 5-88 所示，則系統會自動開啟影像編輯軟體以編輯此圖像。

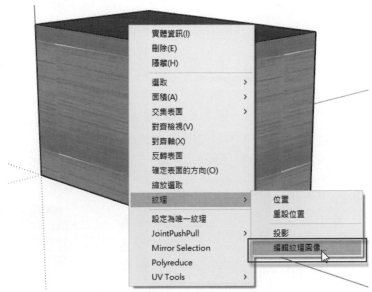

圖 5-88　執行右鍵功能表之**編輯紋理圖像**功能表單

05 在 Photoshop 中會自動開啟 FIL5840.JPG 圖檔供編輯，觀看圖面左上角紋理貼圖有瑕疵，請使用矩形選取畫面工具選取圖像完整部分，執行下拉式功能表**→影像→裁切**功能表單，即可保有完整的圖像而將有瑕疵的圖像給予切除，如圖 5-89 所示。

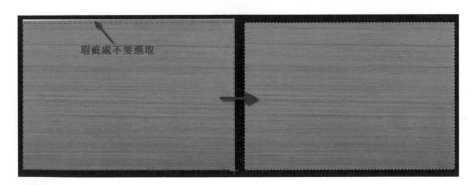

圖 5-89　將有瑕疵的圖像給予切除

06 在 Photoshop 中執行下拉式功能
表→**檔案**→**結束**功能表單，系統
會提供訊息面板，詢問是否將更
改的圖像儲存，如圖 5-90 所示。

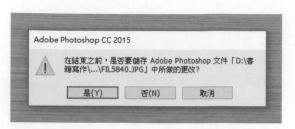

圖 5-90　執行**結束**功能表單系統會詢問是否存檔

07 如果按下**是**按鈕，則系統會自動以原檔名覆蓋，並結束 Photoshop 程式之執行，
同時 SketchUp 中的紋理貼圖自動被改正，如果按下**否**按鈕，則結束 Photoshop 程
式之執行，並自動回到 SketchUp 中，而原紋理貼圖中瑕疵也會被同時修正。

08 當按下**是**按鈕後原檔名會被覆蓋，茲
為操作練習已將修改過的圖檔另存
為 FIL5840-- 修正 .JPG 檔案，存放
在第五章 maps 資料夾中。當結束
Photoshop 程式後自動回到 SketchUp
中，此時之紋理貼圖已顯示正常，如
圖 5-91 所示。

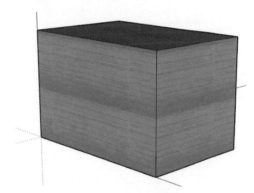

圖 5-91　紋理貼圖已顯示正常

▌ 5-5-2　製作無縫紋理貼圖

01 請將上一小節立方體改賦予第五章
maps 資料夾中之 8.jpg 圖檔，圖檔寬
度一樣維持 200 公分，觀看此紋理
貼圖，由於此圖檔並非無縫貼圖紋理，
因此在紋理貼圖中產生接縫的現象，
如圖 5-92 所示。

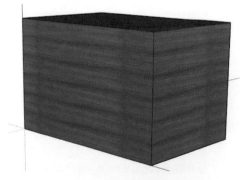

圖 5-92　在紋理貼圖中產生接縫的現象

02 在影像處理中本有專門製作無縫貼圖之軟體可供使用，此處則示範由 Photoshop 製作無縫貼圖之方法，雖然效果不是令人太滿意，但方法簡單不失為一快速解決方法。

03 依前面的方法，選取此紋理貼圖面，執行右鍵功能表中之**編輯紋理圖像**功能表單，以進入 Photoshop 中編輯此紋理貼圖。

04 在 Photoshop 中請執行下拉式功能表
→**濾鏡**→**其他**→**畫面錯位**功能表單，
如圖 5-93 所示，可以打開**畫面錯位**
面板，在面板中設定水平欄位為＋
200，垂直欄位為＋ 200，如圖 5-94
所示。

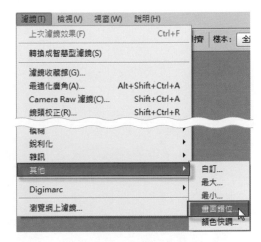

圖 5-93　執行右鍵功能
表中之**畫面錯位**功能表單

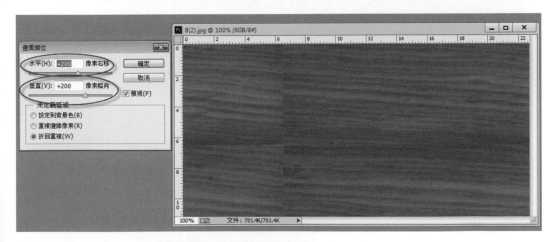

圖 5-94　在面板中設定水平及垂直的錯位值

05 在右側的工具面板中選取
仿製印章工具，接著在上
頭的選項面板選定一般筆
刷或陰影筆刷，並適度設
定印章的大小，如圖 5-95
所示。

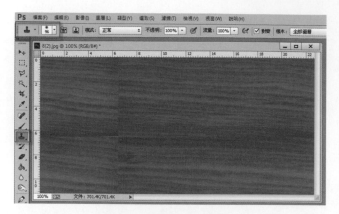

圖 5-95　適度設定印章的大小

06 移動游標至右側的圖像上，
同時按住 Alt 鍵，移動游
標以吸取正確的紋理，再
放開 Alt 鍵，在左側接縫
處移動游標，可以把右側
的紋理印製到接縫處中，
以掩蓋其接縫，如圖 5-96
所示。

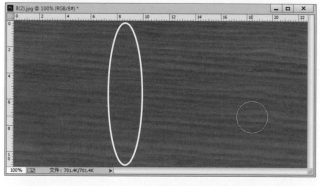

圖 5-96　利用現有紋理掩蓋其接縫處

07 再一次執行下拉式功能表
→濾鏡→其他→畫面錯位
功能表單，在打開畫面錯
位面板中，將水平欄位及
垂直欄位都設定為 -200，
則圖像會回復到原來的位
置，如圖 5-97 所示。

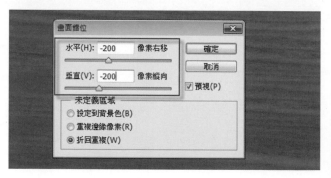

圖 5-97　畫面錯位面板中將平
欄位及垂直欄位都設定 -200

08 結束紋理編輯回到 SketchUp 中，原有的紋理貼圖已改正為無縫紋理貼圖，立方體之貼圖已無接縫之現象，如圖 5-98 所示，本紋理貼圖經以 8-- 完整 .jpg 為檔名存放在第五章 maps 資料夾中，供讀者自行開啟研究之。

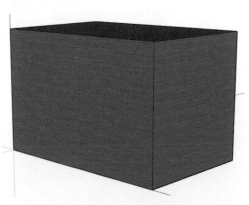

圖 5-98　立方體之貼圖已無接縫之現象

5-6 製作透明圖以 2D 圖像模擬 3D 物件

在 SketchUp 或是渲染軟體中，想要製作透明圖的方法有兩種，其一是製作去背圖檔並將其存成 PNG 檔案格式，蓋 JPG 圖檔無法儲存去背之圖像而 PNG 檔案格式可以，而且其檔案量較其他格式圖檔小，另一種為製作 Alpha 通道的圖檔，因 PNG 檔案格式無法儲存多圖層，因此一般將此檔案儲存成 TIF 檔案格式。

01 請執行**新增**工具按鈕以清空畫面，執行下拉式功表→**檔案**→**匯入**功能表單，可以打開**匯入**面板，在面板中檔案類型選擇 jpg 檔案格式，**將圖像使用為**欄位中選擇**圖像**選項，然後選取第五章 maps 資料夾內 TB15.jpg 圖檔，如圖 5-99 所示。

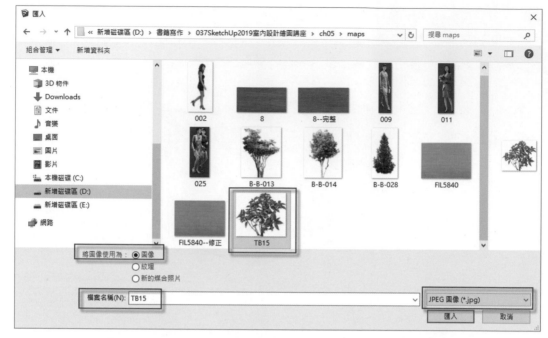

圖 5-99　在匯入面板中選取第五章 maps 資料夾內 TB15.jpg 圖檔

02 在面板中按下**匯入**按鈕，可以回到
繪圖區中，在任意地方按下滑鼠左
鍵，可以決定圖像的第一角點，移
動游標會拉出圖像的大小，至滿意
的地方按下第二次的滑鼠的左鍵，
即可以決定圖像的大小，如圖 5-100
所示。

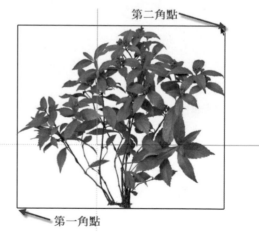

圖 5-100　以定兩角點方式以決定圖像大小

03 在圖像被選取狀態下，使用**旋轉**工具，以紅色軸向為旋轉軸，將此圖像旋轉 90 度以呈直立狀態，如圖 5-101 所示，當使用者找不到紅色軸向時，可按下鍵盤上向右鍵。

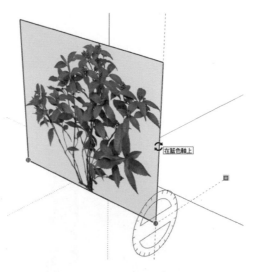

圖 5-101　使用**旋轉**工具將圖像直立

04 由圖面觀之，此植物圖像不具透明圖形態，是因為它不具備去背或是具有 Alpha 通道的緣故，因此在場景中不能呈現鏤空的效果，這不是使用者所要的圖像。

05 請進入 Photoshop 程式中（使用任一版本皆可），請開啟第五章 maps 資料夾內 TB15.jpg 圖檔，在圖層面板之背景圖層按滑鼠左鍵兩下，可以打開新增圖層面板，在面板中維持欄位值不變，接著按下**確定**按鈕後可以將圖層面板中的背景圖層改為圖層 0 圖層，如圖 5-102 所示。

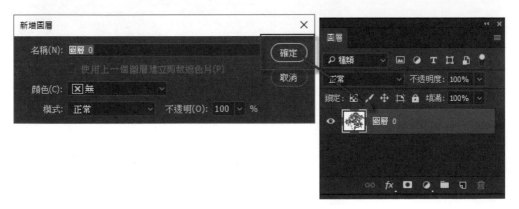

圖 5-102　將背景圖層改為圖層 0 圖層

06 請使用**魔術棒**工具，並在選項面板中將**連續**欄位勾選去除，移動游標到圖面的白色處按下滑鼠左鍵，即可全面選取白色區域，如圖 5-103 所示。

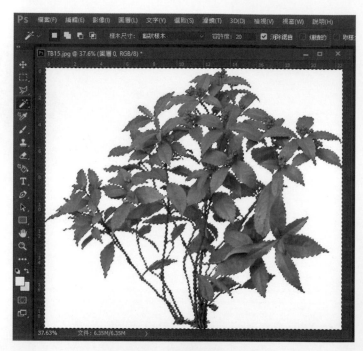

圖 5-103　全面選取白色區域

07 再按鍵盤上（Delete）鍵，即可將圖像白色的背景去除，如圖 5-104 所示，因為背景圖層無法將圖像去背，所以先前的動作必需先將其更改為圖層 0，以方便做去背處理。

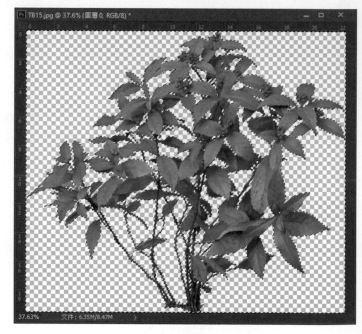

圖 5-104　將圖像白色背景去除

08 請執行下拉式功能表→**檔案**→**另存新檔**功能表單，將其另存成 png 檔案格式，本
去背圖經以 TB15.jpg-- 去背 .png 為檔名存放在第五章 maps 資料夾內。

09 使用前面相同的方法，將 TB15-- 去
背 .png 圖像匯入到場景中，並以**旋轉**
工具將圖像直立，如圖 5-105 所示，
由圖面觀之，經去背後圖像已具鏤空
效果，因此經常以此 2D 圖用來模擬
3D 模型的作用。

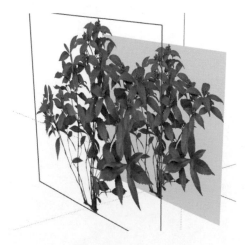

圖 5-105　經去背後圖像已具透明圖效果

10 現示範帶 Alpha 通道的圖像以做為
SketchUp 之透明圖使用，請依前面說
明匯入圖像方法，將第五章 maps 資
料夾內 002.jpg 圖檔匯入，並使用旋
轉具將其直立起來，如圖 5-106 所
示，同樣它未具透明圖效果。

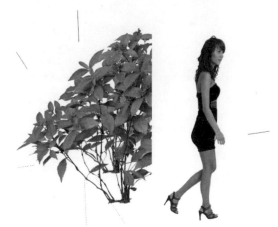

圖 5-106　匯入 3582.jpg 圖檔未具透明圖效果

11 進入 Photoshop 軟體並開啟 002.jpg 檔案，依前面示範使用**魔術棒**工具選取圖像
方法，在此圖像中點取白色區域，再執行下拉式功能表→**選取**→**反轉**功能表單，
可以將選取區域由白色域反轉為圖像部分。

12 在色板面板中選取**建立新色板**按鈕，系統會自動增加一名為 Alpha 1 之通道，圖像會全變為黑色，惟其選取區依然存在，如圖 5-107 所示。

13 在 Alpha 通道中黑色為不顯示部分，白色則為顯示部分，設前景色為白色，使用油漆桶工具，使用滑鼠左鍵點擊人像部分，賦予人像為白色，如圖 5-108 所示。

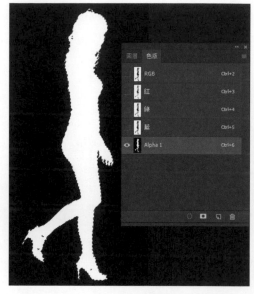

圖 5-107　在色板面板中新增 Alpha 通道　　　圖 5-108　在 Alpha 通道中將人像賦予白色

14 在色板面板中選取 RGB 通道並關閉 Alpha 1 通道，執行下拉式功能表→**選取**→**取消選取**功能表單，將選取區取消，帶 Alpha 通道圖像製作完成，本圖像經以 002--Alpha.tif 為檔名，存放在第五章 maps 資料夾中。

15 依前面方法，將 002--Alpha.tif 圖像匯入到 SketchUp 場景中，將其旋轉直立，和去背的植物一樣，同具有鏤空的效果，如圖 5-109 所示。

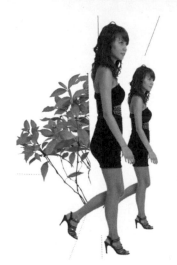

圖 5-109　匯入 002--Alpha.tif 圖像同具有鏤空的效果

5-7 將 2D 透明圖製作成 2D 元件

在前面小節介紹由 Photoshop 製作去背的圖像,然後在 SketchUp 中匯入,使具透明圖方式而能以 2D 圖模式以模擬成 3D 物件,然終究是 2D 性質,當鏡頭轉動時,即有穿幫之虞,而且當開啟場景中陰影時,其陰影仍然為矩形而不像透明圖一樣,具有圖像之輪廓,本小節將說明解決這些問題的操作方法。

01 在 SketchUp 中請匯入第五章 maps 資料夾中之 0157. png 檔案,這是已事前將人物的背景去除,請使用**旋轉**工具將其垂直站立,再打開陰影顯示,觀看 2D 透明圖人物並未顯示陰影,如圖 5-110 所示。

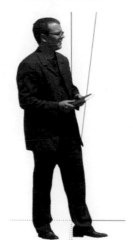
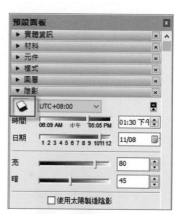

圖 5-110 觀看 2D 透明圖人物並未顯示陰影

02 請先選取此 2D 透明圖人物,請在**實體資訊**面板中將**投射陰影**欄位啟動,即可顯示圖像之陰影,惟其顯示之陰影呈矩形狀顯非正常,如圖 5-111 所示。

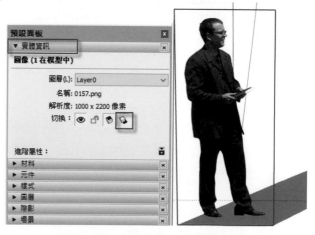

圖 5-111 呈現矩形陰影表現不正常

03 先將陰影關閉，選取此 2D 透明圖人物，執行右鍵功能表→**分解**功能表單，將圖像先行分解（使用匯入圖像方式系統自動把圖像設為群組），使用**手繪曲線**工具，在圖像四周依人物形態繪製曲線，連中間鏤空部分也要選取，如圖 5-112 所示，因為沒有鎖點功能，所以只要細心大略描繪即可。

04 將 2D 透明圖人物以外的面刪除，再執行下拉式功能表→**檢視**→**陰影**功能表單，將陰影再度打開，可以發現人物圖像的陰影表現已屬正常了，如圖 5-113 所示。

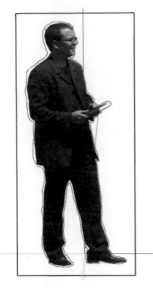

圖 5-112　使用**手繪曲線**工具在人像圖四周畫曲線圍繞

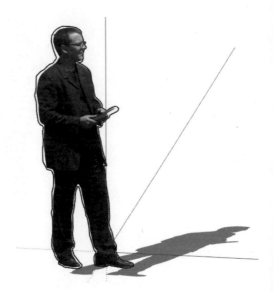

圖 5-113　將 2D 透明圖人物以外的面刪除可以使陰影表現正常

05 使用**橡皮擦**工具，先將剛才描畫的邊線全部給予隱藏，再選人物圖像的面和邊，執行右鍵功能表→**轉為元件**功能表單，以開啟建立元件管理面板，在面板中將**總是朝向鏡頭**欄位勾選，而將**陰影朝向太陽**欄位不勾選狀態，如圖 5-114 所示。

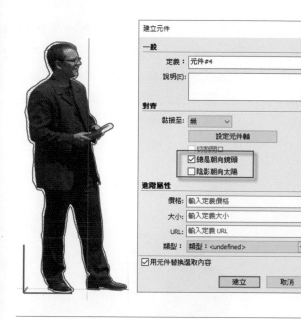

圖 5-114　在建立元件管理面板中做各欄位設定

溫馨提示　如果將圖像轉為元件而系統卻不允許，請參考前章之說明，先將其存成群組，再將群組轉為元件即可，這可能在圖像中存有多餘的線段所致。

06 在面板中選取設定元件軸，可以回到繪圖區中，座標軸會隨游標移動，請在靠近圖像腳底位置重設元件軸，如圖 5-115 所示。

07 在面板上按下**建立**按鈕，即可完成元件的建立，此時人物元件並非正常的比例大小，請使用**畫線**工具，後腳底部畫出地面線，再畫出 180 公分（人物高度）高的垂直線參考線，如圖 5-116 所示。

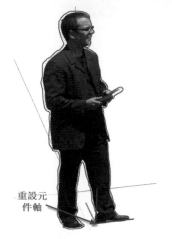

重設元件軸

圖 5-115　在靠近圖像腳底位置重設元件軸

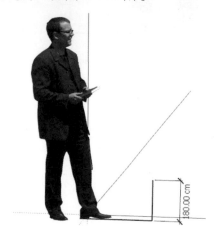

圖 5-116　畫出 180 公分（人物高度）高的垂直線參考線

08 先選取 2D 人物元件，使**比例**工具，以圖示 1 點為縮放點，同時按住 Shift 鍵則會以元件之底部為基準點，然後移動游標到垂直參考線的頂點上，即可將 2D 人物元件等比縮放成高度為 180 公分，如圖 5-117 所示。

09 縮放完成後請將參考線刪除，使用**移動**工具，以人物底部為移動基準點，移動元件，立即在鍵盤上輸入 [0, 0, 0]，即可將人物順利移動到原點上並貼近地面，再把陰影打開，此時旋轉鏡頭，2D 人像亦會永遠面向鏡頭而跟著旋轉，如圖 5-118 所示

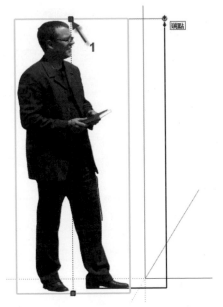

圖 5-117　將 2D 人物元件等比縮放成高度為 180 公分

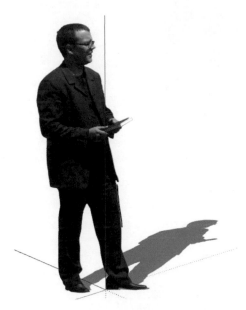

圖 5-118　人物表現正常且可隨鏡頭旋轉

---

10 先將陰影關閉，選取人物圖像在其上按右鍵，執行右鍵功能表→**另存為**功能表單，將此元件儲存可以供日後重複使用，本元件經以男性 2D 人物 .skp 為檔名，存放在第五章元件資料夾內。

06

Chapter

創建室內各類
精緻物件模型

經由前一章的說明，大致可以了解 SketchUp 在室內設計方面的操作流程，以及它與相關軟體間之相互支援技巧，一種軟體想要廣為人們所接受，首要條件即能得到網路資源的互補與關聯性，如果本身只具封閉系統，將無法支撐設計者之設計意象。SketchUp 本身備有 3D Warehouse 資料庫，全世界網民對它無私貢獻超過三、四千萬個以上的元件，它可以自由無償的對設計者提供無限的資源，這是其它 3D 軟體所無法比擬，如果想要更複雜美觀的元件，亦可引用 3ds max 的物件以達精緻化，難怪最近幾年的發展，SketchUp 已成為 3D 建模軟體的主流軟體。有設計經驗者都了解，在室內設計 3D 場景建構中，除了牆體、天花板造形及必要櫥櫃等傢俱外，其餘均套用現成的物件，以達到快速且精緻的透視圖表現，惟在眾多元件中要符合設計師的要求並隨時能舉手可得，平常下載、蒐集元件並有效分類組織，成為設計師空閒時必做功課。

前面言及網路有相當多的元件可供下載使用，但有關天花板帶燈槽部分，已在本書第五章中提供有效且詳細的創建方法，至於關鍵性的傢俱部分，在本章將會對讀者詳述創作過程，它是室內設計中的重要元素，也是室內設計師表達其設計創意及風格的所在，再利用 SketchUp 的元件功能，把設計好的傢俱存成元件，當這些元件累積到一定數量後，除可重複使用，也可利用現有元件加以快速修改，以應付千變萬化的工作需求。

6-1 創建 U 型樓梯 3D 模型

一般室內設計遇到 U 型樓梯之機會相當普遍，它雖然沒有螺旋梯來的柔和優美，但在使用上較為穩當與方便，以下就 U 型樓梯創建過程提出詳細說明。

01 使用**矩形**工具，在地面繪製 100×20 公分的矩形，使用**推拉**工具，將此矩形面往上推拉 15 公分，選取全部的立方體，將其組成階梯群組，如圖 6-1 所示。

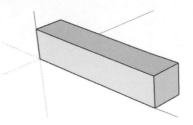

圖 6-1　繪製立方體再將其組成階梯群組

02 選取階梯群組，使用**移動**工具，由階梯側面之對角施以移動複製，然後在鍵盤上輸入（9X），以階梯式再複製 9 組，如圖 6-2 所示，選取全部的階梯，將其移動複製一分到左側備用。

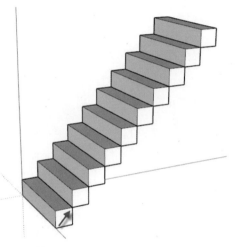

圖 6-2　以階梯式再複製 9 組

03 使用**旋轉**工具，將複製到左側的階梯組旋轉 180 度，使用**移動**工具，將兩組階梯如圖示對接，且使兩者間相距 6 公分，如圖 6-3 所示，如果在移動對接無法到指定位置時，只有使用移動複製功能即可順利達成。

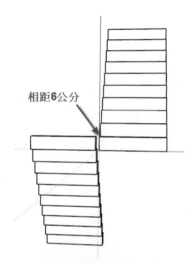

相距6公分

圖 6-3　使兩組階梯移動對接且相距 6 公分

04 將視圖轉到對接的平台上，使用**捲尺**工具，由圖示 1 點往左量取 3 公分的輔助點（圖示 2 點），使用**矩形**工具，由圖示 2 點為畫矩形的第一角點，往右下移動游標並在鍵盤輸入（12, 5.5），即可繪製 12×5.5 公分的距形，如圖 6-4 所示。

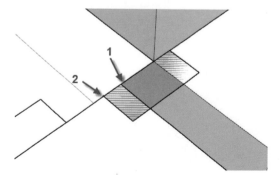

圖 6-4　由圖示 2 點繪製 12×5.5 公分的距形

05 使用**推拉**工具，將剛繪製的矩形面往上推拉 87 公分，選取對接的兩階梯，執行右鍵功能表→**分解**功能表單，將其先行分解，再使用**推拉**工具，將相距 6 公分間距給予推拉複製給予補平，如圖 6-5 所示。

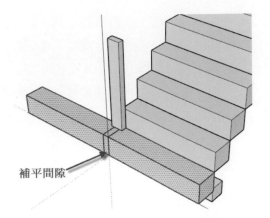

補平間隙

圖 6-5　將相距 6 公分間距給予推拉複製給予補平

06 現要繪製樓梯之扶手線，使用**捲尺**工具，在最高第一階梯上，由圖示 1 點往中間量取 3 公分補助點（圖示 2 點），由圖示 2 點往上繪製 87 公分垂直線，使用**畫線**工具，由垂直線頂點（圖示 3 點）畫到圖示 4 之線段，如圖 6-6 所示。另一側的階梯亦如是操作。

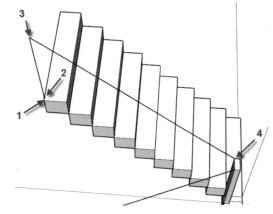

圖 6-6　繪製樓梯之扶手線

07 將視圖轉到最上層階梯之扶手線上，使用**畫線**工具，由圖示 1 點往前繪製 6 公分之水平線段（到圖示 2 點上），使用**矩形**工具，由圖示 2 點上往右上繪製（綠色軸向）5×5 公分之距形，如圖 6-7 所示。

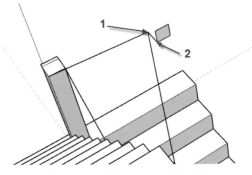

圖 6-7　由圖示 2 點上往右上繪製（綠色軸向）5×5 公分之距形

08 現製作扶手的剖面，先將剛繪製的 5×5 公分之矩形組成群組，使用**移動**工具，將其往左移動 2 公分，如圖 6-8 所示，組成群組之用意，在於移動矩形時不會與原來的扶手線連結在一起而不利移動，此時可以將此矩形群組分解，此處則不做這樣的處理。

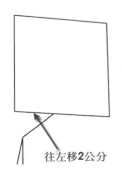

往左移**2**公分

圖 6-8　將扶手剖面往左移動 2 公分

09 選取全部的扶手線（包含直立柱之 3 邊線內側線除外），選取路徑跟隨工具，移動游標到扶手剖面上，執行右鍵功能表→**編輯群組**功能表單，再點擊已進群組內之剖面上，即可製作出樓梯扶手造形，如圖 6-9 所示。

這是另外一種路徑跟隨之操作方法，剖面如果是群組或元件，在選取**路徑跟隨**工具後，必進入群組或元件內再點擊剖面，則如此創建的造形也會是一個群組或元件的型態。

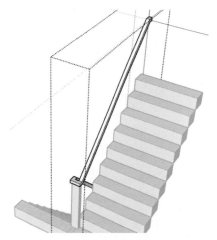

圖 6-9　製作出樓梯扶手造形

10 現製作樓梯護欄，使用**畫線**工具，由圖示 1 點畫至圖示 2 點可能一時無法產生面，請續使用**畫線**工具，重描圖示 A 的線段即可成面，如圖 6-10 所示。

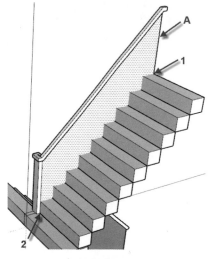

圖 6-10　繪製樓梯護欄位立面

11 將視圖轉到另一側的樓梯上，使用**畫線**工具，由圖示 1 點繪製到圖示 2 點上，為方便操作順利，請將選取所有此側階群組將其隱藏，再補足斷線的部分，即可繪製另一側樓梯護欄立面，如圖 6-11 所示。

12 將兩側的護欄立面各組成群組，分別使用**推拉**工具，進入群組編輯狀態，將其各往內側推拉 1 公分，以做為 1 公分玻璃厚度的護欄，樓梯護欄製作完成，如圖 6-12 所示。

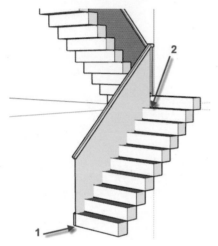

圖 6-11 製另一側樓梯護欄立面

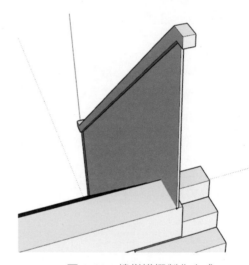

圖 6-12 樓梯護欄製作完成

13 選取所有的階梯群組先將其分解，再使用**畫線**工具，由圖示 1 點畫到圖示 2 點，其它 3 處樓梯底部亦如是操作，可以將樓梯底部封面處理，使用**橡皮擦**工具，將多餘的線段刪除，整體樓梯雛形製作完成，如圖 6-13 所示。

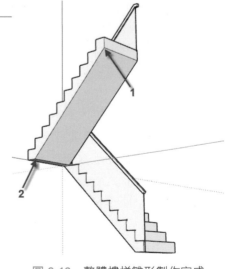

圖 6-13 整體樓梯雛形製作完成

14 使用**顏料桶**工具，將樓梯面、扶手及護欄各賦予不同的材質，選取全部的圖形將其組成元件，本樓梯元件經以 U 型樓梯 .skp 為檔名存方在第六章中，如圖 6-14 所示，本樓梯將提供第十章使用，因此製作到此即可。如果讀者想要將此元件供其他場景使用，必需製作更完整的樓梯方可，使用**推拉**工具，將圖示 A 的面往後推拉 80 公分，以做為轉角平台。

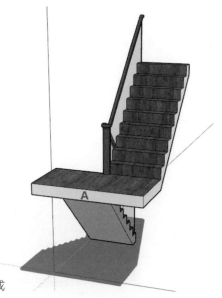

圖 6-14　整體 U 型樓梯製作完成

6-2　創建衣櫥 3D 模型

01 使用**矩形**工具，在繪圖區繪製 300× 60 公分的矩形，使用**顏料桶**工具，將矩形先賦予第六章 maps 資料夾中之 18.JPG 圖檔，並將其圖檔寬度重設為 60 公分，如圖 6-15 所示。

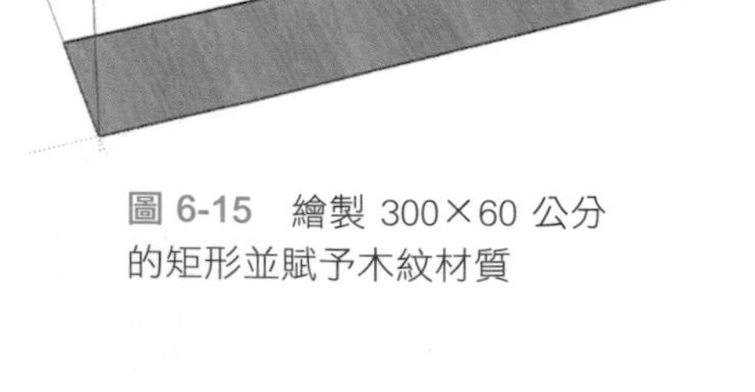

02 使用**推拉**工具，將矩形面往上推拉 10 公分，再將其向上推拉複製 240 公分，移游標至 10 公分高的面上，將其往後推拉 3 公分以做為踢腳，如圖 6-16 所示。

圖 6-15　繪製 300×60 公分的矩形並賦予木紋材質

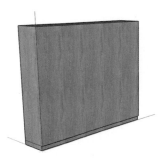

圖 6-16　繪製衣櫥的主體結構

03 使用**偏移**工具，將櫃體前端立面往內偏移複製 1.8 公分，使用**畫線**工具，將左側的面先做水平切割（上下皆要），選取圖示 A 的面和 4 邊的線，使用**移動**工具，以圖示 1 點為起點，將其移動複到圖示 2 點上，立即在鍵盤上輸入（/3），可以讓系統自動分割成 3 片直立面（以 1.8 公分為間隔），如圖 6-17 所示，此直立面將做為衣櫥門扇。

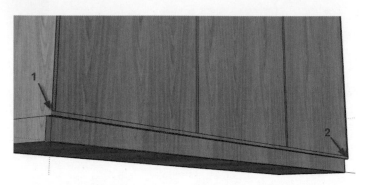

圖 6-17　讓系統以 1.8 公分為間隔自動分割成 3 片直立面

04 一般衣櫥拿取物件的高度為 190 公分，因此有必要將衣櫥上下再做分隔，請選取頂端 1.8 公分高的面和其 4 邊線，使用**移動**工具，將其往下移動複製 60 公分，可以分隔出衣櫥上方的小空間，如圖 6-18 所示。

05 使用**顏料桶**工具，將衣櫥立面全部賦予白色（或自由設定顏色）材質，使用**推拉**工具，將上方小直立面全部往內推拉 59 公分，以製作出空格，將下方直立面全部往內推拉 4 公分，如圖 6-19 所示。

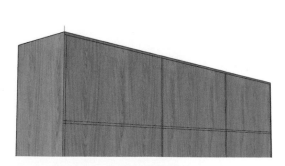

圖 6-18　分隔出衣櫥上方的小空間

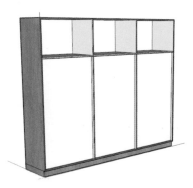

圖 6-19　將上下之直立面各往內推拉不同深度

06 現製作最左側衣櫥之內部結構，使用**移動**工具，將圖示 A 的線段往左移動複製間隔為 3、59.5、1.8 公分，再將圖示 B 線段往上移動複製間隔為 87、1.8 公分，如圖 6-20 所示。

07 選取圖示 A 的線段，使用**移動**工具，將圖示 A 的線段往上移動複製 23.6 公分，選取圖示 B 的面和其 4 邊線，將其由圖示圖 1 點移動複製到圖示 2 點上，立即在鍵盤上輸入（/6），可以矩形的上方再分割 6 面的矩形，如圖 6-21 所示。

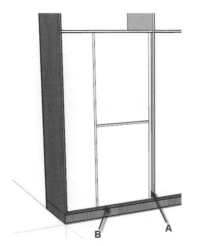

圖 6-20　將直立面做橫向及縱向的分割

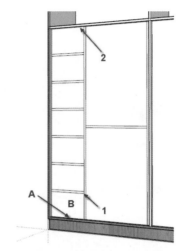

圖 6-21　將左側的立面再做橫的分割

08 使用**推拉**工具，將每一立面的矩形各往內推拉 55 公分，以製作出內部的空格，在右側下方的空格內，匯入第六章元件資料夾中之鐵製托盤 01.skp 元件於圖示 A 的平面上，使用**移動**工具，以 28 公分間距再複製 2 組，如圖 6-22 所示。

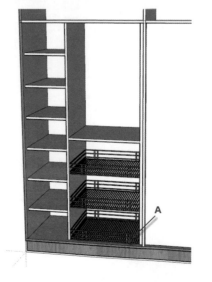

圖 6-22　鐵製托盤 01.skp 元件於圖示 A 的平面上然後再複製兩組

09 現製作中間格之內部結構，使用**移動**工具，將圖示 A 的線段往上移動複製間隔為 60、1.8 公分，再將圖示 B、C 的線段各往中間移動複製 3 公分，使用**推拉**工具，將上、下段的矩形各往內推拉 55 公分，以製作出內部空格，如圖 6-23 所示。

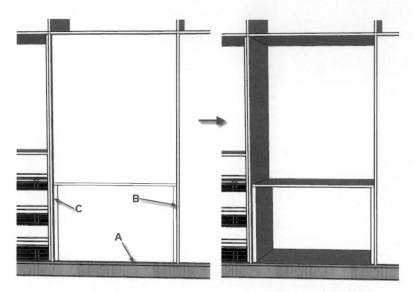

圖 6-23　將上下段的矩形各往內推拉 55 公分以製作出內部空格

10 匯入第六章元件資料夾內珠寶蒐集盒 .skp 元件，置於圖示 A 面往下 20 公分處，再匯入六章元件資料夾內鐵製托盤 02.skp 元件，將其置於珠寶蒐集盒 .skp 元件的下方位置，如圖 6-24 所示。

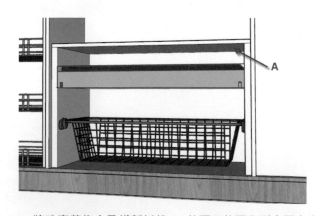

圖 6-24　將珠寶蒐集盒及鐵製托盤 02 等兩元件匯入到中間之空格內

11 現製作右側格之內部結構，使用**移動**工具，將圖示 A 的線段往上移動複製間隔為 36、1.8 公分，再將圖示 B、C 的線段各往中間移動複製 3 公分，使用**推拉**工具，將圖示 D 面往後推拉 55 公分以製作空格，如圖 6-25 所示。

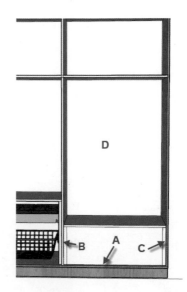

圖 6-25　將圖示 D 面往後推拉 55 公分以製作空格

12 現製作衣櫥內部之長抽屜，使用**移動**工具，將圖示 A 的線段往下移動複製 18 公分，續使用**捲尺**工具，由圖示 A 線段往下量取 8.5 公分輔助線，由圖示 B、C 線段各往中間量取 10 公分的輔線，如圖 6-26 所示。

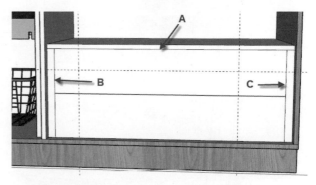

圖 6-26　在抽屜面上繪製補助線

13 現製作抽屜之把手，使用**矩形**工具，由輔助線的交點（圖示 1 點）往右下繪製 6×1 公分的矩形，選取小矩形的面和 4 邊線將其組成群組，進入群組編輯狀態，使用**推拉**工具，將此矩形面往前推拉 1 公分，如圖 6-27 所示。

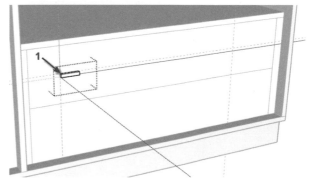

圖 6-27　將此矩形面往前推拉 1 公分

14 使用兩點**畫圓**工具，以圖示 1、2 點間距為弦長，畫出 0.5 公分弦高之半圓，使用**推拉**工具，將圖示 A 之半圓推右推拉複製至另一側，如圖 6-28 所示，最後將半圓圓滑處理並刪除多餘的線段。

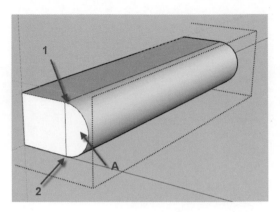

圖 6-28　將圖示 A 之半圓推右推拉複製至另一側

15 退出群組編輯，使用**移動**工具，將此此把手由圖示 1 點移動複製到圖示 2 點上，選取此兩把手，續使用**移動**工具，將其往下移動複製 18 公分，抽屜把手製作完成，如圖 6-29 所示。

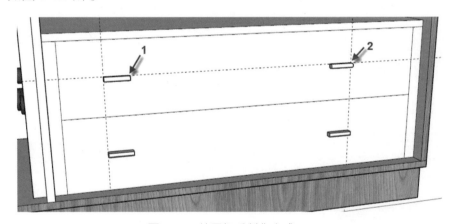

圖 6-29　抽屜把手製作完成

16 現製作吊衣桿部分，使用**捲尺**工具，由圖示 A 線段往前量出圖示 B 線段中間輔助線，由圖示 B 線段往下量取 10 公公分之輔助線，兩輔助線交點即為吊衣桿之位置，如圖 6-30 所示。

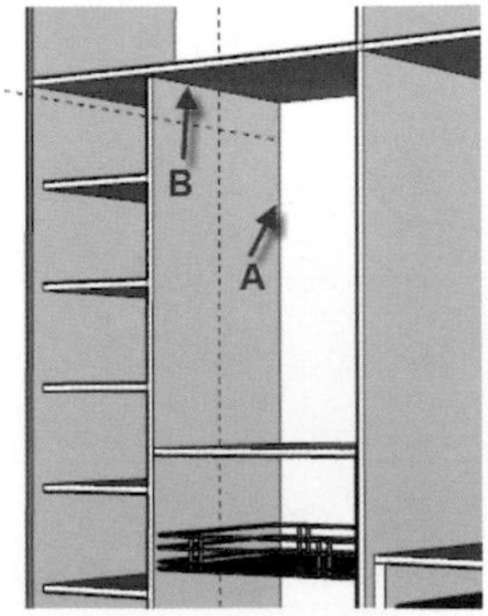

圖 6-30　使用**捲尺**工具定出吊衣桿的位置

17 使用**圓形**工具，以兩輔助線交點圓心，
畫 1.2 公分半徑之圓，以此圓做為 8
分圓之吊衣桿，使用**偏移**工具，將此
圓往外偏移複製 1.5 公分，並將偏移
複製的圓面及兩圓週線段組成群組，
如圖 6-31 所示。

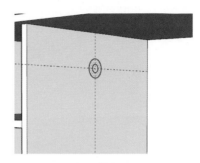

圖 6-31　將將偏移複製的
圓面面兩圓週線段組成群組

18 使用**推拉**工具，將剛才繪製 1.2 公分半徑之圓面，推拉到圖示 A 的面上，8 分之
吊衣桿繪製完成，如圖 6-32 所示，推拉時要一口氣拉足到定位面上。

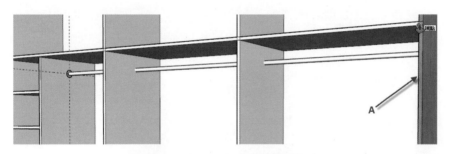

圖 6-32　將 8 分之吊衣桿繪製完成

19 現製作吊衣桿之基座，進入甜甜圈之
群組編輯，使用**推拉**工具，將其往外
推拉 2 公分，在前端的圓面上點擊兩
下，以選取面和其內外之邊線，使用
使例工具，以任意中間格柵點為縮放
點，並同時按住 Ctrl ＋ Shift 鍵，使
以中心為縮放基準點，將此面向中之
縮小 0.8 之比例，吊桿基座完成，如
圖 6-33 所示。

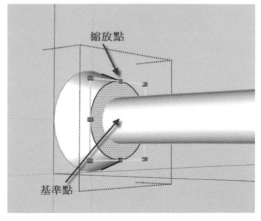

圖 6-33　吊桿基座完成

20 退出群組編輯，使用**移動**工具，將此基座由圖示 1 點移動複製圖示 2 點上，它會陷入直立隔板內，請再由圖示 2 點往回移動 2 公分，再執行右鍵功能表→**翻轉方向→群組的紅軸**功能表單，可將基座翻轉成正確的面向，如圖 6-34 所示。

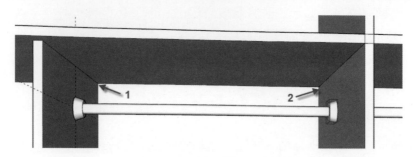

圖 6-34　將基座翻轉成正確的面向

21 分別選取圖示 A、B 之吊桿基座，使用**移動**工具，利用衣櫥直立隔板之參考位置，移動複製到每一空格內之相對位置上，整體吊衣桿創建完成，如圖 6-35 所示。

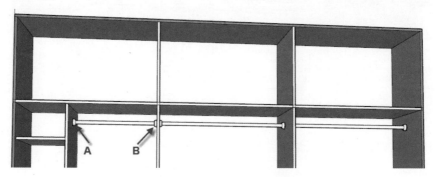

圖 6-35　整體吊衣桿創建完成

22 現製作衣櫥門扇，請選取全部的衣櫥櫃體將其組成群組，使用**矩形**工具，由圖示 1 點往右下繪製 50×178.2 公分矩形，再由圖示 2 點往右上繪製 100×60 公分矩形，如圖 6-36 所示。

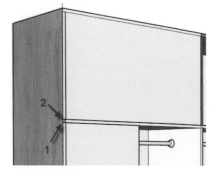

圖 6-36　在櫃體面上繪製大小兩直立形

23 現製作大門扇把手，先將櫃體隱藏，使用**推拉**工具，將大小兩矩形各往前推拉 2 公分，將視圖轉到大門扇底部，匯入第六章元件資料夾中門把剖面 .skp 元件，將其置於圖示 1 點處，如圖 6-37 所示。

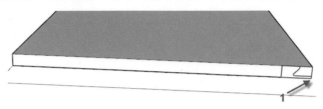

圖 6-37　門把剖面 .skp 元件置於大門扇底部之圖示 1 點處

24 將元件剖面先行分解，使用**推拉**工具，將圖示 A 的面往上推拉 106 公分以製作出門把之凹槽，選取全部的大門扇將其組成群組，大門扇整體創建完成，如圖 6-38 所示。

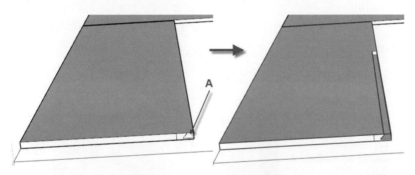

圖 6-38　大門扇整體創建完成

25 現創建小門扇把手，將視圖轉到小門扇之左側面，同樣將門把剖面置於圖示 1 點處，將元件剖面行先分解，使用**推拉**工具，將圖示 A 的面往右推拉掉，即可製作掀開式門扇，小門扇整體創建完成，如圖 6-39 所示，選取全部的小門扇將其組成群組。

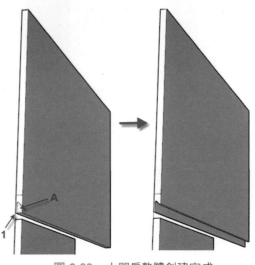

圖 6-39　小門扇整體創建完成

26 使用**顏料桶**工具，賦予門扇凹槽相同之木紋材質，將櫃體顯示回來，使用**移動**工具，將大門扇往右移動複製 50 公分，選取剛複製的門扇執行右鍵功表→**翻轉功能**→**群組的紅軸**功能表單，即可製作出兩扇對開的門，如圖 6-40 所示。

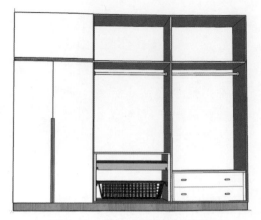

圖 6-40　製作出兩扇對開的門

27 選取此兩大門扇，使用**移動**工具，往右複製 100 公分並複製兩組，選取小門扇，也往右複製 100 公分並複製兩組，整體衣櫥創建完成，如圖 6-41 所示，為帶門扇之衣櫥，如圖 6-42 所示，為衣櫥之內部結構圖。

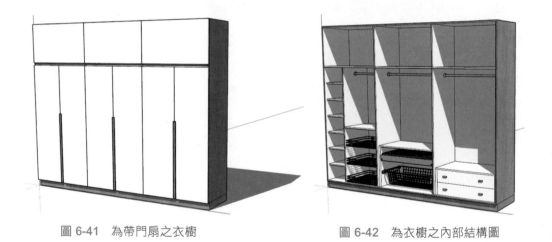

圖 6-41　為帶門扇之衣櫥　　　　　圖 6-42　為衣櫥之內部結構圖

28 本衣櫥 3D 模型創建完成，經以衣櫥為檔名存放在第六章，供讀者直接開啟以研究之。

6-3 創建雙層單人床 3D 模型

01 使用**矩形**工具，在地面繪製 142×
136 公分之矩形，接著以圖 1 點為畫
矩形第一角點往上繪製 8×8 公分的
矩形，使用**顏料桶**工具，賦予此小矩
形第六章 maps 資料夾之 42d2.jpg 圖
像做為紋理貼圖，並調整圖像寬度為
45 公分，如圖 6-43 所示。

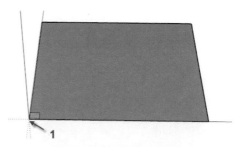

圖 6-43　賦予小矩形木紋貼圖

02 使用**推拉**工具，將小矩形往上推拉
200 公分，使用**移動**工具，將圖示 A
的線段往內移動複製 2 公分，使用**推
拉**工具，將圖示 B 的面往下推拉 50
公分，主支柱製作完成，如圖 6-44
所示，選取全部支柱將其組成群組。

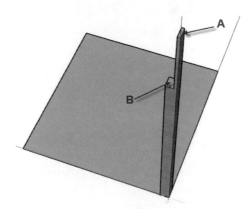

圖 6-44　主支柱製作完成成

03 選取支柱群組，使用**移動**工具，將其
移動複製到大矩形的其它三個角落，
選取對向的兩欄支柱，執行綠色軸的
鏡向操作，使全部的凹槽都面向中間，
如圖 6-45 所示。

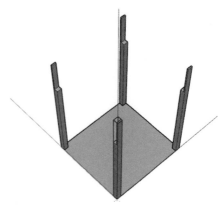

圖 6-45　將支柱移動複製到大矩形的其它三個角落

04 現製作上層床座，使用**矩形**工具，在地面繪製 196×136 公分矩形，使用**推拉**工具，將矩形面往上推拉 15 公分，使用**偏移**工具，將頂面往內偏移複製 3 公分，使用**推拉**工具，將中間面往下推拉 2 公分，上層床座創建完成，如圖 6-46 所示。

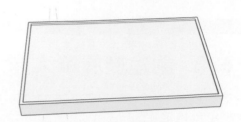

圖 6-46　上層床座創建完成

05 使用**顏料桶**工具，賦予上層床座相同的木紋材質，選取床座全部的圖形將其組成群組，使用**移動**工具，將其移動到圖示 1 點的位置上，如圖 6-47 所示。

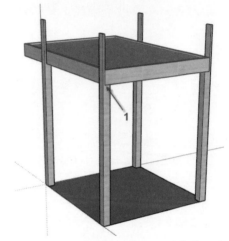

圖 6-47　將床座移動到圖示 1 點的位置上

06 現創建上層床舖之護欄，使用**矩形**工具，由圖示 1 點至圖示 2 點繪製矩形，使用**偏移**工具，將矩形往內偏移 2 公分，選取 2 公分寬的面和兩側 4 邊線將其組成群組，如圖 6-48 所示

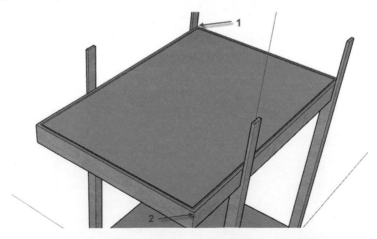

圖 6-48　選取 2 公分寬的面和 4 邊線將其組成群組

07 進入群組編輯狀態，使用**推拉**工具，將面往上推拉 4 公分，使用**畫線**工具，由圖示 1、2 點畫垂直線，再將兩線中間的面推拉掉，使用兩點**畫圓**工具，在圖示 A 的面前端上下直角，做出 1 公分的倒圓角，再把多餘的面推拉掉，如圖 6-49 所示。

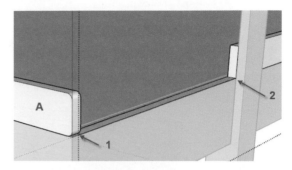

圖 6-49　對圖示 A 面做出 1 公分的倒圓角

08 將護欄賦予相同的木紋材質，退出群組編輯狀態，使用**移動**工具，將護欄往上移動 6.2 公分，再往上移動複製到圖示 1 點處，立即在鍵盤上輸入（/2），可以再平均距離複製兩組，如圖 6-50 所示。

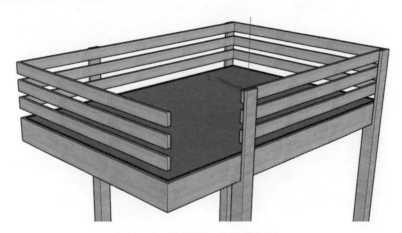

圖 6-50　將護欄往上移動複製

09 現繪製護欄支柱，使用**矩形**工具，在地面繪製 4×2 公分的矩形，使用**推拉**工具，將其往上推拉 50 公分，將其賦予相同的木紋材質並將其組成群組，護欄支柱創建完成，如圖 6-51 所示。

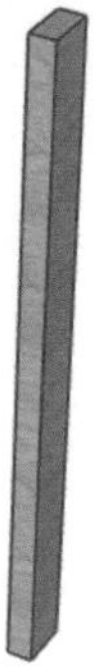

圖 6-51　護欄支柱創建完成

10 將原先在上層床座繪製的矩形面給予刪除，使用**移動**工具，使用**捲尺**工具，先繪製每邊護欄的中間位置，將護欄支柱移動複製到這些補助線相關位置上，如圖6-52 所示。

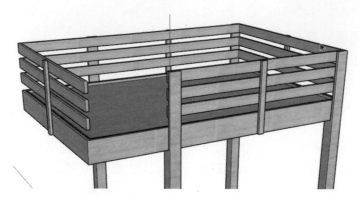

圖 6-52　將護欄支柱移動複製到 4 邊的相關位置上

11 和製作護欄支柱相同的方法，請繪製 6×3 及高 37 公分的支柱，賦予相同的木紋材質並組成群成，使用**移動**工具，將其移動複製到護欄支柱的 4 個角落上（位於內側位置），整體護欄創建完成，如圖 6-53 所示。

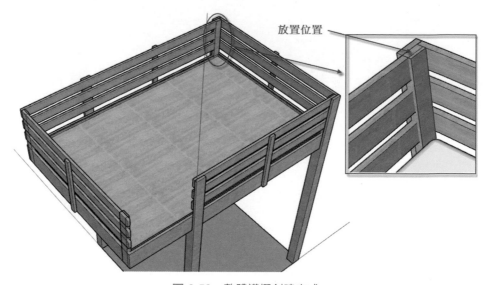

圖 6-53　整體護欄創建完成

12 現創建上層床舖下方的書架及書桌，將視圖轉到床舖之背面，使用**矩形**工具，由圖示 1 點往右繪製 126×25 公分的矩形，使用**推拉**工具，將其往上推拉至上層床舖之底部，再賦予相同的木紋材質，如圖 6-54 所示。

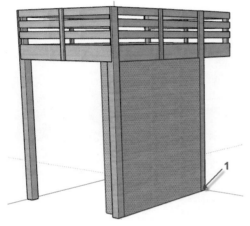

圖 6-54　在上層床舖下方繪製立方體塊

13 將視圖轉到床舖之正面，使用**移動**工具，將圖示 A 的線段往左邊移動複製間隔為 2、69、2 公分，將圖示 B 的線段往上移動複製間隔為 5、39、27、2 公分，再將上面兩條橫線延伸到左側邊界上，如圖 6-55 所示。

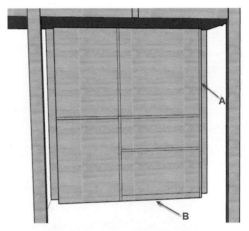

圖 6-55　將立方體面做初步分割

14 使用**移動**工具，將圖示 A、B 的線段往上移動複製間隔為 25、2 公分，將圖示 C 的線段往下移動複製間隔為 19、2 公分，將圖示 D、E 的線段往左移動複製間隔為 21、2 公分，如圖 6-56 所示。

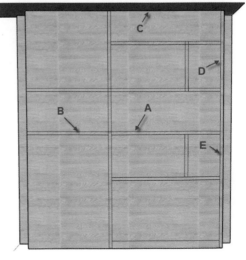

圖 6-56　將立方體面續做細部分割

15 使用**移動**工具,將圖示 A 的線段往下移動複製 16 公分,使用**推拉**工具,將依圖示將相關矩形面往後推拉掉,上層床舖下的書架創建完成,如圖 6-57 所示。

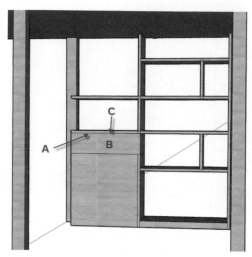

圖 6-57　上層床舖下的書架創建完成

16 現在創建書桌的造形,使用**推拉**工具,將上圖中圖示 B、C 的面往前推拉至與床組的支柱齊,使用**移動**工具,將圖示 A 的段往內移動複製 2 公分,使用**推拉**工具,將 2 公分寬的面往下推拉複製到地面,以製作出書桌桌腳,如圖 6-58 所示。

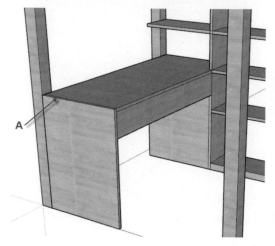

圖 6-58　製作出書桌桌腳

17 將多餘的線段刪除,使用**畫線**工具,在抽屜面中間畫上垂直線段,以分割成兩個抽屜,再匯入第六章元件資料夾內之椅子 .skp 元件於書桌前,整體書桌創建完成,如圖 6-59 所示。

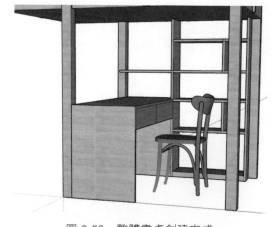

圖 6-59　整體書桌創建完成

18 現製作吊櫃式書架，使用**矩形**工具，在地面繪製 23×120 公分矩形，先賦予相同的木紋材質，使用**推拉**工具，將其往上推拉 77 公分，如圖 6-60 所示。

19 使用**偏移**工具，先將立方體面往內偏移複製 2 公分，續使用**移動**工具，將圖示 A 的線段往左移動複製間隔為 15、2、40、2 公分，將圖示 B 線段往上移動複製間隔為 25、2 公分，如圖 6-61 所示。

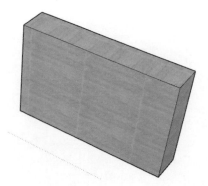

圖 6-60　在地面製作 12×120×77 公分的立方體

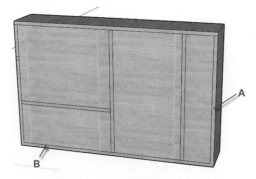

圖 6-61　將立方體面初步做分割

20 使用**畫線**工具，將圖示 A 的線段往下往下移動複製間隔為 19、2 公分，將圖示 B 的線段往右移動複製間隔為 20、2 公分，將圖示 C 的線段往右移動複製間隔為 25、2 公分，如圖 6-62 所示。

21 使用**推拉**工具，將所有的矩形面往後推拉掉，使用**矩形**工具，以圖示 1 點為第一角點，往右上繪製 10×1 公分的直立面，並將此直立面組成群組，如圖 6-63 所示。

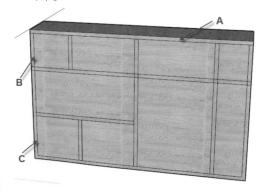

圖 6-62　將立方體面再做面的分割

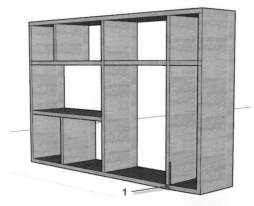

圖 6-63　繪製 10×1 公分的直立面並組成群組

22 將此群組移動複製到相關位置上,再分別進入群組編輯推拉出長度至另一側的立面上,使用**顏料桶**工具,將這些直立隔板改賦予白色材質,則整體吊櫃式書架創建完成,如圖 6-64 所示。

23 選取全部的吊櫃式書架將其組成群組,使用**移動**工具,將其移動到圖示 1 點上,亦即位於上層床舖與書桌間位置,如圖 6-65 所示,如果移動複製時無法對位時請施以移動複製即可。

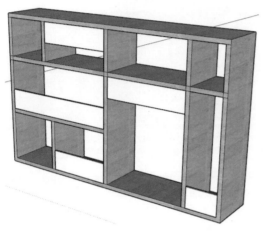

圖 6-64　整體作吊櫃式書架創建完成

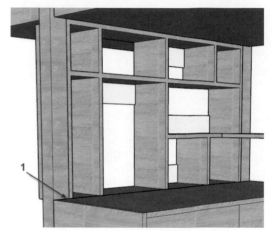

圖 6-65　將吊櫃式書架移動到圖示 1 點上

24 使用**矩形**工具,在地面繪製 196×131 公分之矩形,使用**移動**工具,將圖示 A、B 線段各往中間移動複製 3 公分,如圖 6-66 所示。續使用**推拉**工具,將圖示 C 的面往上推拉 70 公分,圖示 D 的面往上推拉複製間隔為 5、25 公分,圖示 E 的面往上推拉 45 公分,如圖 6-67 所示。

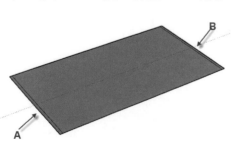

圖 6-66　將圖示 A、B 線段各往中間移動複製 3 公分

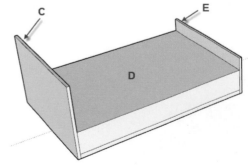

圖 6-67　將各分割面分別往上推拉

25 使用**移動**工具，將圖示 A、B 的線段，各往內偏移複製 3 公分，使用**推拉**工具，將中間的面（圖示 C 面）往下推拉 2 公分，將圖示 D 的面往內推拉 3 公分以做成踢腳，如圖 6-68 所示。

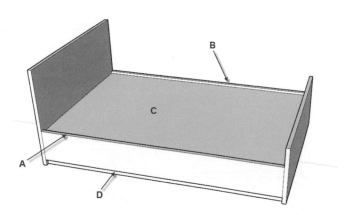

圖 6-68　將圖示 D 的面往內推拉 3 公分以做成踢腳

26 將視圖轉到下層床舖之前立面，選取圖示 A、B、C 之 3 條邊線，使用**偏移**工具，將其往內偏移複製 3 公分，再選取圖示 D 的線段（剛才偏移複製上端線），將其往下移動 2 公分，如圖 6-69 所示。

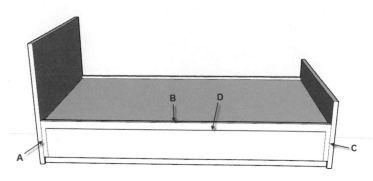

圖 6-69　在下層床舖之前立面做面的分割

27 現要在前立面製作 3 抽屜，選取圖示 A 線段，執行右鍵功能表→**分割**功能表單，移動游標當將此段分割成 3 等時按下滑鼠左鍵，即可將線投等分 3 段，使用**畫線**工具，在分段點上畫上垂直線，即可製作出 3 抽屜，如圖 6-70 所示。

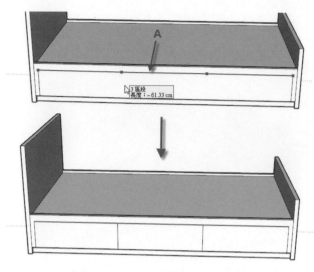

圖 6-70 　在前立面製作出 3 抽屜

28 將圖示 A 的擋版的兩直角分別做出 10 公分的倒圓角，選取全部下層床舖之基座，將其賦予相同的木紋材質，並將其組成群組，使用**移動**工具，將其移動到圖示 1 點位置上，如圖 6-71 所示。

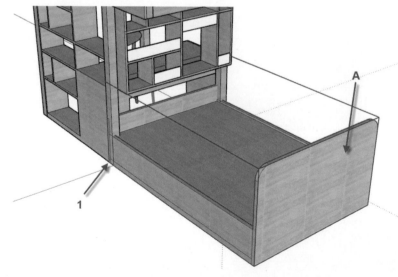

圖 6-71 　將下層床舖之基座移動到圖示 1 點位置上

29 匯入第六章元件資料夾中之床墊.skp 元件，將其置於下層床舖上，再使用**移動**工具，將其移動複製一份到上層床舖上，雙層單人床創建完成，如圖 6-72 所示。

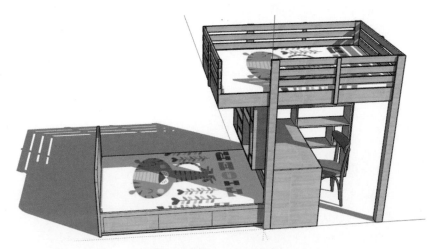

圖 6-72　雙層單人床創建完成

30 選取全部雙層單人床圖形將其組成元件，本元件經以雙層單人床.skp 為檔名存放在第六章中，供讀者自行開啟研究之。

6-4　創建古典隔屏 3D 模型

01 使用**矩形**工具，在地面上繪製 57.75×240 公分之矩形，使用**推拉**工具，將矩形面往上推拉 4 公分，使用**偏移**工具，將頂面往內偏移複製 4 公分，如圖 6-73 所示。

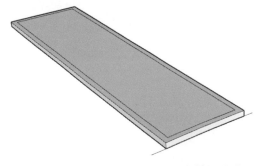

圖 6-73　將立方體頂面向內偏移複製 4 公分

02 使用**推拉**工具，將頂面中間的面向下推拉 4 公分，可以將面推拉掉，使用**畫線**工具，補畫圖示 A 的線段可以把頂面又補回來，使用**推拉**工具，將新生成的中間面（圖示 B 面）向下推拉 1 公分，如圖 6-74 所示。

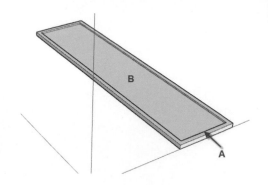

圖 6-74　將新生成的中間面向下推拉 1 公分

03 請執行下拉式功能表→**檔案**→**匯入**功能表單，可以打開**匯入**面板，在面板中請選擇 AutoCAD 檔案（*.dwg、*.dxf）檔案格式，並選取第六章元件資料夾中之格柵 .dwg 檔案，如圖 6-75 所示。

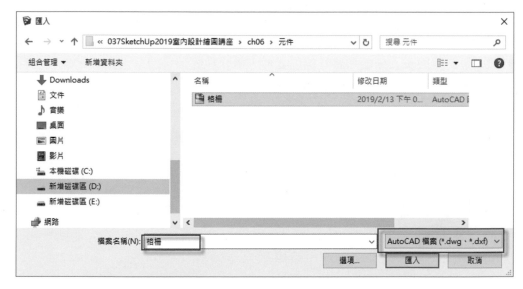

圖 6-75　在匯入面板中選取第六章元件資料夾中之格柵 .dwg 檔案

04 請不要直接執行**匯入**按鈕，而先選取選項按鈕，可以打開**匯入 AutoCAD DWG/DXF** 選項面板，在面板中請勾選**合併共面平面**及**使用平面方向一致**兩欄位，**單位**欄位選擇公分（選擇圖檔在 CAD 中設定的單位），而**保持繪圖原點**欄位則不勾選，如圖 6-76 所示。

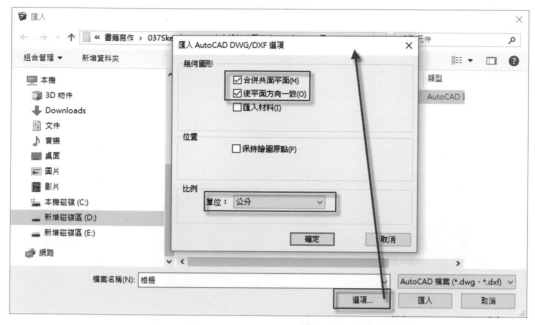

圖 6-76 在**匯入 AutoCAD DWG/DXF** 選項面板中做各欄位設定

05 在面板中按下**確定**按鈕後,可以回到匯入面板中,在此面板中按下**匯入**按鈕,則可以在 SketchUp 中開啟此 AutoCAD 檔案,請按下**充滿畫面**工具,可將整個 CAD 圖充滿整個繪圖區,如圖 6-77 所示,此圖檔匯入後會位於原點上,如果立體也位於原點上可以會被蓋掉。

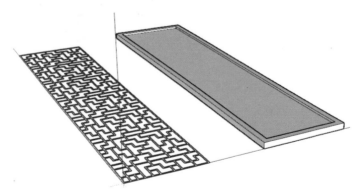

圖 6-77 在場景中匯入格柵圖

06 依第五章說明想要將 CAD 轉換為 SketchUp 圖案，可以有兩種途徑，其一為使用沙箱工具面板中的投影工具，另一為將匯入的 CAD 執行分解動作，隨個人使用習慣兩者皆可，本處示範使用投影功能。

07 使用**移動**工具，將格柵圖案移到到圖示 1 點位置上，再將其往垂直移動任意距離之高度，如圖 6-78 所示，本圖案因與欲投影面大小相同，因此不必把不需投影者先隱藏。

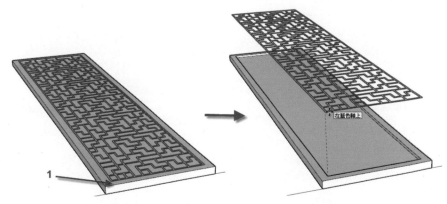

圖 6-78　將格柵圖案移動到欲投影面之上方

08 依第一章啟用工具面板方法，將**沙箱**工具面板打開，第一步**選取**工具面板中的**投影**按鈕，第二步使用滑鼠點擊格柵圖案，第三點使用滑鼠點擊欲投影的平面，即可將格柵圖案投影到平面上，如圖 6-79 所示。

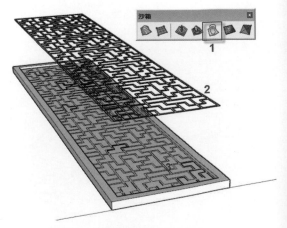

圖 6-79　將格柵圖案投影到平面上

09 觀看結果，發現有些缺少線段連接，以致未完成面的切割，請使用**畫線**工具，補畫這些因投影而有缺失的線段，即可將格柵圖案的面做完全的切割，如圖 6-80 所示。

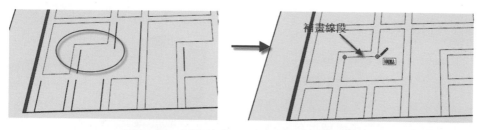

圖 6-80　補畫這些因投影而有缺失的線段

10 當把線補畫完成後，可以發現格柵面為相通，且被格柵包圍的面都各自獨立，請將這些各自獨立面刪除，如圖 6-81 所示，完成獨立面刪除的格柵，經組成元件並以格柵圖案 .skp 為檔名，存放在第六章元件資料夾中，供讀者匯入後直接套用。

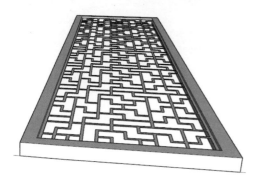

圖 6-81　完成獨立面刪除的格柵

11 使用**推拉**工具，將格柵面往後推拉 2 公分，選取整體圖形將其旋轉 90 度以直立起來，使用**顏料桶**工具，賦予第六章 maps 資料夾內 123.jpg 圖檔做為木紋貼圖，整體古典隔屏創建完成，如圖 6-82 所示。

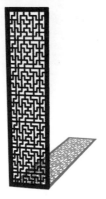

圖 6-82　整體古典隔屏創建完成

12 選取全部的圖形將其轉為元件，本元件經以古典隔屏 .skp 為檔名存放在第六章中，供讀者自行開啟研究之。

6-5 創建工作桌兼簡易吧檯 3D 模型

01 使用**矩形**工具，在地面繪製 300×90
公分的矩形，使用**顏料桶**工具，賦予
第六章 maps 資料夾內 h3736.jpg 圖
檔做為木紋貼圖，並將圖檔寬度調整
為 60 公分，再使用**推拉**工具，將矩
形面往上推拉 110 公分，如圖 6-83
所示。

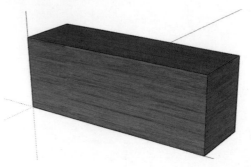

圖 6-83　創建 300×90×110 公分之立方體塊

02 在立方體之前端面，選取 3 邊線（地
面線除外），使用**偏移**工具，將其往
內偏移複製 5.4 公分，使用**推拉**工具，
將圖示 A 的面往內推拉 10 公分，再
使用**顏料桶**工具，將圖示 A 的面賦
予白色，如圖 6-84 所示。

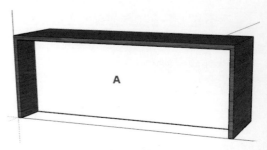

圖 6-84　使用**顏料桶**工具
將圖示 A 的面賦予白色

03 將視圖轉到立方體之後方，選取 3 邊
線（地面線除外），使用**偏移**工具，
將其往內偏移複製 5.4 公分，使用**推
拉**工具，將圖示 A 的面往內推拉 2
公分，再使用**顏料桶**工具，將圖示 A
的面賦予白色，如圖 6-85 所示。

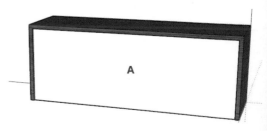

圖 6-85　將往內推拉 2 公分面賦予白色材質

04 選取地面線，使用**移動**工具，將其往上移動複製 10 公分，使用**推拉**工具，將 10 公分面往內推拉 3 公分以做為踢腳，使用**偏移**工具，將圖示 A 面往內偏移複製 2 公分，如圖 6-86 所示。

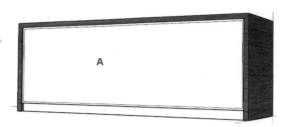

圖 6-86　將圖示 A 面往內偏移複製 2 公分

05 使用**畫線**工具，在一側畫上 A、B 垂直線段，以分隔圖示 C 面，選取圖示 C 之面及 4 邊線將其往右移動 45 公分，再選取圖示 D 面及 4 邊線，由圖示 1 點移動到圖示 2 點上，立即在鍵盤上輸入（/3），即可自動分隔出 3 空格面，如圖 6-87 所示。

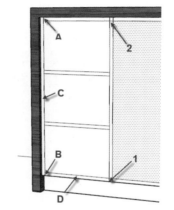

圖 6-87　自動分隔出 3 空格面

06 在另一側亦如是操作，以繪製出 3 空格面，使用**推拉**工具，將這些空格面往內推拉 46 公分，即可製作出工作桌兩側之 6 個空格，如圖 6-88 所示。

07 選取圖示 A 線段，使用**移動**工具，將其往右移動複製間隔為 97.35、0.5 公分，將圖示 B、C 線段往上移動複製間隔為 45.05、0.5 公分，即可將中間面分隔成 4 扇門扇，如圖 6-89 所示。

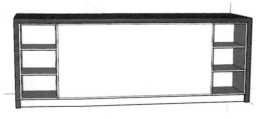

圖 6-88　製作出工作桌兩側之 6 個空格

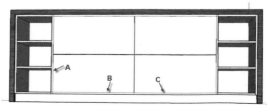

圖 6-89　將中間面分隔成 4 扇門扇

08 使用**顏料桶**工具，賦予此 4 扇門扇相同的木紋貼圖，使用**推拉**工具，將 4 門扇各往前推拉複製 2 公分，如圖 6-90 所示，此處門扇為由上往下掀開模式，此處不示範內部結構之創建。

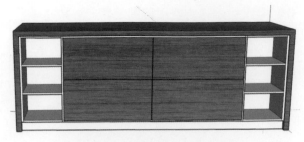

圖 6-90　製作 2 公分厚之門扇

09 使用**捲尺**工具，將上方門扇上，由兩側往中間量取 24 公分之輔助線，再由上往下量取 8 公分之輔助線，接著匯入第六章元件資料夾中之工作桌把手.skp 元件，將其放置到左上門扇的輔助線交叉點上，再使用**移動**工具，移動到其它三扇門扇上，如圖 6-91 所示。

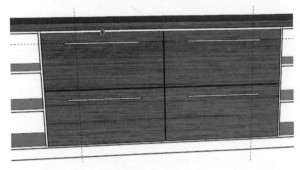

圖 6-91　將工作桌把手元件匯入到 4 扇門門扇上

10 將視圖轉到工作桌正前方，匯入第六章元件中之吧檯椅.skp 元件，置於吧檯前方並再複製兩張，另外匯人飲料、洒類.及盆栽等元件，將其置於桌面上，工作桌兼簡易吧檯創建完成，如圖 6-92 所示。

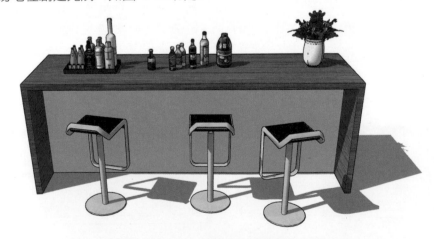

圖 6-92　工作桌兼簡易吧檯創建完成

11 選取全部的圖形將其轉為元件，本元件經以工作桌兼簡易吧檯 .skp 為檔名存放在
第六章中，供讀者自行開啟研究之。

6-6 創建書架兼裝飾櫃之 3D 模型

01 請在地面上繪製 76.25×27.5 公分的矩形，使用**顏料桶**工具，賦予此平面第六章
maps 資料夾中之 9231.jpg 圖檔，以做為木紋之紋理貼圖，並將圖檔寬度改為 45
公分，如圖 6-93 所示。

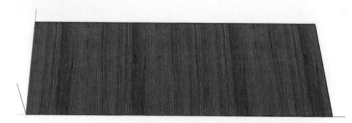

圖 6-93　繪製矩形面並賦予木紋材質

02 現製作書架之骨架部分，使用**矩形**工具，在圖示
1 點上往右上繪製 4×3.6 公分的小矩形，將此
矩形組成群組，進入群組編輯狀態，使用**推拉**工
具，將矩形面往上推拉高 215 公分，退出群組編
輯，使用**移動**工具，將其移動複製到矩形面的其
餘三角落上，如圖 6-94 所示。

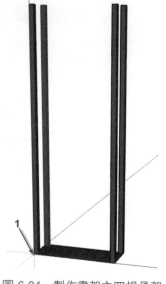

圖 6-94　製作書架之四根骨架

03 現創建書架隔板，使用**推拉**工具，將
地面之矩形面往上推拉 3.44 公分以
做為隔板，選取所有隔板圖形將其組
成群組，使用**移動**工具，由圖示 1 點
往上移動複製到圖示 2 點上，立即在
鍵盤上輸入（/6），即可以平均距離
再複製 6 組隔板，如圖 6-95 所示。

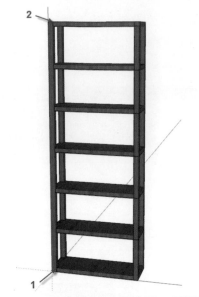

圖 6-95　在書架之骨架間創建 6 層隔板

04 現製作書架之背板，將視圖轉到書架之背後，使用**捲尺**工具，由圖示 1 點往左
量取 14 公分之輔助點（圖示 2 點），使用**矩形**工具，由圖示 2 點往左上繪製
40.25×2 公分之矩形，如圖 6-96 所示。

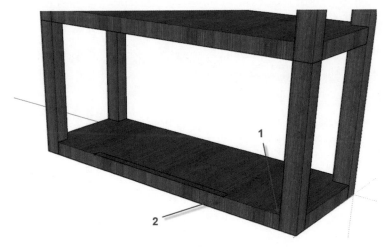

圖 6-96　在底層隔板上繪製拒形

05 賦予此矩形面相同的木紋材質，使用**推拉**工具，將此矩形面往推拉至頂端隔板上，選取全部的圖形組成群組，整體書架製作完成，如圖 6-97 所示。

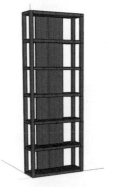

圖 6-97　整體書架製作完成

06 現製作裝飾柱，在書架左側旁之地面，使用**矩形**工具，繪製 15×30 公分之矩形，使用**推拉**工具，將矩形面往上推拉 235 公分，如圖 6-98 所示。

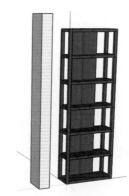

圖 6-98　在書架左側創建一立方柱

07 在立方柱之前立面，使用**偏移**工具，將面往內偏移複製 2 公分，再使用**推拉**工具，將中間的面往內推拉 1 公分，使用**偏移**工具，將往內推拉的面，再往內偏移複製 1 公分，如圖 6-99 所示。

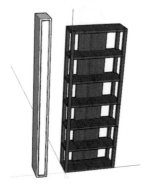

圖 6-99　將往內推拉的面再往內偏移複製 1 公分

08 先選取剛才偏移複製的面（即圖示 A 面），使用**移動**工具，移動游標至圖示 1 點上按滑鼠左鍵一下，同時按住 Alt 鍵不放，再移動游標至圖示 2 點上按滑鼠左鍵一下，可以將圖示 A 面往前折疊 1 公分，如圖 6-100 所示。

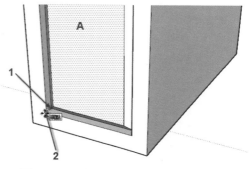

圖 6-100　將圖示 A 面往前折疊 1 公分

09 將視圖轉到書架背後位置，選取全部的
裝飾柱，使用**顏料桶**工具，賦予 Color_
C11 材質編號之顏色材質，並將其組
成群組，使用**移動**工具，將其移動到與
書架相接的位置（圖示 1 點上），如圖
6-101 所示。

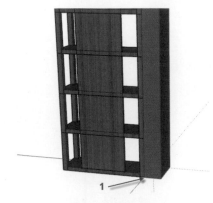

圖 6-101　將裝飾柱移動到書架相接的位置上

10 使用**移動**工具，將書架由圖示 1 點往右移動複製到圖示 2 點上，並再複製 3 組，
再使用**移動**工具，將裝飾柱由圖示 3 往右移動複製到圖示 4 點上並再複製 2 組，
如圖 6-102 所示。

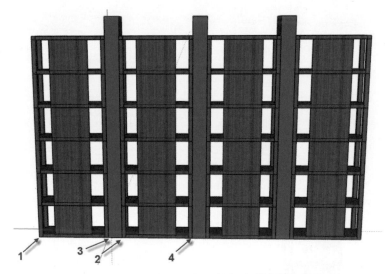

圖 6-102　將書架及裝飾柱各移動複製多組

11 將視圖轉到書架之正面，作者為讀者備了很多的書籍及裝飾物元件，均位於第六
章元件資料夾內，請讀者自行匯入置於書架上，書架兼裝飾櫃之 3D 模型創建完
成，如圖 6-103 所示。

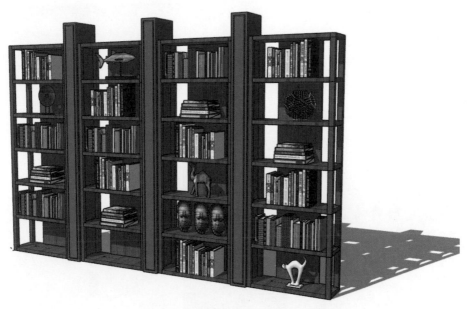

圖 6-103　書架兼裝飾櫃之 3D 模型創建完成

12 選取全部的圖形將其轉為元件，本元件經以書架兼裝飾櫃 .skp 為檔名存放在第六
章中，供讀者自行開啟研究之。

6-7　創建單向門之動態元件模型

Dynamic Components 動態元件是 Sketchup 重要的功能之一，它結合資料庫函數，以
參數化設計方式，讓靜態的元件變成活性的元件，尤其有了資料庫函數為後盾，使元
件與人之間有了邏輯思考的互動。惟其運用方面多偏向於傢俱之系統廠商，利用此可
以有效展示元件之特性並與需要者做有效溝通。本書主要闡述對像為設計師，因此作
者為歷來版本寫作均少提及此範圍，惟在寫作 **Google Sketchup 7 室內設計經典** IV ---
基礎應用篇一書中，曾作有系統的介紹，而利用本小節僅對單向門之動態效果做簡單
的說明，有興趣的讀者請自行參閱前揭書目的內容。

動態元件因考慮到縮放問題，所以建模方式與一般 Sketchup 慣用的建模方式是不太一樣，一般元件當伸縮時是整體伸縮，但是在動態元件中是部分伸縮，部分是不變動的，以門而言，當在動態元件拉長門寬時，門樑和門扇是拉大，但門柱的寬度是不變動的，因此示範動態元件設計時，會重新演示此種建模技巧。

01 使用**矩形**工具，在繪圖區繪製 100×12 公分的矩形，使用**推拉**工具，將其向上推拉 215 公分，使用**顏料桶**工具，將此立方體賦予第六章 maps 資料夾內 Wood_Cherry_Original.jpg 圖檔做為木紋材質，並調整圖檔之寬度為 60 公分，如圖 6-104 所示。

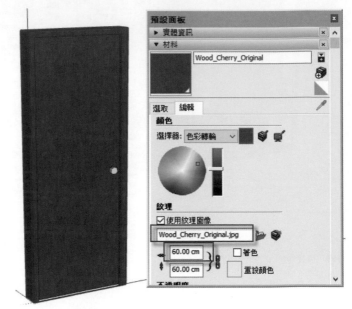

圖 6-104 製作立方體並賦予木紋材質

02 選取直立面的 3 邊線（地面線除外），使用**偏移複製**工具，將其向內偏移複製 5 公分，使用**推拉**工具，把中間的面推拉掉，使用**畫線**工具，將兩邊門柱上方畫線，將其與門樑接壤的地方畫歸門樑，這是與一般的建模方式不同，如圖 6-105 所示。

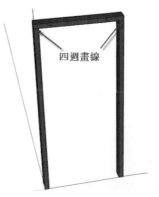

圖 6-105 將中間推掉，再將門樑與門柱分離

03 選取上框將其往上移動複製，再將原上框刪除，即可將門框分離，再將它們補線以使其各面完整後，組成 top、left、right 三個元件，如圖 6-106 所示，最後再移回原來的位置。

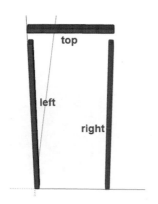

圖 6-106　將門框組為 3 個元件

04 使用**矩形**工具，依門框內側位置補畫上矩形，把門扇的面又補回來，使用**推拉**工具，將面向後推拉複製 5 公分，選取全部的門扇賦予相同的木紋材質，如圖 6-107 所示。

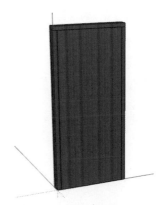

圖 6-107　門框間做出門扇

05 選取門扇，將其組為 panel 元件，使用輔測量工具，由下往上 100 公分，由右向左 7 公分定出輔助線，輸入第六章元件子目錄內 doorknob.skp 元件這是一個門把元件，將其置於輔助線的交點上，如圖 6-108 所示。

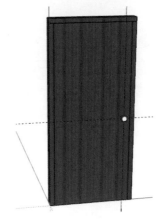

圖 6-108　將門板組為元件再輸入把手

溫馨提示　要做開關門的動作，基本上要把門扇本身和把手分別存成不同的元件，再合成一個元件，這在後面要定旋轉軸時會用到，如果不個別設元件，是不容易找到旋轉軸，請特別注意。

06 複製一個把手到門的另
一邊，選取門板、兩
個把手，把它們組成
door 元件，並向後移動
3.5 公分，使置於門框
的中間，再框選全部的
元件將其組成總體元件
entry，如圖 6-109 所示，
左側為大綱視窗預設面
中元件之組成狀態。

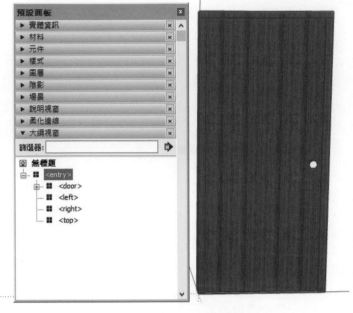

圖 6-109 將全部元件組成總體元件

07 在場景中先選取 entry 元件，然後在
工具列表板中勾選**動態元件**選項，可
以開啟**動態元件**面板，在面板中選取
元件屬性按鈕，可以打開元件屬性面
板，如圖 6-110 所示。

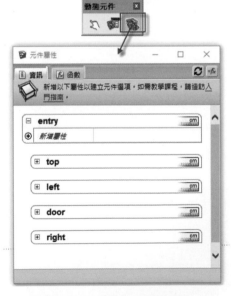

圖 6-110 打開元件屬性面板

08 在元件屬性面板中，其內容與大綱視窗預設
面板之組織結構大致相同，惟面板頂端多了
資訊與**函數**兩頁籤，如圖 6-111，此為設置
動態元件的主要區域，系統內定為**資訊**頁籤。

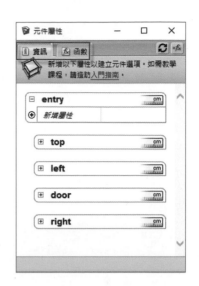

圖 6-111　面板頂端多了
資訊與函數兩頁籤

09 在總體元件 Entry 中按下**新增屬性**按鈕，可以在面板中可以增加元件資訊列表，請
在列表中大小選項內分別選取之 X、Y、Z 三軸向，如圖 6-112 所示。

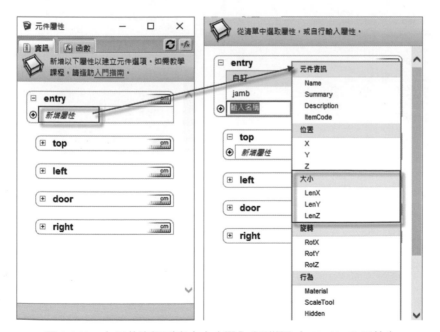

圖 6-112　在元件資訊列表中大小選內分別選取之 X、Y、Z 三軸向

10 在欄位內加入全部的 XYZ 三軸的大小，它們都呈現灰色狀態，所以表示這些大小皆為可變的變數。再次於總體元件 Entry 中按下**新增屬性**按鈕，於元件資訊列表中選取（或者輸入自訂名單）表單，在總體元件 Entry 內增加一欄位並顯示（輸入名稱）之提示，如圖 6-113 所示。

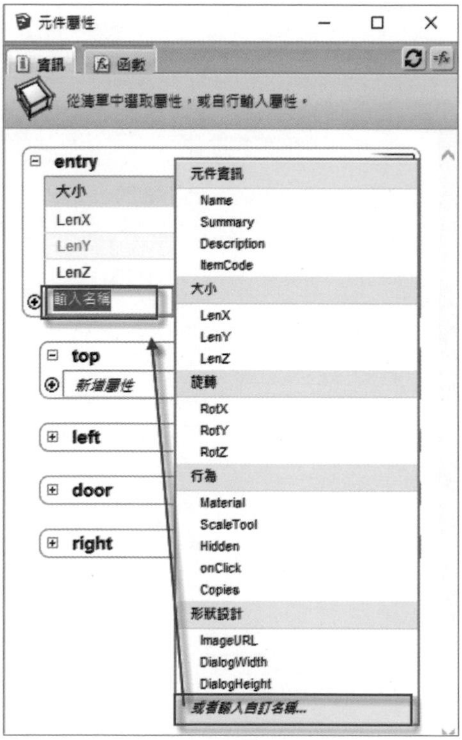

11 此新增加的欄位即自定義欄位，請在欄位內輸入 jamb 做為欄位名稱，接著按下 Enter 鍵以結束元件資訊列表，在 jamb 欄位右側的欄位內按下滑鼠左鍵，然後在欄位填入 5 的值，這 5 公分是門框的寬度值，如圖 6-114 所示。

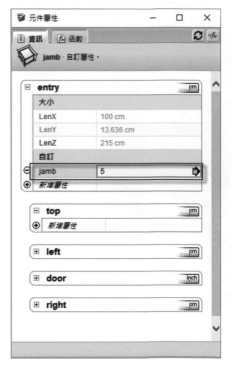

圖 6-113　選取（或者輸入自訂名單）
表單可以在 Entry 內增加一欄位

圖 6-114　在自定的欄位中輸入 5 的值

12 在總體元件中再次按下**新增屬性**按鈕，然後在開啟的元件資訊列表中行為選項內選取 ScaleTool 表單，即可在總體元件 Entry 內再增加行為選項內之 ScaleTool 欄位，如圖 6-115 所示。

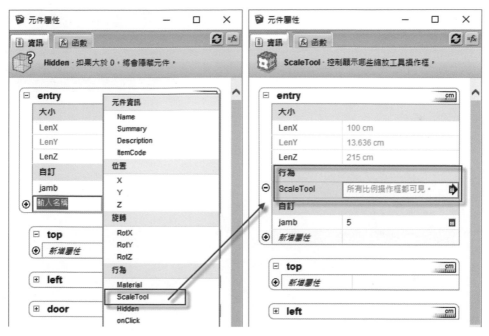

圖 6-115　在總體元件 Entry 內再增加行為選項內之 ScaleTool 欄位

13 當 ScaleTool 欄位最右側，於向右鍵圖標上按下滑鼠左鍵，可以開啟元件屬性面板，在此面板中只勾選 X 軸、Z 軸，其它取消，其作用為限縮只能變更高度和寬度，如圖 6-116 所示，請按**套用**按鈕，以完成設定。

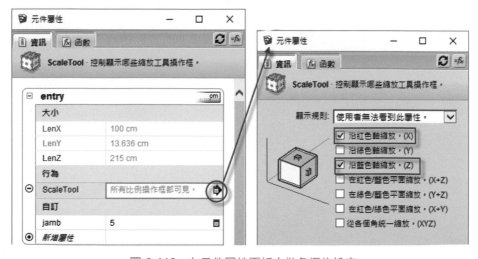

圖 6-116　在元件屬性面板中做各欄位設定

14 現對 Left 元件做設定，亦即對左邊的門柱做設定，請按下 Left 元件左側的 ⊕ 號按鈕，可以展開 Left 元件的欄位內容，同時欄位名稱左側會變為 ⊖ 號按鈕。

15 在 Left 元件面板中按下**新增屬性**按鈕，在顯示的屬性列表中選取位置選項內之 X 表單，會增加位置選項中的 X 欄位，請在右側的欄位中填入（=0），（前面加＝表示是常數），如圖 6-117 所示，其用意在表示左門柱在總體元件中位於 X 軸 0 的位置上。

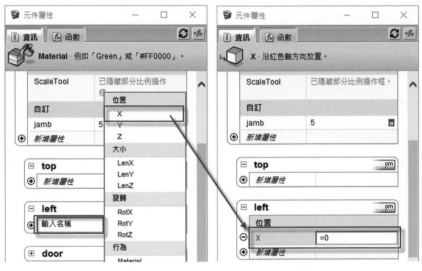

圖 6-117　請在 X 欄位右側的欄位中填入（=0）

16 接著分別按下**新增屬性**按鈕，在顯示的列表中於大小選項中增加 X、Y 兩軸的欄位，並設定 LenX=Entry!jamb（jamb 為常數 5）、LenY ＝ 12，這是限制門柱的寬度和深度，其用意是開放使用者可延伸高度，但寬、深度是不允許更動，如圖 6-118 所示。

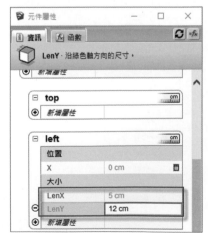

圖 6-118　設定左門柱的各欄位及其值

17 現對 right 元件做設定，亦即對右邊的門柱做設定，依前面的方法，增加位置項目中的 X 欄位，並將其值填入（=Entry!LENX-Entry! jamb），這是一個函數的計算式，它表示不管門被拉伸多寬，右門柱的位置是在門寬減去 5 公分（即右門柱的寬度），它是一個變數，其位置是隨門寬而變化，如圖 6-119 所示。

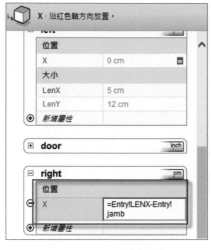

圖 6-119　對於 right 元件 X 軸寬度之設定

18 接著在於 right 元件，依前面的方法，對大小選項中增加 X、Y 兩軸的欄位，其值與 Left 元件設定相同，即設定 LenX=Entry!jamb（jamb 為常數 5）、LenY = 12，如圖 6-120 所示。

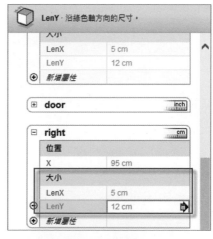

圖 6-120　設定右邊門柱的大小選項之 X、Y 欄位及其值

19 現對 top 元件做設定，亦即對門樑做設定，本元件只要限制 Z、Y 軸的大小，但因 Y 軸的縮放被關閉，所以只要設定 Z 軸的欄位，並填入（=5）的數值，如圖 6-121 所示。

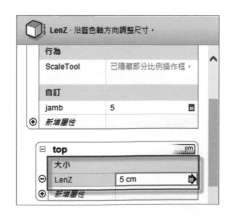

圖 6-121　設定門樑的欄位及其值

20 現對門扇做設定，首先為門旋轉需要，請將門成為元件編輯狀態，進入到 panel 元件中，選取座標**軸**工具，將其放置於門板的左內側的底部，如圖 6-122 所示。

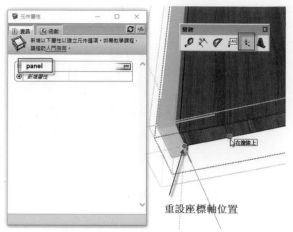

重設座標軸位置

圖 6-122　於編輯 panel 元件狀態下重設座標軸在門板左內側底部

---

21 退出元件編輯，對門扇增加位置項目中的 X 欄位及 Y 欄位，並在 X 欄位中填入（=entry!jamb），表示它的 X 軸是左門柱寬的位置，如圖 6-123 所示。

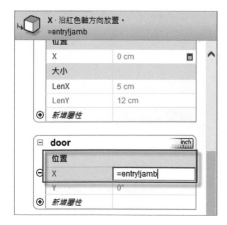

圖 6-123　對門扇增加位置項的 X、Y 欄位

22 對門扇增加自定義欄位 openness，並輸入其值 0，並增加在旋轉選項中的 RotZ（旋轉 Z 軸）欄位，在其欄位中填入（=-90*openness/100）運算式，其含意即 openness 為 0，其運算式值為 0，故不做旋轉，如果 openness 為 -100 時，則門扇旋轉 90 度，如圖 6-124 所示。

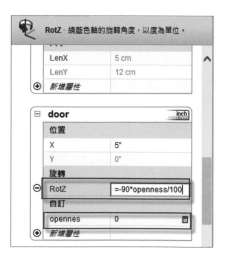

圖 6-124　在 door 元件中加入 openness 及旋轉 Z 軸欄位

23 在 door 元件中增加**行為**選項中的 onClick（互動工具）欄位，並在欄位中輸入 animateSlow("openness", 0, -100) 的運算式，animateSlow 為 Sketchup 動作函數，執行 onClick 動作時可取得自定義欄位 openness 的值為 0 或 -100），如圖 6-125 所示。

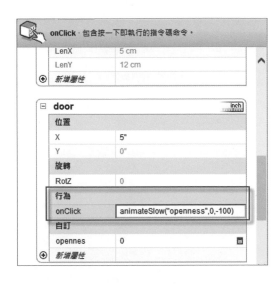

圖 6-125　在 door 元件中加入 onClick 欄位

24 當在 door 元件中設定欄位完畢，選取互動工具，在門扇上按一下，門會被打開 90 度，在 RotZ 欄位可以看到其值為 90，這是函數運算的結果，如圖 6-126 所示。使用滑鼠在門扇上兩按一下，門自動動被關上，查看 RotZ 欄位的值為 0，如圖 6-127 所示。

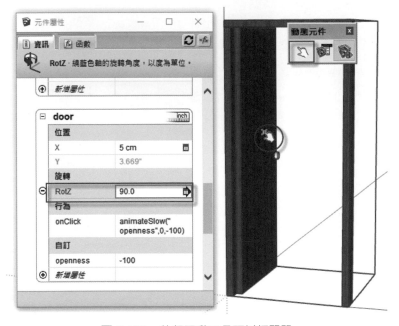

圖 6-126　執行互動工具可以打開門

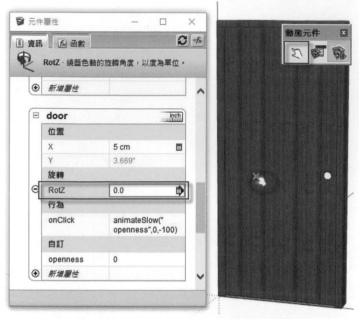

圖 6-127　再執行互動工具可以把門再關上

25 現處理門扇拉伸問題，因本例只開放
X、Z 軸的拉伸，門扇因位於門樑元件
之下，所以可以不用理會 Z 軸，請增加
大小選項的 Lenx 欄位，並在其內輸入
（=Entry!LENX-Entry!jamb*2）運算式，其
含意即門扇 X 軸的長度是門總體元件扣
除兩根門柱的寬度，如圖 6-128 所示。

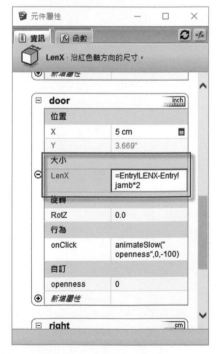

圖 6-128　在 door 元件中加入 LenX 欄位

26 進入門元件編輯狀態，選取門扇元件
（door），door 元件屬於內部的總體元
件，其下尚包括了 panel（門板）及兩個
doorknob（門把）元件，如圖 6-129 所
示。

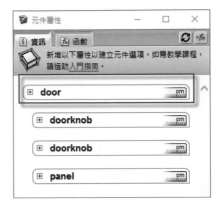

圖 6-129 在元件屬性面
板中 door 元件的層級結構

27 現要固定住門把的位置及其大小，請
增加 doorknob 元件 Size（大小）項目
中的所有 X、Y、Z 軸欄位，請重新輸
入（＝原來數值）後面不要加單位，按
Enter 鍵確定，即可將把手的尺寸設為
常數，再在兩門把之面板內，各增加
位置選項中的 X 欄位，並在其中輸入
（=Door!LENX-10.4）運算式，其含意即
其位置為門扇扣除 10.4 公分的位置處，
如圖 6-130 所示。

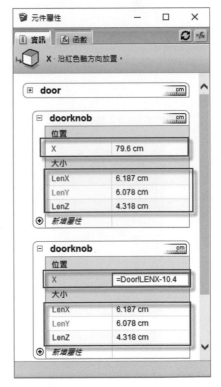

圖 6-130 在兩 doorknob
元件中增加位置及大小欄位

28 退出群組編輯，本動態元件設計完成，執行**縮放**工具按鈕，元件的縮放格柵只有 X 軸和 Z 軸可用，利用滑鼠做伸縮，可以發現門加寬加高了，但門框厚度和門把還是維持不變，如此，即可在所有場合中使用，不用更改元件結構，這是動態元件神奇功能之一，如圖 6-131 所示。

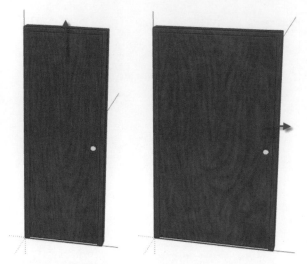

圖 6-131　對門元件做縮放，門框厚度及把手維持不變

29 單向開門之動態元件設計完成，如圖 6-132 所示，本動態元件經以動態單開門 .skp 為檔名存放在第六章中，供讀者自行開啟研究之。

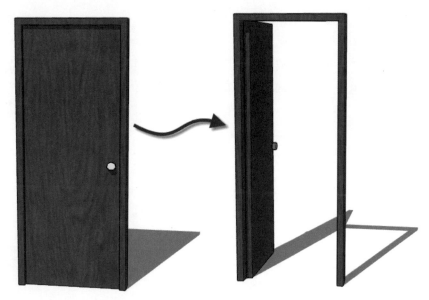

圖 6-132　單向開門之動態元件完成圖

07

Chapter

創建溫馨閣樓之
主臥室空間表現

受較早期 3D 軟體功能較不完備之影響，一般在創建 3D 室內場景時，都會以實體牆方式創建，那時候的渲染軟體功能性也不強，如此湊合的結果，其透視圖想要達到照片級效果，仍然有段非常長的艱辛空間待使用者去克服。早期的 SketchUp 使用者亦不免受這股歪風所影響，因此在網路上搜尋到以 SketchUp 創建的透視圖，其大部分均為鳥瞰整體室內透視圖；惟隨著電腦科技的發達，及光能傳遞（熱軸射）渲染引擎的流行，想要達到照片級透視圖效果者，必需遵循真實尺寸與單模建模的要求，依此現在的建模軟體及使用者幾乎已奉此為鐵律了，如果現在透視表現仍依循鳥瞰表現方式，充其量只能做為動線規劃的說明，對透視圖的表現埋下非常不利的因素，現將缺點略為說明如下：

◆ 天花板之結構為設計師設計重點，此處無法正常表現。

◆ 實體的牆面結構，於光能傳遞（熱輻射）的渲染下容易產生不利的噪波現像。

◆ 不容易安排相機位置，以致在透視圖取鏡上有其侷限性。

◆ 由於密集牆體結構，足以干擾建模工作之進行。

◆ 無法做場景細緻化，當過於細緻化時會增大場景體積，以致增加操作困難。

除非設計師為想向業主快速介紹整體房間的動線規劃外，並不建議使用此種表現方法，而本範例建立之透視圖場景，為有別於一般所見的室內鳥瞰透視圖模式，它是由 SketchUp 創建透視圖相當標準的操作步驟，而且完全符合後續光能傳遞（熱輻射）渲染引擎的要求。

本主臥室為一閣樓空間之室內裝潢設計，空間視野非常廣闊，且為為迎合業主高尚品味的追求，整體設計理念以現代中式風格為主軸，以營造溫馨懷舊但又不失現代功能的造型設計，在此僅提供有此風格設計需求時之參考依據。

7-1 創建臥室牆體及床背景牆

01 請開啟第七章元件資料夾中臥室平面圖 .skp 檔案，這是由 SketchUp 繪製的平面圖，其中對臥室空間已做了簡單平面傢俱配置工作，如圖 7-1 所示。

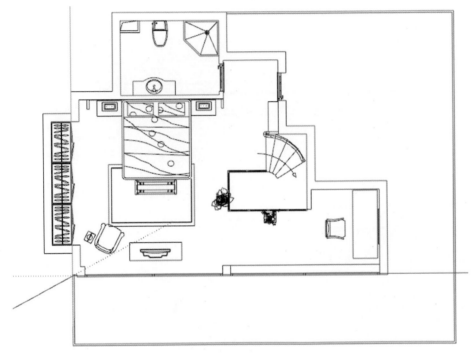

圖 7-1　開啟第七章元件資料夾中之臥室平面圖 .skp 檔案

02 請在預設面板中打開**圖層**面板，在面板中按下**新增圖層**按鈕，以增加一圖層並改名為 CAD 圖層。

03 選取全部的圖形，執行右鍵功能表**→建立群組**功能表單，將平面圖先組成群組，再打開**實體資訊**面板，在面板中將**圖層**欄位選擇為 CAD 圖層，則平面圖將全歸入到 CAD 圖層中，如圖 7-2 所示。

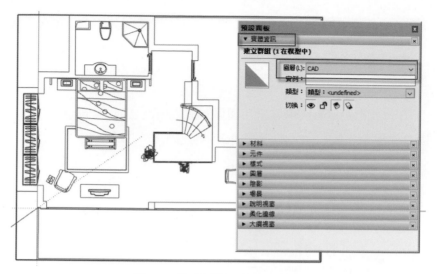

圖 7-2　將平面歸入到 CAD 圖層

04 在平面圖仍被選取將態
下，執行右鍵功能表→**鎖
定**功能表單，將群組鎖定，
被鎖定的圖形當選取時會
呈現紅色狀態，如圖 7-3
所示。

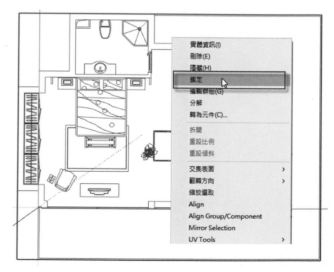

圖 7-3　執行右鍵功能表**鎖定**功能表單將平面圖加以鎖定

05 在真實作圖中為求得景深，一般會讓鏡頭處於房體外部，因此鏡頭前的牆面及物
件均會加以省略不處理，此場景擬將鏡頭放置到房體左側之屋外，因此其牆體及
衣櫥物件將將被省略不處理，如圖 7-4 所示。

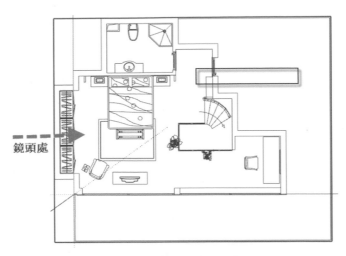

鏡頭處

圖 7-4　先決定鏡頭的擺放位置及方向

06 維持圖層 0 為目前圖層，使
用**畫線**工具，由圖示 1 點處
為畫線起點，畫主臥室內牆
一圈，在每一窗洞或門洞的
位置都要做中斷點，如此當
畫回圖示 1 點時會自動封閉
成面，如圖 7-5 所示，如果
讀者想要將牆體放置在不同
圖層上，亦可另設圖層並設
為目前圖層，則往後所繪製
的圖形均會置於該圖層上。

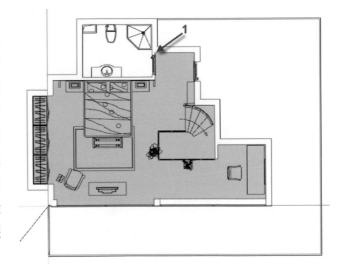

溫馨
提示

當畫回圖示 1 點後並未封面，可能中間有斷線存在，此時請關閉 CAD 圖層，再使
用**畫線**工具將斷線處補上線條即可；另外在門或窗戶未做斷點亦無所謂，事後再依
平面圖補畫線即可。

07 使用**推拉**工具,將剛封閉的面往上推拉 260 公分,以做為地面至天花平頂的高度,選取所有的房體圖形,執行右鍵功能表→**反轉表面**功能表單,將房體外部改為反面,如圖 7-6 所示,則房體內部會全改為正面。

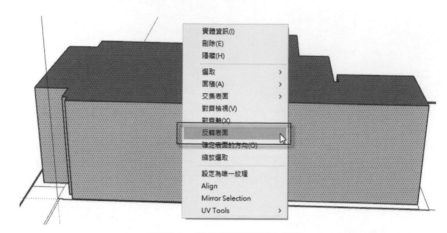

圖 7-6 執行翻轉表面功能表

08 為方便創建場景之順利操作,請將視圖轉到左側牆(衣櫥位置的牆面),選取此牆面,再執行右鍵功能表→**隱藏**功能表單,將其牆面隱藏,即可看到房體內部之透視圖場景,如圖 7-7 所示。

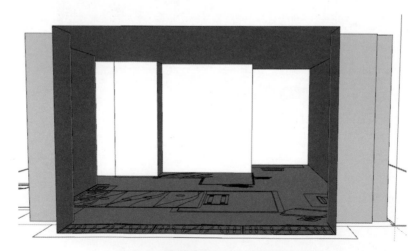

圖 7-7 看到房體內部之透視圖場景

09 本場景為一斜坡式屋頂，現為操作方便請將視圖轉到屋外之屋頂上，使用**畫線**工具，由圖示 1、2、3 點畫水平或垂直線，將天花平頂先作完整的切割以分隔區域，如圖 7-8 所示。

10 使用**偏移**工具，將圖示 A 的面往內偏移複製 24 公分，使用**移動**工具，將圖示 B 的線段往上移動 16 公分，以確切畫分出造型天花板中間的區域，如圖 7-9 所示。

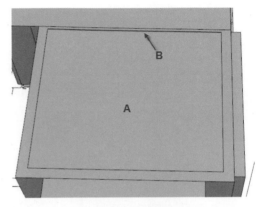

圖 7-8　將天花平頂先作完整的切割以分隔區域　　圖 7-9　確切畫分出造型天花板中間的區域

11 使用**推拉**工具，將圖示 A 面往下推拉 22 公分，並將圖示 B 的面往下推拉複製 22 公分，再將圖示 C 的面（臥房後段房體部分）往下推拉 20 公分，如圖 7-10 所示。

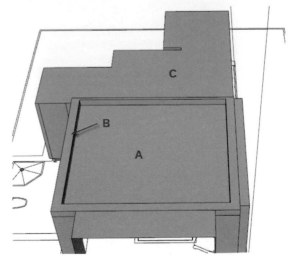

圖 7-10　將天花平頂各區域做不同程度往下推拉

12 將視圖轉回到屋內,將中間區域往下推拉 22 公分面給予刪除,使用**畫線**工具,重畫圖示 A 的線段,可以把頂面又補回來,使用**畫線**工具,依平面圖之位置,將樓梯範圍之平面分割成單獨的面(圖示 B 面),使用**推拉**工具,將圖示 B 面往下推拉 240 公分,以製作出閣樓往樓下的空間,如圖 7-11 所示,因為閣樓以下空間已在鏡頭外,因此往下推拉的高度亦可隨意為之。

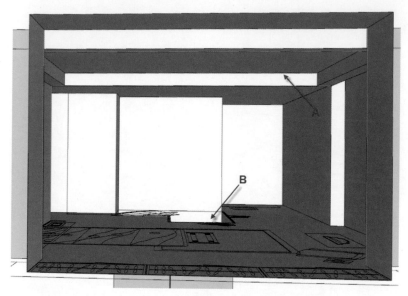

圖 7-11 使用**推拉**工具推拉出閣樓往樓下的空間

13 將視圖轉到室內床背景牆上,使用**畫線**工具,依圖示 1、2 點(平面圖中床背景牆中造型柱外側的點)畫垂直至天花板上,選取牆面的 3 邊線(地面線除外),使用**偏移**工具,將其往內偏移複製 6 公分,如圖 7-12 所示。

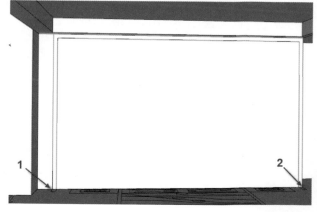

圖 7-12 在床背景牆上繪製 6 公分寬之 ㄇ 形面

14 使用**顏料桶**工具，將ㄇ形
面賦予第七章 maps 資料
夾中之 123.jpg 圖檔，做
為木紋之紋理貼圖，並將
圖檔寬度改為 45 公分，
使用**推拉**工具將此面往前
推拉複製 27 公分，再將
圖示 A 面向前推拉複製
1 公分，如圖 7-13 所示。

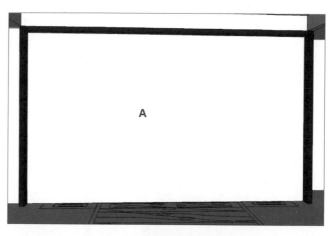

圖 7-13　將ㄇ形面及圖示 A 面各往前推拉複製

15 將視圖轉到左後側牆，選取圖示 A
線段（房門之地面線），使用**移動**工
具，將其往上移動複製 210 公分，
然後將此矩形面刪除以製作成門洞，
如圖 7-14 所示，此門對面牆壁尚有
一房門，因在鏡頭外此處省略不施做。

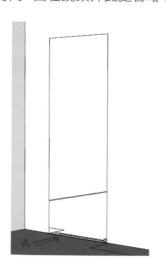

圖 7-14　在左內側牆上繪
製門範圍矩然後再將面刪除

16 請匯入第七章元件資料夾中之房
門 .skp 元件，將其置於內側牆門洞位
置，依平面圖調整其位置，此時門下
地面出現洞，使用**矩形**工具，補畫矩
形面將其補上，如圖 7-15 所示。

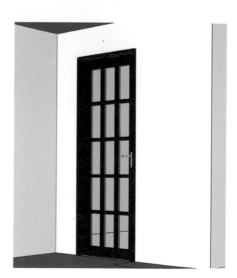

圖 7-15　匯入第七章房
門元件置於門洞位置上

17 使用**選取**工具，使用滑鼠左鍵在地面上點擊兩下，可以選取全部的地面，使用**移動**工具，將其往上移動複製 12 公分，再將複製上來的面刪除，可以在牆面上留下踢腳線，圖 7-16 所示。

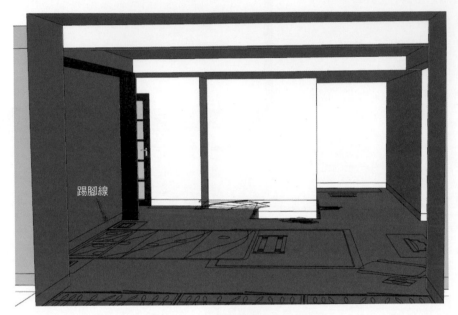

圖 7-16　在四週牆面製作踢腳線

18 使用**橡皮擦**工具，將牆面多餘的踢腳線刪除，使用**顏料桶**工具，賦予這些 12 公分高的面與場景相同的木紋材質，使用**推拉**工具，將這些面往前推拉 1 公分，全部室內踢腳板創建完成，如圖 7-17 所示。

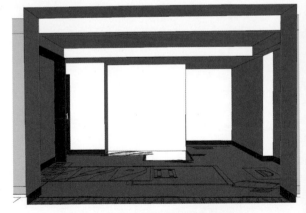

圖 7-17　全部室內踢腳板創建完成

7-2 創建斜面屋頂天花板造型

01 將視圖轉到屋外之天花平頂上，將中間的頂面刪除，選取 4 邊的線最投（圖示 A、B、C、D 線段），使用第四章介紹的 adebeo_pushline 將邊推成面之延伸程式，將 4 邊線推拉高 10 公分，如圖 7-18 所示。

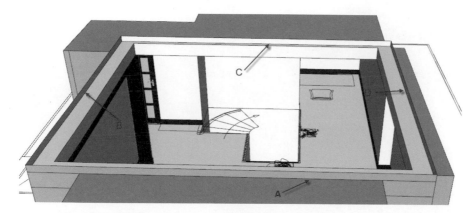

圖 7-18　將圖示 A、B、C、D 線段使用延伸程式將其推拉高 10 公分

02 現創建屋頂之大樑，使用**捲尺**工具，由圖示 1 點往右量取 232 公分的輔助點（圖示 2 點），使用**矩形**工具，按鍵盤上向右鍵以限制紅色軸，由圖示 2 點往右上繪製 22×105 公分之直立矩形，使用**移動**工具，將圖示 A 的線段往下移動複製 24 公分，如圖 7-19 所示。

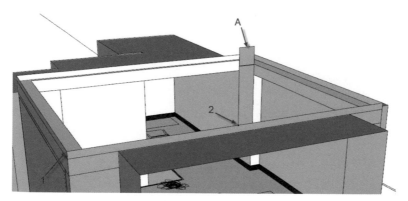

圖 7-19　在屋外之天花平頂上繪製直立矩形

03 除保留圖示 A 的面外，將其餘兩條直立線刪除，使用**畫線**工具，由圖示 1 至圖示 2，由圖示 3 至圖示 4 點上畫直線，可以畫出圖示 B 之面來，使用**推拉**工具，將圖示 B 面及 A 面分別推拉複製到天板另一側，並將屋外不正確的面改為反面，如圖 7-20 所示。

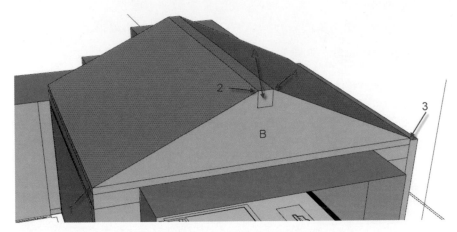

圖 7-20　將圖示 A、B 面各推拉複製至另一側

04 現製作縱樑部分，使用**捲尺**工具，在斜面屋線上，由圖示 1、2 點各往兩側量取 115 公分輔助點（圖示 3、4 點），使用**矩形**工具，在房體外繪製 12×18 公分之紅色軸向之直立面圖，使用**移動**工具，將其分別移動複製到圖示 3、4 點上，使用**推拉**工具，分別將位於斜面屋內之圖形推拉複製到另一側，如圖 7-21 所示。

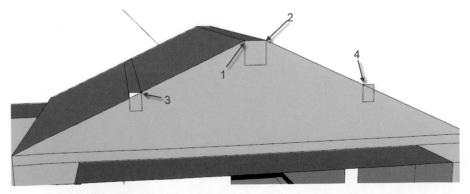

圖 7-21　將位於斜面屋內之圖形推拉至另一側

05 請匯入第七章元件資料夾內人字樑 .skp 元件，請將其置圖示 1 點位置上，如圖 7-22 所示，這是依斜面屋線形製作而成，其高度為 10 公分寬 8 公分並賦予相同的木紋材質。

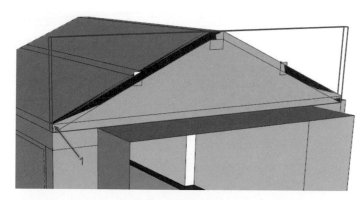

圖 7-22　將人字樑元件置於圖示 1 點位置上

06 選取此人字樑元件，使用**移動**工具，將其由圖示 1 點移動複製到圖示 2 點上，立即在鍵盤上輸入（/7），即可在斜面屋面上以平均距離再設置 7 組，如圖 7-23 所示。

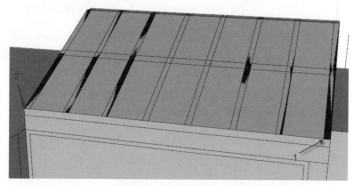

圖 7-23　在斜面屋面上以平均距離再設置 7 組人字樑

07 將視圖轉回到房體內部的天花板上，將不正確的反面改為正面，使用**顏料桶**工具，吸取場景中的木紋材質，賦予場景中之大樑及橫樑上，整體天花板造型創建完成，如圖 7-24 所示。

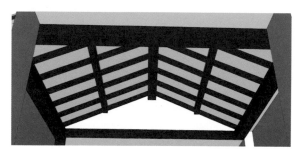

圖 7-24　整體天花板造型創建完成

7-3 創建右側牆及窗戶

01 現製作右側窗之窗簾盒，為說明方便將顯示模式改為單色模式，使用**移動**工具，將圖示 A 的線段往左移動複製 22 公分，將圖示 B 牆之天花板線也向左移動複製 22 公分，使用**推拉**工具，將圖示 C 的面向下推拉複製 2 公分，使用前端的樑齊，圖 7-25 所示。

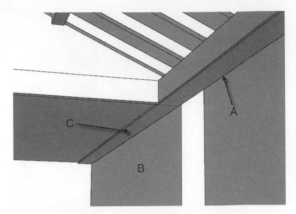

圖 7-25　將圖示 C 的面向下推拉複製 2 公分使用前端的樑齊

02 使用**推拉**工具，將剛才向下推拉複製 2 公分的側面（圖示 A 面），使用**推拉**工具，將其往左推拉複製 2 公分，再將圖示 B 面往上推拉 20 公分，整個窗簾盒製作完成，如圖 7-26 所示。

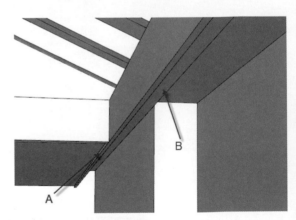

圖 7-26　整個窗簾盒製作完成

03 將視圖轉到右側牆後段部分，選取踢腳上方的牆線（圖示 A 的線段），使用**移動**工具，將其往上移動複製間隔為 78、4、146 公分，使用**推拉**工具，將高 146 公分的面往外推拉 24 公分，如圖 7-27 所示。

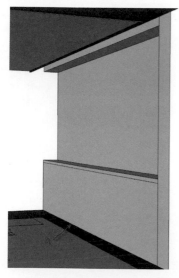

04 現製作窗檯，使用**推拉**工具，將高 4 公分高的面往前推拉 2 公分，在其窗檯側面兩直角製作 0.8 公分的倒圓角，使用**推拉**工具，將此圓弧面往前推拉掉，可以製作窗檯之倒圓角處理，如圖 7-28 所示，將此窗檯賦予相同的木紋材質。

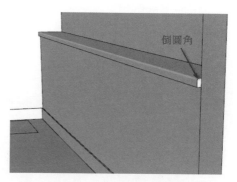

倒圓角

圖 7-27　將高 146 公分
的面往外推拉 24 公分

圖 7-28　製作窗檯之倒圓腳處理

05 先賦予 146 公分高之面予 Color_C16 之顏色材質，將視圖轉到屋外右側牆的後段部分上，使用**偏移**工具，將面往內偏移複製 6 公分，使用**畫線**工具，畫圖示 A、B 線段將圖示 C 面做分割處理，選取圖示 C 面及其 4 邊線，使用**移動**工具，將其由圖示 1 點移動到圖示 2 點上，立即在鍵盤上輸入（/3），可以將後段窗戶分割成 3 部分，如圖 7-29 所示。

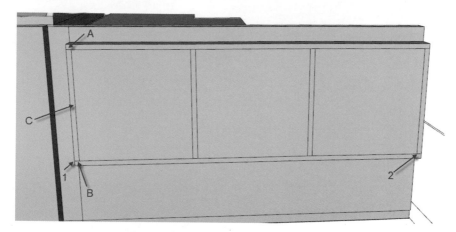

圖 7-29　將後段窗戶分割成 3 部分

06 使用**推拉**工具，將圖示
A、B、C 的面各往外
推拉 3 公分，使用**偏
移**工具，將圖示 A、B、
C 的面各往內偏移複製
1 公分，再使用**推拉**工
具，將圖示 A、B、C
的面各往外推拉 1 公
分，如圖 7-30 所示。

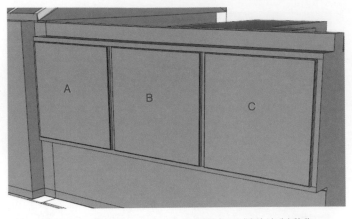

圖 7-30　將圖示 A、B、C 各做推拉及偏移複製動作

07 將視圖轉回到室內右側牆後段
部分，使用**顏料桶**工具，賦予
Color_H05 材質編號之顏色材
質，並在**不透明度**欄位調整不透
明度為 10，右側牆後段之窗戶
製作完成，如圖 7-31 所示。

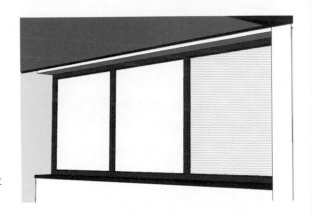

圖 7-31　右側牆後
段之窗戶製作完成

08 將視圖轉到右側牆前段部分，使
用**推拉**工具，將圖示 A 面往下
推拉 18，使用**顏料桶**工具，賦
予樑與踢腳間牆面（圖示 B 面）
Color_D16 之顏色材質，使用**偏
移**工具將其往內偏移複製 6 公
分，如圖 7-32 所示。

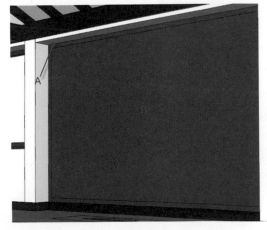

圖 7-32　將圖示 B 面
往內偏移複製 6 公分

09 將視圖轉到屋外右側牆前段部分，依後段切割玻璃窗為 3 格之方法，先將圖示 A 面做切割處理，再將其移動由圖示 1 點移動到圖示 3 點，立即在鍵盤輸入（/3），可以讓系統自動分割成 3 份玻璃窗，如圖 7-33 所示。

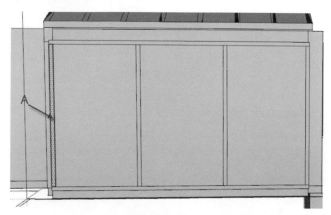

圖 7-33　將右側牆前段部分也分割成 3 格

---

10 使用**推拉**工具，將圖示 A、B、C 的面各往外推拉 3 公分，使用**偏移**工具，將圖示 A、B、C 的面各往內偏移複製 1 公分，再使用**推拉**工具，將圖示 A、B、C 的面各往外推拉 1 公分，如圖 7-34 所示。

11 將視圖轉回到室內右側前段部分，使用**顏料桶**工具，吸取後段玻璃窗之材質，再賦予前段之窗玻璃上，右側牆前段之窗戶製作完成，如圖 7-35 所示。

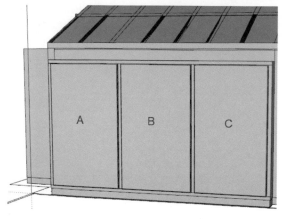

圖 7-34　將圖示 A、B、C 各做推拉及偏移複製動作

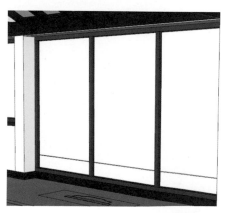

圖 7-35　右側牆前段之窗戶製作完成

12 請匯入第七章元件資料夾內之窗
簾 .skp 元件，這是已完成材質賦
予的元件，請將它移置在右側牆
窗簾盒內，右側牆整體造型創建
完成，如圖 7-36 所示。

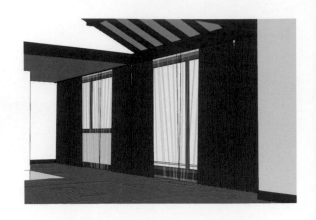

圖 7-36　右側牆整體造型創建完成

7-4　創建置物矮櫃 3D 模型

01 使用**矩形**工具，請在房體外繪製
92×30 公分的矩形，使用**推拉**工具，
將矩形面往上推拉 11.2 公分，再往
上推拉複製 77 公分，如圖 7-37 所
示。

02 選取立方體前立面左、右兩側的邊線
（圖示 A、B 線段），使用**移動**工具，
分別將其往內移動複製 5 公分，使用
推拉工具，將底下 11.2 公分高的面
往後推拉掉，如圖 7-38 所示。

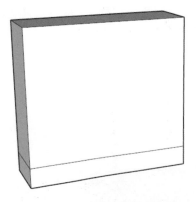

圖 7-37　在房體外繪製立方體

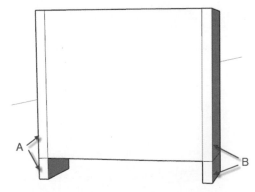

圖 7-38　將中間 11.2 公分的面往後推拉掉

03 使用**推拉**工具，將圖示 A 的面往後推拉 1.5 公分，再使用**推拉**工具，將圖示 B、C 的體塊的四邊，分別向外推拉 1.24 公分，以製作櫃子兩側的櫃腳，如圖 7-39 所示。

04 使用滑鼠在體塊頂面（圖示 A 面）點擊兩下，以選取面和 4 邊線，再按住 Shift 鍵在面上點擊一下，即可剩下選取週邊的線段，使用**移動**工具，將其向下移動複製間隔為 6、19.84、1.16、49.06 公分，如圖 7-40 所示。

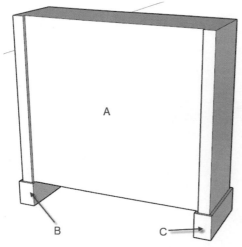

圖 7-39　製作櫃子兩側的櫃腳

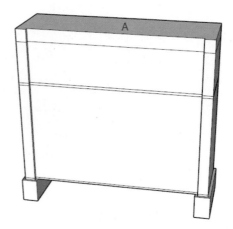

圖 7-40　將櫃體做橫的切割

05 匯入第七章元件資料夾中之矮櫃線板剖面 01.skp 元件，置於圖示 1 點處並將其分解，選取圖示 A 線段（含圍繞櫃體四週的所有線段），選取**路徑跟隨**工具點擊此剖面，即可為此處製作線板，如圖 7-41 所示。

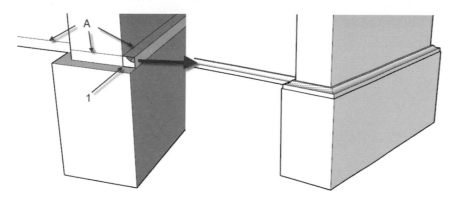

圖 7-41　使用矮櫃線板剖面 01 元件以製作底端的線板

06 與前面的作法相同，匯入第七章元件資料夾中之矮櫃線板剖面 02.skp 元件，置於圖示 1 點上，再移動複製一份到圖示 2 點上，分別選取圖示 A、B 線段（含圍繞櫃體四週的所有線段），使用**路徑跟隨**工具，為此兩處製作線板，如圖 7-42 所示。

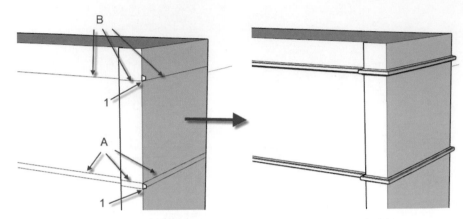

圖 7-42　使用矮櫃線板剖面 02 元件以製作中端的兩處線板

07 與前面的作法相同，匯入第七章元件資料夾中之矮櫃線板剖面 03.skp 元件，置於圖示 1 點上，選取圖示 A 線段（櫃頂周圍線段），使用**路徑跟隨**工具，為此處製作線板，如圖 7-43 所示。

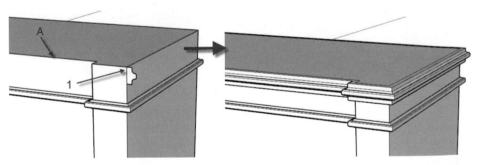

圖 7-43　使用矮櫃線板剖面 03 元件為櫃頂製作線板

08 現製作櫃子下端的長抽屜，使用**偏移**工具，將下段的櫃子立面向內偏移複製 1.6 公分，使用**畫線**工具，畫圖示 A、B 線段以切割面（圖示 C 面），使用**移動**工具，選取圖示 C 面由圖示 1 點移動複製到圖示 2 點上，立即在鍵盤輸入（/3），可以為此面分割成 3 個抽屜，如圖 7-44 所示。

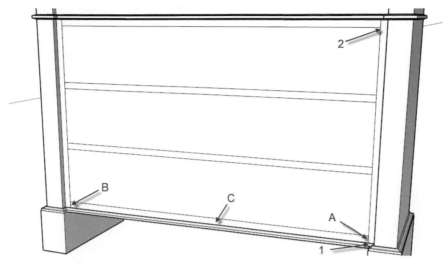

圖 7-44　為此面分割成 3 個抽屜

09 選取其中一抽屜面，使用**偏移**工具，將圖示 A 面往內偏移複製 0.35 公分，選取此偏移複製後中間面的 4 邊線，執行下拉式功能表→**延伸程式**→ **Tube Along Path（生成圓管）**功能表單，設定半徑為 0.35 公分，可以生成抽屜四週的線板，使用**移動**工具，將此移動複製到其它兩抽屜上，如圖 7-45 所示。

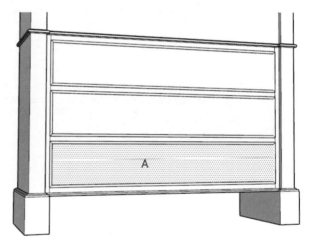

圖 7-45　為 3 長抽屜製作四週的線板

10 現製作櫃子上端之短抽屜，依上面的方法，使用**偏移**工具，將面往內偏移複製 1.6 公分，先作圖示 A 面的分割，選取圖示 A 面往上移動複製，以做兩層橫的分割，再選取圖示 B 面往右移動複製，以製作兩層垂直的分割，結果可以製作出 4 個抽屜面，如圖 7-46 所示。

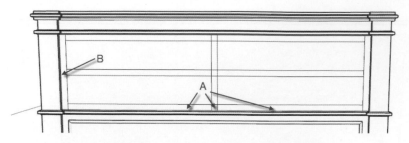

圖 7-46　在櫃子上端製作出 4 個抽屜面

11 選取其中一抽屜面，使用**偏移**工具，將圖示 A 面往內偏移複製 0.35 公分，選取此偏移複製後中間面的 4 邊線，執行 Tube Along Path（生成圓管）延伸程式，設定半徑為 0.35 公分，可以生抽屜四周的線板，使用**移動**工具，將此移動複製到其它三抽屜上，如圖 7-47 所示。

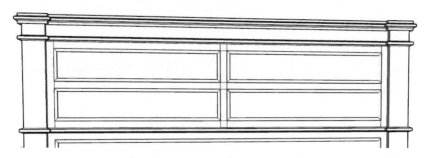

圖 7-47　製作短抽屜的 4 個抽屜面

12 將視圖轉到櫃子底部，使用用**捲尺**工具，在底部面上前後端往後 0.8 公分繪製補助線，匯入第七章元件資料夾中角飾 .skp 元件，將其置於圖示 1 點處，再移動複製到其他三處相關位置上，如圖 7-48 所示。

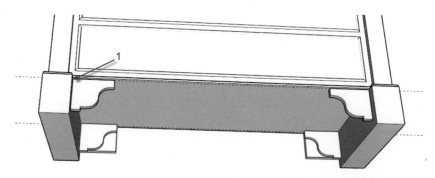

圖 7-48　在櫃底四角落設置角飾元件

13 選取全部的櫃子，賦予場景中之木紋材
質，再將第七章元件資料夾中之抽屜把手
01.skp 及抽屜把手 02.skp 兩元件匯入，
抽屜把手 01 元件置於大抽屜上，抽屜把
手 02 元件置於小抽屜，整體置物矮櫃
3D 模型創建完成，如圖 7-49 所示。

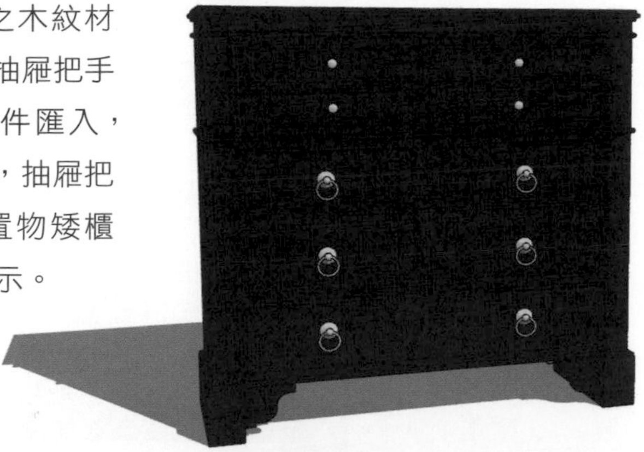

圖 7-49　整體置物矮櫃 3D 模型創建完成

14 選取全部的櫃子圖形將其組成元件，本元件經以置物矮櫃 .skp 為檔名存放在第七
章元件資料夾中，供讀者自行開啟研究之。

7-5　創建臥房後段樓梯空間造型

01 現創建樓梯空間之天花板
造型，將視圖轉到屋外之
臥房後段之屋頂上，使用
矩形工具，由圖示 1 點往
上右上繪製 226.5×220.01
公分之矩形（圖示 A 面），
使用**偏移**工具，將圖示 A
面往內偏移複製 2 公分，
如圖 7-50 所示。

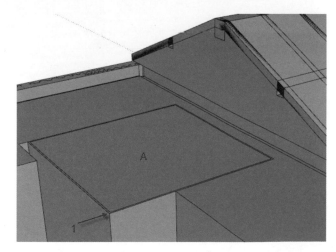

圖 7-50　將圖示 A 面往內偏移複製 2 公分

02 將視圖轉到臥房後段空間，使用**推拉**工具，將圖示 A 面往上推拉 20 公分，再將 A 面四週 2 公分寬之面往下推拉 2 公分，使用**顏料桶**工具，將樓梯空間之天花板造型賦予室內相同的木紋材質（圖示 A 面除外），如圖 7-51 所示。

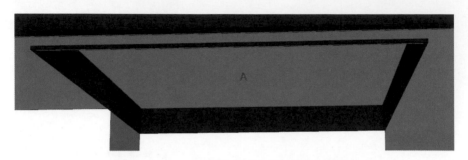

圖 7-51　將樓梯空間之天花板造型賦予木紋材質（圖示 A 面除外）

03 請匯入第七章元件資料夾中之樓梯 .skp 元件，使用**旋轉**工具將其旋轉 90 度，再使用**移動**工具，將其移動到示 1 點位置上，如圖 7-52 所示。

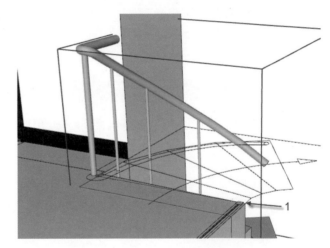

圖 7-52　將樓梯元件匯入到圖示 1 點上

溫馨提示　在室內設計 3D 空間的創建上，為減少場景建模體積，常將鏡頭外的物件給予省略不處理，例如前面建房體時浴室門位在鏡頭外，故略而不予處理，而此處的樓梯下方階梯，仍依經驗給予刪除不予設置。

04 選取剛製作位於屋外的置物矮櫃，使用**移動**工具，將其移動到平面圖中矮櫃的位置上，如圖 7-53 所示，讀者亦可直接匯入第七章元件資料夾中之置物矮櫃 .skp 元件直接套用。

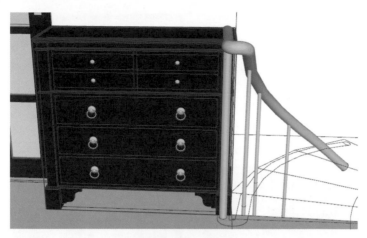

圖 7-53 　將置物矮櫃元件移動到樓梯左側位置

05 觀看場景樓梯扶手與矮櫃有點相交錯之不合理現象，請選取矮櫃元件，使用**比例**工具，將其等比例縮小 0.96，然後再調整其位置，如圖 7-54 所示。

06 請匯入第七章元件資料夾中相框組 .skp 元件，這是已賦予紋理貼圖之元件，請將它置於置物矮櫃之上方，如圖 7-55 所示。

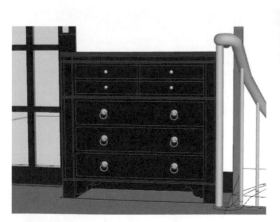

圖 7-54 　將矮櫃以等比方式縮小 0.96

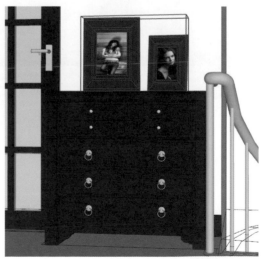

圖 7-55 　將相框組元件置於置物矮櫃上

07 請匯入第七章元件資料夾中古典隔屏 .skp 元件，這是已賦予紋理貼圖之元件，並在第六章示範創建方法，請移動到平面圖中之相關位置上，如圖 7-56 所示。

08 選取此古典隔屏元件，使用**移動**工具，將其依平面圖位置，將其移動複製多組，以圍住樓梯井一圈，以做為此區之護欄作用，如圖 7-57 所示，本元件因具鏤空效果，無形中將增加視野空間。

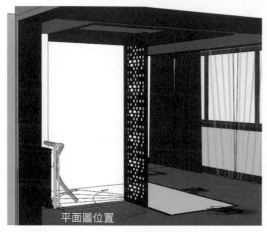

圖 7-56　將中古典隔屏 .skp 元件匯入到平面圖相關位置

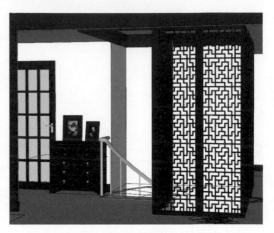

圖 7-57　將古典隔屏元件圍住樓梯井一圈

7-6　場景中匯入傢俱及裝飾品等元件

01 請執行下拉式功能表→**檔案**→**匯入**功能表單，將第七章元件資料夾內床組 .skp 元件匯入，這是已賦予紋理貼圖之元件，請將其置於床舖背景牆前中間位置，如圖 7-58 所示。

圖 7-58　將床組元件置於床舖背景牆前

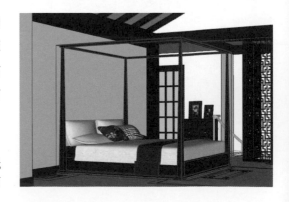

02 請將第七章元件資料夾內床頭
櫃 .skp 元件匯入，這是已賦予紋
理貼圖之元件，請將其置於床組
之左側，再匯入檯燈 .skp 元件，
置於床頭櫃的上方，選取此兩元
件將其移動複製到床組的右側，
如圖 7-59 所示。

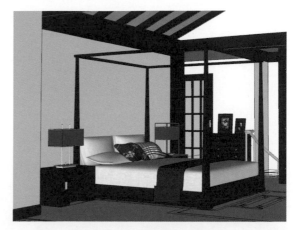

圖 7-59　將床頭櫃及檯燈置於床組的左、右兩側

03 將第七章元件資料夾內床尾
椅 .skp 及地毯 .skp 兩元件匯入，
這都是已賦予紋理貼圖之元件，
請將床尾椅置於床組前的位置，
將地毯置於床組及床尾椅元件下
方地面上，如圖 7-60 所示。

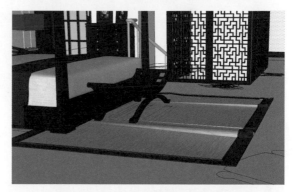

圖 7-60　將床尾椅 .skp 元件地毯 .skp 兩元件匯入場景中

04 將第七章元件資料夾內木盤 .skp
元件匯入，這是已賦予紋理貼圖
之元件，請將其置於床組上，再
將飾物 01.skp 至飾物 04.skp 等
4 元件置於木盤元件內，如圖
7-61 所示。

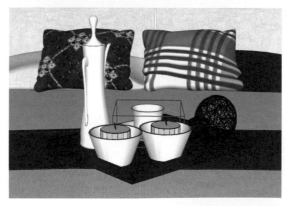

圖 7-61　將木盤及飾物 01 至 04 等元件匯入到床組上

05 使用**顏料桶**工具，將床背景牆賦予
第七章 maps 資料夾中之 4b2e.jpg 圖
檔，做為牆面之紋理貼圖，並將圖檔
寬度改為 160 公分，接著將第七章
元件資料夾內掛畫 .skp 元件匯入，這
是已賦予材質之元件，將其置於床組
後之牆面上，如圖 7-62 所示。

06 將第七章元件資料夾內電視櫃 .skp 及
電視機 .skp 兩元件匯入，這是已賦予
材質之元件，請將其電視櫃元件依平
面圖位放置，而電視機元件則置於電
視櫃上，如圖 7-63 示。

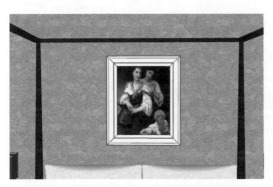

圖 7-62　賦予床背景牆面紋理貼
圖並匯入掛畫元件置床後之牆面上

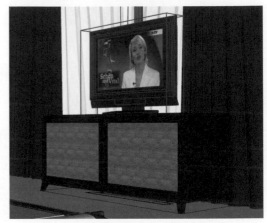

圖 7-63　將電視櫃及電
視機兩元件匯入到場景中

---

07 將第七章元件資料夾內休閒沙發 .skp
及立燈 .skp 兩元件匯入，這是已賦
予材質之元件，請將休閒沙發元件依
平面圖位置（電視櫃之右側），再將
立燈元件置於休閒沙發元件之右側位
置，如圖 7-64 所示。

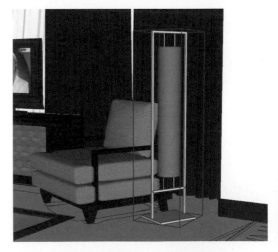

圖 7-64　將飾物 03 及盆栽 01 兩
元件匯入到工作桌上之右側位置

08 將第七章元件資料夾內置物架 .skp、盆栽 02.skp、盆栽 03.skp 等 3 元件匯入，將置物架元件置於面向窗戶方向之古典隔屏前，將盆栽 03 置於面向床組方向之古典隔屏前，再將盆栽 02 置於置物架上，這些都是已賦予紋理貼圖之元件，如圖 7-65 所示。

09 將視圖轉到內牆面上，將第七章元件資料夾內化妝檯 .skp 及化妝鏡 .skp 兩元件匯入，這是已賦予紋理貼圖之元件，請將化妝檯元件置於內牆前，再將化妝鏡元件置於化妝檯上方之牆面上，如圖 7-66 所示。

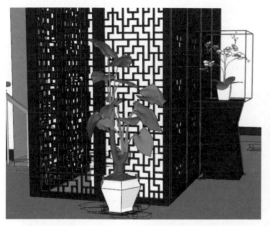

圖 7-65　將置物架、盆栽 02 及盆栽 03 等 3 元件匯入到場景中

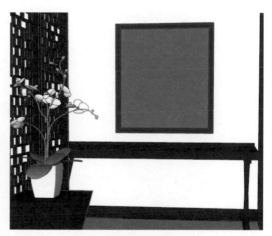

圖 7-66　將化妝檯及化妝鏡兩元件匯入到內牆前

10 將第七章元件資料夾內造型箱 .skp 及盆栽 01.skp 兩元件匯入，這是已賦予紋理貼圖之元件，請將造型箱元件置於化妝檯上之右方位置，盆栽 01 元件置於化妝檯上之左方位置，如圖 7-67 所示。

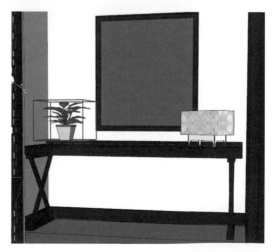

圖 7-67　請將造型箱及盆栽 01 兩元件匯入至化妝檯上方位置

11 使用**顏料桶**工具，將室內地面賦予第七章 maps 資料夾內 11159.jpg 圖檔，以做為地面之木地板材質，並將圖檔寬度改為 120 公分，再匯入第七章元件資料夾內化妝椅 .skp 元件，將其置於化妝檯前，如圖 6-68 所示。

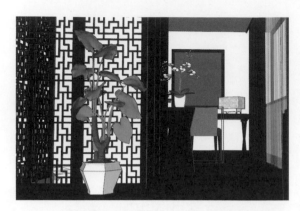

圖 7-68　將室內地面賦予木地板材質並將化妝椅元件匯入到場景

12 將第七章元件資料夾內吊燈 01.skp 及吊燈 02.skp 兩元件匯入，這是已賦予材質之元件，請將吊燈 01 元件置於臥房區中之主樑上，吊燈 02 元件置於樓梯間上方之天花平頂上，如圖 7-69 所示。

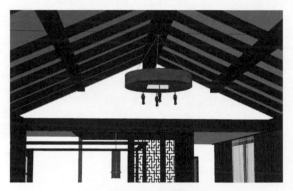

圖 7-69　將吊燈 01 吊燈 02 兩元件匯入到場景並置於天花平頂上

13 將第七章元件資料夾內筒燈 .skp 元件匯入，這是已賦予顏色材質之元件，請在床頭上方之橫樑內設置兩盞，如圖 7-70 所示，然後使用**移動**工具，將此筒燈元件移動複製數盞，置於後段空間之天花平頂上。

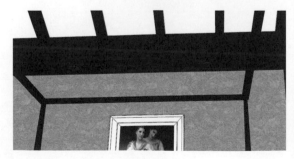

圖 7-70　在床頭上方之橫樑內設置兩盞筒燈

7-7 創建露台景觀

01 將視圖轉到右側牆之屋外露台上，使用**畫線**工具，在平面圖上由圖示 1 點，沿著露台外圍及房體外圍畫上一圈，當畫回到圖示 1 點時可以創造出露台之地面，並且將此地面轉為正面，如圖 7-71 所示。

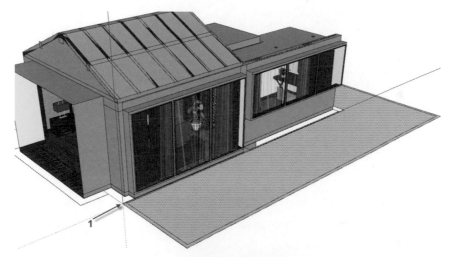

圖 7-71 使用**畫線**工具畫出露台之地面

02 選取露台之 3 邊線（圖示 A、B、C 線段），使用**偏移**工具，將其向內偏移複製 10 公分，使用**推拉**工具，將此 10 公分面往上推拉 15 公分，以創建露台護欄之基座，如圖 7-72 所示。

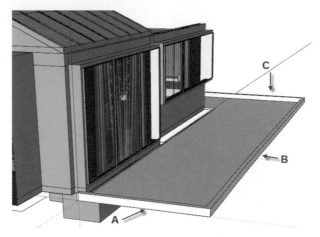

圖 7-72 創建露台護欄之基座

03 請匯入第七章元件資料夾內護欄 .skp 元件，將其置於露台護欄之基座上，使用**移動**工具，於窗戶方向露台上複製 3 組，房體後段部分只複製一組，如圖 7-73 所示。

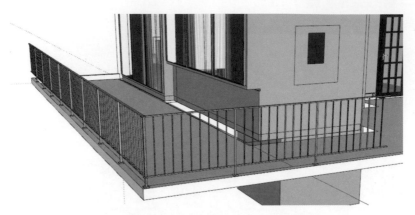

圖 7-73　將護欄元件匯入置入到露台護欄之基座上

04 請匯入第七章元件資料夾內戶外帶傘坐椅 .skp、戶外椅 .skp 及陽傘 .skp 等 3 元件到露台上，將戶外帶傘坐椅元件置於露台之轉角處，戶外椅及陽傘 2 元件則置於較前端位置，如圖 7-74 所示。

05 使用**畫線**工具，在露台右側外畫上任意長度之 L 形線段，使用 adebeo_pushline 將邊推成面之延伸程式，將 L 形線段推拉成面，並使其高度超過房子高度，而且低於房體地面，如圖 7-75 所示。

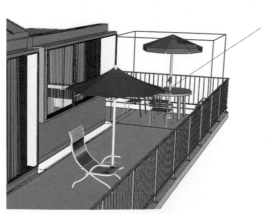

圖 7-74　將戶外帶傘坐椅等 3 元件匯入到露台上

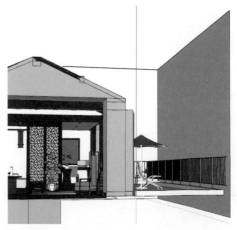

圖 7-75　在露台外側創建 L 形直立面

06 使用**顏料桶**工具，將此 L 形立面賦予場景沒有之顏色，再將視圖轉到屋內，觀看此顏色是否充滿個窗戶而無穿幫之虞，如因有缺失可至屋外調整 L 形立面範圍即可，如圖 7-76 所示。

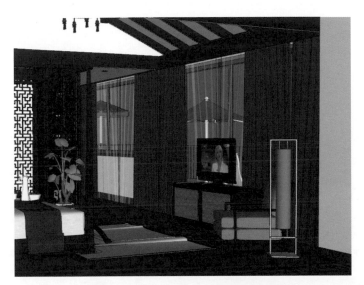

圖 7-76　讓 L 形立面充滿整個玻璃窗

07 使用**顏料桶**工具，將 L 形面賦予第七章 maps 資料夾內 007.jpg 圖檔，以做為此 L 形立面之紋理貼圖，並調整圖檔之高度為 510（此處高度應是讀者建立 L 形立面之高度），戶外之背景牆創建完成，如圖 7-77 所示。

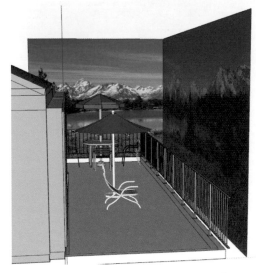

圖 7-77　戶外之背景牆創建完成

7-8 鏡頭設置及匯出圖形

當場景辛苦創建完成，最終的目的是要將此成果做一終結，其一是匯出到渲染軟體中做照片級透視圖表現，一般其鏡頭及輸出設置會在渲染軟體中為之；其二則直接出圖給業主，此時鏡頭設置及後期處理就相當重要，本小節專為鏡頭設置做説明，至於後期處理之操作方法則待第九章中再詳為説明。

01 有關鏡頭設定在 SketchUp2013 版本以後將其歸納到**鏡頭**工具面板中，現設定鏡頭焦距大小，請在此工具面板中選取**鏡頭縮放**工具按鈕 🔍，在測量工具面板中會顯示 35 度，如圖 7-78 所示。

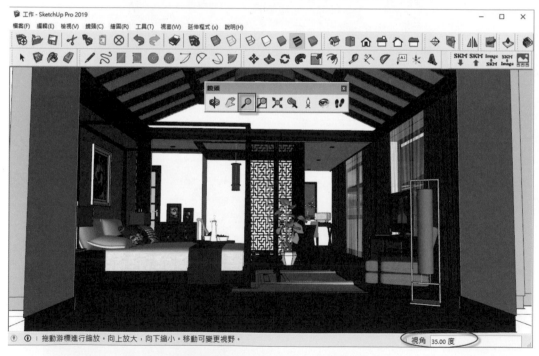

圖 7-78　系統內定鏡頭焦距單位為度

02 當**鏡頭縮放**工具維持選取狀態下，在鍵盤上輸入 30，在數字後再加入 mm 單位名稱，即可改變鏡頭焦距為 30mm，如果現有單位即為 mm 單位時，其後改變焦距大小均可不用再輸入單位名稱。

03 使用操控視圖的方法，選取場景中最佳的視覺角度，此時尚不知視平線（即鏡頭的高度），請選取**鏡頭**工具面板上的**行走**工具 ，並立即在鍵盤輸入 100，即可定出鏡頭的高度為 100 公分，如 7-79 所示。

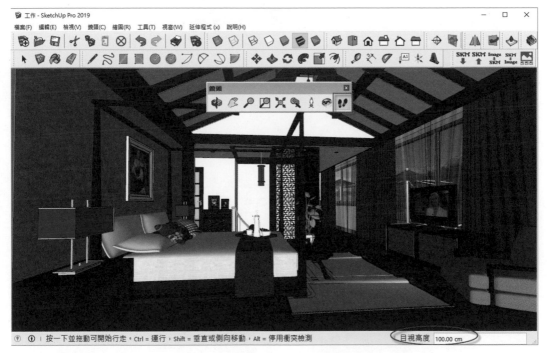

圖 7-79　設定鏡頭的高度為 100 公分

因各人之審美觀不同，室內設計透視圖之取鏡角度各有不同，但依然有些經驗值及基本法則可供參考，例如鏡頭高度一般設定在 80 公分至 120 公分為最佳狀態，鏡頭焦距可以設定在 30mm 至 50mm 之間，然最重要的就是盡量排除房體以外的空間入鏡。

04 在真實世界中，所有視覺角度都是呈三點透視關係，然在透視圖的表現上均會要求二點透視情境，以維持畫面的穩定性，此即要求 Z 軸是呈垂直狀態，請執行下拉式功能表→**鏡頭**→**兩點透視圖**功能表單，如圖 7-80 所示。

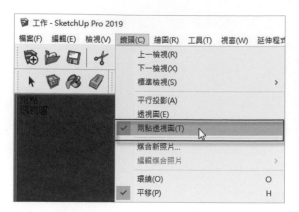

圖 7-80　執行**兩點透視圖**功能表單

05 當執行**兩點透視圖**功能表單後，則場景中的直立線皆會呈垂直地面狀態，場景右上角會顯示兩點透視字樣，如圖 7-81 所示。

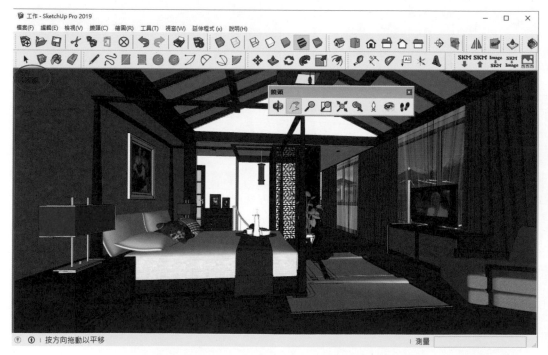

圖 7-81　兩點透視模式使場景中直立線皆呈垂直狀態

06 為保存辛苦建立的鏡頭設置，請執行下拉
式功能表→**檢視**→**動畫**→**新增場景**功能表
單，系統接著會開啟**警告 - 場景和樣式**面
板，在面板中請選取**另存為新的樣式**欄位，
如圖 7-82 所示，當在面板中按下**建立場
景**按鈕，在場景左上角會增加（場景號 1）
之圖標，如圖 7-83 所示，即可為本模型
建立一場景。

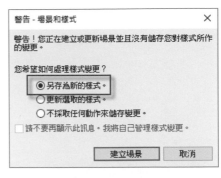

圖 7-82　在面板中請選
取另存為新的樣式欄位

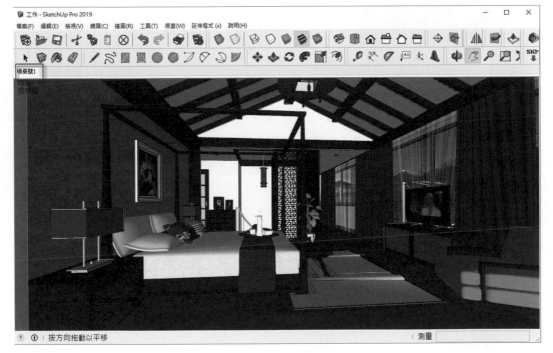

圖 7-83　在場景左上角增加（場景號 1）之圖標

07 利用上面設定鏡頭的方法，讀者可以再增設多個場景，以供事後選擇最佳的視覺
角度出圖，另外當場景視角有變動時，只要執行場景圖標即可快速回到預先儲存
的鏡頭角度。

08 請選取樣式工具面板中的**單色模式**按鈕 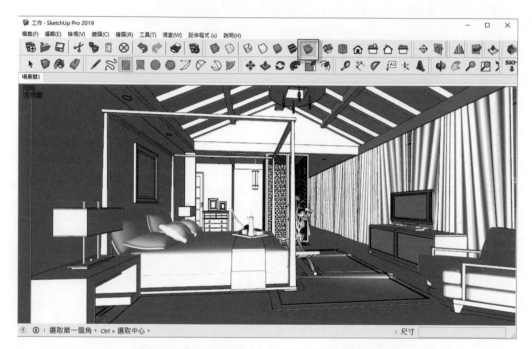，場景中只會顯示正反面的材質，在場景中顯然除了盆栽之葉面為反面外，其它的面均為正面，如圖 7-84 所示：此工具主要工作在檢查場景中是否存在反面材質。

圖 7-84　使用單色模式按鈕以檢查場景中的正反面

09 因為渲染軟體無法辨識反面材質，如果想要匯出到渲染軟體中做後續處理，就必需將反面者改為正面，如果只在 SketchUp 出圖，因為它正反面均可賦予材質，則可以不理會正反面，此範例因只在 SketchUp 出圖所以可以不理會正反面問題。

10 改回帶紋理的陰影模式，執行下拉式功能表→**視窗**→**模型資訊**功能表單，可以打開**模型資訊**面板，在此面板中請選取**統計資訊**選項，在右側的面板中先執行**清除未使用的項目**按鈕，以清除未使用的元件、材質等，此為執行場景瘦身動作。

11 接著在面板中再執行**修正問題**按鈕，系統會運算一些時間並打開**正確性檢查**面板，此動作在讓系統自動偵測場景中隱藏的錯誤，如有錯誤系統會自動改正之，如果沒有錯誤系統會報告找不到問題，惟此一動作應隔一段時間以手動方式為之，以預防無預警當機，如圖 7-85 所示。

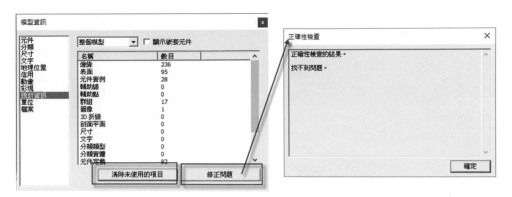

圖 7-85　在面板中執行瘦身及檢查系統錯誤動作

12 在場景設置中如果窗洞或門洞範圍很大時，一般房體之背景都會留待後期處理時再給予加上，本場景窗洞有二面向，可說範圍相當寬大，其實並不適合做背景牆，然因窗簾為半透明之故，在後期處理時較為棘手，故以兩立面矩形以製作窗外背景牆，以讓讀者可以多了解不同背景的建構思路。

13 創建溫馨閣樓之主臥室空間整體設計完成，為保全辛苦製作的場景，記得把本設計案先行存檔，本空間設計經以溫馨閣樓之主臥室 .skp 為檔名，存放在第七章中，供讀者自行開啟研究之。

14 當讀者選擇 VRay 做為後續渲染軟體，場景的設置就相當重要，因為它倚賴 SketchUp 的場景設置做為支撐，如果選擇以獨立渲染軟體（如 Artlantis）做為後續渲染操作時，因它們本身已有較佳的**鏡頭**工具，所以沒有必要先在 SketchUp 中預做場景設置，在此先予敘明。

15 本章中之場景主要示範由 SketchUp 直接出圖之方法，這是相當快速、直接的表現方式，但當想要讓出圖表現更有變化，理應再經由 Photoshop 做後期處理方為正辦，而且為服務後期處理 Photoshop 操作之需要，將執行多圖檔的輸出，此部分將統一由第九章做說明。

16 先選取場景號 1 頁籤，請執行下拉式功能表→**檔案**→**匯出**→ **2D 圖形**功能表單，如圖 7-86 所示，可以打開匯出 2D 圖形面板，在面板中選擇 tif 檔案格式，然後按面板下方的**選項**按鈕，可以再打開**擴展匯出圖像**選項面板，將**使用檢視大小**欄

位勾選去除，填入寬度 3000，高度系統會自動調整 1425，勾選**消除鋸齒**欄位，**透明背景**欄位不勾選，如圖 7-87 所示，如果電腦配備不足無法存檔，請將出圖大小再調小些。

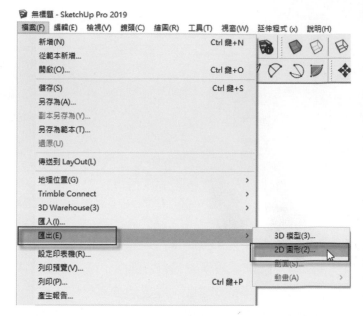

圖 7-86　執行下拉式功能表→檔案→匯出→2D 圖形功能表單

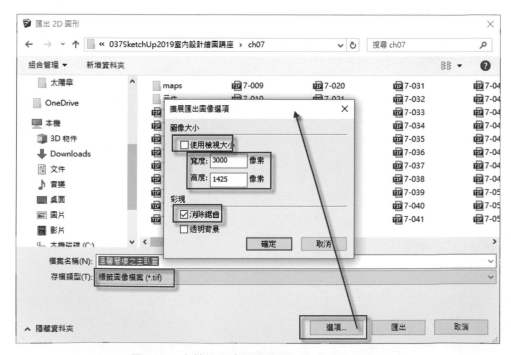

圖 7-87　在擴展匯出圖像選項面板中做各項設定

17 在面板中按下**確定**按鈕以結束匯出圖像選項面板之設定，回到匯出 2D 圖形面板，在面板中指定輸出資料夾，並在檔案名稱欄位中設檔名為溫馨閣樓之主臥室 -- 出圖。

18 當在面板中按**匯出**按鈕，即可以將場景號 1 依設定匯出，本檔案經以溫馨閣樓之主臥室 -- 出圖 .tif 為檔名匯出到第七章中，如圖 7-88 所示。

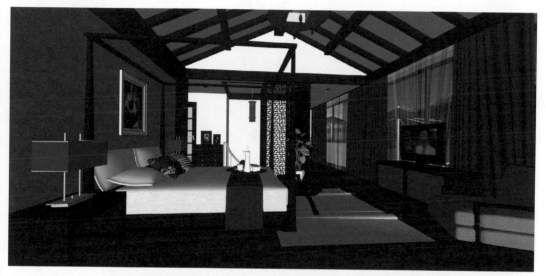

圖 7-88　場景號 1 經匯出為溫馨閣樓之主臥室--出圖 .tif 圖檔

19 經由 SketchUp 直接出圖的結果，因它本身未具渲染引擎，因此其產出結果無法達到照片級的效果，雖然經由 Photoshop 的處理後期處理，基本可以稍微改善些，然終究是以人工方式強加光影變化，所以還是有些假象無法令人信服。

20 為改善此項缺失以爭取客戶最大信賴，本場景經以 VRay for SketchUp 軟體做渲染手段，以產出照片級透視圖效果，如圖 7-89 所示，為設定正前方之透視圖表現，如圖 7-90 所呈現的透視圖表現。

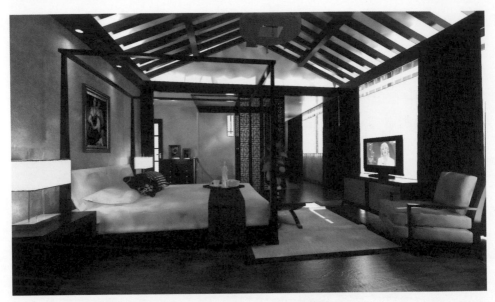

圖 7-89　設定正前方之透視圖表現

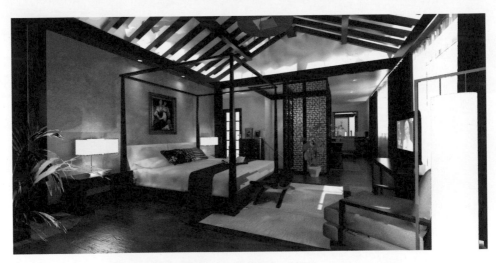

圖 7-90　透視圖呈現效果

做為一位專業級的設計師，基本上於行有餘力時應勤學後續的渲染軟體，而這些軟
體在第一章已有做過簡單介紹，如果讀者想要短期學會這些軟體之操作與運用，筆
者在文化大學推廣教育部（北市建國南路）或華岡興業基金會都設有此類課程，有
興起的讀者請自行聯絡此兩單位。

08

Chapter

LayOut 使用介面與
施工圖之繪製

現今 3D 繪圖已儼然成熟，設計師所要涉及的電腦軟體即有數種之多，例如 2D 平立面圖繪製→ 3D 建模軟體以建立場景→渲染軟體之照片級渲染→影像軟體之後期處理，每一環節之軟體發展都已儼然成為龐大複雜的操作系統，因此尋求一種軟體能兼顧多方面功能者，成為設計師們渴求的對象。如今 SketchUp 不僅挾其學習容易操作簡單的特性普獲眾人青睞，而成為 3D 場景建模工具之主流，其附帶的 LayOut 更兼具製作施工圖的功能，而在版本不斷更新之際，其功能更是無限加強，實足以取代 CAD 軟體，如今學習一套 SketchUp 軟體足以應付 3D 建模與 2D 施工圖之繪製所有需求，可謂一套 CP 值相當高的應用軟體。

　　有長期關注 SketchUp 發展的使用者，似乎可以感受到 SketchUp 的開發團隊在歷次的改版中，幾乎較偏重於 LayOut 新功能的開發，企圖在佔穩 3D 建模龍頭地位後，另圖包辦 2D 施工製圖領域，誠然在使用 SketchUp 創建場景完成後，即可將 3D 場景快速轉化為施工圖說。然而它畢竟是以 3D 建模為主要範疇，而且為符合後續渲染軟體之光能傳遞（熱輻射）之需求，單面建模成為 SketchUp 創建場景的主要模式，如此在將場景轉化為施工圖說中，呈現單線的實體表現，幾乎與傳統的施工圖表現有點格格不入，另一方面在施工圖中之圖形比例與非圖形比例，在國家標準的製圖規範中均有詳細規範，在 AutoCAD 中可以順利使用視埠比例與註解比例功能加以有效解決（有關圖形比例、非圖形比例、視埠比例與註解比例，請參閱作者另一本著作 **AutoCAD2018 電腦繪圖基礎應用**一書，由旗標公司出版）。然而 SketchUp 製圖工具與功能畢竟沒有 AutoCAD 那樣完備，較無法繪製符合國家標準規範的施工圖，因此當需要國家審批的案件，惟有依賴 AutoCAD 繪製一圖，此時 SketchUp 是否處於無能為力境界？在之前版本使用者可能會有此感受，但到了 SketchUp2019 版本後此種缺失已可獲得解決，在此版本中 LayOut 與 CAD 圖已能相當融洽的互補結合在一起，兩者的檔案已可互轉無誤。

　　誠然很多人會認為在 CAD 軟體上可以繪製更細緻與符合國家標準的施工圖說，然而與業主溝通的媒介是室內透視圖表現，而其與施工人員溝通的橋樑則是施工圖，如果以 SketchUp 繪製之 3D 施工圖能讓施工人員更能了解工程內容，尚斤斤計較於施工圖中的繁文褥節乎？尤其在室內設業界中普遍存在時間壓力，如何以最有效率方式提供提案內容，是設計師追求的目標，因此在透視圖及施工圖的表現上，只要達到水準以

上即可,有如操作智慧型相機一樣,只要運用得當即可在短時間內產出令人驚豔的施工圖説,在本章中除對 LayOut 的操作做詳細的介紹,更以一小節做 CAD 圖與 LayOut 間檔案轉換過程,做精闢的技巧解説,讓使用者之施工圖能得到更精確的要求。

8-1　LayOut 操作界面

01 進入 SketchUp2019 程式中,打開第八章元件資料夾內置物矮櫃 .skp,接著執行下拉式功能表→**檔案**→**傳送到 LayOut** 功能表單,如此即可打開 LayOut 程式並自動插入置物矮櫃 .skp 元件,如果未先儲存檔案,系統可能會要求先存檔,才能開啟 LayOut 程式。

02 在進入 LayOut 程式後,會打開範本面板,系統要求選取紙張,並已準備好各種格式的圖紙供選取,現在選擇一個 A3 橫向沒有網格的圖紙(網格可以隨時加上或取消),如圖 8-1 所示。

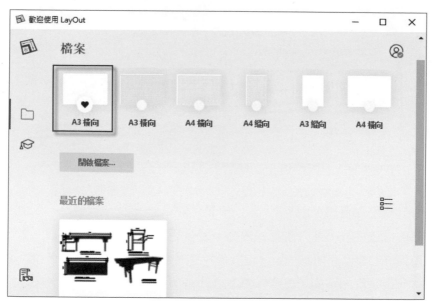

圖 8-1　在範本面板中選取 A3 橫向沒有網格的圖紙

03 如果直接由 LayOut2019 執行程式，當選擇 A3 橫向沒有網格的圖紙後，繪圖區會是一片空白，請執行下拉式功能表→**檔案**→**插入**功能表單，輸入第八章元件資料夾內置物矮櫃 .skp 元件，同樣可以打開置物矮櫃元件，如圖 8-2 所示。

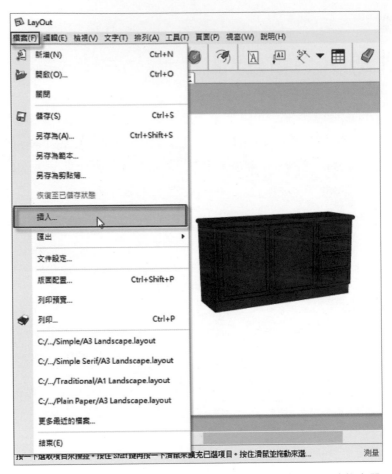

圖 8-2　直接由 LayOut 執行程式者請執行下拉式功能表**插入**功能表單

04 當選取圖紙樣板後，進入到程式內部，會呈現 LayOut 的操作界面，如圖 8-3 所示。如果讀者與此畫面不一致，沒關係，這是為解說方便，縮小了預設面板所致，而這些面板是可調整的，現將各界面依功能不同試分數區，並將各區功能說明如下：

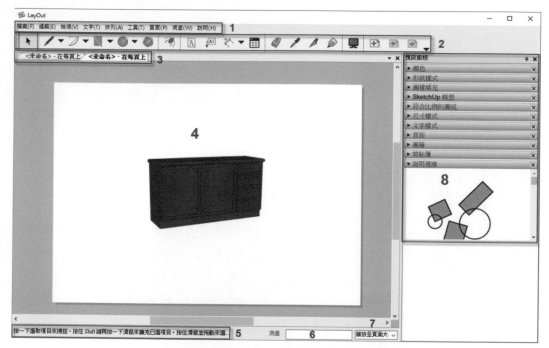

圖 8-3　進入 LayOut 後之操作界面

1 下拉式功能表區：這是由檔案、編輯、檢視、文字、排列、工具、頁面、視窗、說明等九個功能表所組成。

2 工具列面板區：系統內定位於下拉式功能表下方，由 19 個工具組所組成，此面板是活動的，可以使用滑鼠將它移動到螢幕的左側，成為直立式工具面板，端看個人需要而定。

3 文件頁面區：在 LayOut 中可以同時展現多個文件，而文件內可以包含多個頁面，文件有如 AutoCAD 中的模型空間，頁面則有如圖紙空間，在 AutoCAD2014 以後版本中亦仿 LayOut 方式增設了文件頁面設計。

4 繪圖區：這是 LayOut 繪製施工圖時的主要工作區域。

5 狀態欄區：當游標在軟體操作界面上移動時，狀態欄中會有相應的文字提示，根據這些提示，可以幫助使用者更容易地操作軟體。

6 測量區（亦即數值輸入區）：螢幕右下角的測量區，可以根據當前的繪圖情況輸入**長度**、**距離**、**角度**、**個數**等相關數值，以創建精確的圖形，其操作方法類似於 SketchUp 之測量區。

7 縮放清單區（亦即顯示比例區）：這一區和 Windows 的一般程式功能相同，可以控制畫面顯示比例，這和圖形的比例是不同意義，希望兩者不要相混淆。

8 預設面板：這是由 11 個預設面板所組成，這些面板是可以自由顯示或隱藏，也可以自由展開或縮小，在 2018 版本以後增加了符合比例的圖紙預設面板一項。

9 螢幕滑桿：由於 LayOut 亦如 AutoCAD 有模型空間與圖紙空間之別，而模型空間原則上為無限大空間，所以圖紙可以設定相當大，一般的螢幕畫面可能無法容下圖紙，因此它與 SketchUp 繪圖區最大不同是，右邊及底邊均有滑桿可供移動畫面，更有顯示比例區，可以使用表列式表單選擇適當比例以顯示圖形，亦可直接點擊此欄位然後輸入想要的比例值。

8-2 LayOut 環境設定

01 當執行 LayOut 程式時，其原始設定的單位為 mm（公厘），這並不符合室內建築設計的作圖的需要，需要重新設定為公分方可。

02 請執行下拉式功能表→**檔案**→**文件設定**功能表單，可以打開**文件設定**面板，在面板中選擇**單位**選項，在**格式**欄位中選擇十進位、公分，在**精確度**欄位中設定小數點位數，以此改變系統以公分為計算單位，如圖 8-4 所示，如此即可完成系統單位的設定。

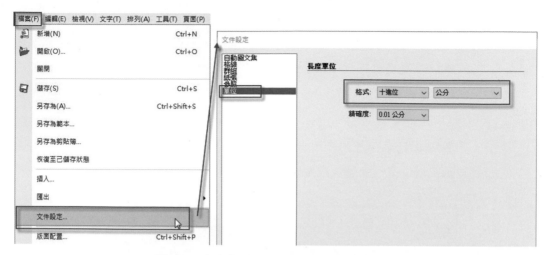

圖 8-4　在**文件設定**面板中做系統單位的設定

03 在文件設定面板中選取**格線**選項,可以打開**網格**設定面板,在面板中可對圖紙的網格做各種設定,因在設計專屬的圖框時會用到網格,因此在面板中維持各欄位之系統內定值,再依需要自行調整。

04 選取**紙張**選項,可以打開**紙張**設定面板,在面板中可對紙張重做各項設定,目前在面板中的紙張大小,是進程式時選定的圖紙大小,如想對紙張重做設定,可以將各欄位依實際需要做更改。

05 在 LayOut 中先選取有置物矮櫃物件之頁面,在文件設定面板中選取**參照**選項,可以打開文件參照設定面板,如圖 8-5 所示,在面板中可設定繪圖區所有頁面中圖形的參照設定,如果頁面中有使用到 SketchUp 檔案,在面板中會出現檔案的參考處。

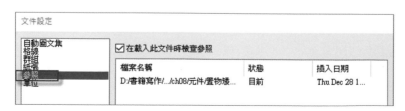

圖 8-5　打開文件參照設定面板

06 在上述面板中，如果勾選**在載入此文件時檢查參照**欄位，則在 LayOut 開啟檔案時，系統會先自動開啟此面板，以告知那些參考檔已被更改存檔，且以紅色顯示該檔案，如果不想系統自動通知，只要此項不勾選，這時只有手動進入此面板才能觀看。

07 當在 LayOut 中開啟 LayOut 文件，如檔案內容有更動時，在面板中會顯示紅色的標記，如圖 8-6 所示，此時使用者可以選取此檔案，面板下方各式處理方式的按鈕即會啟動，以供使用者解決檔案缺失問題。

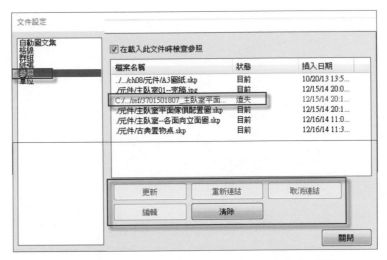

圖 8-6　當檔案內容有更動時在面板中會顯示紅色的標記

08 關閉文件設定面板，繪圖區如果顯示格線，然此格線在繪製圖框時才會用到，因此，在剛才關閉面板前把顯示格線欄位的勾選去除即可，或是執行下拉式功能表**→檢視→隱藏格線**功能表單，亦可使繪圖區不顯示格線。

09 執行下拉式功能表**→編輯→偏好設定**功能表單，可以打開 LayOut **偏好設定**面板，在 LayOut **偏好設定**面板中，選取應用程式選項，可以打開應用程式設定面板，如圖 8-7 所示，此選項的操作界面和方法，和 SketchUp 中的操作一樣，請在欄位中設定連接的影像軟體為 Photoshop 軟體，文字編輯器為 Word 軟體，表格編輯器為 Excel 軟體，如果讀者熟悉其它影像、文字與試算表編輯軟體，亦可依此自行設定。

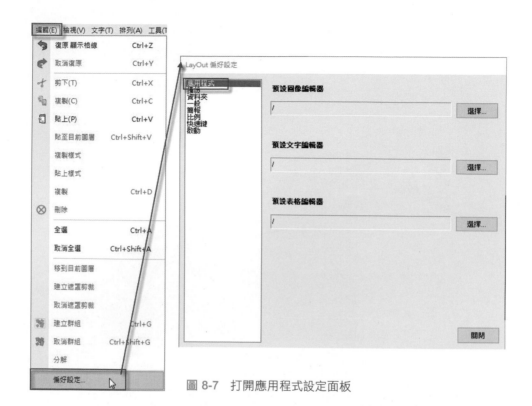

圖 8-7　打開應用程式設定面板

10 在 LayOut **偏好設定**面板中選取**備份**選項，可以打開備份設定面板，系統預定每 5 分鐘自動備份資料，如想變更備份狀態，可以在面板中自由設定，當然備份間隔時間長，可以減輕系統負擔，但資料流失機率之風險也會增大，依作者習慣在設計較大施工圖，會設定自動儲存時間為 2~30 分鐘。

11 在 LayOut **偏好設定**面板中選取**資料夾**選項，可以打開資料夾面板，此面板可以設定圖紙範本、剪貼簿及圖樣填滿圖像等預設存放位置，當然讀者亦可自建資料夾與此做連結，惟在 LayOut 初學階段當以維持內定值為要。

12 在 LayOut **偏好設定**面板中選取**比例**選項，可以打開比例設定面板，在面板中可以設定圖形縮放比例，這是一個很重要的功能，不論 CAD 或是 SketchUp 都是以實際尺寸繪製圖形，然而在出圖時未必有那麼大的圖紙可供輸出，實際上也沒必要以這麼大尺寸輸出，因此在室內設計上，以 1/100、1/50、1/30 方式縮小比例，或大樣圖以 1/1、1/3、1/5 方式縮小比例。

13 在面板中於**可用的模型比例**欄位內，以按住（Shift）鍵複選方式，除全尺寸（1:1）比例保留外選取所有的比例設定，再按**刪除比例**按鈕，將系統自帶不合宜的比例刪除，如圖 8-8 所示。

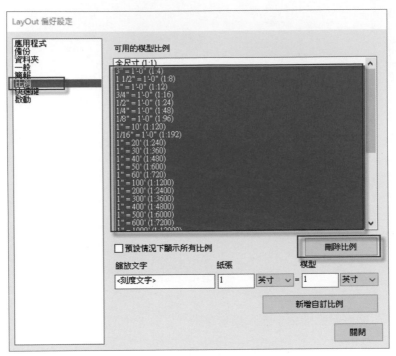

圖 8-8　將系統自帶不合宜的比例刪除

14 現要製作自訂縮放比例，縮放文字欄位可以輸入縮放比例的名稱，這裡可以不填入而由系統自動設定，紙張欄位輸入 1 公分表示圖紙的 1 公分，模型欄位輸入 30 公分代表模型的 30 公分，再執行**新增自訂比例**按鈕，可以在比例顯示區中出現 **1 公分:30 公分**的縮放名稱，如圖 8-9 所示，如果想要讓縮放文字簡潔，亦可以更改縮放文字欄位的文字為（1:30）。

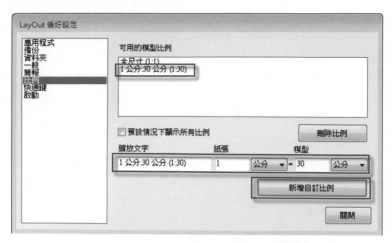

圖 8-9　在比例選項中設定了 1:30 的縮放名稱

15 在 **LayOut 偏好設定**面板中選取比例（Scales）選項，依上面的方法，請自行依次
完成 1:1 至 1:200 的比例設定，如圖 8-10 所示。

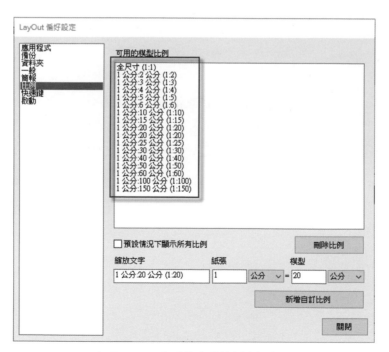

圖 8-10　完成其它的比例之設定

16 完成了比例的設定，並將預設情況下顯示所有比例欄位勾選，再按**關閉**按鈕，以關閉 LayOut **偏好設定**面板，打開 SketchUp 模型預設面板，執行**正交**按鈕，可以發現在顯示比例的下拉選單中，列出所有剛才設定相同的比例名稱，如圖 8-11 所示，有關 SketchUp 模型預設面板之操作在後面小節會做詳細說明。

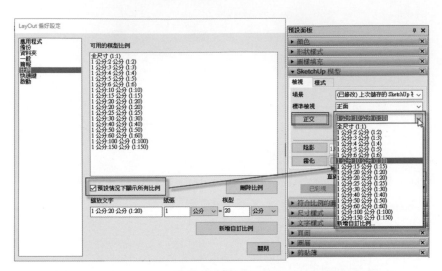

圖 8-11　在 SketchUp 模型預設面板中會顯示所有自訂比例名稱

17 如果在 LayOut **偏好設定**面板中，將**預設情況下顯示所有比例**欄位勾選取消，則在 SketchUp 預設面板中只會顯示上次使用過的比例名稱。如執行其下的新增自訂比例選單，可以再打開 LayOut **偏好設定**面板，供選擇比例名稱。

18 在 LayOut **偏好設定**面板中選取快速鍵選項，可以打開快速鍵設定面板，在面板系統羅列了預設的一些快速鍵，使用者亦可自行定義快速鍵，此處請有需的讀者自行操作。

19 在 LayOut **偏好設定**面板中選取啟動選項，可以打開啟動設定面板，在面板中可設定啟動 LayOut 程式時，設定圖紙樣板選取的方式，系統內定為提示選擇範本模式，如圖 8-12 所示，此即本章剛進入 LayOut 程式時，要求選取內建圖紙樣板的模式。

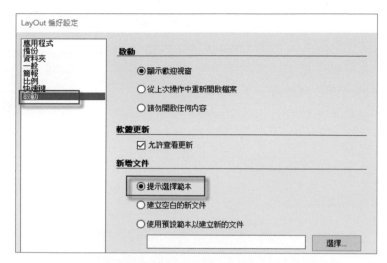

圖 8-12　在啟動設定面板中可以設定圖紙樣板選取的方式

20 至於在面板中設定新增文時的執行方式，與自行製作 LayOut 範本習習相關，此部分將待圖框製作小節時再做說明。

8-3　滑鼠之畫面操控

01 LayOut 繪圖區與 SketchUp 之繪圖區性質大不相同，在 LayOut 繪圖區中包含了幾層元素，最外層的元素即模型空間，理論上它是一個無限大的空間，其內包含了圖紙、圖形元素。其次是輸出圖面的圖紙空間元素，再其次為圖形元素，圖形可以在圖紙內也可以在圖紙之外，當然圖形可以很多，但是包含在圖紙內的圖形才會被輸出。

02 使用滑鼠操控視圖，與 SketchUp 的操作方法略有不同，因為 LayOut 在一般情況下屬於 2D 空間，而不像 SketchUp 它是屬於 3D 空間的操作，因此滑鼠左鍵的功能就是**選取**工具的功能，如果按下滑鼠中鍵不放，游標會出現手形，此時可以把它當做**移動**工具使用。

03 當繪圖區中沒有選取任何圖形情形下，就不會顯示各圖形之視埠框，在沒有視埠框被選取狀態下，即可以自由移動圖紙，惟當選擇了視埠框時，使用滑鼠移動的會是視埠框及其框內的圖形，所謂視埠框即當選取圖形時其四周圍繞的藍色框即為視埠框，如圖 8-13 所示。

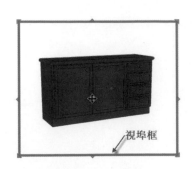

圖 8-13　包圍圖形的藍色框即為視埠框

04 請執行下拉式功能表→**檔案**→**開啟**功能表單，可以打開**開啟 LayOut 檔案**面板，在面板中請選取第八章元件資料夾中 sample01.LayOut 檔案，這是一休閒椅模型，如圖 8-14 所示。

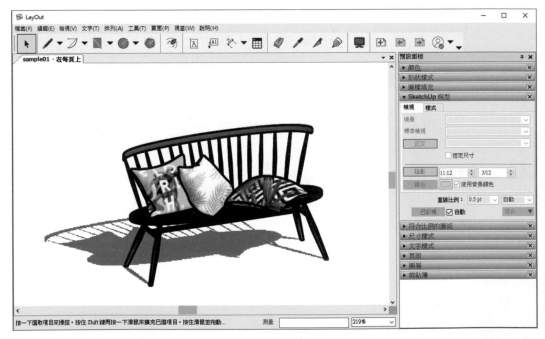

圖 8-14　請開啟第八章元件資料夾中 sample01.LayOut 檔案

05 請在繪圖區選取休閒椅並使其顯示視埠框，此時按住滑鼠中鍵將滑鼠滾輪，往前轉動可以放大視圖，往後轉動可以縮小視圖，在顯示比例區，會隨著滑鼠中間滾輪轉動，出現不同的縮放比例，惟 SketchUp 模型預設面板中之比例欄位一樣維持不變。

06 在顯示比例區，使用滑鼠點擊右邊向下箭頭，可以拉出表列選單，有系統預設好的顯示比例供選擇，如圖 8-15 所示，其中最頂端的一項，縮放到適合尺寸選單，可以將圖紙充滿視圖，這對於操控兩邊的拉桿，而產生圖紙不知何處時相當好用。

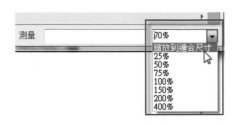

圖 8-15　系統預設好的顯示比例供選擇

07 當使用滑鼠點取圖形時，圖形被選取，並出現視埠框且形成 8 個操控點、一個中心點及一個中心圖標，如圖 8-16 所示，當移動操控點時可以對視埠框做放大縮小處理，而當 SketchUp 模型預設面板之恆定尺寸欄位不勾選狀態時，移動控制點亦可同時對圖形的比例做改變。

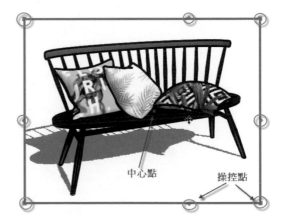

中心點　　　　操控點

圖 8-16　使用滑鼠選取圖形時會顯示
視埠框並出現 8 個操控點及一個中心點

08 圓形加十字標為中心點，移游標於其上游標會變成手形，可以移動中心標記點的位置，其旁黑點有條線連接圓心點，當游標移至其上時游標會變成旋轉圖形。

09 當出現旋轉圖標，按住滑鼠左鍵向外拉不放，可以拉出一條基線，移動滑鼠旋轉，游標旁會出現旋轉角度，如想精確的旋轉角度，放開滑鼠立即在鍵盤上輸入數字，即可正確完成旋轉角度，這點和 SketchUp 的**旋轉**工具相同。

10 LayOut 工具較少，想要恢復剛才的操作，只有執行下拉式功能表→**編輯**→**復原**功能表單，如果有執行旋轉者請執行回復旋轉，使圖形回復原來的角度。

11 想要複製物件，其操作方法與 SketchUp 完全相同：

1 使用**選取**工具按住物件並動游標即可移動物件，並同時按住（Ctrl）鍵即有移動複製功能。

2 在執行移動複製的動作後，立即在鍵盤輸入（倍數 X），即可執行倍數量的複製工作。

3 在執行移動複製的動作後，立即在鍵盤輸入（/ 倍數），即可在移動複製距離值內平均再分配倍數的物件。

12 自 LayOut2013 版本以後，增加鍵盤上方向鍵可以做微調功能，使用上、下、左、右鍵可以微距離調整元件的距離。

13 在 LayOut 中窗選與框選與 SketchUp 的功能相同，如經選取物件後，同時按住 Shift 鍵，游標附近會出現（±）符號，這是對未選取者產生加選，而對已選取者產生減選功能。

14. 使用滑鼠在圖形物件上點擊兩下，游標變成旋轉圖標，此時按住滑鼠左鍵可以將圖形物件進行旋轉，如想結束透視編輯，於空白處按下滑鼠左鍵即可。

15 當旋轉物件時，如果 SketchUp 模型預設面板中正交欄位為啟動狀態時，它會呈現平行投影現象，而使物體呈現扭由反常。因此，要想讓模型呈正常的透視狀態呈現，應先不啟動正交欄位，而使其處於視圖顯示模式下，蓋此時圖形的比例已非其所注重。

8-4　LayOut 預設面板

　　這是 LayOut 相當重要的一塊區域，許多重要的繪製工作都由此區的面板來控制，因此這些面板亦可稱為控制面板，在 SketchUp2019 版本中預設面板之設計有點類似 LayOut 的預設面板，因此有關預設面板之操作方法將參考前面第一章中 SketchUp 預設面板之操作。在這些預設面板中，文字樣式面板與一般 Windows 程式的文字樣式面板相似，此處將對其省略不提。至於頁面和圖層預設面板，將待建立圖框時再一併說明。

8-4-1　顏色與形狀樣式預設面板

01 請使用滑鼠點擊**顏色**設置標頭，可以打開顏色預設面板全部內容，其選取色彩方式比 SketchUp 材料工具豐富多了，有**色輪**、**RGB**、**HSB**、**灰階**、**圖像**、**清單**等六種方式，內定模式為色輪方式，在中間色輪可以使用游標點取顏色，右側的滑桿可以調整明度值，下方的滑桿可以調整透明度值，最底層方格為已選取顏色之配色盤，如圖 8-17 所示。

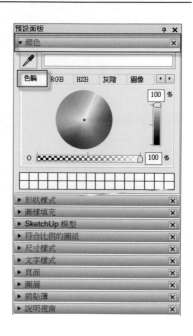

圖 8-17　顏色預設面板內定為色輪選色模式

02 在顏色預設面板內，使用游標點擊色輪中的顏色，可以選取顏色，顏色類別上方欄位內會顯示所選的顏色，先調整明度和透明度值，移游標到**顏色**欄位上按住滑鼠左鍵不放，將其移到下方的配色盤上，可以儲存此顏色，方便日後直接引用，如圖 8-18 所示。

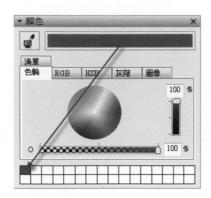

圖 8-18　先選取顏色再拉顏色到配色盤以供日後調用

03 選取顏色預設面板內左上方，**螢幕攝取**工具 按鈕，游標會變成吸管狀，這時可以移動游標到螢幕任一處吸取顏色，可以取得顏色欄位的顏色。

04 顏色預設面板的主要功能，就是供給形狀樣式預設面板中，線條與色塊之顏色取樣。至於其他 RGB、HSB、灰階、圖像、清單等 5 種顏色模式，各有不同調配顏色方式，請讀者自行練習。

05 **形狀樣式**預設面板可以設定線條、填充圖案、圖形之形態及顏色，當啟動**填充**按鈕，可以設定在繪圖區繪製之面是否填滿顏色，其右側之顏色欄位中之顏色內定值為白色，想改變顏色，先點選此欄位，再移游標到顏色預設面板中，選取該面板色輪中的顏色或配色盤中顏色皆可，如圖 8-19 所示。

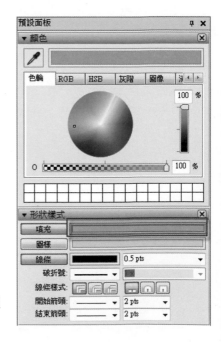

圖 8-19　在顏色預設面板中為**填充**欄位選取顏色

06 當**填充**欄位不執行,而執行**圖樣**欄位時,則繪製的矩形會充滿圖樣,如果填充欄位也執行,則繪製的矩形會充滿圖樣且帶填充欄位的顏色,如圖 8-20 所示,有關圖樣之操作將在下一小節圖樣填充預設面板中再做說明。

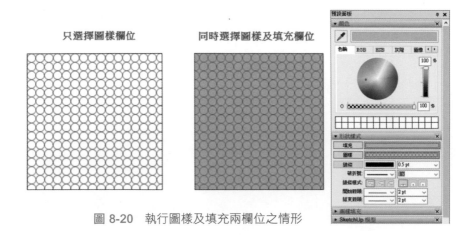

圖 8-20　執行圖樣及填充兩欄位之情形

07 當**填充**欄位不執行(**線條**欄位為啟動狀態),在繪圖區使用繪圖工具時,其畫上的只是邊框線而已。在面板中啟動**線條**欄位,則可以在其右側欄位中設定線條或邊框的顏色,在線條顏色設定欄位右側為粗細欄位,它可以設定線條的粗細。

溫馨提示　當填充欄位啟動而線條欄位不啟動,則畫出的矩形只有顏色塊而無邊框,且無法單獨繪製線條。而當填充與線條都不啟動狀態時,繪製的矩形會是黑色邊框且填滿白色,繪製的線條則會呈現黑色。

08 在**破折號**欄位中按下右側的向下箭頭按鈕,可以展現表列式虛線樣式供選擇,此欄位可以決定線或邊框的樣式,如圖 8-21 所示。其右側欄位則可以決定虛線樣式的放大倍數,當為實線模式時此欄位為灰色不可執行。

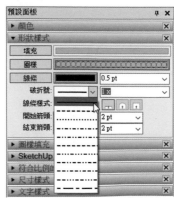

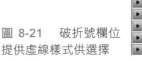
圖 8-21　破折號欄位提供虛線樣式供選擇

09 在**線條**樣式欄位中，可以執行各圖示按鈕以決定線條轉角與線頭線尾的結束方式，此按鈕上皆有相當明顯的圖示，在此不多做說明。

10 在**開始**及**結束箭頭**欄位中，可以設定線段頭尾是否帶箭頭，本欄位與破折號欄位是連動的，即破折號欄位選取何樣式，此欄位即表現此線樣。左側欄位提供下拉式表列箭頭樣式供選擇，右側欄位則可以設定箭頭的大小。

8-4-2 圖樣填充預設面板

01 圖樣填充預設面板為 LayOut2013 以後版本所新增面板，如圖 8-22 所示，它有如 AutoCAD 中的填充線工具，現將面板中各工具按鈕說明如下：

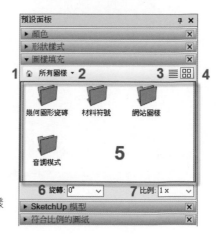

圖 8-22　打開圖樣
填充預設面板

1 **文件內圖樣按鈕**：執行此按鈕，可以顯示目前文件內已使用圖樣種類。

2 **圖樣類別選擇按鈕**：執行此按鈕，可以下拉表列方式，列出系統為使用者準備的圖樣種類，同時可以讓使用者匯入自訂的圖樣，系統內定為所有圖樣選項。

3 **清單檢視按鈕**：執行此按鈕，可以將圖樣類別以清單檢視方式呈現。

4 **縮圖檢視按鈕**：執行此按鈕，可以將圖樣類別以縮略圖檢視方式呈現。

5 **圖樣類別與圖樣縮略圖顯示區**：在此選示區中依清單顯示方式或縮略圖檢視方式，以顯示圖樣類別或類別內的圖樣縮略圖。

6 **旋轉欄位**：本欄位可以將圖樣依需要做各種角度的旋轉。

7 **比例欄位**：本欄位可以控制圖樣的疏密度，當比例值大於 1 時為放大圖樣密度，當比例值小於 1 時為縮小圖樣密度。

02 現示範使用圖樣填充方法，請按**新增**按鈕 🕀 以新增一頁面，於圖樣類別與圖樣
縮略圖顯示區中選取任一圖樣，然後使用**矩形**工具 🔲，在繪圖區中繪製任意大小
的矩形，矩形中即會充滿此圖樣，如圖 8-23 所示。

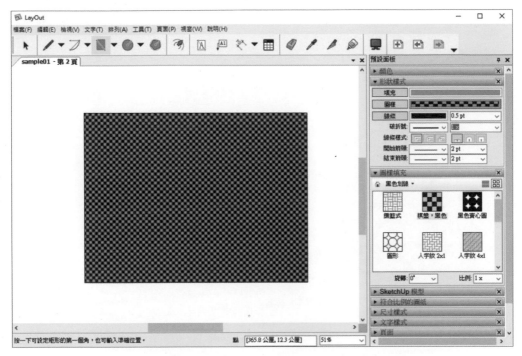

圖 8-23　畫矩形可以在矩形內填滿圖樣

03 當形狀樣式預設面板中的圖樣欄位同為啟動狀態，於後續繪製圖形且為封面狀態
時，皆會以前一使用圖樣做為填充圖案。

04 當兩組封面之圖樣不同時，使用
工具面板中**樣式**工具 🖋，游標
會變成吸管圖標，在圓形面上吸
取圖樣後，游標會立即變成油漆
桶圖標，此時移動滑鼠到矩形上
按滑鼠左鍵一下，可以將兩者賦
予相同的圖樣，如圖 8-24 所示。

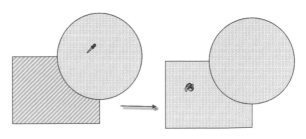

圖 8-24　使兩封閉面具相同的圖樣

05 先選取繪圖區中的圓形，執行**圖樣類別選擇**按鈕，在顯示的下拉表列中選取**匯入自訂圖樣**功能選項，可以打開**開啟**面板，在面板中只有光柵圖像一種格式供選擇，所謂光柵格式即為一般所謂點陣圖格式。

06 在**開啟**面板中選取第八章 maps 資料夾內 024.jpg 圖像做為圖樣，則在繪圖區中的圓形內會填滿此圖樣，如圖 8-25 所示，利用此種方法可以將自己蒐集的圖像做為施工圖中的填充圖樣。

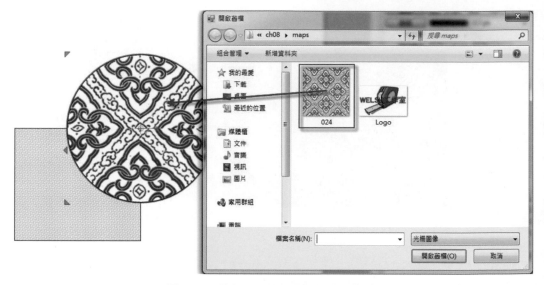

圖 8-25　使用自己的圖像做為填充圖樣

07 執行**圖樣類別選擇**按鈕，在顯示的下拉表列中選取**新增自訂集合**功能選項，可以打開 **LayOut 偏好設定**面板，在**圖樣填滿圖像**選項中按（＋）按鈕，可以打開瀏覽資料夾面板，在面板指定使用者自行蒐集圖樣的資料夾，如此即可以和 LayOut 做連結。

08 如果使用者想要將自行蒐集的圖樣放在系統內定的資料中，可以複製到 C:\ProgramData\SketchUp\SketchUp 2019\LayOut\PatternFills 路徑上，同樣自建資料夾使與原有資料做區別。

09 如同匯入自訂圖樣一樣，基本上它們都是點陣圖模式，其圖檔大小最好為 128×128dpi，如果是去背的圖案最好存 PNG 檔案格式以減少檔案體積。

8-4-3 SketchUp 模型預設面板

01 請刪除所繪製的圖形或新增加一頁面,使用下拉式功能表→**檔案**→**插入**功能表單,輸入第八章元件資料夾內別墅建築 .skp 檔案,再打開 SketchUp 模型預設面板,這時面板內容呈現灰色為不可編輯狀態,這是因為在繪圖區中尚未選取圖形所致,使用**選取**工具,點擊剛才輸入的圖形,SketchUp 模型預設面板馬上呈現可編輯狀態,如圖 8-26 所示。

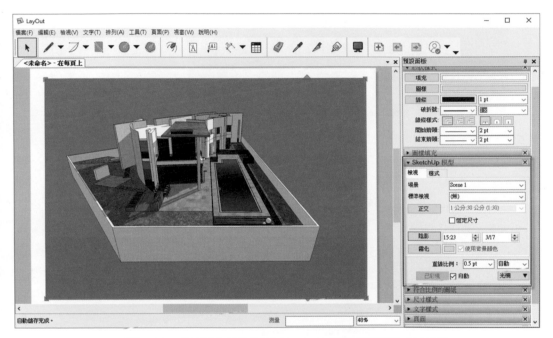

圖 8-26　繪圖區先選取圖形 SketchUp 模型預設面板才能編輯

02 在 SketchUp 模型預設面板中,於**檢視**頁籤模式中的**場景**欄位,其右邊的下拉式表列選單中,除第一列(上次儲存的 SketchUp 檢視)為最後存檔的視圖外,其餘皆為在 SketchUp 設定場景時的場景名稱,當選擇了 Scene3 場景選項後,在繪圖區中立即顯示與 SketchUp 相同的場景,如圖 8-27 所示。

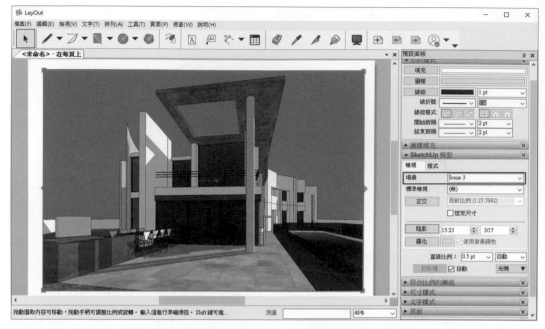

圖 8-27　選擇了 Scene3 場景，繪圖區中場景立即更動

03 使用滑鼠點擊**標準檢視**欄位的向下箭頭，可以表列出各種視圖供選擇，如圖 8-28
所示。如執行**正交**按鈕，可以顯示表列尺寸比例設定供選擇。如圖 8-29 所示，這
些比例設定為剛才在**偏好設定**面板中所設置的比例。

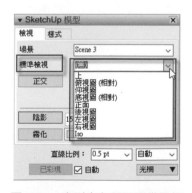

圖 8-28　表列出各種視圖供選擇

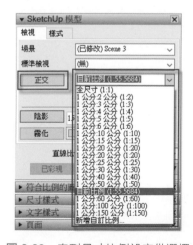

圖 8-29　表列尺寸比例設定供選擇

04 在**恆定尺寸**欄位中，請務必進入程式後即要勾選，如果此欄位不勾選，在繪圖區中隨著視埠框的縮放，圖形比例會跟著變動，這是不符合室內外施工圖的作圖規則，因為圖面的尺寸是固定由正交欄位的比例控制才是正確的，而不應由視埠框的自由縮放來控制，如此維持正確的出圖比例才可得。

05 **陰影**欄位與**霧化**欄位在室內設計施工圖中較少用到，所以圖形在 SketchUp 中有此設定，在轉入到 LayOut 前應予關閉，如果想要有陰影的表現，也應在此勾選此欄位做設定才是。

06 在 SketchUp2019 版本中於 SketchUp 模型預設面板內，增加了**直線比例**選項，它可以改變 SketchUp 線型的精細，也可以改變 SketchUp2019 版本中新增虛線型式之疏密度。

在以往版本的操作中，如果想要更改元件圖形之線型粗細，惟有回到 SketchUp 更改儲存，然後再回到 LayOut 中繼續操作，如今只要在此欄位中更改即可，這是研發團隊相當體貼使用者的重大貢獻。

07 請開啟第八章元件資料夾中之 sample02.LayOut 檔案，如圖 8-30 所示，這是一雙開門的元件並於地上繪製了開門方向之虛線，系統內定為 0.5pt 及自動之欄位內容。

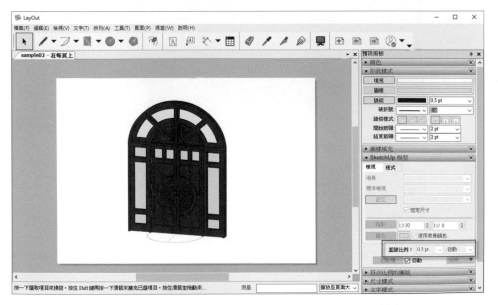

圖 8-30　開啟第八章元件資料夾中之 sample02.LayOut 檔案

08 請先選取門物件，在 SketchUp 模型預設面板兒，請將粗細欄位值 0.5pt 改為 3pt，則在頁面區中之元件線條（包含虛線部分）粗細都會被直接更改，而使圖形更具厚實多了，如圖 8-31 所示，如果其值改得越小則線條會越細。

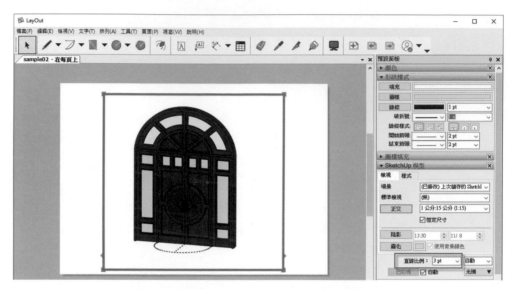

圖 8-31　更改此粗細欄位 pt 值會直接改變元件線條粗細

09 請回復**粗細**欄位原來的 0.5pt 值，在疏密度欄位內改為 3X 值，則元件之虛線間隔會變大，如圖 8-32 所示，如果其值改得越小則虛線密度會越大

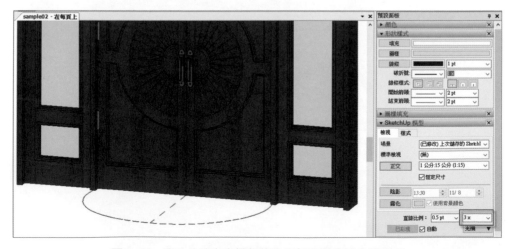

圖 8-32　更改此疏密度欄位值會直接改變虛線之疏密度

10 **已彩現**欄位與**自動**欄位相關連,當自動欄位不勾選時,已彩現欄位才會啟動,在自動欄位不勾選狀態下,當更改場景時,繪製區中的圖形並不會自動更新,此時必需執行彩現按鈕,圖形才會執行更新動作,因此強列建議維持系統內定勾選狀態。

11 在面板的右下方有渲染方式欄位可供選擇,系統內定為**光柵**模式在台灣一般稱為點陣圖式渲染,如果選擇**向量**模式則為向量圖式(即線條型式)渲染,兩者渲染各有所長,另外一種為**混合**模式則為點陣和向量混合的渲染模式,一般出圖時均會以混合模式為之,其渲染品質最好,惟其繪製時間較長,系統會自動提示渲染最終的結果訊息,如圖 8-33 所示。

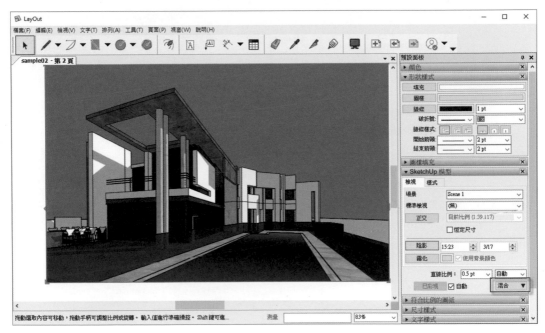

圖 8-33　使用混合渲染的結果渲染品質最好

12 在 SketchUp 模型預設面板中,選取**樣式**頁籤選項,則在此面板中可以設定各種樣式,它與 SketchUp 是共用一個樣式圖庫,其操作方法,與在 SketchUp 的操作方法相同,在此不再重複說明,有興趣的讀者可以自行嘗試操作。

8-4-4 尺寸樣式與符合比例的圖紙預設面板

01 請執行下拉式功能表→**檔案**→**開啟**功能表單，在**開啟**面板中選取第八章元件資料夾內古典置物桌施工圖 .LayOut 檔案，這是已設計好的圖紙，請在螢幕右側同時開啟尺寸樣式預設面板，如圖 8-34 所示，此時面板呈灰色不可執行狀態，這是未選取尺寸線或尺寸工具的緣故。

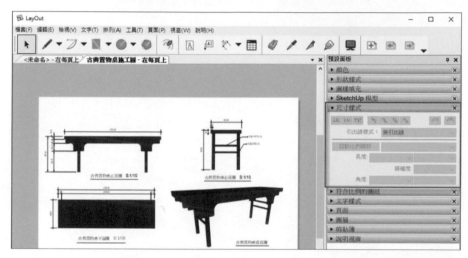

圖 8-34　開啟古典置物矮櫃施工圖檔案並開啟尺寸樣式預設面板

02 有關尺寸工具的使用，在另外工具使用小節中會做詳細說明，此處請用**選取**工具，選取圖中的任一尺寸線，則尺寸樣式預設面板即可以做各種設定，如圖 8-35 所示。

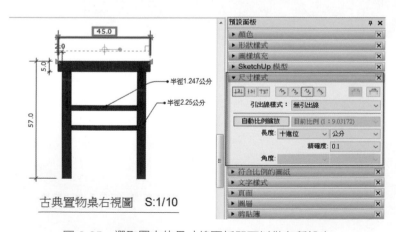

圖 8-35　選取圖中的尺寸線面板即可以做各種設定

03 在面板中第一列的七個按鈕,是設置尺寸標註的繪製形式,使用者可以依圖例表示方式,設置各種尺寸標註的形式。

04 面板中的自動比例欄位與 SketchUp 模型預設面板中的正交欄位,是相互連動,當在 SketchUp 模型預設面板中執行了正交欄位,本欄位才能啟動,茲將使用方法略述如下:

1 當啟用**自動比例**欄位,其右側的比例表列欄位為灰色不可執行,代表它與 SketchUp 模型預設面板中設置比例是一致的,亦即兩者設使用同一比例設定。

2 當不啟用**自動比例**欄位,其右側的**比例表列**欄位為可執行狀態,使用者可以在其表列比例中設定與圖形不一樣的比例,如圖 8-36 所示。

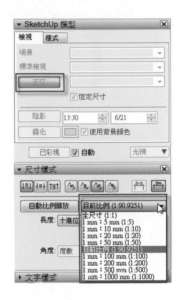

圖 8-36　可以設定圖形與尺寸標註各有不同的比例設定

3 此處不同比例之設置,使用上需要有點技巧,例如長度為 344 公分,在 SketchUp 模型面板中的比例為 1:100,在尺寸樣式中的比側為 1:50,則兩者比例相乘的結果為 50/100,其標示的尺寸則為 172 公分,使用時不可不察。

4 如本章前言所言,室內設計施工圖快速簡潔,只要圖片簡潔易懂即可,因此不必要在施工圖中做不必要精細化表現,在此僅提供參考。

05 面板中的**自動**比例下面的各欄位,可以設定尺寸標註的長度和角度,惟使用者應相當注意,它與系統單位設定是互不相關聯,所以要表現尺寸標註單位及精確度,都要在此重新設定。

06 如果想要不顯示尺寸標註上單位名稱，可以將面板右上角的 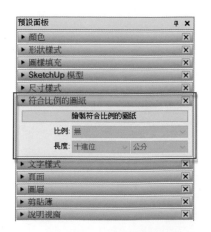 按鈕改為不啟動即可，如圖 8-37 所示，一般製圖規範只需在圖框中註明尺寸單位，而尺寸線上不用註明尺寸單位。

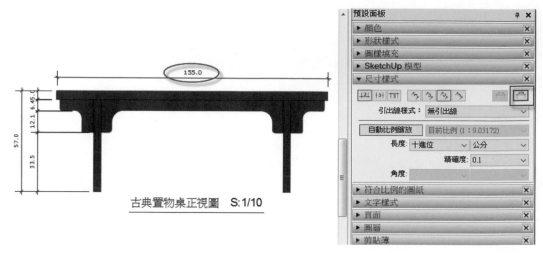

圖 8-37　設定尺寸線上不顯示尺寸單位

07 另外在 SketchUp 中所做的尺寸標註，在轉入 LayOut 後，它會是與圖形一整體，而無法單獨編輯，想改變尺寸設定惟有返回 SketchUp 更改一途，因此，建議不管是尺寸或文字標註，以在 LayOut 施作方為上策。

08 請在右側的預設面板中打開**符合比例的圖紙**預設面板，這是 SketchUp2019 版本新增的面板，如圖 8-38 所示，在面板中除了**繪製符合比例的圖紙**按鈕為可執行外，其它兩欄位呈灰色不可執行狀態。

圖 8-38　打開符合比例的圖圖紙預設面板

09 以往版本之 LayOut 繪圖工具，它的功能只是專為視埠框服務，如果想增加施工圖內容，惟有重新進入 SketchUp 中增加圖形一途，如今在此板中可以利用 LayOut 繪圖工具，以加繪必要的圖形，惟其圖形屬性與 SketchUp 的圖形屬性有別，亦即 SketchUp 的圖形才能使用 SketchUp 模型預設面板之欄位內容。

10 請在繪圖區增加一空白頁，請使用滑鼠點擊**繪製符合比例的圖紙**按鈕，在繪圖區中會提示選擇比例，而面板中的**比例**與**長度**欄位呈可使用狀態，如圖 8-39 所示，現將兩欄位之功能說明如下：

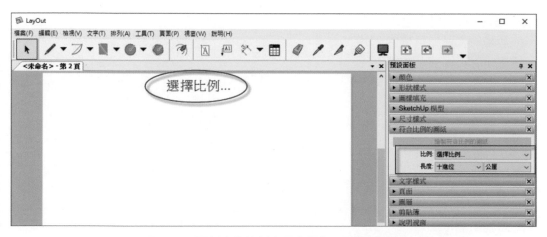

圖 8-39　面板中的比例與長度欄位呈可使用狀態

1 **比例欄位**：請在比例欄位中點擊滑鼠左鍵，系統會表列與 SketchUp 模型預設面板中的比例表單供選取，當選取比例後在繪圖區繪製圖形，此圖形會被系統依設定比例自動縮放。

2 **長度欄位**：本欄位有兩選項，前段的十進位請維持系統內定，後定的單位選項，系統內定為公厘，它與系統與尺寸樣式設置板的單位是不相連動，因此在使用上要特別注意。

11 請使用**矩形**工具，在繪圖區中繪製 20×15 公分的矩形，再啟動繪製符合比例的**圖紙**按鈕，在**比例**欄位中選擇 1:5 的比例，在**長度**欄位中選擇公分，續在繪圖區同樣繪製 20×15 公分的矩形，使滑鼠在空白處按下左鍵以結束繪製符合比例的圖紙工作，兩矩形大小有明顯區別，如圖 8-40 所示。

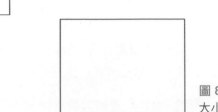

圖 8-40　兩矩形
大小有明顯區別

12 請使用**尺寸標註**工具，為
兩矩形各標註上尺寸，其
結果長度數值皆相同，如
圖 8-41 所示，蓋圖示 A
的矩形系統自動做 1：5
比例之縮小。

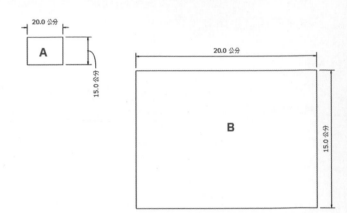

圖 8-41　圖示 A、B 之矩形尺寸標註數值相同

13 當重新選取圖示 A 矩形，使用者可以在符合比例的圖紙預設面板中，重新做比例
設定，此時圖形會根據設定的比例自動變更顯示。

14 本預設面板最大功用，在於匯入 DWG 格式 CAD 欄位時，可以製作符合圖形的實
際比例，此部分待後面小節再詳為說明。

8-5　自定工具列面板

01 LayOut 工具面板是活動式面板，可以將它置於下拉式功能表上方或繪圖區的任何
地方，其方法為使用滑鼠按住工具面板左側前端，拖動滑鼠可以**移動**工具面板到
想要的位置上。

02 工具面板經移動後想恢復原來系統的內定橫排模式，請執行下拉式功能表→**檢視**→**還原預設工作區**功能表單即可。

03 在工具按鈕旁有向下箭頭者，表示有下拉式表列同類工具可供選擇，如畫**直線**工具，其下拉式選單中尚有**手繪曲線**工具，如圖 8-42 所示。

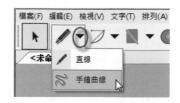

圖 8-42　工具旁有向下箭頭者表示有同類工具供選擇

04 LayOut 和 SketchUp 的工具按鈕，有些名稱雖然相同，但彼此功能與用法卻有很大的差異，LayOut 的工具較傾向 CAD 的功能，不能僅把它視為 SketchUp 工具的翻版。

05 LayOut 的工具面板數量不足，如果想要自己常用功能指令增加到面板上，請執行下拉式功能表→**檢視**→**工具列**→**自訂**功能表單，可以打開自訂面板。在自訂面板中按下**新增**按鈕，可以打開新增**工具列**面板，在**工具列名稱**欄位填入新工具列名稱，在**位置**欄位中可以選擇工具停靠視窗中的位置，如圖 8-43 所示。

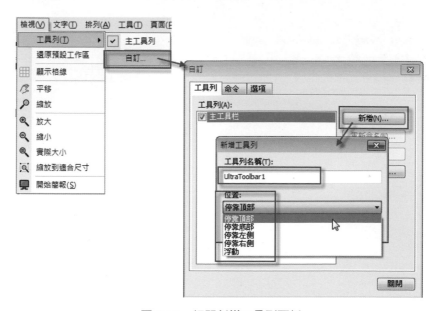

圖 8-43　打開**新增工具列**面板

06 在**新增工具列**面板中按下**確定**按鈕可以回到自訂面板,在面板中勾選剛自訂的工具列名稱,則在頂部工具列下方左側位置會顯示第二個工具列圖標,請使用滑鼠將它拖動到工具列的最右側,如圖 8-44 所示。

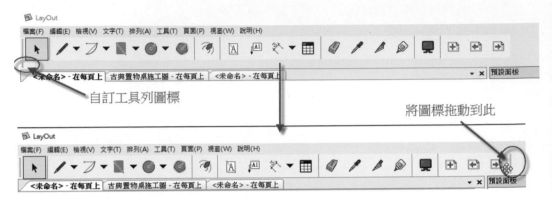

圖 8-44　將自訂工具列圖標拖動到工具列的最右側

07 在自訂面板中選取**命令**頁籤,在**類別**選項中選取**編輯**,在**命令**選項中選取**復原刪除**指令,將它拖動到第二個工具列上,如圖 8-45 所示,即可將**復原**工具加入到此工具列上。

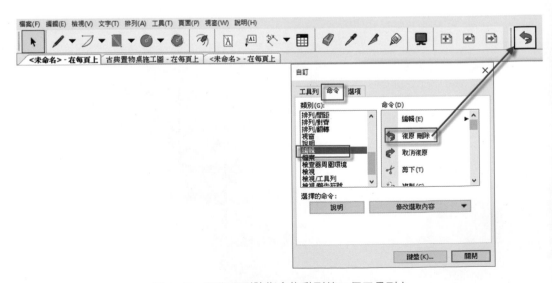

圖 8-45　將復原刪除指令拖動到第二個工具列上

08 此處請依各人需要，將系統工具列所無而需常用指令拖動到第二工具列上，然後將第二工具列整體拖動到系統工具列的右側，如此即可完成自訂工具列的設置，如圖 8-46 所示。

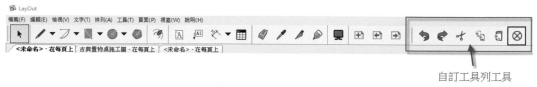

自訂工具列工具

圖 8-46　完成自訂工具列的設置

8-6　繪圖工具列之運用

　　LayOut 的工具指令和 SketchUp 的工具指令功用大不同，所有在 SketchUp 創建的圖形在 LayOut 中會被視為一整體，在之前版本想改變圖形內容必需回到 SketchUp 中做修改，如今有了符合比例的圖紙預設面板，可供在繪圖區中自由繪製圖形，它已不是專為視埠邊框做服務的工具，相形之下此等工具的操作就變成相當重要了，下面各小節將詳述其操作方法。

8-6-1　畫線工具

01 請使用滑鼠點擊畫**直線**工具按鈕 ，此時游標變成一支鉛筆，在繪圖區中按滑鼠左鍵一下，定下第一點（放開滑鼠），移動游標到另一點，這時注意右下角數值輸入區，有兩組數字會隨滑鼠移動而變化，前一組數字為 X 軸後一組數字為 Y 軸，當 X 軸（第一組數字）為 0 時表示畫垂直線，當 Y 軸（第二組數字）為 0 時表示畫水平線。

02 在這裡也可以使用 SketchUp 畫線的方法，先定出第一點，在拉出第二點的方向後，直接在鍵盤輸入數字，可以很精確畫出兩點間的相對距離值，而不用管 X、Y 軸的間距值，此時按（ESC）才能結束線段的繪製。

LayOut 的畫線方法和 SketchUp 有相當大的差異，在 LayOut 中在未按下第二點前可以輸入數字方式定距離，但是按下第二點後，即不允許再輸入數字更改距離。

03 在初次繪製直線時，如果沒有抓點功能，請執行右鍵功能表→**物件挪移**功能表單，當物件挪移表單被勾選狀態，則已具有抓點功能。或是執行下拉式功能表→**排列**→**物件挪移開啟**功能表單。

04 使用畫**直線**工具，定出第二點後，請不要放開滑鼠左鍵，移動滑鼠，此時可以拉出一條曲線控制線，移動控制線的一端，可以畫出曲線，如圖 8-47 所示。

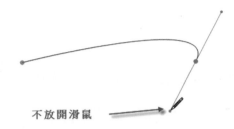

圖 8-47　在定下直線第二點後續按住左鍵可以畫出曲線

05 達到想要的曲度後放開滑鼠，再按下 Esc 鍵可以結束曲線的繪製，否則可以連續繪製出任意長度的曲線，直到按下 Esc 鍵才會結束。

06 當繪製線段完成後，使用滑鼠在線上點擊兩下，即可進行對線的編輯操作，此時線段的端點會出現藍色的編輯點，而當編輯點被選取時會顯示一藍色小圓。

07 當想增加編輯點，可以同時按住 Alt 鍵，使用滑鼠點擊線段，在點擊處即可增加編輯點，如圖 8-48 所示，當想刪除某一編輯點時，只要選取該編輯點再按鍵盤上 Delete 鍵即可。

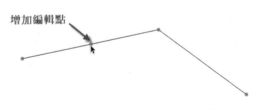

圖 8-48　在滑鼠點擊處（同時按住 Alt 鍵）即可增加編輯點

08 選取編輯點後，按住滑鼠左鍵不放，此時移動游標即可將編輯點做任意位置的移動，此部分請讀者自行練習。

09 使用游標點擊畫**直線**工具旁的向下箭頭，可以選擇**手繪曲線**工具 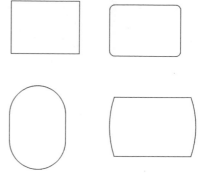，在繪圖區可以畫出任意曲線，當繪製一圈回到起點時，它不會像 SketchUp 中會自動封面，其他使用方法和 SketchUp **手繪曲線**工具一樣，請自行練習。

10 當繪製完手繪曲線後想要對它編輯，可以選取此曲線，它四週會出現 8 個控制點，移動游標到控制點上，它以相對點為基準點（不動點），利用移動滑鼠即可將圖形做移動或縮放之編輯操作。

8-6-2　畫圓弧及矩形工具

01 請使用滑鼠點擊畫**圓弧**工具按鈕 ，此時游標會變成鉛筆且旁帶弧線圖標，在 LayOut 畫弧線的方法有多種，系統內定畫圓弧方法為半徑加角度的畫法，首先按滑鼠左鍵定出圓心，拉開游標在未按下滑鼠定半徑前，在鍵盤上輸入數值，可以定出半徑值，移動游標以確定畫弧的方向，在未定下弧線的終點前，在鍵盤輸入數值，可以畫出指定角度的弧線。

02 使用游標點擊畫**圓弧**工具旁的向下箭頭，可以表列 LayOut 畫圓弧的所有工具供選擇，這些工具與 SketchUp **圓弧**工具用法相同，請讀者自行練習，此處不多做示範。

03 使用游標點擊畫**矩形**工具 旁的向下箭頭，可以列出畫各種矩形的工具，因畫矩形的方法和 SketchUp 的畫法相同，在這不再敘述，其使用各種**矩形**工具畫出的圖形，如圖 8-49 所示。

圖 8-49　各種**矩形**工具畫出的圖形

04 畫矩形時，在未定下第二點時，按鍵盤上的上、下鍵，可以控制倒圓角的大小，以此方法，可以畫出其它**矩形**工具相同的形狀，惟這個方法不適用於**圓邊矩形**工具。

05 如果畫矩形時，同時按住（Shit）鍵，可以畫出正矩形，如使用**圓邊矩形**工具，則可以畫出圓形，如畫矩形時，同時按住（Ctrl）鍵，可以強迫由中心點畫出矩形。

06 使用**矩形**工具，在繪圖區繪製任意大小的矩形，再使用**兩點畫弧**工具，在矩形的一角的兩邊畫圓弧，當圓弧顏色呈現桃紅色時，系統會於游標處顯示反正切之提示，代表角點（圖示 1 點）與圖示 2、3 點等矩，如圖 8-50 所示。

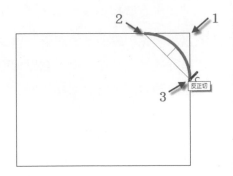

圖 8-50　當圓弧顏色呈現桃紅色時為反正切狀態

07 當按下滑鼠左鍵以結束圓弧線繪製時，會地矩形一角做倒圓角處理，且矩形與圓弧會呈一體狀態。當以空白鍵以結束圓弧線之繪製，則不會對矩形角做倒圓角且圓弧與矩形是各自獨立狀態，如圖 8-51 所示，此為 SketchUp2019 版本新增功能。

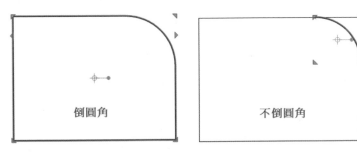

圖 8-51　在矩形一角畫圓弧線可做倒圓角與不倒圓處理

08 在 LayOut 中使用**兩點畫弧**工具，做夾角之倒圓角與不倒角處理，與 SketchUp 之兩點圓弧之操作方法略有不同，使用者不可不察。

09 當分別使用滑鼠在矩形及圓弧線上點擊兩下，可以分別對此兩圖形做編輯，如圖 8-52 所示，被編輯的矩形上有 8 個控制點，其操作方法與手繪曲線相同。被編輯的圓弧線，系統內定為兩端點及中點等 3 個編輯點。

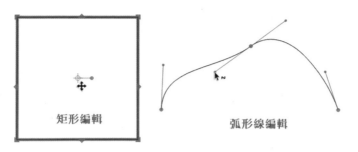

圖 8-52　可分別對矩形及圓弧線做編輯

10 當圓弧線處於編輯狀態，如同前面小節直線編輯操作方式，可以為圓弧線增加或減少編輯點，每一編輯點上會有中之較大圓點及兩側帶柄的小圓點，中間點可以移動編輯點的位置，利用兩側帶柄的小圓點可以調整圓弧的彎曲度，如圖 8-53 所示。

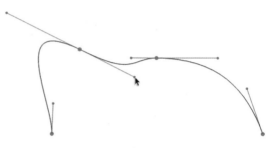

圖 8-53　可以對圓弧線做各式的編輯

8-6-3　畫圓、橢圓、多邊形及偏移工具

01 選取**畫圓**工具，其畫法和 SketchUp 的畫法相同，惟它沒有片段數的設定。

02 使用滑鼠點擊**畫圓**工具旁的向下箭頭，可以選取**畫橢圓**工具，使用游標定出橢圓第一角，拉出 X 軸長度，按著往上或往下拉出 Y 軸的高度，至滿意處按下滑鼠左鍵即可繪製一橢圓。

03 當繪製橢圓於定下第一點後，不放開滑鼠按鍵直到橢圓完成定位再放開滑鼠，或是定下第一點後放開滑鼠，直到橢圓完成定位後再按下滑鼠左鍵，均可完成橢圓圖形之繪製。

04 如果想要繪精確尺寸的橢圓圖形，當定下第一角點後，在鍵盤輸入 X 軸長度和 Y 軸的長度，中間以「，」點分開，即可繪製精確尺寸的橢圓圖形。

05 繪製多邊形和 SketchUp 的操作方法大致相同，系統內定為內接於圓方式作圖，在定下第一點後可以拉出一條半徑線段，當定下第二點後即可繪製一多邊形。

06 在定下第一點後，在鍵盤輸入（**數字＋S**）可以決定畫多邊形的邊數，如果此時，在鍵盤上輸入半徑值，即可繪製出精確的多邊形。

07 選取**偏移**工具 ，移動游標至想偏移複製的圖形上（由 LayOut 繪製的圖形方可）點擊一下以選取圖形，再移動滑鼠即執行偏移複製操作，移動游標時可以向圖形內部或外部移動，其操作方法與 SketchUp 相同，請讀者自行練習，此工具為 LayOut2017 版本後新增工具。

08 使用**偏移**工具，將圖示 A 的矩形往外偏移複製 15 公分，立即在鍵盤上輸入（3X），即可將圖示 A 的矩形往外偏移複製 3 組，如圖 8-54 所示，此功能為 SketchUp2018 版本以後新增功能。

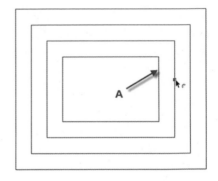

圖 8-54　可以鍵入（數值＋X）方式以倍數方式做偏移複製

09 使用**偏移**工具，將圖示 A 的矩形往外偏移複製 60 公分，立即在鍵盤上輸入（/3），即可將圖示 A 的矩形往外偏移複製到圖示 1 的位置上，並讓系統自動在其距離間自動分配 3 組矩形，如圖 8-55 所示，此功能為 SketchUp2018 版本以後新增功能。

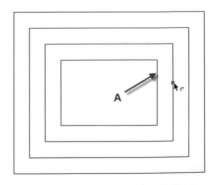

圖 8-55　可以鍵入（/X）方式讓系統分動分配偏移數

10 當偏移完成後在最後的圖形上按滑鼠左鍵兩下，可以複製剛才的繪製動作，例如往外偏移複製時，可以在最外圈圖形上點擊兩下，以執行相同距離值之偏移複製工作，惟向內偏移複製時則必需選取最內圈之圖形為之。

11 當分別使用滑鼠在多邊形、圓形及橢圓圖形上點擊兩下，可以分別對此三圖形做編輯，如圖 8-56 所示，其中多邊形及橢圓圖形，其操作方法與矩形相同，圓形之操作方法與圓弧線之操作方法相同，此處請讀者自行練習操作。

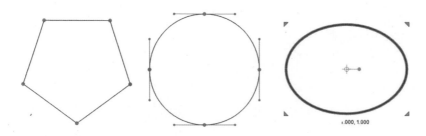

圖 8-56　可分別對多邊形、圓形及橢圓圖形做編輯

8-7　標註及表格工具

8-7-1　文字及尺寸標註

01 在**標註**工具面板中，包含了**文字**、**標籤**及**尺寸標註**等工具，在 LayOut 3 版本以後，在尺寸標註之內新增加了**角度標註**工具。

02 **標註**工具面板中的文字及標籤工具，一般均配合形狀樣式及文字樣式預設面板中的欄位設定，以設定文字大小、線條型式，惟想更改文字或線條樣式時，請先選取工具後再更改，如此才能做改變。

03 請使用**矩形**工具，在繪圖區繪製數個矩形，或畫一個矩形再行複製，然後選取**尺寸標註**工具，並在預設面板中設定各項欄位，如圖 8-57 所示。

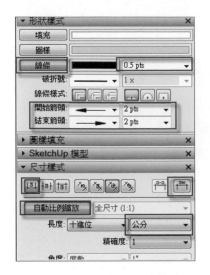
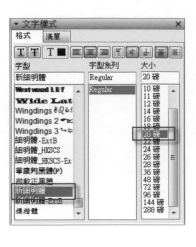

圖 8-57　選取**尺寸標註**工具然後到相關預設面板中做設定

04 移動游標到繪圖區中，利用抓點功能，各線段的交點上可以取得抓點，當取得兩交點後，移動游標方向會出現標註線，到適當的地方按下滑鼠左鍵，即可定出標註線，如圖 8-58 所示。

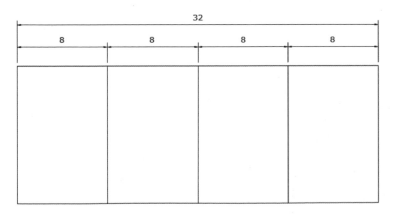

圖 8-58　對圖形繪製出尺寸標註線

05 選取**角度標註**工具，在預設面板亦如前面的設定，在圖示 A 點處按下第一點，在圖示 B 點處按下第二點，可以定下量取角度的基準線。再回來按圖示 A 點以定軸心點，按下圖示 D 點以定下要量取角度的方向點，如圖 8-59 所示。

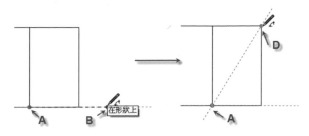

圖 8-59　左圖為定準線右圖為定量取角度線

06 當定下 D 點後，移游標至右側，可以取得 58 度的角度標註線，如圖 8-60 所示。
當移游標往左側時，可以取得 302 度的角度標註線，如圖 8-61 所示。

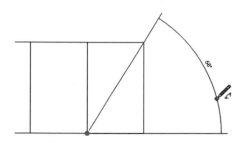

圖 8-60　移游標至右側可
以取得 58 度的角度標註線

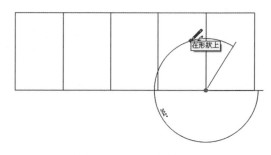

圖 8-61　移游標至左側可以
取得 302 度的角度標註線

07 **標籤**工具有如 AutoCAD 多重引線標
註，它的設定方式和尺寸標註相同，
請先選取**標籤**工具，再到文字樣式預
設面板中選擇字體大小，在圖中點擊
滑鼠左鍵立即放開滑鼠，到想要標註
文字的地方再按滑鼠一下，可以拉出
一條水平引線，到需要的長度時再按
下滑鼠左鍵，即可為其填上文字內
容，如圖 8-62 所示，此繪製方式為
LayOut2015 版本以後新增功能。

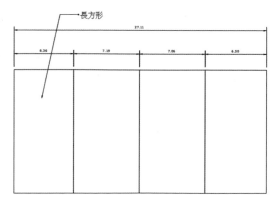

圖 8-62　繪製帶引線的文字標註

08 當使用**標籤**工具，於按滑鼠
第一下後不要放開滑鼠，移
動到想要標註文字的地方再
放開滑鼠按鍵，此時可以做
出弧形標註引線，如圖 8-63
所示，這是 LayOut2013 版
本以後新增功能。

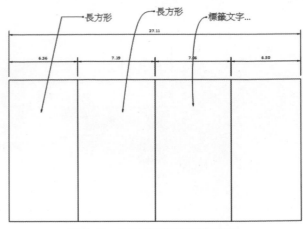

圖 8-63　可以做出弧形標註引線

09 文字工具按鈕為在圖面中增加文字說明，其操作方法請讀者自行練習。

8-7-2　標註工具的進階運用

01 當使用者繪製出第一個尺寸
標註後，只要在後續的下一
點上（如圖示的第 3 點）使
用滑鼠點擊兩下，可以製作
出連續標註線，如圖 8-64
所示。

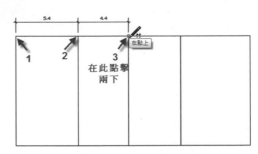

圖 8-64　在圖示 3 點上使用滑
鼠點擊兩下可繪製連續標註線

02 線性推論在 LayOut 中亦
適用，當在使用文字標
註或尺寸標註時，想要
做對齊動作時，只要移
游標至對齊點上即可拉
出一條綠色虛線，此線
即為 LayOut 之線性推論
線，如圖 8-65 所示。

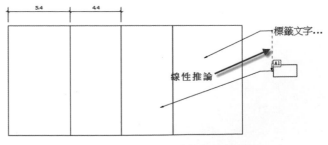

圖 8-65　在 LayOut 亦可執行線性推論

03 想要讓標註的圖形皆位置於同一圖層時，可以在使用**標註**工具前，先在圖層增加一新圖層，並將其設為目前作用中圖層（前有鉛筆圖標者），如此所繪製的標註皆會存入到此圖層中。

04 當想要將現有標註線重新歸入到標註圖層，可以設標註圖層為目前作用中圖層，選取要變更圖層的標註線，執行右鍵功能表→**移到目前圖層**功能表單，即可將選取的標註線歸入到想要的圖層上，如圖 8-66 所示。

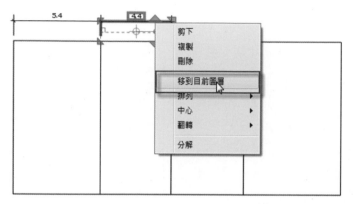

圖 8-66　執行**移到目前圖層**功能表單

05 當想選取繪圖區中所有之標註線或文字時，只要在圖層預設面板中選取**標註**圖層，並執行右鍵功能表→**選取實體**功能表單，如圖 8-67 所示、即可選取位於標註圖層中的所有標註線及文字。

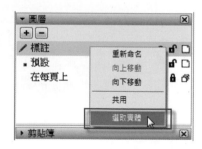

圖 8-67　執行**選取實體**功能表單

06 對尺寸標註按滑鼠左鍵兩下，可以更改文字內容。而在尺寸線上會有藍色的小點，此時可以移動變更尺寸標註線的位置，以及可以移動尺寸標註線的端點以改變偏移值，如圖 8-68 所示。

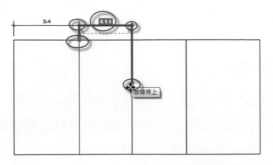

圖 8-68　移動尺寸標註線的端點以改變偏移值

07 當量取圖示 1、2 點之尺寸時，系統
可以做出平行於圖示 1、2 線段的
平行尺寸標註線，或平行於視圖的
尺寸標註線，當想製作出任意角度
的尺寸標註線時，可以同時按住 Alt
鍵，即可繪製出自定角度的尺寸標
註線，如圖 8-69 所示。

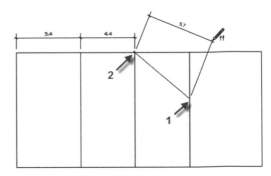

圖 8-69　同時按住 Alt 鍵可繪
製出自定角度的尺寸標註線

08 當更改了左側第一個尺寸標註樣式，想要將其他做相同的更改時，可以執行**樣式**
✏ 工具，游標會變成吸管圖標，請吸取左側第一個尺寸標註，游標會變成油漆桶
圖標，至要改變樣式的標註上點擊滑鼠左鍵即可，如圖 8-70 所示。

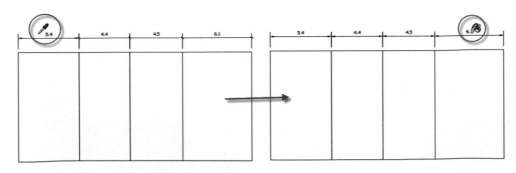

圖 8-70　使用樣式工具改變尺寸標註

09 當在圖形上方繪製出總長度的尺寸標註時，可以使用**尺寸標註**工具，在圖形的左側點擊第 1 點，並在第 2 點上點擊兩下，可以自動繪製出左側的總長度標註線並與上方標註線擁有相同的偏移值，其它兩側亦可如是操作，如圖 8-71 所示。

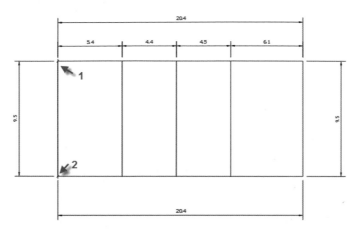

圖 8-71　以點擊滑鼠左鍵兩下方式以製作總長度尺寸標註線

10 當 LayOut 檢測到尺寸標註會干擾尺寸箭頭或延長線時，它將利用一條引線自動彈出尺寸標註樣式，如圖 8-72 所示，此為 SketchUp2018 版本以後新增加的功能。

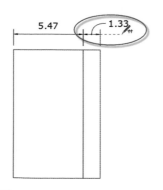

圖 8-72　當標註距離過小時會自動彈出尺寸標註樣式

11 如果使用者想要對尺寸標註文字位置做改變，只要在標註線上按滑鼠兩下，移動游標到數字上，當出現移動標誌時即可移動數字到想要的位置上，如圖 8-73 所示。

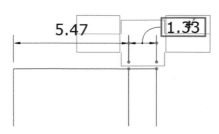

圖 8-73　可以將標註中之文字做任意移動

8-7-3 表格工具

在 SketchUp2018 版本以後新增可以對場景生成報告功能，依據此功能，讓使用者可以根據時間安排和切割清單配置報告以統計部件和數量，或按圖層疊加價格以創建詳細的估價表。而此等報告可以插入到 LayOut 供直接使用，現說明其使用方法如下。

01 在 LayOut2019 程式中共可讀取 csv 及 xlsx 兩種檔案格式，其中 csv 格式可由 SketchUp 中對場景產生報告所製作的檔案，而 xlsx 檔案格式則由 Excel 軟體所製作。

02 請新增一空白頁面，執行下拉式功能表→**檔案**→**插入**功能表單，可以打開**開啟**面板，在面板中檔案格式選擇**表格**，檔案名稱選擇第八章試算表資料夾中的場景報告.csv 檔案，這是第三章所操作產生的報告。

03 在**開啟**面板中當按下**開啟**按鈕，則可以在繪圖區中開啟此試算表，如圖 8-74 所示，在此表格欄位內使用者即可進行內容之編輯。

Entity Name	Quantity	Material	Size	Price
A$C315D4D45	2			
A$C58F42AA0	2			
A$C7DB66A87	6			
DBQ	8			
DC	4			
DOR-T	20			
J10	6			
M_A13ZTG	10			
M_A17ORW	4			
M_C25MYD	3			
M_C26ZLR	2			
M_C28YOJ	4			
M_C32CXI	8			
M_C4	14			
M_C5	2			
M_C54TQD	12			
M_E16	6	材料1		
M_E19	6	材料1		
M_E20	4	材料1		
M_E33IEP	8	材料1		
M_F3	4			
Model	1			
TD	2			
WS_815	4			
YDD	5			
YG1	4			
_DBLK	17			
_DBLK1	1			
_GCBLK	4			
_WBLK	13			
元件#1	8			

圖 8-74　在繪圖區中打開此試算表

04 惟當使用者插入 3386.xlsx 檔案時，系統會打開 **Excel 偏好設定選項**面板，在面板中請維持系統之內定設置，亦即匯入 Excel 格式欄位必需勾選，如圖 8-75 所示。

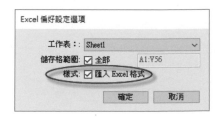

圖 8-75　在 Excel 偏好設定選項面板中做各欄位設定

05 使用電子表格有一便利處，即當使用者在試算表軟體中做任何數據的更動，即可在 LayOut 中做出反映而即時加以更新。

06 如果想現場製作表格，請選取工具列中的**表格**工具，然後在繪圖區要放置表格的地方按下滑鼠左鍵以定下第一點，當拉動對角線時系統會提示表格數，至需要的格數按下滑鼠左鍵以定下第二點，此時移動游標可以接著決定表格的大小範圍。

07 使用滑鼠在單元格上點擊一下，可以移動表格或旋轉表格，如果在表格點擊兩下，則可以調整表格之間距，如圖 8-76 所示，如果選擇單一空格再按滑鼠右鍵，可以執行右鍵功能表，可以有更多表格編輯功能供使用者操作，如圖 8-77 所示。

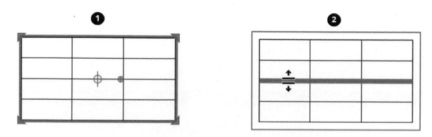

圖 8-76　點擊滑鼠左鍵可以對表格做不同的編輯動作

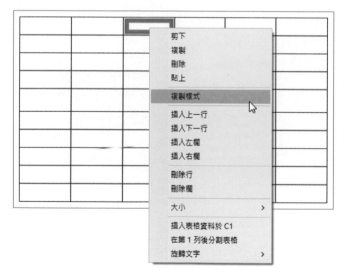

圖 8-77　執行右鍵功能表可以有更多的編輯供選擇

08 在表格上點擊滑鼠左鍵兩下，再按住滑鼠左鍵移動滑鼠可以框選出多個單元格，對此可以對這些被選取的單元格進行合併或分割處理，如圖 8-78 所示。

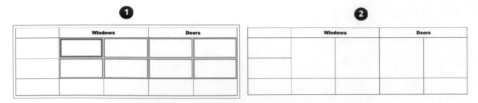

圖 8-78　對被選取的單元格進行合併或分割處理

09 至於鍵入文本到表格中，必先使用**選擇**工具點選單元格，當被選取之單元格呈藍色的粗框時即可鍵入文本，而要移動單元格可以使用方向鍵或 Tab 鍵方式行之，此部分請讀者自行練習。

8-8 編輯及視圖列工具

編輯及**視圖**工具如圖 8-79 所示，由左到右分別為刪除、樣式、分割、結合、簡報、添加頁面、上一個、下一個等工具，現分別説明如下：

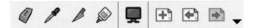

圖 8-79　編輯及視圖工具

01 使用**刪除**工具，可以刪除圖形及由繪圖工具等所製作的圖形。

02 使用**樣式**工具，可以使游標成為吸管，以吸取畫面中圖形的樣式，此後游標會變為油漆桶，可以賦予其他圖形具有此樣式。

03 使用**分割**工具，可以對重疊的圖形做出分割，在繪圖區中繪製重疊的矩形和圓形，使用分割工具，移動游標至兩圖形相交處點擊，可以將兩圖形做分割，使用刪除工具，可以刪除矩形及圓的部分圖形，如圖 8-80 所示。

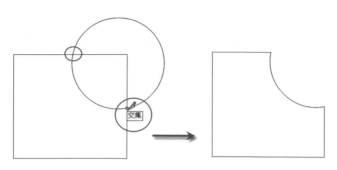

圖 8-80　使用分割工具可以分割圖形

04 使用**選取**工具，選取刪除後剩下的弧線，弧線可以被移動，表示弧線和矩形並未整合在一起，使用**結合**工具，在弧線上點擊一下，再到矩形線上點擊下，可使線與線間產生結合，使用**選取**工具，選取圖形，此時兩個圖形已結合在一起了，如圖 8-81 所示。

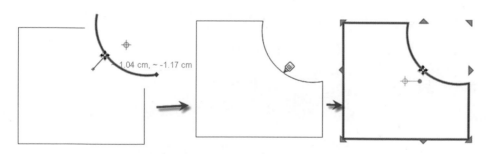

圖 8-81　使用結合工具將兩圖形結合在一起

05 使用**簡報**工具，會使整個圖紙充滿螢幕，所有工具及面板皆隱藏不見，按（Esc）鍵可以恢復原螢幕畫面，如果有多個頁面，可以使用鍵盤的上下鍵做頁面間的更換。

06 使用**新增頁面**工具，可以再增加一個頁面。執行上一頁工具、下一頁工具，可以找出想要編輯的頁面。在頁面預設面板中對頁面管理會有更佳的效果。

07 執行向下箭頭之新增及移除按鈕選項，可以表列出工具面板之設定選項，此部分在上面小節中已做過說明。

8-9 LayOut 與 AutoCAD 相互間的搭配運用

以往想在 LayOut 中使用 AutoCAD 繪製的圖檔，必需先轉檔至 SketchUp 後存成元件，才能插入 LayOut 供使用，不過經由這樣的轉檔過程，DWG 格式內的尺寸標註及多重引線標註內的數字及文字會消失不見，在 2018 版本中雖然在 LayOut 可以直接插入 DWG 格式檔案，但功能尚未完備，而在 2019 版中此項功能已有相當大的改進，使兩者可以自由互換使用，無形中產生互補功能，使施工圖的製作更加方便也更具專業性，以下介紹兩者間如何轉換的操作説明。

01 請執行 AutoCAD 軟體，並打開第八章 CAD 資料夾內平面家俱配置圖 .dwg 檔案，如圖 8-82 所示，在此圖檔中備有模型空間及配置 1、配置 2 之圖紙空間。

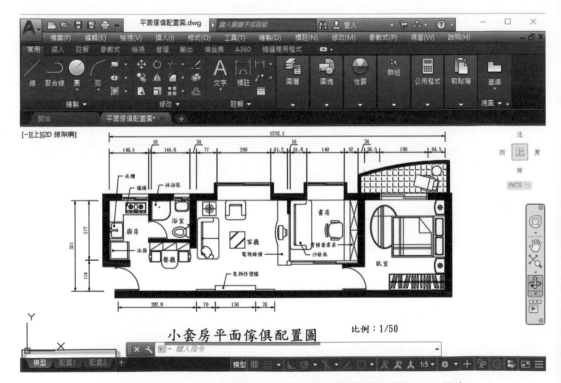

圖 8-82　在 AutoCAD 中開啟元件資料夾內平面家俱配置圖 .dwg 檔案

02 依使用經驗 SketchUp 無法讀取 AutoCAD 的複線型式之線段，請在繪圖區中分別選取複線（粗黑線部分），執行工具面板中之**分解**工具，將其全部執行分解，如圖 8-83 所示。

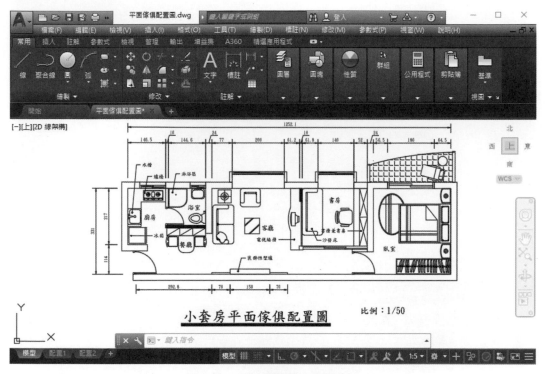

圖 8-83　先將圖形中之複製分解

03 如果在圖紙空間中設有圖框者，亦請將其刪除，蓋圖框一般與圖形之視埠框為不同比例，在 LayOut 中執行會增加困擾，有關此部分後續小節會專對 LayOut 加入圖框做説明。

04 請將清理並修改後的圖檔加以存檔，本圖經以平面傢俱配置圖 -- 清理 .dwg 為檔名，存放在第八章 CAD 資料夾中，供讀者直接匯入 LayOut 中使用。

05 在 LayOut 中請執行下拉式功能表→**檔案**→**插入**功能表單，可以打開**開啟**面板，在面板中請選取第八章 CAD 資料夾中平面傢俱配置圖 -- 清理 .dwg 檔案。

06 當在面板中按下**匯入**按鈕，可以再打開 **DWG/DXF 匯入選項**面板，如圖 8-84 所示，現將面板分區說明如下：

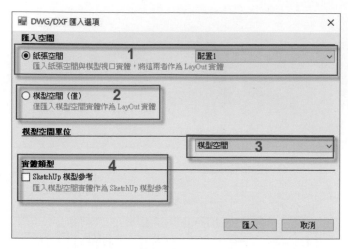

圖 8-84　打開 DWG/DXF 匯入選項面板

1 紙張空間選項：此為系統內置選項，亦即 AutoCAD 所稱之圖紙空間，執行右側的配置欄位，可以表列此圖檔在 AutoCAD 所有的配置供選取。

2 模型空間選項：AutoCAD 模型空間原則上是一無限大的空間，如果在其中繪製相當多的圖形，此時在 LayOut 中就不鼓勵使用此種模式匯入，蓋匯入速度將相當慢，當要做分頁處理時亦相當麻煩。

3 模型空間單位：執行右側的欄位，可以表列單位供選取，如圖 8-85 所示，這是 SketchUp2019 版本新增加功能。

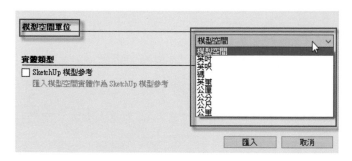

圖 8-85　表列單位供選取

4 **實體類型：**如果在此選項中啟用 SketchUp 模型參考欄位時，會有如在 SketchUp 程式中匯入 DWG 格式的操作模式，把 AutoCAD 模型空間之圖形做為 SketchUp 模型使用，如此則 CAD 中之填充線、尺寸標註、多重引線標註及文字說明等均不被轉換匯入，失去 LayOut 直接插入圖形之功能，因此不鼓勵讀者使用這樣的模式。

07 在 **DWG/DXF 匯入選項**面板中維持紙張空間並選取配置 1，當在面板中按下**匯入**按鈕後，系統會經過短暫的計算，此時只能看到部分的線條或是完全看不到圖形，如圖 8-86 所示。

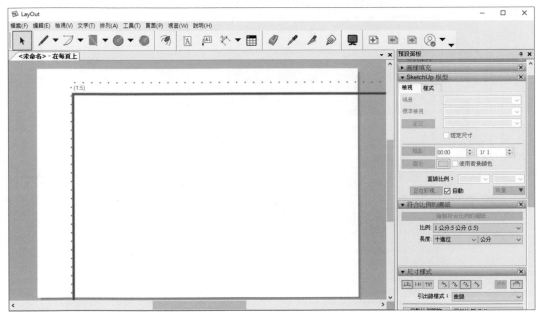

圖 8-86　此時只能看到部分的線條或是完全看不到圖形

08 在很多情況下，如果匯入圖紙空間之配置後，符合比例圖形預設面板依然是灰色不可執行狀態，此時請選取全部的圖形，執行右鍵功能表→**取消群組**功能表單，如圖 8-87 所示，經過分解後即可使用符合比例圖形預設面板之比例欄位了。

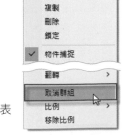

圖 8-87　執行右鍵功能表
之**取消群組**功能表單

09 在此圖中於符合比例圖形預設面板中，原顯示之比例為 1:5，這是因為 AutoCAD 的比例問題，請將其改為 1:50 之比例，則可以看見整個圖形，請將其移動到圖紙的中間，惟此時圖形會顯示怪異現象，如圖 8-88 所示。

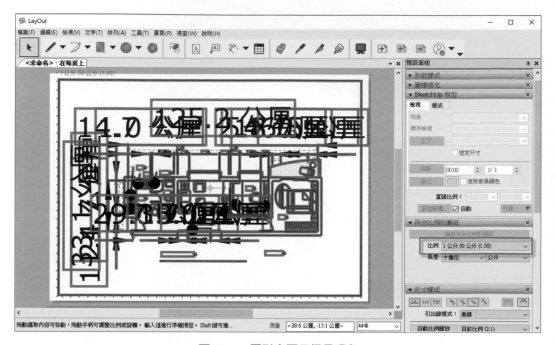

圖 8-88　圖形會顯示怪異現象

 AutoCAD 的比例問題一直困擾著初學者，這是因為它本身不主動幫使用者做單位轉換之故，有關這部分的詳細解惑，請參閱作者為 AutoCAD 寫作的多本著作，裡會做詳細徹底的說明。

10 在圖形全被選取情況下，請在**文字樣式**預設面板中設定文字大小為 12，在**形狀樣式**預設面板中，設定開始箭頭與結束箭頭兩欄位之大小值為 2，即可將圖形做大部分的改善，如圖 8-89 所示。

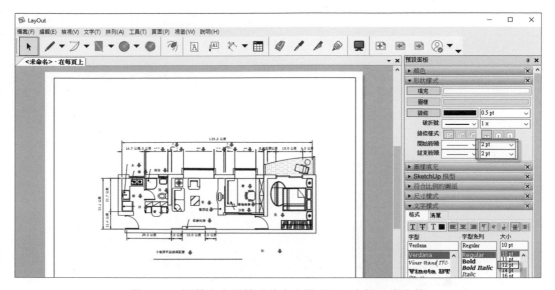

圖 8-89　調整文字及箭頭的大小圖形即可大部分的改善

11 觀看圖面尺寸標註不太理想，而圖面中的文字其旁有紅色向下箭頭，其表示文字寬度不足所致，請選取取全部的圖形，在尺寸樣式預設面板中依圖示做各欄位設定，並再將文字大小設定為 8，如圖 8-90 所示。

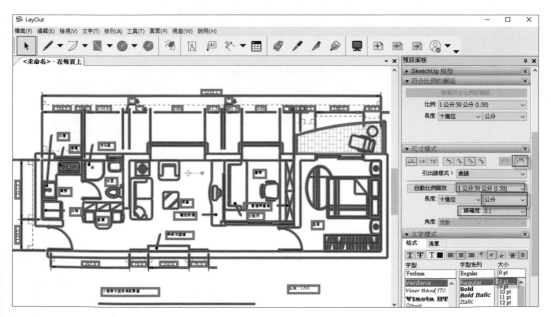

圖 8-90　在尺寸樣式預設面板中依圖示做各欄位設定並設文字大小為 8

12 觀看圖面，有些尺寸中之文字旁仍有紅色箭頭，表示其文字寬度不足，請進入此文字編輯模式，在顯示的視埠框中推開寬度，而有些尺寸線無黑色箭頭並且長度不足，請再選取此標註線，在**形狀樣式**預設面板中重設箭頭，然後選取此線段視埠框做拉伸即可，如圖 8-91 所示。

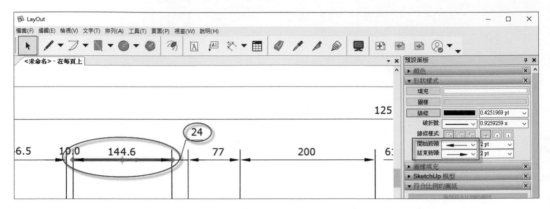

圖 8-91　重設個別尺寸線箭頭及做拉伸動作

13 如果想將 CAD 中的填充線做編輯，可以選取此填充線，然後在圖案填充樣式面板中調整**比例**欄位值即可，如圖 8-92 所示。

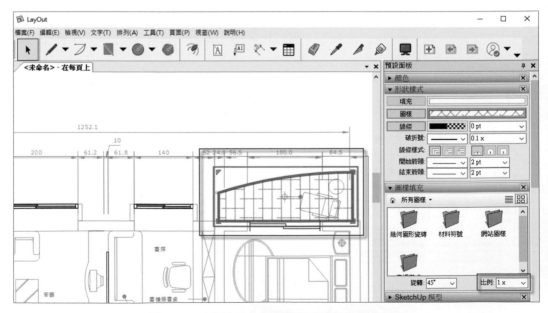

圖 8-92　在圖案填充樣式面板中調整**比例**欄位值

14 本圖檔經各項目重為設定完成,如圖 8-93 所示,本圖檔經以平面傢俱配置圖 .LayOut 為檔名存放在第八章中,供讀者自行開啟研究之。

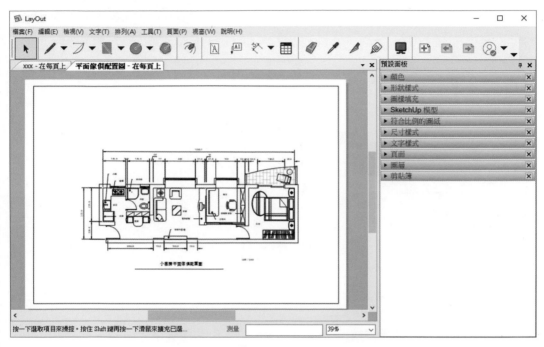

圖 8-93　本圖檔經各項目重為設定完成

15 現示範由 LayOut 匯出圖檔到 AutoCAD 中,供其製作符合法定規範之施工圖,不可諱言,因為在 AutoCAD 中之作圖機制比 LayOut 完備太多,只有靠它才能製作出更符合標榫規範的施工圖説。

16 請開啟第八章元件資料夾中之古典置物桌施工圖 .LayOut 檔案,茲為轉檔準備,請預先將文字及尺寸標註先予刪除,如圖 8-94 所示。

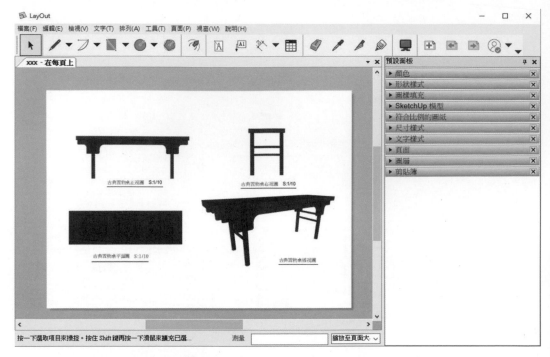

圖 8-94　開啟古典置物桌施工圖 .LayOut 檔案並將文字及尺寸標註先予刪除

17 請執行下拉式功能表→**檔案**→**匯出**→ DWG/DXF 功能表單，可以打開**匯出 DWG/ DXF** 面板，在面板中請給予一個匯出 DWG 格式的檔名。

18 當在面板中按**存檔**按鈕，即
可再打開 DWG/DXF 匯出面
板，在面板中當**匯出用於
SketchUp** 欄位未勾選，則圖
檔會存在 AutoCAD 中的圖
紙空間中，如圖 8-95 所示，
如果此欄位勾選則圖檔會存
在 AutoCAD 中的模型空間
中。

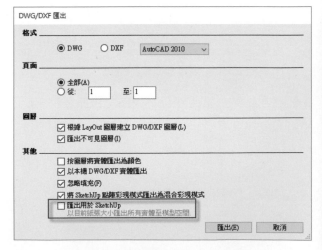

圖 8-95　**匯出用於 SketchUp** 欄位
未勾選則存成圖紙空間中的配置

19 本圖形經以圖紙空間方式轉檔成功，以古典置物桌 .dwg 為檔名存放在第八章 CAD 資料夾中。

20 讀者可以使用 AutoCAD 將其開啟，然後於其上做出符合國家標準的尺寸標註及多重引線標註等，此等牽涉到 AutoCAD 的操作，如果想了解其中的操作技巧，請參閱作者為 AutoCAD 寫作的多本著作。

8-10 建立專屬 LayOut 範本

在室內設計工作上，為展現公司或個人樣式，當然最好有自己圖紙範本，以展現個人風格，在 LayOut2019 版本中製作範本的方法有三種方法，第一種方法就是直接使用 AutoCAD 之 dwg 格式圖框，直接插入 dwg 格式圖檔為 2018 版本以後新增功能，第二種方法就是自己動手製作，第三種方法，即利用現有 SketchUp 範本直接套用，以下將就第一種方法之操作過程做詳細說明。

8-10-1 圖層及頁面預設面板

01 請執行 LayOut2019 程式，在開啟的入門面板中選取 A3 橫向空白的圖紙，在進入 LayOut 後，在螢幕右側同時開啟頁面及圖層預設面板，這兩個面板互有關連，故放在一起解說。

02 在**頁面**預設面板中的頁面有如 AutoCAD 的配置，目前它只有 1 個頁面，在圖層預設面板中的圖層有如 SketchUp 及 AutoCAD 的圖層，惟它含有更深層的意義，目前面板中含有 2 個圖層。

03 在頁面預設面板中，左上角的 [+] 按鈕可增加新頁面，[-] 按鈕則可以刪除選取的頁面，中間的 [▣] 按鈕則可以將選取頁面內容複製到新增加頁面上。如想改變頁面名稱，只要使用滑鼠在頁面名稱上按滑鼠兩下，當文字形成藍色區塊時，即可更改頁面名稱。

04 頁面名稱最右側的螢幕圖標按鈕，和工具列中的簡報工具功能是相關連，如果按下按鈕使成灰色狀態，即將此頁面排除在簡報外。系統內定頁面以列表式呈現，如果執行右上角的 88 按鈕，則頁面會以縮圖方式顯示，惟其製作縮略圖需要一點時間。

05 如想要使某一頁面不包含在簡報內，請選取某一縮略圖，該圖會被黃色框框住，然後在其上執行滑鼠右鍵，在顯示的右鍵功能表中把**在簡報中顯示**功能表單，勾選為顯示，不勾選則排除在簡報之外。

06 LayOut 的圖層預設面板和 SketchUp 中的圖層管理面板，其按鈕和使用方法大致相同，在此不再贅述，在本面板中預設有預設圖層及在每一頁上圖層，此圖層中最右邊多了個 □ 按鈕，這是控制是否在所有頁面上共享圖層的按鈕，如圖 8-96 所示。

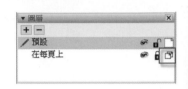

圖 8-96　控制是否在所有頁面上共享圖層的按鈕

07 在圖層面板中如果只是一個矩形圖標則表示為一般的圖層，其中鎖形圖標可以將圖層鎖住不允許更改而呈封閉狀態。

08 由現有圖層預設面板觀之，只要在增設圖層中製作圖框，將其設成 □ 按鈕，再把圖層鎖住不允許更動，則可以製作成專屬的圖紙使用，這在下一小節中製作圖紙範本時會用到。

8-10-2　插入 DWG 格式以製作圖框

01 現介紹第一種方法就是使用 CAD 軟體中現有之圖框，請執行下拉式功能表→**檔案→關閉**功能表單，將現有頁面關閉，再執行下拉式功能表→**檔案→從範本新增**功能表單，會打開入門面板，在左側選取預設範本選項，在右側選 A3 橫向紙張，圖紙大小端視各人列表機而定，不過也可以在文件設定面板中加以更改。

02 如前面小節的說明，在圖層預設面板中，將在每頁上設為目前圖層（圖層前端有鉛筆圖示），其最右邊仍維持 □ 按鈕，以準備製作圖框。

03 請執行下拉式功能表→**檔案**→**插入**功能表單，可以打開**開啟**面板，在面板中欄位格式選擇 AutoCAD files 檔案格式，並選取第八章 CAD 資料夾中之 A3-H.dwg 檔案，當在面板中按下**開啟**按鈕，可以打開 DWG/DXF **匯入**選項面板，請在面板中選取**模型空間**欄位，如圖 8-97 所示。

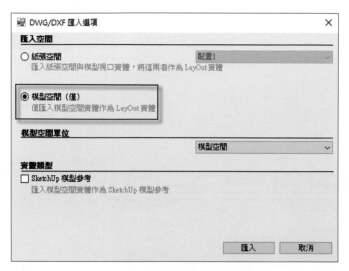

圖 8-97　在面板中選取**模型空間**欄位

04 在 DWG/DXF **匯入**選項面板中按下**匯入**按鈕，即可將 dwg 格式之圖框插入到 LayOut 之 A3 圖紙中，此時圖框與圖紙的比例可能不合，以致圖框配不上圖紙。

05 台灣所用單位為公分，因在 AutoCAD 中圖形有被列表機折掉十分之一的問題（有關此問題請參閱作者 AutoCAD 相關著作），所以匯入的圖形大小可能不符合使用者需要，在圖框仍被選取狀態，請打開符合比例之圖紙預設面板，將比例欄位設定為 1:10，然後調整圖框之位置，則圖框與圖紙即可以完全吻合，如圖 8-98 所示。

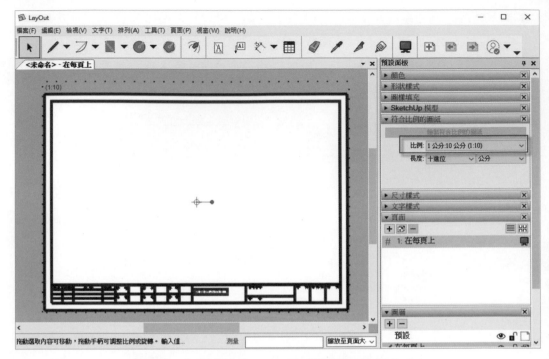

圖 8-98　將比例設定為 1:10 即可將圖框與圖紙完全吻合

06 接著將**在每頁上**圖層右側的鎖給予鎖住，以防止被不經意的更改，系統會自動回歸預設圖層為目前圖層，如此利用現成圖框製作圖紙範本設計完成，在頁面預設面板中按下**新增**頁面，則圖框會成為所有頁面的圖框。

07 現事後想要在圖框中加入自己公司名稱，可以在圖層預設面板中將**在每頁上**鎖給予解開，並設此圖層為目前圖層，在文字樣式預設面板中，選擇字型及字體大小，然後使用**文本**工具 🅰，在圖框中輸入公司名稱，輸入完成後記得把鎖再度鎖上。

08 執行下拉式功能表→**檔案**→**另存為模板**功能表單，可以打開**另存為範本**面板，在**範本名稱**欄位輸入自訂名稱，**範本資料夾**欄位選擇**我的範本**，如圖 8-99 所示。

圖 8-99　在面板
中輸入範本名稱

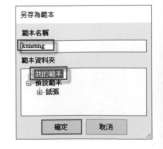

09 執行下拉式功能表→**編輯**→**偏好設定**功能表單，在開啟的 **LayOut 偏好設定**面板中，選取**啟動**選項，在**新增文件**欄中選取使用預設範本以建立新的文件欄位，再按**選擇**按鈕，可以打開範本面板，在範本面板頂端中選擇**我的範本**，在面板下方會出現剛才製作的範本，請選取此範本，如圖 8-100 所示，按**開啟**按鈕，則往後進入 LayOut 時都會是使用此範本了。

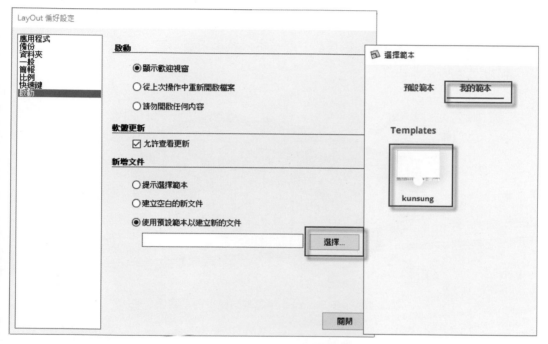

圖 8-100　在我的範本項中選取自設的範本

10 退出 LayOut 程式再次進入，則會在**歡迎使用 LayOut** 面板中（此即 LayOut 之迎賓面板），提供剛才設定的範本供選擇，專屬 LayOut 範本製作完成。本範本經以 kunsung.LayOut 為檔名，存放在第八章資料夾中，讀者可以將其打開後再做修改即可。

8-11 將場景製作各面向立面圖

請開啟第八章中之演講廳 .skp 檔案，這是一個沒有材質的完整場景，請將鏡頭設在房體外部，以利後續的操作。

01 在 SketchUp 的座標軸概念中，其各方向之視圖有一定的準則可以掌握，如圖 8-101 所示，-Y 軸方向為正視圖，正 Y 方向為後視圖，正 X 軸方向為右視圖，-X 軸方向為左視圖。

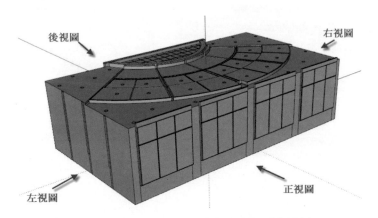

圖 8-101　在 SketchUp 中各軸向與視圖之關係

02 請使用**剖面平面**工具，移動游標到場景中 -Y 軸的牆面上，使用**移動**工具，將此**剖面平面**往前移動到適當地方以顯示場景內部，如圖 8-102 所示。

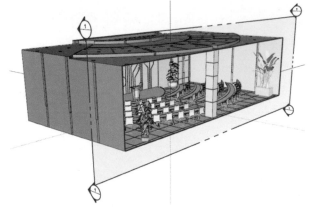

圖 8-102　將此**剖面平面**往前移動到適當地方以顯示場景內部

03 執行下拉式功能表→**鏡頭**→**平行投影**功能表單，再選取**正視圖**工具按鈕，則圖像
會呈現正立面圖，而且圖形完全沒有深度距離，如圖 8-103 所示。

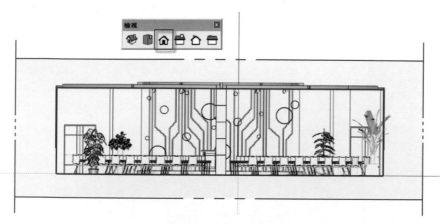

圖 8-103　選取**正視圖**工具按鈕則圖像會呈現正立面圖

溫馨提示　讀者製作的立面圖如果與畫面中大小不同，可以不用理會，因為施工圖中圖案大小決定於比例設定，而非此處大小的表現。

04 執行下拉式功能表→**檢視**→**動畫**→**新增場景**功能表單，可以為此正視圖場景建立
場景號 1 場景，如圖 8-104 所示。

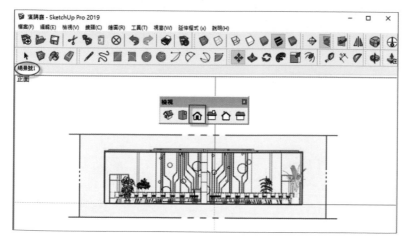

圖 8-104　設置正視圖並存為場景號 1 場景

05 旋轉視圖使出現場景之右側,使用**剖面平面**工具在右視圖方向做剖面,使用**移動**工具,將此剖面平面往前移動到適當地方以顯示場景適當內部,選取右視圖工具,可以將場景設置成右視立面圖,再將其存成場景號 2,如圖 8-105 所示。

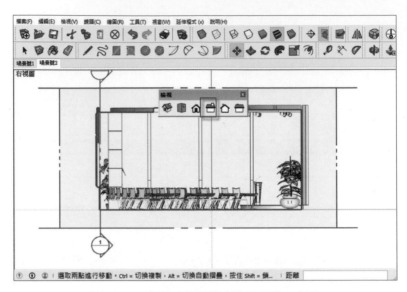

圖 8-105　設置右視圖並存為場景號 2 場景

06 利用相同的方法,旋轉視圖使出現場景之左側,使用**剖面平面**工具在左視圖方向做剖面,使用**移動**工具,將此剖面平面往前移動到適當地方以顯示場景適當內部,選取**左視圖**工具,將場景設置成左視立面圖,並將存成場景號 3,如圖 8-106 所示。

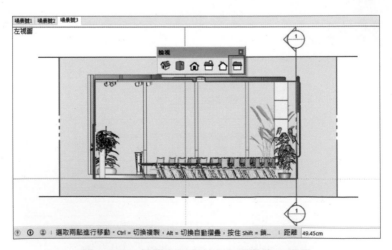

圖 8-106　設置左視圖並存為場景號 3 場景

07 利用相同的方法，旋轉鏡頭到後側位置，使用**剖面平面**工具在後視圖方向做剖面，使用**移動**工具，將此剖面平面往前移動到適當地方以顯示場景適當內部，選取**後視圖**工具，將場景設置成後視立面圖，並將存成場景號 4，如圖 8-107 所示。

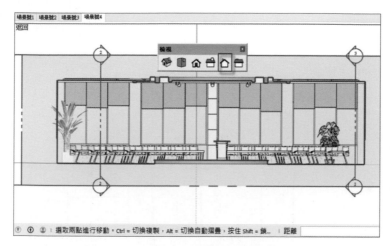

圖 8-107　設置後視圖並存為場景號 4 場景

08 選取場景號 4，在繪圖區中框選全部剖面平面，執行下拉式功能表→**編輯**→**隱藏**功能表單，如圖 8-108 所示，可以將選取之**剖面平面**隱藏，或執行右鍵功能表→**隱藏**功能表單亦可。

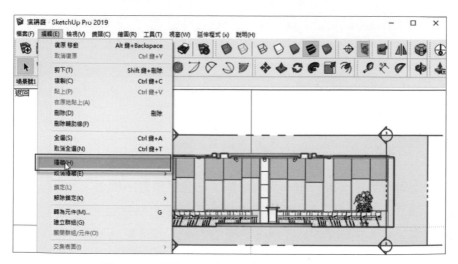

圖 8-108　執行下拉式功能表中之**隱藏**功能表單

09 移游標至場景號 4 圖標上，按滑鼠右鍵，以執行右鍵功能表→**更新**功能表單，將此隱藏截平面的場景給予更新儲存，如圖 8-109 所示。

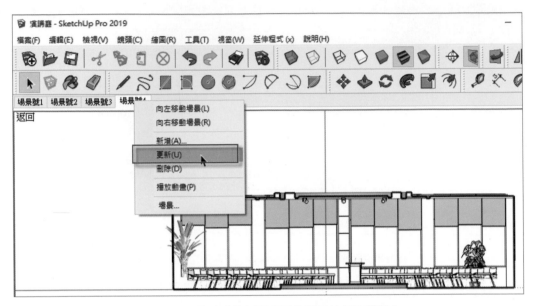

圖 8-109　將此隱藏剖面平面的場景給予更新儲存

10 依此方法，將場景號 3 至場景號 1 的場景均給予隱藏剖面平面，並依續將各場景給予更新處理，製作完成各面向立面圖之場景，經以演講廳 -- 各面向立面圖 .skp 為檔名，存放在第八章中，有需要的讀者可以自行開啟研究之。

8-12　演講廳施工圖之製作

01 請進入 LayOut 程式中，請選取剛才製作的範本或選取 A3 橫向空白紙張，在進入後再讀入第八章中 kunsung.LayOut 檔案，在圖層預設面板上，將**在每頁上**圖層中的鎖打開並設為當前圖層，在**文字樣式**預設面板上設定合適的文字型式和大小，使用**文本**工具，在圖框中的工程名稱欄位內輸入演講廳施工圖字樣，其它欄位內容請讀者自填，或是不改變亦可。

02 執行下拉式功能表→**檔案**→**插入**功能表單，將第八章內演講廳 .jpg 圖檔插入到頁面中，以做為施工圖中的演講廳透視圖表現，如圖 8-110 所示。

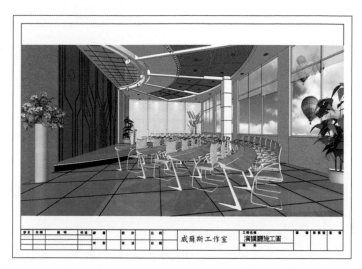

圖 8-110　在頁面中輸入一張演講廳透視圖

03 在頁面預設面板上，按下**新增頁面**按鈕，可以增加第 2 頁面，接著執行下拉式功能表→**檔案**→**插入**功能表單，以插入第八章元件資料夾內平面配置圖 .skp 檔案，如圖 8-111 所示。

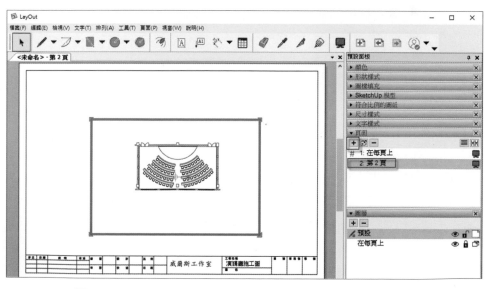

圖 8-111　第二頁插入第八章元件資料夾內平面配置圖 .skp 檔案

04 選取此元件，在 SketchUp 模型預設面板中，將**正交**按鈕啟動，勾選**恆定尺寸**欄位，並將**比例**欄位設為 1:50，在繪圖區中圖形的表現並非正常，請調整四周的視埠邊框至適當的大小，再把圖形移動到圖紙中央的位置，如圖 8-112 所示。

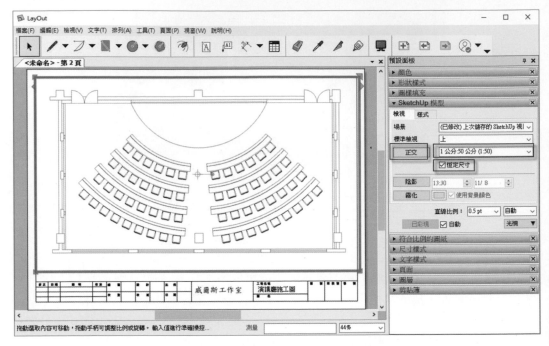

圖 8-112　適度調整視埠邊框並將圖形移動到圖紙中央位置

05 使用**尺寸標註**工具，在**尺寸樣式**預設面板中做各欄位設定，然後對此平面圖做各尺寸的標註，再選取標籤標註工具，然後在文字樣式預設面板設定字體大小，為演講廳各物件加以標註，最後再以文字標註加註平面圖名稱及比例，如圖 8-113 所示。

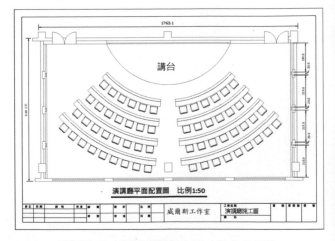

圖 8-113　為平面圖加上尺寸及文字標註

06 在頁面預設面板中再增加 1
個空白頁面，執行下拉式功
能表→**檔案**→**插入**功能表
單，請插入第八章內演講
廳 -- 各面向立面圖 .skp 檔
案，如圖 8-114 所示，這
是演講廳的場景，惟經剖面
工具做成各面向的立面圖。

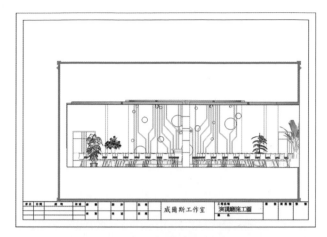

圖 8-114　在第 3 頁中插入演講--各面向立面圖 .skp 檔案

07 請打開 SketchUp **模型**預設面板，在場景欄位中選擇場景號 1，正交欄位中設定比
例為 1:50，勾選**恆定尺寸**欄位，如圖 8-115 所示，所需要的尺寸及文字標註，需
各面向立面圖都設置完成才能做註解。

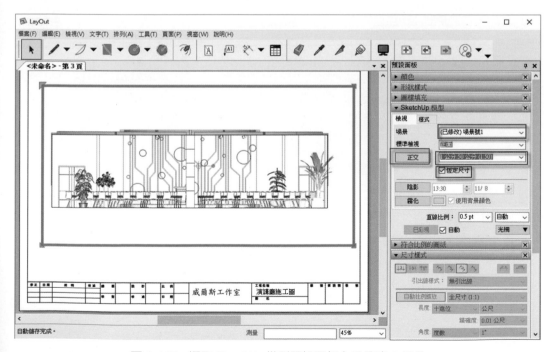

圖 8-115　選取 SketchUp 模型預設面板上場景號 1 場景

08 在頁面預設面板中，點擊**複製選取的頁面** 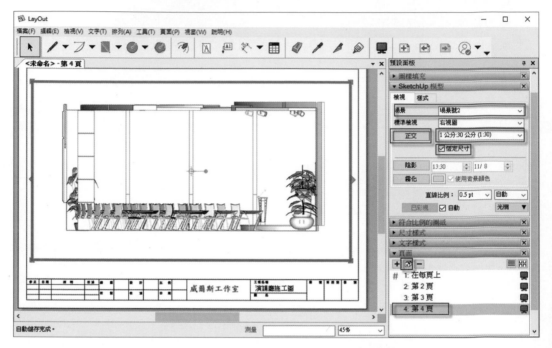 工具按鈕，以新增一頁面，此工具可以將上一頁面的物件帶入，先選取圖形後再到 SketchUp 模型預設面板中，在場景欄位中選取場景號 2 場景，正交欄位中設比例為 1:30，勾選**恆定尺寸**欄位，如圖 8-116 所示。

圖 8-116　使用複製頁面按鈕複製再選擇場景號 2

09 依上面的方法使用**複製選取頁面**按鈕再增第 5 頁、第 6 頁，並依次加入場景號 3 及場景號 4，如圖 8-117 所示，為第 5 頁之場景號 3 場景立面圖，如圖 8-118 所示，為第 6 頁之場景號 4 場景立面圖，最後再為每一立面圖加必要的入尺寸及文字標註，此部分請讀者自行操作。

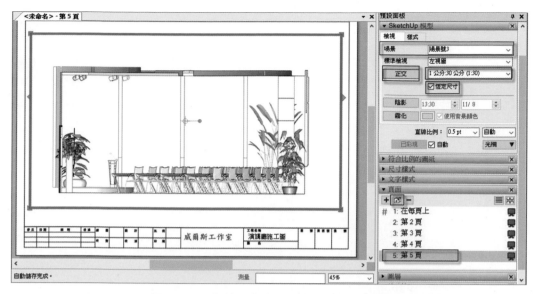

圖 8-117　為第 5 頁之場景號 3 場景立面圖

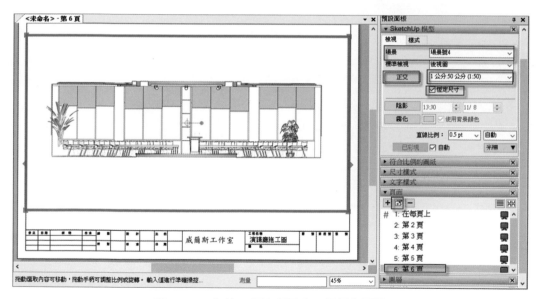

圖 8-118　為第 6 頁之場景號 4 場景立面圖

10 以 LayOut 製作施工圖所產生的快速效益，為其它 CAD 軟體所無法比擬，本演講廳整體施工圖製作完成，經以演講廳施工圖 .LayOut 為檔名存放在第八章中，供讀者自行開啟研究之。

MEMO

09

Chapter

創建混搭風格之
客餐廳空間表現

本章範例為集合式住宅之住家，重點在表現客餐廳區域，其它空間因處在鏡頭之外而予省略不創建。依前面第五章的說明，以製作鳥瞰方式的透視圖，其中的弊端在第七章中已做過詳細說明，而本章中將以實際範例建立正確透視圖場景方法續做說明。

在本範例之住家完全採用混搭風格設計，其實就是現代風格再加入中國傳統元素的方式，造型上處處會以簡潔明亮為主軸，由於區域屬於狹長形，為打破視覺上的侷促感，在牆面上裝飾了大片的明鏡以求其通透感，另外為求氣氛的營造，也以創建燈槽的方式來求取光影的多變。另現實中很多設計為免費的設計案件，理應由 SketchUp 直接出圖，再由影像軟體做簡單的後期處理，而後直接交稿給客戶即可，因此本章後段部分，將示範由 Photoshop 做透視圖後期處理方法，惟此種處理方法是以手工方式去模擬光影變化，其效果當然會有假假的感覺，想作為一位專業的設計師，理當於行有餘力時，應再學習後續的渲染軟體，以讓產出的作品具有照片級的效果。

9-1　創建房體

01 請開啟第九章元件資料夾中客餐廳平面圖 .skp 檔案，如圖 9-1 所示，這是位居集合式住宅之客餐廳結構圖，且已做好室內平面傢俱配置。

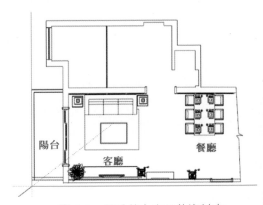

圖 9-1　開啟第九章元件資料夾中客餐廳平面圖.skp 檔案

02 打開圖層預設面板，在面板中按下**新增圖層**按鈕，以增加一 CAD 圖層，再選取全部的圖形，執行右鍵功能表**→建立群組**功能表單，將平面圖先組成群組，如圖 9-2 所示。

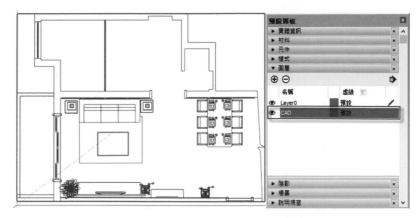

圖 9-2　新增 CAD 圖層再將平面圖組成群組

03 打開**實體資訊**面板，在面板中將此平面圖歸入到 CAD 圖層中，再執行右鍵功能表
→**鎖定**功能表單，將群組鎖定，被鎖定的圖形當選取時會呈現紅色狀態，如圖 9-3
所示。

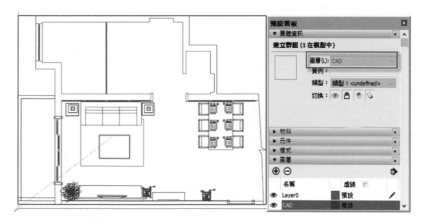

圖 9-3　將平面圖歸入到 CAD 圖層並加以鎖定

04 在未繪製透視圖前，必先考慮鏡頭的位置，而在現實環境中一般鏡頭會擺放在房
體外部，因此鏡頭前的牆面設置均會加以省略不處理，此處因與餐廳接壤之地區
被排除在透視圖表現之外，所以鏡頭的位置只能設置在接近餐廳的位置上，如圖
9-4 所示。

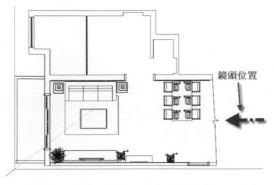

圖 9-4　鏡頭只能擺到餐廳方向的唯一位置上

05 維持圖層 0 為目前圖層，使用**畫線**工具，由圖示 1 點處為畫線起點，畫平面圖區域中之內牆周圍一圈，在門洞或窗洞處要做中斷點，而圖示 A 線段處為一開放空間，因此隨意找一點（圖示 2 點）做為替代餐廳之範圍，如此當畫回到圖示 1 點時系統會自動封面，如圖 9-5 所示。

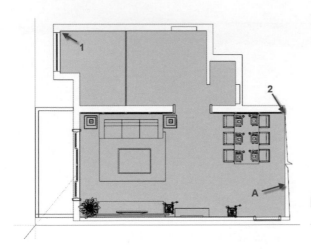

圖 9-5　將客餐廳內牆上畫線一圈以封閉成面

06 當畫回到圖示 1 點時，仍然無法自動封閉成面，請關閉 CAD 圖層以檢查斷線處，再使用畫**直線**工具，將中斷點連接上即可。

在每一窗洞或門洞的位置都要做中斷點，其用意在建立房體時會在斷點處做出位置之垂直線，可以省卻再次量取的手續，如果忘了做中斷點也不要緊，到時再依平面圖位置再畫出垂直線即可。

07 使用**推拉**工具，將剛繪製之矩形面往上推拉 280 公分，選取全部的房體，執行右鍵功能表→**反轉表面**功能表單，將房體外面轉為反面，而房體內部自然變成正面，如圖 9-6 所示。

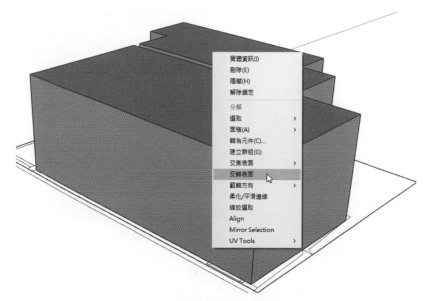

圖 9-6　將房體推拉高 276 公分再將房體外面反轉為反面

08 現為創建客餐廳內部場景方便，一般鏡頭前之牆面都會隱藏，請旋轉鏡頭到 X 軸方向上，再將前牆給予隱藏，即可順利看到客餐廳完整的透視場景，如圖 9-7 所示。

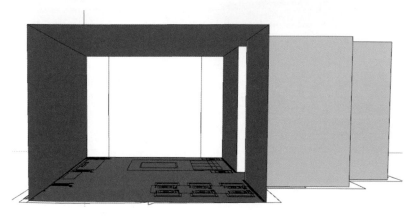

圖 9-7　將前牆隱藏即可呈現客餐廳場景

9-2 創建客餐廳之造型天花板

01 現創建客餐廳天花板造型，將視圖轉到屋外此處的天花平頂上，選取整段的圖示 A 線段（因門洞的關係被切成 3 段），使用**移動**工具，將其往右移動複製間隔為 13、2、720 公分，再畫上圖示 B 段將客餐廳天花板做獨立分隔，如圖 9-8 所示。

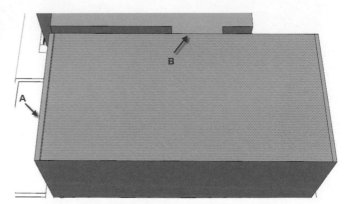

圖 9-8 將客餐廳天花板做出獨立分隔

02 使用**偏移**工具，將客餐廳天花板的面往內偏移複製間隔為 4、41 公分，選取**移動**工具，將圖示 A 的線段先往左移動 15 公分，再將此線往右移動複製間隔為 342.5、45 公分，再將中間多餘的線段刪除，可以將此平頂分隔成兩矩形區域，如圖 9-9 所示。

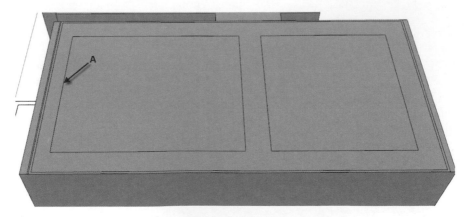

圖 9-9 將此平頂分隔成兩矩形區域

03 將視圖轉回到屋內，使用**顏料桶**工具，將周圍 4 公分寬的面賦予第九章 maps 資料夾內 0102.jpg 圖檔，以做為木紋之紋理貼圖，並將圖檔寬度改為 45 公分，在此面上點擊兩下以選取面和其邊線將其組成群組，如圖 9-10 所示。

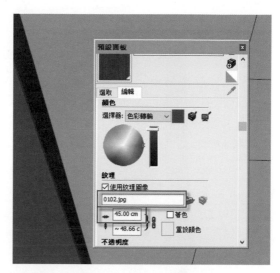

圖 9-10　將 4 公分寬面賦予木紋材質並組成群組

04 進入群組編輯狀態，使用**推拉**工具，將此面往下推拉 4 公分，退出群組編輯，使用**移動**工具，將群組往下移動複製 26 公分，如圖 9-11 所示。

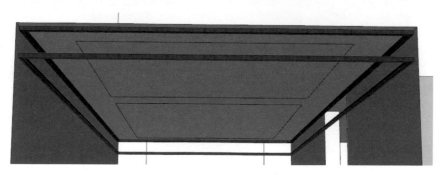

圖 9-11　將群組往下移動複製 26 公分

05 因為群組的關係，因此它與兩側的牆面並未做切割，請選取圖示 A 群組，再選取左右兩側的牆面，執行右鍵功能表→**交集表面**→**與選取內容**功能表單，如圖 9-12 所示，即可在兩側牆面做出切割線。

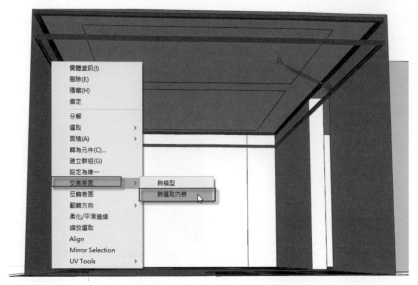

圖 9-12　執行右鍵功能表→**交集表面**→**與選取內容**功能表單

06 將視圖轉到屋外之平頂上，使用**推拉**工具，將圖示 A 的矩形面往上推拉 5 公分，再推拉複製 3 公分，圖示 B 的矩形亦如是操作，再使用**偏移**工具，將圖示 A 的矩形往外偏移複製 13 公分，圖示 B 的矩形亦如是操作，如圖 9-13 所示。

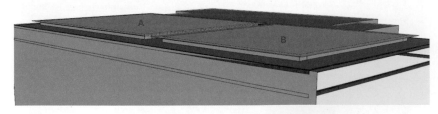

圖 9-13　將圖示 A、B 往上推拉及偏移複製

07 將視圖轉回到屋內，使用**偏移**工具，在前方矩形的頂面上偏移複製間隔為 3、9、3 公分，後方的矩形面亦如是操作，使用**矩形**工具，以圖示 1 為畫矩形第一角點往右上繪製 27×27 公分的矩形，並將此矩形組成群組，如圖 9-14 所示。

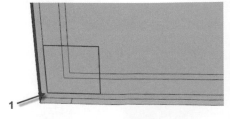

圖 9-14　以圖示 1 點畫 27×27 公分矩形並組成群組

08 進入到 27×27 公分矩形的群組編輯狀態，選取整段圖示 A、B 的線段（已被切割成多線段），使用**偏移**工具，將其往內偏移複製 3 公分，使用**橡皮擦**工具，將多餘的線段刪除，如圖 9-15 所示。

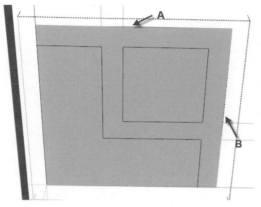

圖 9-15　執行偏移複製再將多餘的線段刪除

09 退出群組編輯，使用**移動**工具，將其移動複製到其它 7 處轉角處，如方向不對請執行鏡向功能，選取這 8 個群組將其分解，再使用**橡皮擦**工具，將多餘的線刪除，以使 3 公分寬的面都能相通，先將面改為正面，最後賦予場景中現有木紋材質，如圖 9-16 所示。

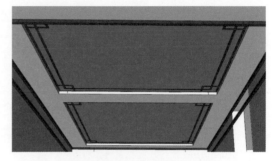

圖 9-16　將 3 公分寬的面都能相通並賦予木紋材質

10 將 3 公分寬以外的所有頂面刪除，再把其上的頂面也一併刪除，使用**推拉**工具，將 3 公分寬的面往上推拉 2 公分，天花板上之格柵造型創建完成，如圖 9-17 所示。

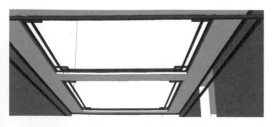

圖 9-17　天花板上之格柵造型創建完成

11 將視圖轉到屋外的天花平頂上，使用**推拉**工具，將剛才向外偏移複製 13 公分的面往上推拉複製 12 公分，使用第五章製作燈槽的方法，將內側的矩形刪除，則頂面自動會補回，再將不正確的面改為反面，則帶燈槽之天花板創建完成，如圖 9-18 所示。

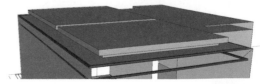

圖 9-18　帶燈槽之天花板創建完成

12 現先定位筒燈安裝位置，使用**畫線**工具，畫出圖示 A 的線段，然後在此線段上畫出中點之輔助線，再由輔助線（圖示 B）往右量取 295 公分，往左量取 365 公分的輔助線，再由圖示 C 線段往上量取 20.5 公分輔助線，如圖 9-19 所示。

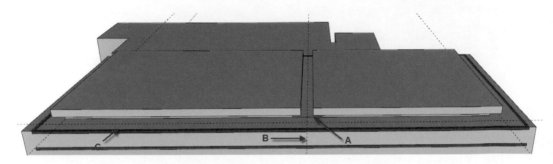

圖 9-19　畫出輔助線以定位筒燈安裝位置

13 匯入第九章元件資料夾中筒燈 .skp 元件，將其放置到圖示 1 點上，使用**移動**工具，將其移動複製到圖示 2 點上並平均複製 2 盞，將圖示 1 點上之筒燈元件，移動複製到圖示 3 點上並平均複製 2 盞，如圖 9-20 所示。

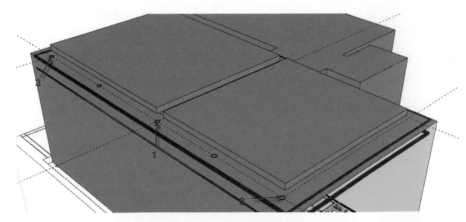

圖 9-20　將筒燈元件匯入並向兩側移動複製

14 使用**捲尺**工具，在另一側由圖示 A 線段往下 20.5 公分畫輔助線，選取此 5 盞筒燈元件移動複製到此輔助線上，然後選取圖示 B 之筒燈元件，向上移動複製到圖 C 線段的中點位置上，天花平頂之筒燈布置完成，如圖 9-21 所示。

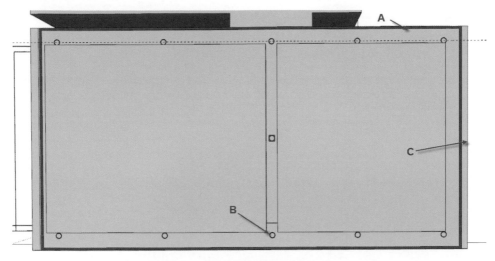

圖 9-21　天花平頂之筒燈布置完成

15 匯入第九章元件資料夾中之吊燈 01.skp 及吊燈 02.skp 元件，這是已經各賦予材質
的元件，請將吊燈 01 元件置於客廳天花平頂的中間位置上，將吊燈 02 元件置於
餐桌上方之天花平頂上（依據平面圖餐桌位置），整體客餐廳天花板造型創建完成，
如圖 9-22 所示。

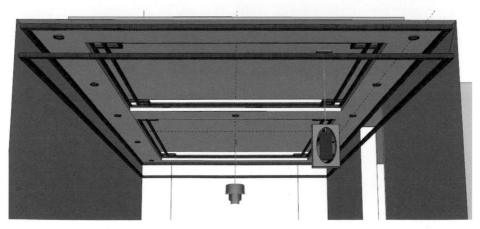

圖 9-22　整體客餐廳天花板造型創建完成

9-3 創建右側牆之牆飾

01 將視圖轉到屋內之右側牆，可以發現與右側房間之通道出現漏空現象，請將鏡頭轉到另一側，使用**畫線**工具，補畫圖示 A 之線段將天花平頂做分割，使用**推拉**工具，將分割面（圖示 B 面）往下推拉 30 公分，如圖 9-23 所示。

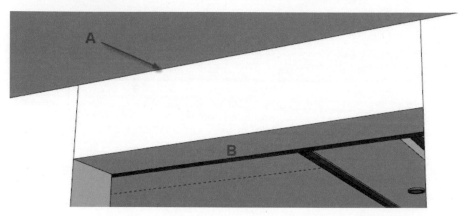

圖 9-23　將分割面（圖示 B 面）往下推拉 30 公分

02 現製作客餐廳與右側空間之門框，使用**推拉**工具，將圖示 A、B、C 的面各往下及中間推拉複製 8 公分，再將門框之立面（圖示 D 面），也向前推拉 3 公分，另一側的門框亦如是操作，如圖 9-24 示。

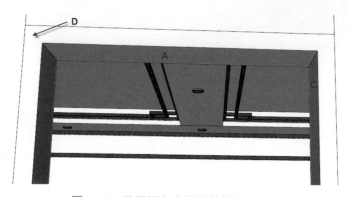

圖 9-24　將門框之立面往前推拉 3 公分

03 使用**偏移**工具，將上圖之圖示 D 面往內偏移 1 公分，選取中間的面（圖示 A 面），使用**移動**工具，同時按住 Alt 鍵往前移動 1 公分，可以將 A 面往前折疊 1 公分，另一側亦如是操作，如圖 9-25 所示。

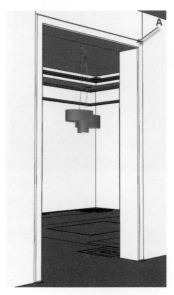

圖 9-25　將 A 面往前折疊 1 公分

04 使用**顏料桶**工具，賦予全部門框與場景相同的木紋材質，門框造型創建完成，如圖 9-26 所示，本造型已組成元件，經以門框 .skp 為檔名存放在第九章元件資料夾中，供讀者直接匯入使用。

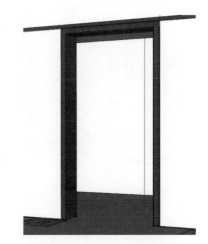

圖 9-26　門框造型創建完成

05 匯入第九章元件資料中牆飾 .skp 元件，將其置於右側牆與內牆之角落上，並依平面圖位置放置，如圖 9-27 所示，此元件為已製作完成之牆飾元件，其製作方法與第六章示範之古典隔屏 .skp 有點類似，興趣的讀者請自行創作。

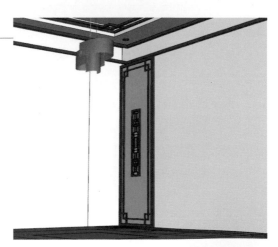

圖 9-27　將牆飾元件匯入到右側牆之內側位置上

06 選取此牆飾元件，使用**移動**工具，將其往右移動複製 3 組，然後再移動 1 組到圖示 1 點位置，選取此元件將其往右移動複製 2 組，右側牆創建完成，如圖 9-28 所示。

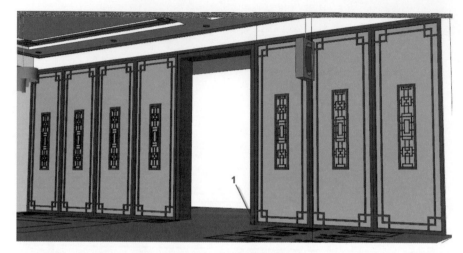

圖 9-28　右側牆創建完成

9-4　創建房體內側之落地門及陽台

01 現創建窗簾盒，將視圖轉到室內之內牆上，原製作的造型天花板在此處有缺陷，使用**推拉**工具，將天花平頂 2 公分寬的面（圖示 A 面），往下推拉與造型天花板齊後再將其頂面（圖示 B 面）往上推拉 20 公分，再將圖示 C、D 面賦予場景中相同的木紋材質，內牆前之窗簾盒創建完成，如圖 9-29 所示。

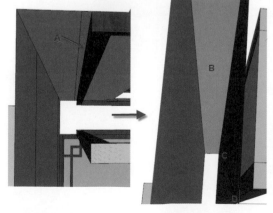

圖 9-29　內牆前之窗簾盒創建完成

02 選取圖示 A 線段，使用**移動**工具，將其往上移動複製 240 公分，以畫分出門洞的位置，使用**偏移**工具，將代表門洞之面向內偏移複製 8 公分，使用**移動**工具，將圖示 C 線段往下移動 5 公分，如圖 9-30 所示。

03 現創建門框造型，使用**畫線**工具，在左右兩側門框上畫兩條垂直線（圖示 A、B 線段），將門框與門檻做面做分隔，使用**推拉**工具，將圖示 C 面（門框面）往前推拉 3 公分，如圖 9-31 所示，外側的門框亦如是操作。

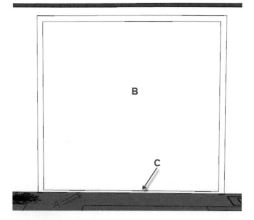

圖 9-30　在內牆上分割出門洞的位置

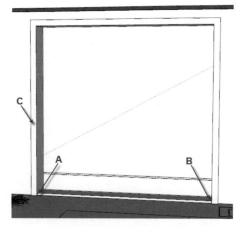

圖 9-31　將圖示 C 面（門框面）往前推拉 3 公分

04 現製作門檻造型，使用**移動**工具，將圖示 A 線段往外及往下各移動複製 0.5 公分，選取圖示 A 線段將其刪除，此時會產破面現象，使用**畫線**工具，連接圖示 1、2 點直線，在另一側也是連接相對位置線段，則可以把此破面封面處理，如圖 9-32 所示，靠陽台端亦如是操作。

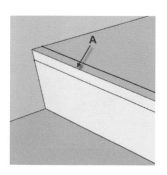
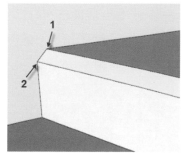

圖 9-32　將門檻直角處做斜角處理

05 使用**偏移**工具，將 8 公分之直立面（門框面）往內偏移複製 1 公分，選取直立面之中間面（圖示 A 面），使用**移動**工具並同時按住 Alt 鍵，將其往移動 1 公分，可以將圖示 A 面向前折疊 1 公分，如圖 9-33 所示，陽台側的門框立面亦如是操作。

06 使用**顏料桶**工具，賦予全部門框與場景相同的木紋材質，落地門框創建完成，如圖 9-34 所示，本造型已組成元件，經以落地門框 .skp 為檔名存放在第九章元件資料夾中，供讀者直接匯入使用。

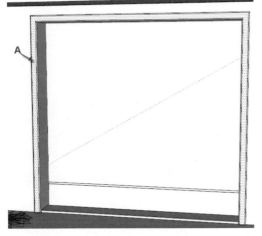

圖 9-33　將圖示 A 面向前折疊 1 公分

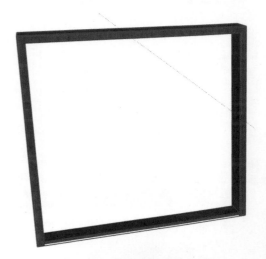

圖 9-34　落地門框創建完成

07 使用**矩形**工具，在室外於 X 軸向上繪製 62.5X229 公分之直立面，使用**推拉**工具，將直立面向前推拉 5 公分，使用**顏料桶**工具，賦予此立方體與場景相同之木紋，如圖 9-35 示。

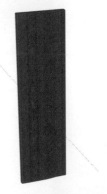

圖 9-35　予此立方體與場景相同之木紋

08 現製作拉門門框,使用**偏移**工具,將面往內偏移複製 5 公分,使用**推拉**工具,將中間的面往內推拉 1 公分,再使用**偏移**工具,將中間面往內偏移複製 1 公分,另一面亦如相同步驟操作,最後使用**推拉**工具,將中間的面推拉掉,拉門門框製作完成,如圖 9-36 示。

09 使用**畫線**工具,重描圖示 A 之線段,可以把面補回來,選取此面和其 4 邊線將其組成群組,進入群組編輯狀態,使用**推拉**工具將其往後推拉複製 1 公分,賦予此立方體 Color_H05 之顏色材質,並將其不透明度調整為 10,以做為玻璃材質,如圖 9-37 示。

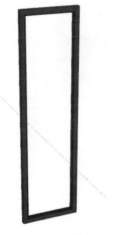

圖 9-36　門門框製作完成

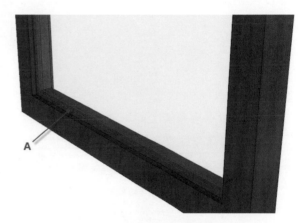

圖 9-37　立方體群賦予玻璃材質

10 使用**移動**工具,將玻璃材質之立方體往後移動 1 公分,整體拉門門扇製作完成,如圖 9-38 示,本造型已組成元件,經以拉門門扇.skp 為檔名存放在第九章元件資料夾中,供讀者直接匯入使用。

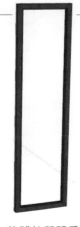

圖 9-38　整體拉門門扇製作完成

11 使用**移動**工具，將拉門門扇移動
到圖示 1 點上，再將其往外移動
12.5 公分，選取此門扇將其移動
複製到加一側門框上，以做為後
側之拉門，再各別選取兩門扇往
中間移動複製，再將此等門扇置
於前方拉門位置，而前後拉門具
有門框重疊（5 公分），整體拉
門創建完成，如圖 9-39 所示。

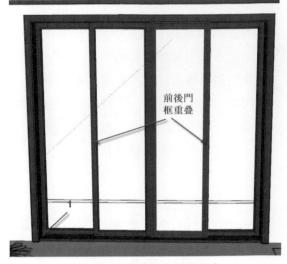

圖 9-39　整體拉門創建完成

12 現創建陽台空間，將視圖轉到屋外陽
台的位置上，使用**矩形**工具，依平面
圖位置畫上矩形，選取圖示 A、B、C
線段，使用**偏移**工具，將其往內偏移
複製 11 公分，如圖 9-40 所示。

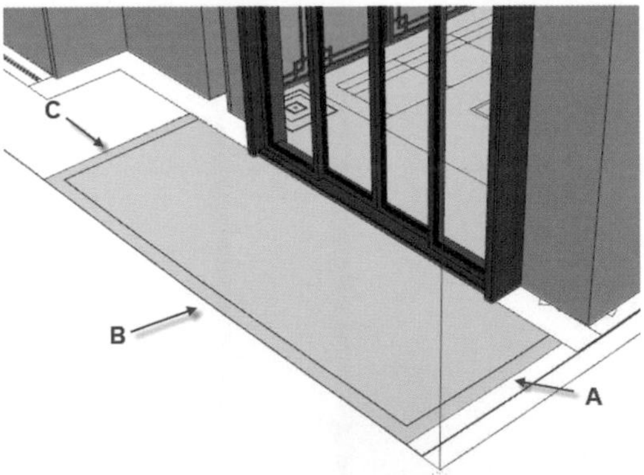

13 現創建陽台圍牆，使用**推拉**工具，將
11 公分寬的面往上推拉 10 公分，以
做為踢腳，再往上推拉 60 公分，使
用**推拉**工具，將 10 公分高的面各往
前推拉 1 公分，如圖 9-41 所示。

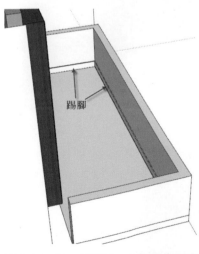

圖 9-40　將圖示 A、B、C
線段往內偏移複製 11 公分

圖 9-41　於 3 邊製作 10 公分高踢腳

14 使用**顏料桶**工具，將陽台地坪及踢腳賦
予第九章 maps 資料夾中之 55fb4.jpg 圖
檔，以做為石材之紋理貼圖，並將圖檔
寬度改為 80 公分，將圍牆面賦予 9509.
jpg 圖檔之磁磚材質，並將圖檔寬度改為
40 公分，如圖 9-42 所示。

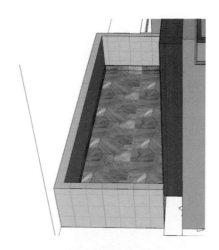

圖 9-42　將陽台之地面及圍牆賦予紋理貼圖

15 現創建客廳右側房間的複式地板，將視圖轉到此空間中，使用**畫線**工具，由圖示
1 點（3 條線之中間線起點）為畫線起點，依平面圖畫複式地板一圈，可以將複
式地板之平面給予封面處理，如圖 9-43 所示。

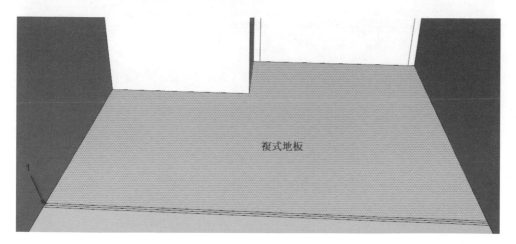

圖 9-43　將複製地板區域封面處理

16 使用**推拉**工具，將剛才圍成面往上推拉 30 公分，使用**移動**工具將圖示 A 線段往
後移動複製 2 公分，使用**推拉**工具，將圖示 B 的面往上推位 1 公分，使用**移動**工
具，將圖示 C 線段往下移動複製 4 公分，如圖 9-44 所示。

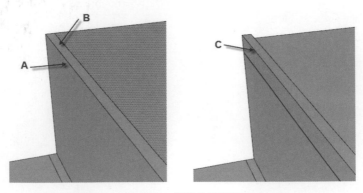

圖 9-44　將圖示 C 線段往下移動複製 4 公分

17 使用**推拉**工具，將圖示 A 面往前推拉 2 公分，使用**顏料桶**工具，將複式地板前緣部分賦予場景中相同的木紋材質，地板則賦予第九章 maps 資料夾中的 5457.JPG 圖檔，以做為地板之紋理貼圖，並將圖檔寬度改為 30 公分，如圖 9-45 所示。

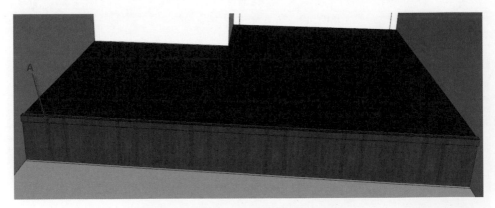

圖 9-45　將複式地板賦予各種紋理貼圖

18 現製作複式地板上方之窗戶，使用**移動**工具，將圖示 A 線段往上移動複製 20 公分，將圖示 B 線段往下移動複製 40 公分，使用**推拉**工具，將圖示 C 面往外推拉 10 公分，如圖 9-46 所示。

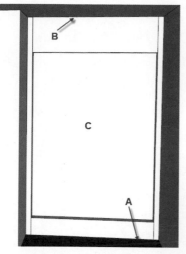

圖 9-46　將圖示 C 面往外位拉 10 公分

19 使用**偏移**工具，將中間面往內偏移複製 5 公分，使用**推拉**工具，再把中間面往外推拉 4 公分，4 週之窗框賦予室內相同木紋材質，中間部部則賦予拉門相同的玻璃材質，則複式地板上方之窗戶創建完成，如圖 9-47 所示。

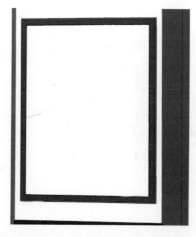

圖 9-47　複式地板上方之窗戶創建完成

9-5　創建客餐廳左側牆

01 將視圖轉到屋內左側牆前，剛開始在做地面封面時，左側牆之房間門並未做斷點，以至拉高時並未產生房門位置的直立線，請使用**畫線**工具，依平面圖位置補畫門框之兩條垂直線，如圖 9-48 所示。

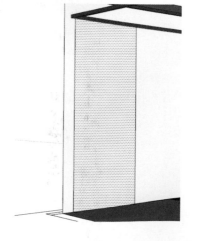

圖 9-48　重畫門框之兩條垂直線

02 將門洞位置的立面刪除，再匯入第九章元件資料夾中之房門 .skp 元件，這是已賦予紋理貼圖材質之元件，請依平面圖位置放置，如圖 9-49 所示。

03 現創建電視背景牆，使用**推拉**工具，將房門右側的牆面往前推拉 2 公分，使用**矩形**工具，依平面圖造型牆之角點（圖示 1 點上），往右上繪製 280.25×4 公分之矩形，使用**推拉**工具，將此矩形面往上推拉 205 公分，如圖 9-50 所示。

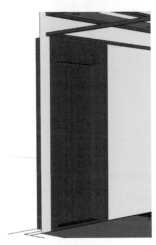

圖 9-49　將房門元件匯入到左側牆前端處

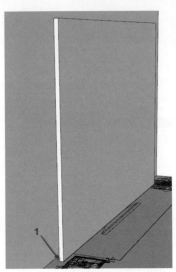

圖 9-50　將矩形面往上推拉 205 公分

---

04 現創建背景牆之燈槽，使用**推拉**工具，將立方體之背面往後推拉至右側牆面上（厚度為 6 公分），再使用**推拉**工具，將厚度為 6 公分面之兩側及上端，各往中間推拉 15 公分，背景牆之燈槽創建完成，如圖 9-51 所示。

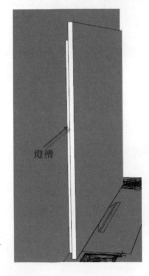

圖 9-51　背景牆之燈槽創建完成

05 將視圖轉到背景牆前，使用**偏移**工具，前立面往內偏移複製 0.25 公分，選取此面，使用**移動**工具同時按住 Alt 鍵，將其向前移動 0.25 公分，即可將面做 0.25 公分之折疊效果，如圖 9-52 所示。

06 使用**顏料桶**工具，將左側牆面賦予第九章 maps 資料夾中之 1950.jpg 圖檔，以做為石材之紋理貼圖，並將圖檔寬度改為 180 公分，再將電視背景牆賦予 22.jpg，並將圖檔寬度改為 30 公分，如圖 9-53 所示。

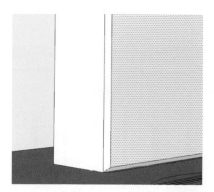

圖 9-52　將面做 0.25 公分之折疊效果

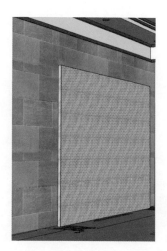

圖 9-53　將左側牆面及電電視背景牆各賦予紋理貼圖

9-6　匯入傢俱及裝飾品等元件

01 請將第九章元件資料夾內三人沙發 .skp 元件匯入，這是已賦予紋理貼圖之元件，依平面圖位置將其置於客廳之右側牆前，如圖 9-54 所示。

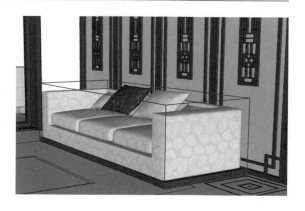

圖 9-54　將三人沙發元件置入到客餐廳左側沙發背景牆前

02 請將第九章元件資料夾內角几 .skp 及檯燈 .skp 兩元件匯入,這是已賦予紋理貼圖之元件,將檯燈元件置於角几上並置於三人沙發一側,再使用**移動**工具,將其移動複製到沙發另一側,如圖 9-55 所示。

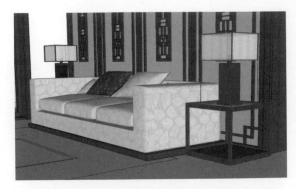

圖 9-55 將角几及檯燈兩元件匯入置於沙發旁

03 請將第九章元件資料夾內窗簾 .skp 及電視櫃 .skp 兩元件匯入,這是已賦予紋理貼圖之元件,請將窗簾元件置於拉門前之窗簾盒內,電視櫃置於電視背景牆前並離地面 15 公分,如圖 9-56 所示。

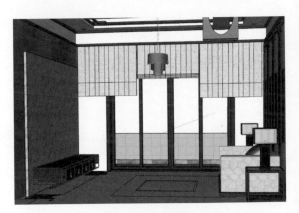

圖 9-56 將窗簾及電視櫃兩元件匯入場景中

04 請將第九章元件資料夾內方壁掛電視 .skp、音箱 .skp、音響 01.skp、音響 02.skp 及飾物 01.skp 等元件匯入,這是已賦予紋理貼圖之元件,將壁掛電視元件置於電視背景牆上,其餘元件置於電視櫃上,如圖 9-57 所示。

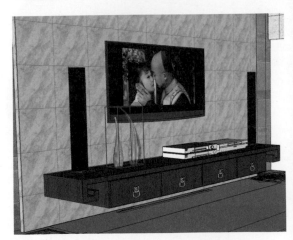

圖 9-57 將壁掛電視等元件匯入到場景中

05 請將第九章元件資料夾內地毯 .skp、方茶几 .skp 及飾物 02.skp 三元件匯入，這是
已賦予紋理貼圖之元件，將地毯元件置於沙發前地上，方茶几元件置於地毯上，
飾物 02 元件則置於方茶几上，如圖 9-58 所示。

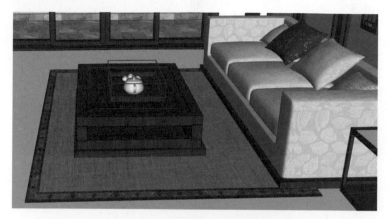

圖 9-58　將地毯等 3 元件匯入場景

06 請將第九章元件資料夾內置物
架 .skp、 盆 栽 01.skp 及 盆 栽
02.skp 三元件匯入，這是已賦予
紋理貼圖之元件，將置物架元件
置於電視櫃左側，盆栽 01 元件
置於置物架上，盆栽 02 元件則
置於電視櫃右側位置，如圖 9-59
所示。

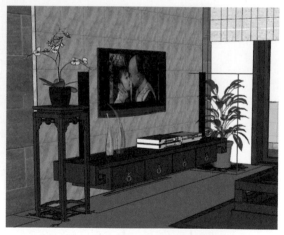

圖 9-59　將置物架等 3 元件匯入場景中

07 請將第九章元件資料夾內置物櫃 .skp、鏡框 .skp 及飾物 03.skp 等 3 元件匯入，這
是已賦予紋理貼圖之元件，請依平面圖位置，將置物櫃置於左側牆前，鏡框及飾
物 03 元件置於置物櫃上方，再將置物架及盆栽 01 元件複製一份到置物櫃左側位
置，如圖 9-60 所示。

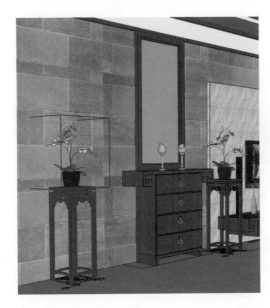

圖 9-60　將單人沙發及
角几兩元件匯入到場景中

08 請將第九章元件資料夾內餐桌椅組 .skp 及西式餐具組 .skp 兩元件匯入，這是已賦
予材質之元件，請依平面圖位置，將餐桌椅組元件置於右側牆前，將西式餐具組
元件置於餐桌上，並於桌面上為每一坐位複製一份，如圖 9-61 所示。

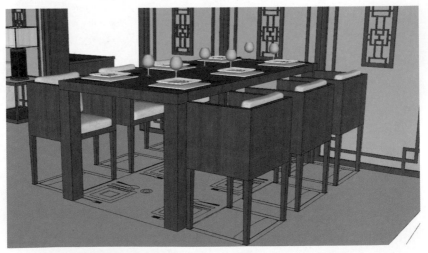

圖 9-61　將桌椅組及西式餐具組兩元件匯入到場景

09 使用**顏料桶**工具，將地面賦予第九章 maps 資料夾內 B-27221.jpg 圖檔，以做為大理石之紋理貼圖材質，並將圖檔寬度改為 120 公分，如圖 9-62 所示，整體客餐廳場景創建完成。

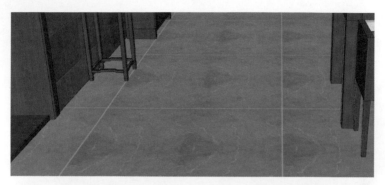

圖 9-62　賦予地面 B-27221.jpg 圖檔做為紋理貼圖

9-7　鏡頭設置及匯出圖形

　　前面第七章曾言及，要將場景輸出成透視圖有兩種途徑，其一是匯出到渲染軟體中做照片級透視圖表現，其二則直接出圖然後到 Photoshop 中做後期處理以模擬現實中的光影變化，當然使用 Photoshop 做後期處理，只是以人工方式強加光影效果，自然較缺之自然的神韻，實難以和渲染出來的透視圖效果相比擬，然處在免費設計案件滿天飛的今天，如何快速出圖仍無可避免的趨勢，因此本章即將示範直接由 SketchUp 出圖，然後在 Photoshop 做後期處理的全過程介紹。

01 請選取**鏡頭縮放**工具，在鍵盤上輸入 35mm，設定鏡頭焦距大小為 35mm，移動視角以取得最佳的角度，續選**行走**工具，設定鏡頭高度為 120 公分，然後執行下拉式功能表→**鏡頭**→**兩點透視圖**功能表單，以使場景呈兩點透視狀態，如圖 9-63 所示。

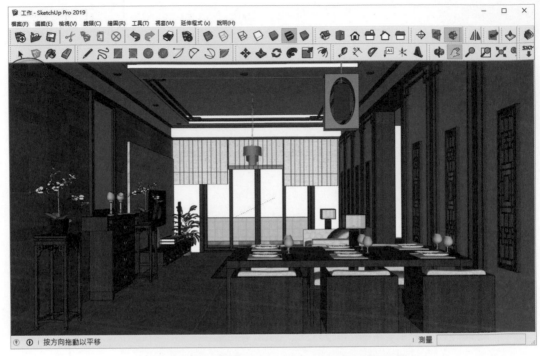

圖 9-63　調整鏡頭焦距、高度並使呈兩點透視狀態

02 請執行下拉式功表→**檢視**→**動畫**→**新增場景**功能表單，可以在視圖左上角顯示場景號 1 的頁籤，為場景保存鏡頭設定。

03 混搭風格客餐廳整體設計完成，為保全辛苦製作的場景，記得把本設計案先行存檔，本空間設計經以混搭風格客餐廳 .skp 為檔名，存放在第九章中。

04 利用上面設定鏡頭的方法，讀者可以再增設多個場景，以供事後選擇最佳的視覺角度出圖，另外當場景視角有變動時，只要執行場景圖標即可快速回到預先儲存的鏡頭角度。

05 有關在場景中檢查正反面問題，以及執行修正問題之檢測工作，在第七章已做過詳述，本節不再重覆說明，有需要的讀者請自行操作。

06 先選取場景號 1 頁籤，請執行下拉式功能表→**檔案**→**匯出**→ 2D 圖形功能表單，可以打開**匯出 2D 圖形**面板，在面板中選擇 tif 檔案格式，然後按面板右下角的**選項**按鈕，可以再打開**匯出圖像**選項面板，將**使用檢視大小**欄位勾選去除，填入寬度 3000，高度系統自動調為 1354，勾選**消除鋸齒**欄位，如圖 9-64 所示，如果電腦配備不足無法存檔，請將出圖大小調小。

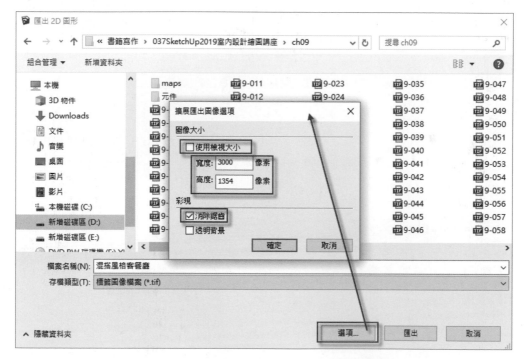

圖 9-64　在**匯出 2D 圖形**面板中做各欄位設定

 溫馨提示　出圖之長寬比值與電腦螢幕大小有關，因此輸出高度值可能與讀者不同，使用者請以自己的出圖高度值為準。

07 當在面板中按下**匯出**按鈕即可將場景以 tif 圖像格式方式匯出，本圖像經以混搭風格客餐廳 -- 出圖 .tif 為檔名存放在第九章中，如圖 9-65 所示。

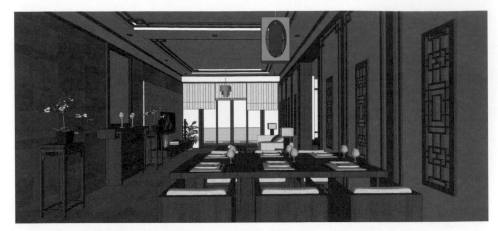

圖 9-65　經以混搭風格客餐廳--出圖 .tif 為檔名存放在第九章中

08 接著要匯出地面的倒影圖，請先在地面上畫上 X、Y 之參考線，再將地面刪除，執行下拉式功能表**→編輯→全選**功能表單（或是按 Ctrl ＋ A 快捷鍵），可以將地面以外的場景全部選取，如圖 9-66 所示。

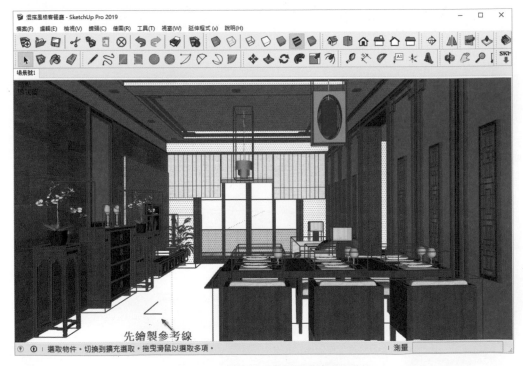

圖 9-66　刪除地面後選取全部場景

09 當選取地面以外的全部場景後，執行
下拉式功能表單**→外掛程式→ Mirror
Selection（選後鏡向）**功能表單，或
是 Mirror Selection 延伸程式自帶的圖
標按鈕，如圖 9-67 所示。

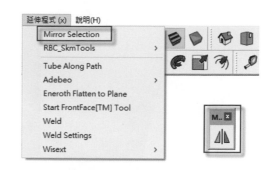

圖 **9-67** 執行 Mirror Selection
（選後鏡向）功能表單

10 當執行**選後鏡向**功能表單後，在場景中執行 X、Y 軸的畫線動作，系統會出現
SketchUp 面板詢問是否刪除原選取，請按**是**按鈕，即可完成場景的鏡向工作，如
圖 9-68 所示，本圖像請維持一樣的匯出設定，亦即鏡頭角度不能移動變更，而且
輸出圖檔大小也不能更動，否則到 Photoshop 中會產生錯位現象，並經以混搭風
格客餐廳 -- 地面倒影 .tif 為檔名存放在第九章中。

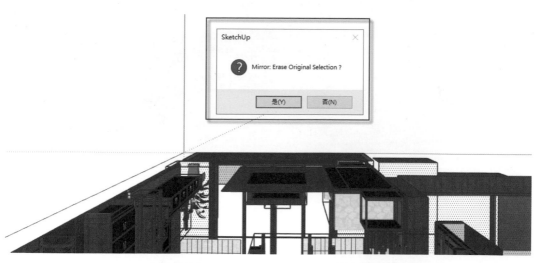

圖 **9-68** 將場景做倒影處理並輸出混搭風格客餐廳--地面倒影

11 請按**復原**按鈕，將場景回復到原存檔狀態，為兩側牆面之鏡射作用，可能會反射
到屋外之背景，請依第七章說明，在內牆外側創建一背景牆，並賦予第九章元件
資料夾中之 1974.jpg 圖檔做為背景圖片，如圖 9-69 所示。

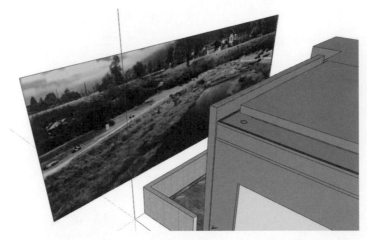

圖 9-69　在內牆外側製作一背景牆

12 請先在右側牆面上畫上 X、Z 軸
之參考線，將右側牆牆飾內之
Color_H01 材質面刪除，再將牆飾
右側所有面刪除，選取剩下的全
部圖形，執行 Mirror Selection 延
伸程式，依前面的方法，在場景
中執行 Z、X 軸的畫線動作以製作
出牆面的鏡向，如圖 9-70 所示，
本圖像請維持一樣的匯出設定，
並經以混搭風格客餐廳—右牆鏡
向 .tif 為檔名存放在第九章中。

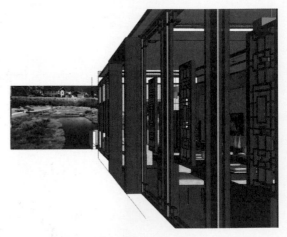

圖 9-70　將右牆面做鏡向處理並輸
出混搭風格客餐廳—右牆鏡向 .tif

為求鏡向面的正確，在未刪除地面或牆面時，請使用**畫線**工具，先在這些面上畫上
X、Y 軸或 Z、X 軸之參考線，則在執行 Mirror Selection（選後鏡向）延伸程式時，只
要延著這些參考線即可做出正確的鏡向處理。

13 請按**復原**按鈕，將場景回復到原存檔狀態，先將鏡框內之 Color_H01 材質面刪除，再把鏡框範圍之牆面也刪除，在場景中執行 Z、X 軸的畫線動作以製作出鏡面的鏡向，如圖 9-71 所示，本圖像請維持一樣的匯出設定，並經以混搭風格客餐廳—左牆鏡向 .tif 為檔名存放在第九章中。

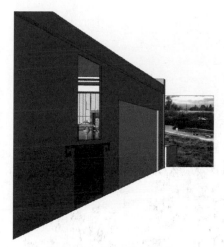

圖 9-71　將左牆面做鏡向處理並輸出混搭風格客餐廳—左牆鏡向 .tif

14 在製作地面與牆面鏡向處理時，於輸出時於匯出 2D 圖形面板中按下選項按鈕後可以打開**擴展匯出圖像選項**面板，在面板中請勿勾選**透明背景**欄位，如圖 9-72 所示，否則在 Photoshop 後期處理時將產生圖像錯位問題。

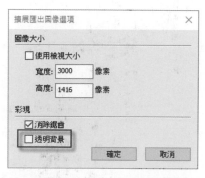

圖 9-72　在面板中請勿勾選**透明背景**欄位

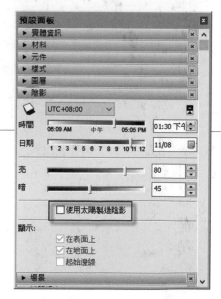

圖 9-73　在陰影設置面板中將**使用太陽製造陰影**欄位勾選去除

15 剛才在房體外製作了背景牆，以利牆面之反射，由於此種圖像無法調整位置及色階、色調等，因此一般均會在 Photoshop 後期才加入，請將背景牆刪除。並請再次確認出圖前，在**陰影**設置面板中將**使用太陽製造陰影**欄位勾選去除，以保正常顯示狀態，如圖 9-73 所示。

16 現製作材質通道的輸出作業，觀看場景場有些面顏色因為太接近，在後期處理時可能較難選取需要變更顏色，請使用**顏料桶**工具，將地面及內牆上之拉門或窗戶之玻璃部分，改賦其它場景中沒有的顏色，如圖 9-74 所示。

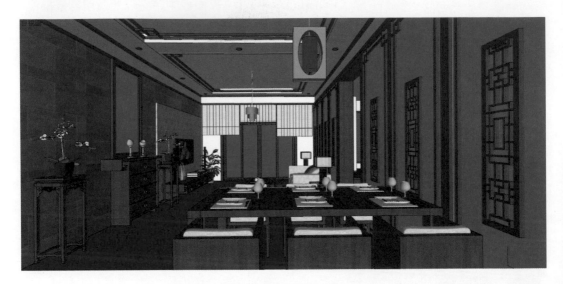

圖 9-74　將地面及窗或門之玻璃更改顏色值

17 依前面匯出 2D 圖像的方法操作，請維持一樣的鏡頭設定，本圖像經以混搭風格客餐廳 -- 材質通道 .tif 為檔名存放在第九章中。

 上述操作只是方便後期處理之選取區域用，當完成整個出圖作業後，請記得將它回恢復到原始設定狀態。

9-8 Photoshop 之後期處理

01 進入 Photoshop 中，開啟第九章中的混搭
風格客餐廳 -- 出圖 .tif 及混搭風格客餐廳 --
材質通道 .tif 兩圖檔，選取混搭風格客餐
廳 -- 材質通道圖檔，按鍵盤上（Ctrl ＋ A）
選取全部圖像，再按鍵盤上（Ctrl ＋ C）複
製圖像，複製圖像後將其關閉，選取混搭
風格客餐廳 -- 出圖圖檔，按鍵盤上（Ctrl
＋ V）將材質通道圖檔複製進來，可以在
圖層 0 之上新增圖層 1，如圖 9-75 所示。

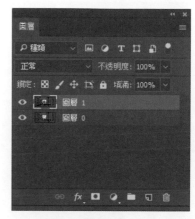

圖 9-75　將材質通道圖檔複製至出圖圖檔上

02 選取圖層 1 在其上執行右鍵功能表→
圖層屬性功能表單，在圖層屬性面板
中將圖層名稱改為**材質通道**，然後使
用滑鼠將材質通道圖層移到圖層 0 之
下，再使用工具列中的鎖鏈將其鎖住
以防不慎被更改，如圖 9-76 所示。

03 請開啟第九章中之混搭風格客餐廳 --
地面倒影 .tif 圖檔，先選取圖層 0，
利用前面的方法，將它複製到出圖圖
檔上，它會呈現在圖層 0 之上，更改
圖層名稱為地面倒影，如圖 9-77 所
示，複製完成後可將混搭風格客餐
廳 -- 地面倒影圖像關閉。

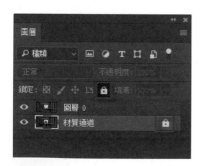

圖 9-76　將材質通道圖層移到圖層 0 之下

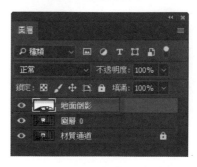

圖 9-77　將地面倒影圖層移到圖層 0 之上

04 選取材質通道圖層，把其它圖層都予關閉，使用**魔術棒**工具，在選項面板中將**連續的**欄位勾選去除，移游標點擊場景中之地面，全部的地面會被選取，如圖 9-78 所示。

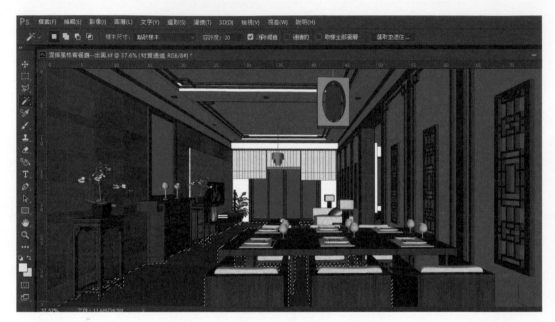

圖 9-78　在材質通道圖層中選取全部的地面

05 將所有圖層顯示回來，選取倒影圖層，執行下拉功能表→**選取**→**反轉**功能表單，將選取反轉為地面以外的區域，按鍵盤上（Delete）鍵，刪除地面以外的區域，如此可以顯示正確的地面倒影，如圖 9-79 所示。

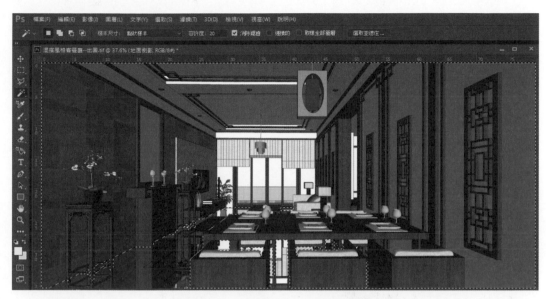

圖 9-79　可以顯示正確的地面倒影

06 執行右鍵功能表→**取消選取**功能表單，以消除選取區域，此時倒影有如鏡面一樣
並不符合真實的情況，請在圖層面板中將地面倒影圖層的**不透明度**欄位值調整為
45，**填滿**欄位值調整為 50，如圖 9-80 所示。

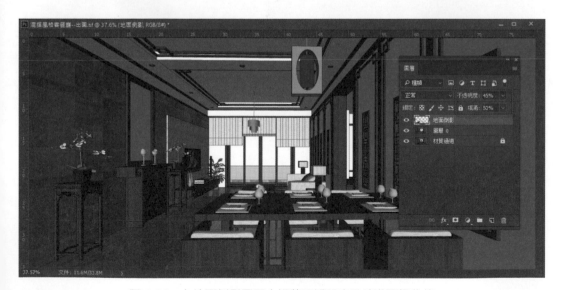

圖 9-80　在地面倒影圖層中調整不透明度及填滿兩欄位值

07 請開啟第九章中之混搭風格客餐廳—右牆鏡向 .tif 圖檔，先選取圖層 0，利用前面的方法，將它複製到出圖圖檔上，它會呈現在圖層 0 之上，更改圖層名稱為**右牆鏡向**，如圖 9-81 所示，複製完成後可將混搭風格客餐廳—右牆鏡向圖像關閉。

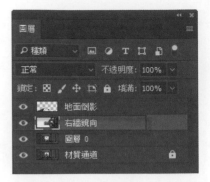

圖 9-81　更改圖層名稱為右牆鏡向

08 選取圖層 0 圖層，把地面倒影及右牆鏡向兩圖層都予關閉，使用**魔術棒**工具，在選項面板中將**連續的**欄位勾選去除，移游標點擊圖示 A 所示的顏色，可以選取右側牆中所有此顏色，左側牆之鏡框區也會被同時選取，請使用**矩形**工具同時按住 Alt 鍵圈選此區，可以加以棄選，如圖 9-82 所示。

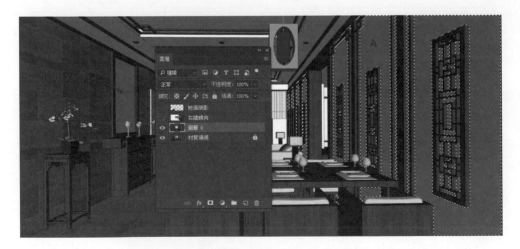

圖 9-82　選取圖示 A 顏色之區塊

09 選取**右牆鏡向**圖層並將該圖層顯示回來，執行下拉式功能表→**選取**→**反轉**功能表單，將選區反轉為該顏色區以外的區域，按鍵盤上（Delete）鍵，刪除顏色區以外的區域，如此可以顯示正確的右牆面鏡向圖，如圖 9-83 所示。

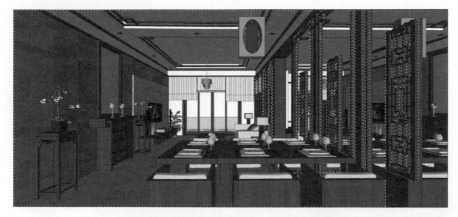

圖 9-83 可以顯示正確的右牆面鏡向

10 請開啟第九章中之混搭風格客餐廳─左牆鏡向 .tif 圖檔，先選取圖層 0，利用前面的方法，將它複製到出圖圖檔上，它會呈現在圖層 0 之上，更改圖層名稱為**左牆鏡向**，如圖 9-84 所示，複製完成後可將混搭風格客餐廳─左牆鏡向圖像關閉。

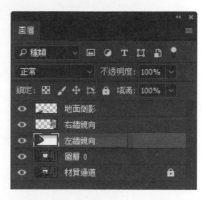

圖 9-84 更改圖層名稱為左牆鏡向

11 選取圖層 0 圖層，把其上的圖層都予關閉，使用**魔術棒**工具，在選項面板中將**連續**欄位勾選去除，移游標點擊圖示 A 所示的顏色，可以選取左側牆鏡框內顏色，右側牆同色也會被同時選取，請使用**矩形**工具同時按住 Alt 鍵圈選此區，可以加以棄選，如圖 9-85 所示。

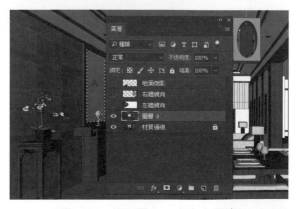

圖 9-85 選取圖示 A 顏色之區塊

12 選取**左牆鏡向**圖層並將所有圖層顯示回來，執行下拉式功能表→**選取**→**反轉**功能表單，將選區反轉為該顏色區以外的區域，按鍵盤上（Delete）鍵，刪除顏色區以外的區域，如此可以取得左側牆鏡框內之鏡向圖，如圖 9-86 所示。

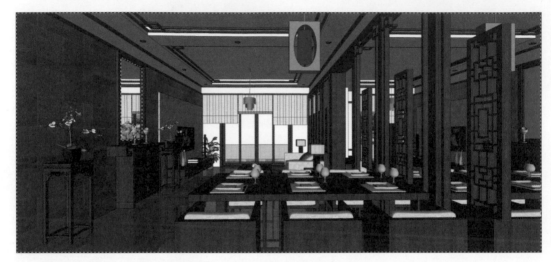

圖 9-86　取得左側牆鏡框內之鏡向圖

13 觀看右側牆鏡向圖中，反映鏡框處只顯示顏色顯屬不正常，請再執行下拉式功能表→**選取**→**反轉**功能表單，將選取區又回復到只選取鏡框內顏色區域，在圖層面板中，按住**左牆鏡向**圖層將其拖曳到**建立新圖層**按鈕上，可以在其上增加一拷貝圖層，將此圖層改名為**鏡框倒影**圖層，如圖 9-87 所示。

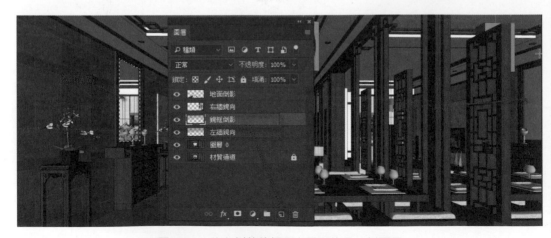

圖 9-87　將左側牆鏡框內之圖形拷貝一新圖層

14 在圖層面板中，將**鏡框倒影**圖層移動到右牆鏡向圖層之上，使用**移動**工具，將鏡框內圖形移動到右側之鏡框倒影中，由於方向相反，請按 Ctrl ＋ T 任意變形功能，將圖形左右翻轉再做對位工作，右側牆鏡射中鏡框之反射問題得以解決，如圖 9-88 所示。

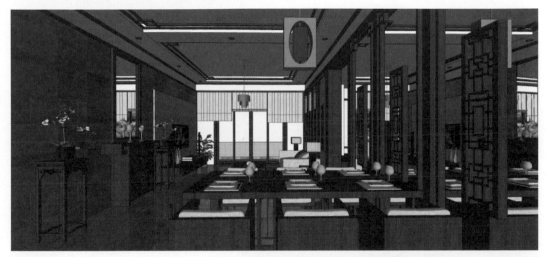

圖 9-88　右側牆鏡射中鏡框之反射問題得以解決

15 請開啟第九章 maps 資料夾戶外背景 .jpg 圖檔，先選取**地面倒影**圖層，利用前面的方法，將它複製到出圖圖檔上，它會呈現在地面倒影圖層之上，更改圖層名稱為背景，如圖 9-89 所示，複製完成後可將戶外背景圖像關閉。

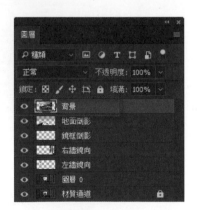

圖 9-89　增加背景圖層並置於地面倒影圖層之上

16 在背景圖層被選取狀態下，執行下拉式功能表→**影像**→**調整**→**色階**功能表單，可以打開**色階**面板，為使背景圖有陽光普照現象，請將中間的的滑塊往左調整，整個背景圖像會變亮有如陽光普照，如圖 9-90 所示。

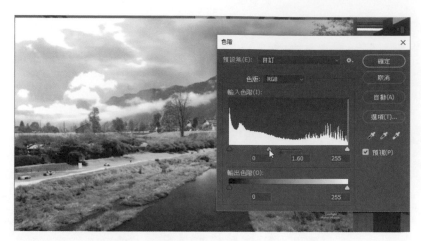

圖 9-90　整個背景圖像會變亮有如陽光普照

17 選取背景圖層將其**不透明度**調低以看見落地門及窗戶為原則，按鍵盤上（Ctrl ＋ T）鍵任意變形功能，圖像四周會出現 8 個控制點，移動背景圖至落地門及窗戶位置，並移游標至控制點的角點上，同時按住（Shift）鍵可以等比方式調整圖像的大小，以適度調整圖像大小，再移動圖像將滿意的部分置於落地門及窗戶上，最後按下（Enter）鍵以結束任意變形功能，如圖 9-91 所示。

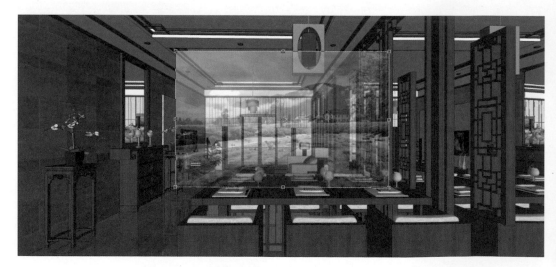

圖 9-91　將背景圖調整大小並移至落地門及窗戶位置

18 選取**材質通道**圖層，除了材質通道圖層外將所有圖層關閉，使用**魔術棒**工具，點取落地門及窗戶上紅色之顏色，則落地門及窗戶之玻璃區域會被選取，如圖 9-92 所示。

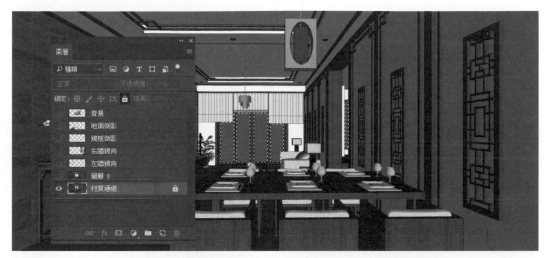

圖 9-92　在材質通道圖層上選取落地門及窗戶之玻璃區域

19 選取**背景**圖層，再將所有圖層顯示回來，在圖層面板之底端點擊增加圖層遮色片按鈕，可以為背景圖層增加一遮色片，場景中之背景設置完成，如圖 9-93 所示。

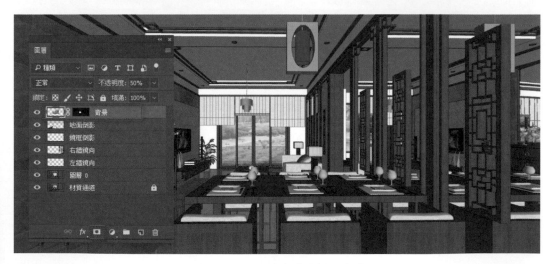

圖 9-93　場景中之背景設置完成

20 本場景後期處理大致完成，為保持圖層之完整性，以利事後選取圖層再加以修改，請記得先將其存檔，本圖經以混搭風格客餐廳 -- 分層 .tif 為檔名，存放在第九章中。

21 選取圖層 0 圖層，執行右鍵功能表**→合併可見圖層**功能表單，可以將所有圖層合併成圖層 0 之單一圖。

22 執行下拉式功能表**→影像→調整→曝光度**功能表單，可以打開**曝光度**面板，在面板中調整**曝光度**欄位為 +0.29，**偏移量**欄位為 -0.0036，Gamma 校正欄位為 0.85，如圖 9-94 所示。

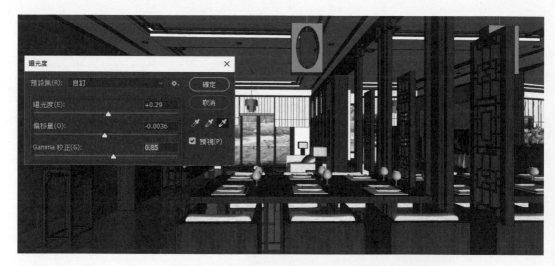

圖 9-94 在曝光度面板中做各欄位調整

23 經過以上後期處理，整張透視圖已經完成，如圖 9-95 所示，本圖檔經以混搭風格客餐廳 -- 完稿 .tif 為檔名，存放在第九章中。

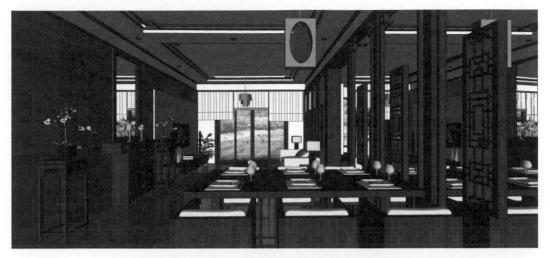

圖 9-95　混搭風格客餐廳透視圖經後期處理完成

24 本場景經以 VRay for SketchUp 軟體做渲染手段，以產出照片級透視圖效果，如圖 9-96 所示，經由渲染軟體的加持才能真正表現出應有的光影的變化。

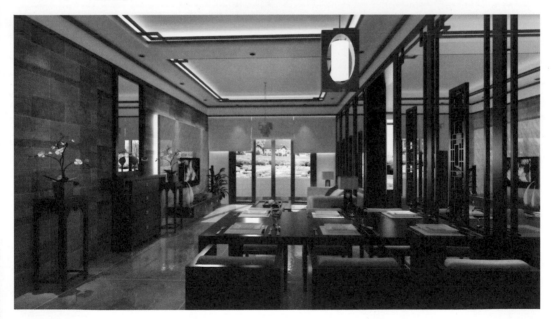

圖 9-96　本場景經以 VRay for SketchUp 渲染軟體渲染的結果

MEMO

10

創建全功能使用之
頂樓休閒空間表現

本章節之場景與前面第七、九章所示範之室內場景完全不同，因為它基本上是一室外場景，但兼含了具有上、下樓層之室內空間，因此在建模方法上也會有相當大的不同。作者在前面曾一再強調，在目前最夯的熱輻射（光能傳遞）渲染引擎要求下，建模必需符合真實尺寸與單面建模之模式，而 SketchUp 也一直是單面建模的標桿軟體，所以在室內場景建模上，依經驗會以牆體之內牆線拉伸出 3D 房體，而當處於建築外觀場景時門，它會以牆體之外牆線拉伸出 3D 建築體。然而本場景因為需要兩者兼具，因此在創建房體部分，需要實體之牆面建模，希望借由這樣的訓練，可以讓讀者體會不同 3D 場景之創建方法。

本場景為一屋頂之休憩空間，除設有小型之游泳池，在鏡頭較遠處亦設有室內起居室，因為其隔間為一透明之玻璃，室內擺設一覽無遺，因此內外之設施需要一併兼顧，惟因場景較為複雜，可盡量採取鏡頭照不到的地方可以簡化不予設置，如此不但可以節省大量人力，也可以減少場景模型的檔案體積。

10-1 創建起居室與樓下區之房體

01 請開啟第十章元件資料夾中平面配置圖 .skp 檔案，如圖 10-1 所示，這是頂樓之房體結構圖，並且已做好平面傢俱配置工作。

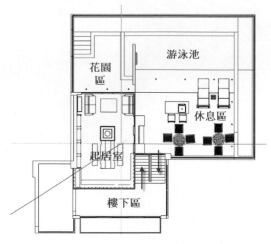

圖 10-1　開啟第十章元件資料夾中平面配置圖 .skp 檔案

02 先選取全部的圖形，執行右鍵功能表→**建立群組**功能表單，將平面圖先組成群組，再打開**圖層**預設面板，在面板中按下**新增圖層**按鈕，以增加一 CAD 圖層，如圖 10-2 所示。

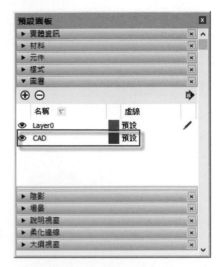

圖 10-2　在圖層設置面板中新增 CAD 圖層

03 打開**實體資訊**面板，在面板中將此平面圖歸入到 CAD 圖層中，再執行右鍵功能表→**鎖定**功能表單，將群組鎖定，被鎖定的圖形當選取時會呈現紅色狀態，如圖 10-3 所示。

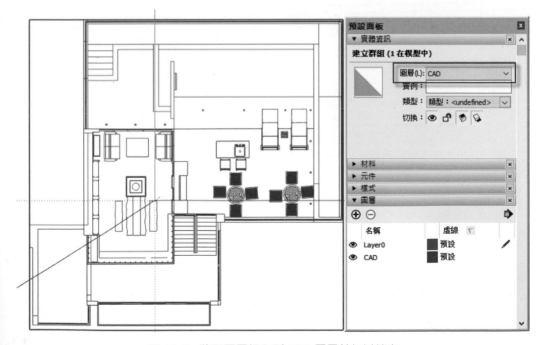

圖 10-3　將平面圖歸入到 CAD 圖層並加以鎖定

04 維持圖層 0 為目前圖層,使用**畫線**工具,由圖示 1 點處為畫線起點,畫房體內牆一圈,在此範例中窗洞或門洞都不要做中斷點,如此當畫回到圖示 1 點時系統會自動封面,如圖 10-4 所示,如果無法自動封閉成面,請關閉 CAD 圖層以檢查斷線處,再使用畫**直線**工具,將中斷點連接上即可。

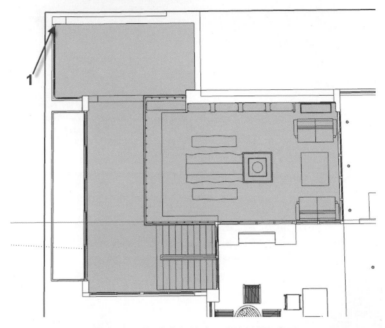

圖 10-4　將房體內牆畫一圈以封閉成面

溫馨提示

在描繪本室內場景之內牆線時,由於轉折處太多,讀者很容易定錯地方,不要緊,在推拉出房體後如發現錯誤地方,只要隨時加以更正即可,至於在每一窗洞或門洞的位置都不要做中斷點,其用意在本場景是實體建模方式,到真正建模時都會把牆面刪除,再依實際需要創建有實體效果的牆面。

05 使用**推拉**工具,將整體之平面往上推拉 335 公分,選取全部的房體,執行右鍵功能表→**反轉表面**功能表單,將房體外面轉為反面,而房體內部自然變成正面,如圖 10-5 所示。

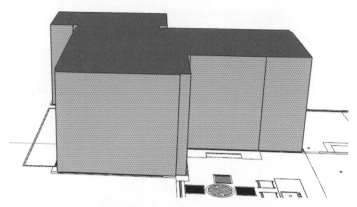

圖 10-5　將房體推拉高 335 公分再將房體外面反轉為反面

06 現要將上、下樓層間給予區隔開，將一面牆隱藏進入室內，使用**畫線**工具，在地面依平面圖位置繪製圖示 A、B、C 線段，可以將其區分為起居室區域（暫時以黃色表示者）與樓下區，如圖 10-6 所示。

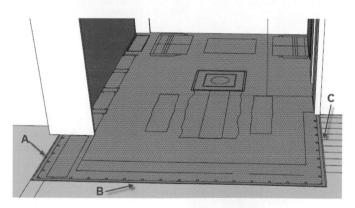

圖 10-6　黃色區域代表起居室

07 使用**推拉**工具，將起居室地面（黃色區域部分）往上推拉複製 30 公分，如圖 10-7 所示，其用意在使地面與屋頂平台高出 30 公分，最後把黃色材質刪除。

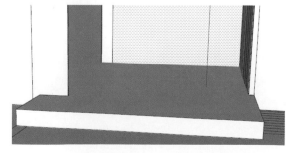

圖 10-7　將起居室地面向上推拉複製 30 公分

08 使用**矩形**工具，依平面圖樓梯間位置，由圖示 1 點往右上畫出矩形，可以將樓下區與樓梯間做區隔，樓梯間區域暫時以黃色區域為代表，如圖 10-8 所示。

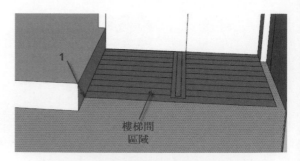

圖 10-8 使用**矩形**工具繪製樓梯間區域

---

09 使用**推拉**工具，將黃色區域往下推拉 380 公分，將樓下區域往下推拉 180 公分，然後在材料預設面板中將黃色刪除，如圖 10-9 所示，依使用經驗，推拉的順序為長距離者先推拉，短距離者後推拉。

10 請匯入第十章元件資料夾中之 U 型樓梯.skp 元件，這是已賦予材質之元件，請將其放入到樓下區之地板上，並使樓梯角（圖示 1 點）位於樓梯間與樓下區轉角處，如圖 10-10 所示。

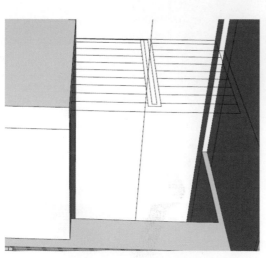

圖 10-9 使用**推拉**工具推拉出樓梯間與樓下區之空間

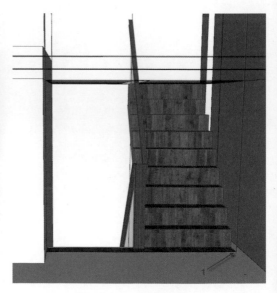

圖 10-10 匯入樓梯元件並置入到樓梯間位置

10-2　創建屋頂平台

01 將視圖轉到戶外的屋頂平台
上，使用**畫線**工具，由圖示 1
點沿著平面圖繪製屋頂之外
圍線段一圈，可以把平台封
閉成面，然後再使用**畫線**工
具，畫欄桿基座之內圍線段，
可以將欄桿基座與平台面做
分割（圖示黃色的面），如圖
10-11 所示。

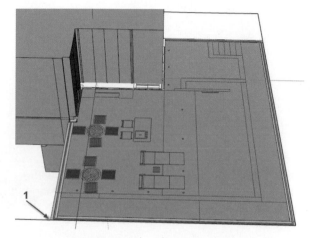

圖 10-11　將欄桿基座與平台面做分割（圖示黃色的面）

02 使用**矩形**工具，在平台上由圖示 1 點位置，依平面圖往左上繪製矩形，使用**畫線**
工具，畫線段將欄桿基座之面做切割，使用**推拉**工具，分別將圖示 B、C 面往上
推拉 20 公分，如圖 10-12 所示。

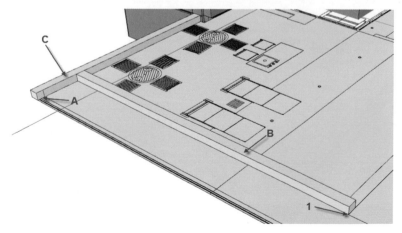

圖 10-12　分別將圖示 B、C 面往上推拉 20 公分

03 使用**畫線**工具，依平面圖位置繪製圖示 A、B、C 線段，將平台面做不同區段的分割，分割時連同欄桿基座面也要分割，現暫以顏色做為區分，不同顏色代表不同區塊，如圖 10-13 所示。

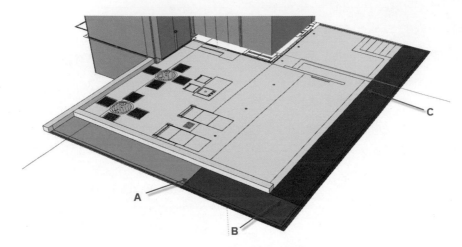

圖 10-13　將平台面做不同區塊分割

04 使用**推拉**工具，將圖示 A、B 面（包含欄桿基座面）各往下推拉複製間隔為 70、30 公分，將圖示 C 面（包含欄桿基座面）先往下推拉 70 公分，再往下推拉複製 30 公分，如圖 10-14 所示。

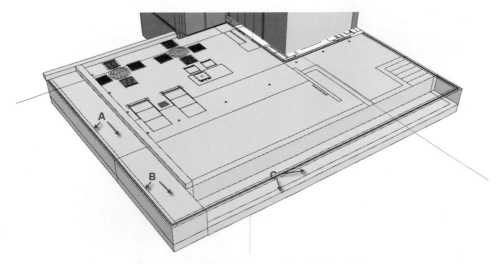

圖 10-14　將圖示 A、B、C 的面各往下推拉

05 現製作斜坡路面,使用**畫線**工具,依序連接圖示 1、2,再連接圖示 3、4 點,最後連接圖示 5、6 點,然後將不需要的面刪除,如產生破面現象,只要補畫線即可將面補回,斜坡路面製作完成,如圖 10-15 所示。

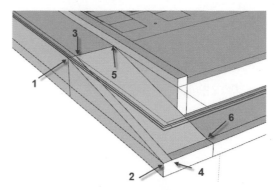

圖 10-15　斜坡路面製作完成

06 請將視圖轉到屋頂平台的後段區域,使用**矩形**及**畫線**工具,依平面圖繪製階梯之矩形面,使用**推拉**工具,將圖示 A、B、C、D、E 面分別往下推拉,其距離依序為 70、60、45、30、15 公分,即可製作出樓梯之階梯,如圖 10-16 所示。

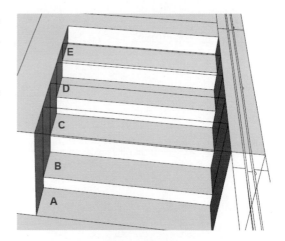

圖 10-16　使用工具製作出樓梯之階梯

07 現製作後段區域欄桿基座部分,使用**畫線**工具,繪製圖示 A 線段,將面先做分割處理,使用**推拉**工具,將此兩段面往下推拉複製 70 公分,再使用**推拉**工具,將圖示 B 面往上推拉 20 公分,如圖 10-17 所示。

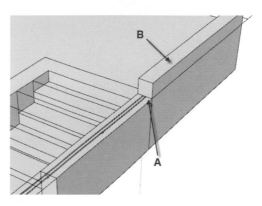

圖 10-17　使用**推拉**工具推拉後段區域欄桿基座部分

08 使用**畫線**工具，連接圖示 1、2 點間之線段，再連接圖示 3、4 點間之線段，會補出圖示 A 之三角面，使用**橡皮擦**工具，將多餘的線段刪除，階梯右側的欄杆基座創建完成，如圖 10-18 所示。

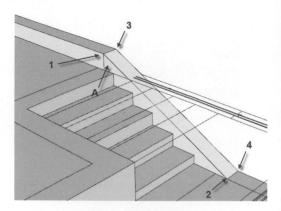

圖 10-18　階梯右側的欄杆基座創建完成

09 現創建小游泳池部分，使用**畫線**工具，依平面圖位置在游泳池四周畫線段，以分割出游泳池區域，使用**推拉**工具，將其往下推拉 70 公分，再使用**畫線**工具，補畫圖示 B 線段可以把游泳池面補回來（圖示 A 面），使用**推拉**工具，將圖示 A 面往下推拉 3 公分以製作水面，如圖 10-19 所示。

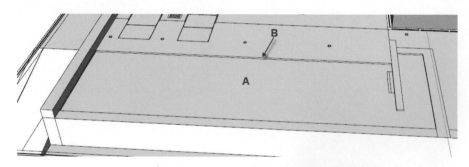

圖 10-19　將圖示 A 面往下推拉 3 公分以製作水面

10 使用**畫線**工具，依平面位置描線以區隔出圖示 A、B 面，使用**推拉**工具，將圖示 A 面往上推拉 120 公分，將圖示 B 面往上推拉 20 公分，如圖 10-20 所示。

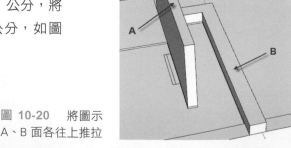

圖 10-20　將圖示 A、B 面各往上推拉

11 現創建花園區之造型，使用**畫線**工具，將上方之花園區周圍畫線，給予面分割處理，使用**推拉**工具，將面往下推拉 5 公分，使用**矩形**工具，以圖示 1 點往左上繪製 1005×10 公分矩形（圖示 B 面），使用**推拉**工具將此面往下推拉 10 公分以製作排水溝，再賦予此兩處綠色材質，如圖 10-21 所示。

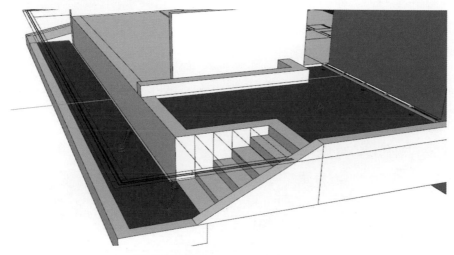

圖 10-21 創建上、下花園區之造型

12 現創建水景牆造型，使用**捲尺**工具，由圖示 A 線段往右量取 137.5 公分輔助線，由圖示 B 線段往上量取 25 公分輔助線，使用**矩形**工具，利用輔助線交點（圖示 1 點）往右上繪製 80×15 公分的矩形，如圖 10-22 所示。

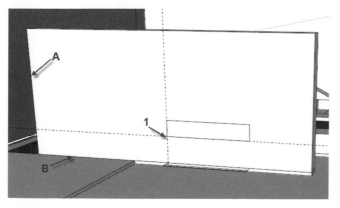

圖 10-22 由圖示 1 點往右上繪製 80×15 公分的矩形

13 使用**推拉**工具，將剛畫的矩形面往內推拉 14 公分，使用**移動**工具，將圖示 A 線段往下移動複製 5 公分，再補畫任一邊的垂直線可以把面補回（圖示 B 面），使用**推拉**工具，將圖示 B 面往後推拉 0.5 公分，再次推拉複製 1.5 公分，如圖 10-23 所示。

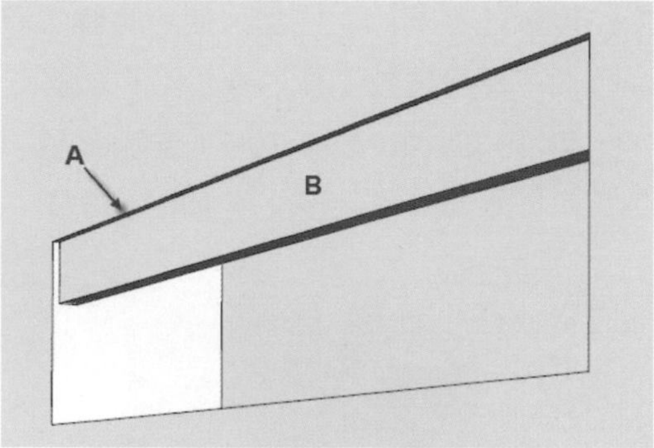

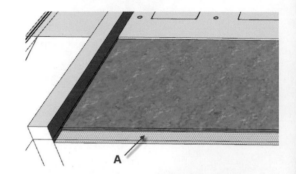

圖 10-23　將圖示 B 面往內後推拉 0.5 公分再次推拉複製 1.5 公分

14 在材料預設面板中將游泳池水面賦予水材質（SketchUp 自帶材質），使用**推拉**工具，將圖示 A 的面向下推拉使與游泳池水面等高，再次往下推拉 2.05 公分，如圖 10-24 所示。

圖 10-24　將圖示 A 面分兩次向下推拉

15 請匯入第十章元件資料夾內水體 01.skp 及水體 02.skp 兩元件，水體 01 元件置於水景牆上，水體 02 元件則移動到圖示 1 點上，使與游泳池水面齊，如圖 10-25 所示。

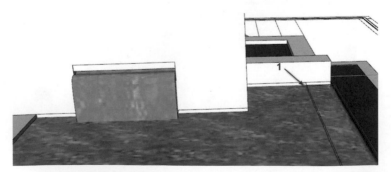

圖 10-25　將水體 01 及水體 02 兩元件匯入到場景中

16 現製作樓頂平台進入房間的階
梯,使用**畫線**工具,描繪階梯之
形狀,使與樓頂平面做切割,使
用**推拉**工具,將圖示 A 面往上推
拉 15 公分,將圖示 B 面往上推
拉 30 公分,如圖 10-26 所示。

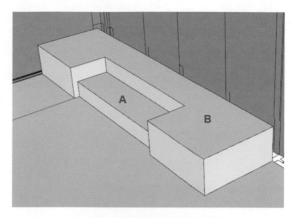

圖 10-26　樓頂平台進入房間的階梯製作完成

10-3　創建房體屋頂及起居室牆面造型

01 本屋頂造型比較複雜,此處不示範操作,其最後完成之造型,經以造型屋頂 .skp
為檔名,存放在第十章元件資料夾中,請直接將其匯入使用,如圖 10-27 所示。

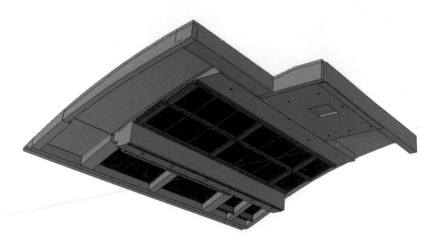

圖 10-27　匯入造型屋頂 .skp 元件

02 使用**移動**工具，將造型屋頂元件右前端點（圖示 1 點），對準到天花平頂之圖示 2 點上，亦即由圖示 3 點往左 158.96 公分處，使用**移動**工具，再將造型屋頂元件往前再移動 30 公分，如圖 10-28 所示。

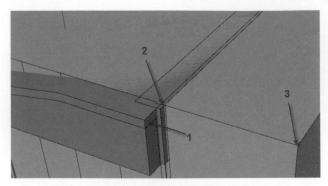

圖 10-28 將造型屋頂元件置於房體之屋面上

03 框選全部的房體及造型屋頂元件，執行右鍵功能表→**交集表面**→**與選取內容**功能表單，如圖 10-29 所示，經過短暫的運算後，再將造型屋頂上方多餘的面及線條刪除，屋頂造型創建完成，如圖 10-30 所示。

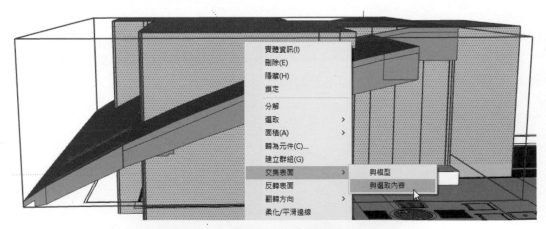

圖 10-29 執行右鍵功能表之**與選取內容**功能表單

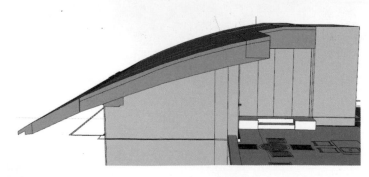

圖 10-30 屋頂造型創建完成

04 將視圖轉到起屋室右側之屋外，使用**畫線**工具，描繪起居室區域地面之牆體範圍一圈，可以將它封面處理（此區暫時以黃色代表），如圖 10-31 所示。

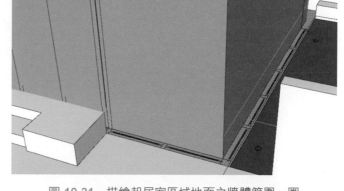

圖 10-31　描繪起居室區域地面之牆體範圍一圈

05 使用**推拉**工具，將已封面的牆面往上推拉複製 30 公分高，再把平面圖解除鎖定，使用**移動**工具，將其往上移動複製 30 公分，同時選取此兩平面圖，執行右鍵功能表將其再鎖定，如圖 10-32 所示。

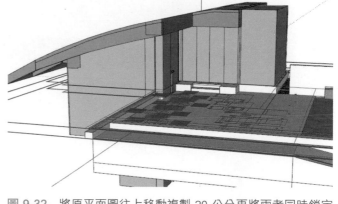

圖 9-32　將原平面圖往上移動複製 30 公分再將兩者同時鎖定

06 現創建起居室之支柱，將起居室之前牆及右側牆刪除，依平面圖之位置，請繪製 3 角落之支柱，使用**推拉**工具，將此等面推拉至天花平頂高度，如圖 10-33 所示。

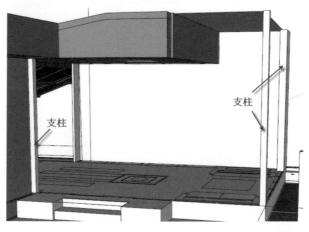

圖 10-33　創建起居室之 3 支柱

07 將視圖轉到起居室之室外右側牆，使用**畫線**工具，畫圖示之 A 線段，可以把面補圖來（圖示 B 面），使用**推拉**工具，將圖示 B 面往內推拉複製 10 公分，如圖 10-34 所示。

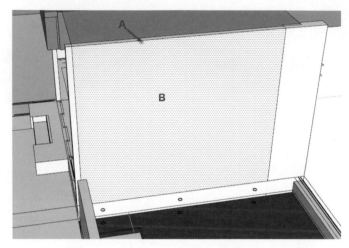

圖 10-34　將圖示 B 面往內推拉複製 10 公分

08 選取圖示 A 的線段往下移動複製 5 公分，選取圖示 B 線段往上移動複製 5 公分，在圖 C 的面上點擊兩下以選取面和 4 邊線，將此往下移動複製 60 公分，如圖 10-35 所示。

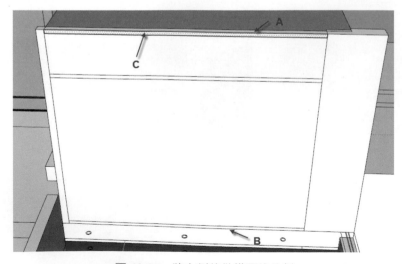

圖 10-35　將右側牆做橫面的分割

09 使用**移動**工具，將圖示 A 線段往右移動複製間隔為 66.8、5 公分，選取圖示 B 的面和其邊線（連續 3 個面），將其向右移動複製 71.8 公分並複製 3 倍，如圖 10-36 所示。

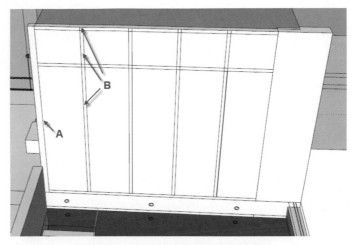

圖 10-36　將右側牆做直面的分割

10 使用**推拉**工具，將所有 66.8 公分寬的直立面往後推拉 10 公分，可以將此等推拉掉，使用**矩形**工具，由圖示 1 點畫對角線至 2 點，選取上下的矩形將其組成群組，如圖 10-37 所示。

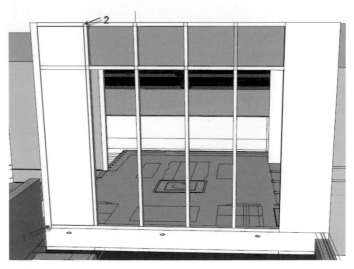

圖 10-37　將上、下矩形面共同組成群組

11 現製作窗框，進入群組編輯狀態，使用**推拉**工具，將面往後推拉 4 公分，使用**偏移**工具，將面往內偏移 4 公分，使用**推拉**工具，將中間的面往後推拉 4 公分，可以將面推拉掉，上方的面亦如是操作，窗框製作完成，如圖 10-38 所示。

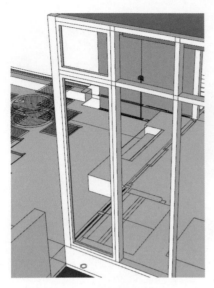

圖 10-38　窗框製作完成

12 在群組編輯中，使用**矩形**工具，由圖示 1 點
繪製圖示 2 點矩形，將此兩矩形組成群組，
進入此群組編輯狀態，使用**推拉**工具，將上下
面各往內推拉複製 1 公分，退出此群組編輯，
使用**移動**工具，將其往內移動 1.5 公分，窗玻
璃創建完成，如圖 10-39 所示。

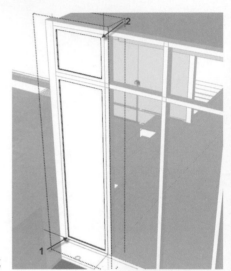

圖 10-39
窗玻璃創建完成

---

13 使用**顏料桶**工具，將窗玻璃賦予
Color_H05 顏色材質，並將其不透明
度改為 10，退出群組編輯，使用**推
拉**工具，將製作完成之窗戶往內移動
2 公分，再使用**移動**工具，將此窗戶
移動複製到其它窗框上，如圖 10-40
所示。

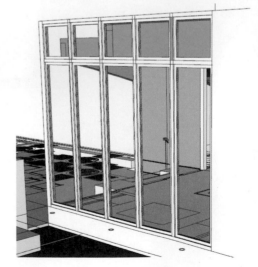

圖 10-40　將此窗戶移
動複製到其它窗框上

14 將視圖轉屋外平頂上，使用**畫線**工具，於平頂右側依窗戶位置畫出圖示 A 線段，使用**移動**工具，將平頂左側線（圖示 B 線段）移動到柱子的最左側位置，使用**推拉**工具，將頂面往下推拉複製 5 公分，如圖 10-41 所示。

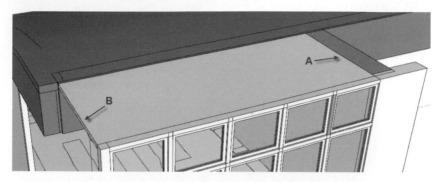

圖 10-41　將頂面往下推拉複製 5 公分

15 使用**移動**工具，在平頂上將圖示 A 線段往右移動複製 10 公分，將圖示 B 線段往前移動複製 5 公分，將圖示 C 往左移動複製 5 公分，再依窗框位置畫 4 處縱向寬 5 公分的矩形，將頂面做縱向的切割，將 10 公分及 5 公分寬面以外部分，使用**推拉**工具，將其向下推拉 5 公分，以製做成天花板平頂之骨架，如圖 10-42 所示。

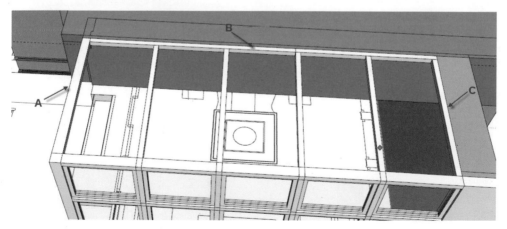

圖 10-42　製做成天花板平頂之骨架

16 使用**矩形**工具，在房體外繪製 440×195 公分矩形，使用**推拉**工具，將其往上推拉 2 公分，賦予窗戶相同的玻璃材質，選取全部立方體將其組成群組，使用**移動**工具，將其移到到圖示 1 點位置，如圖 10-43 所示。

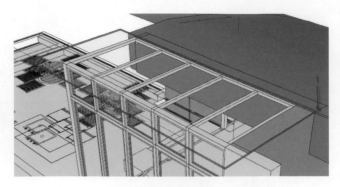

圖 10-43　將玻璃屋頂置於圖示 1 點位置上

17 將視圖轉到房體正面，使用**矩形**工具，依平面圖由圖示 1 點畫往圖示 2 點之矩形，使用**推拉**工具，將圖示 A 面往內推拉複製 10 公分，如圖 10-44 所示。

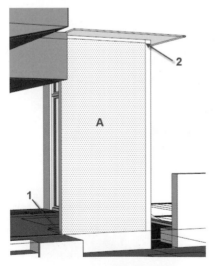

圖 10-44　將圖示 A 面
往後推拉複製 10 公分

18 接下來製作前側窗戶的方法與右側窗完全相同，此處不再重複說明，此兩處的窗戶已製作完成，如圖 10-45 所示，本兩處固定窗已組成元件，經以起居室固定窗.skp 為檔名存在第十章元件資料夾中，供讀者直接匯入使用。

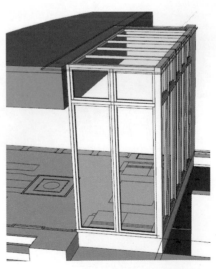

圖 10-45　前、右側之固定窗製作完成

19 現創建落地拉門之門框,使
用**矩形**工具,依平面圖之位
置繪製兩門柱之矩形,使用
推拉工具,將此兩矩形面往
上推拉至天花平頂上,再使
用**矩形**工具,由圖示 1 點
畫兩柱頭之對角線以繪製矩
形,使用**推拉**工具,將此矩
形面往下推拉 6 公分,即
可製作出拉門之門框,如圖
10-46 所示。

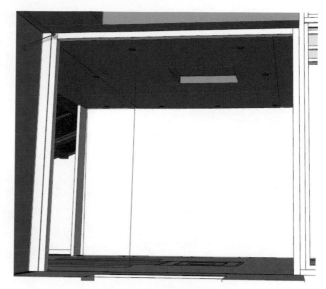

圖 10-46 製作出拉門之門框

20 在房體外繪製 x 軸向之 228.82×62.55
公分之直立矩形,使用**推拉**工具,將此
面往前推拉 4 公分,使用**偏移**工具,將
前立面往內偏移複製 4 公分,再使用**推
拉**工具,將中間面推拉掉,即可製出拉
門之邊框,如圖 10-47 所示。

21 將拉門之邊框組成群組,使用**矩形**工具,
由圖示 1 點繪製圖示 2 點矩形,將此矩
形組成群組,進入此群組編輯狀態,使
用**推拉**工具,將此面往內推拉複製 1 公
分,退出此群組編輯,使用**移動**工具,
將其往內移動 1.5 公分,拉門玻璃創建
完成,如圖 10-48 所示。

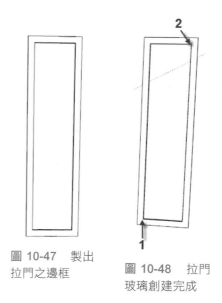

圖 10-47 製出
拉門之邊框

圖 10-48 拉門
玻璃創建完成

22 使用**顏料桶**工具，將拉門玻璃賦予窗玻璃相同的材質，選取拉門邊框與玻璃將其組成元件，本元件經以活動拉門為檔名存放在第十章元件資料夾中，使用**移動**工具，將此拉門移動起居室進門之拉門上，並依平面圖位置移動複製其它三扇，起居室 4 扇活動拉門創建完成，如圖 10-49 所示。

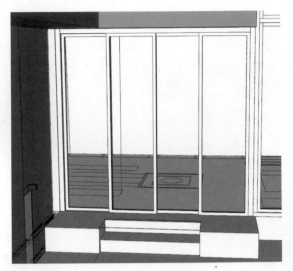

圖 10-49　起居室 4 扇活動拉門創建完成

23 在圖層預設面板中增設 CAD2 圖層，選取 30 公分高的平面圖，執行右鍵功能表→**解除鎖定**功能表單，然後在**實體資訊**預設面板中將此平面圖歸入到 CAD2 圖層中，然後在**圖層**預設面板中將此圖層給予隱藏。

10-4　創建樓下層之牆面造型

　　樓下層之牆面大半在屋頂平台之下，而且處於遠景之處，依一般慣例均會給予忽略而不創建，此場景因為屋子前端面均為玻璃結構所以有必要創建，惟其創建方法與起居室牆面大致相同，因此不再重複說明，此處只示範相異處。

01 將視圖轉到進樓梯間之戶外處，先將樓梯間之牆面刪除，使用**矩形**工具，依平面圖繪製邊柱之矩形（圖示 A 邊柱處），使用**推拉**工具，將其推拉至天花平頂上，再匯入第九章元件資料夾之樓梯間牆 .skp 元件，請依平面圖位置放置於圖示 A 柱子的右側，如圖 10-50 所示。

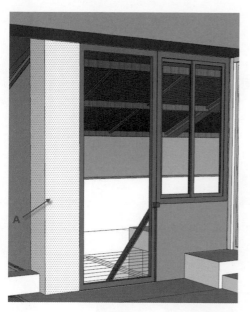

圖 10-50　匯入樓梯間牆.skp 元件於場景中

02 觀看此處樓梯扶手與護欄與牆面有突出之處，顯然不合理，請進入樓梯之元件編輯狀態，在樓梯間室內處，使用**畫線**工具，描繪樓梯扶手及護欄與牆面接觸處畫線一圈，以分割出欲刪除的面，再將突出牆面部分給予刪除，如圖 10-51 所示。

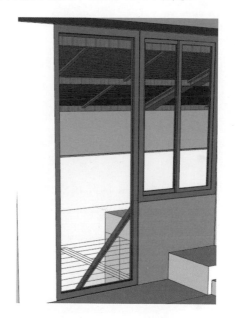

圖 10-51　將突出牆面部分給予刪除

03 將平頂上平面圖暫時解除鎖定，使用**移動**工具，將其垂直移動複製到樓下層之樓地板面上，選取兩平面圖再將其鎖定，如圖 10-52 所示。

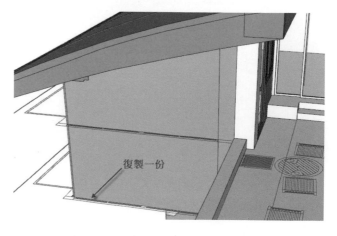

復製一份

圖 10-52　將平面圖複製到樓下層之樓地板面上

04 使用**推拉**工具，將剛製作的邊柱再往下推拉至樓下層之樓地板面齊，使用**矩形**工具，在樓下層之平面圖上依前牆範圍畫矩形，並將其組成群組，再將前牆先予刪除，進入前牆矩形面群組，使用**推拉**工具，將面往上推拉高出造型屋頂，如圖 10-53 所示，

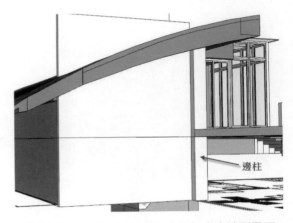

圖 10-53　將前牆矩形面往上推拉高出造型屋頂

05 選取造型屋頂與剛推拉高之立方體，執行右鍵功能表→**交集表現**→**與選取內容**功能表單，使兩模型執行交錯，經過短暫運算後，進入到立方體群組編輯內，將前牆高於天花平頂的圖形刪除，如圖 10-54 所示。

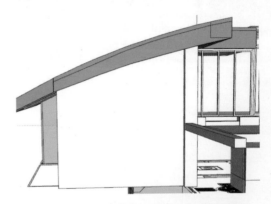

圖 10-54　將前牆高於天花平頂的圖形刪除

06 前牆仍處於群組編輯狀態，使用**偏移**工具，將面往內偏移複製 30 公分，使用**移動**工具，將圖示 A 線段往上移動 30 公分，使用**推拉**工具，將中間面（圖示 B 面）往內推拉 6 公分，如圖 10-55 所示。

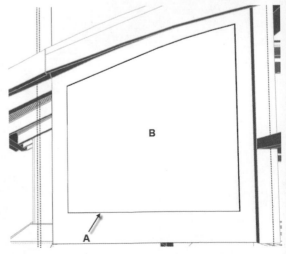

圖 10-55　將中間面（圖示 B 面）往內推拉 6 公分

07 使用**偏移**工具，將向內推拉的面
往內偏移複複製 4 公分，使用**移
動**工具，將圖示 A 的線段往左
移動複製間隔為 160、12 公分，
再選取圖示 B、C 的線段也往上
移動複製間隔為 160、12 公分，
如圖 10-56 所示。

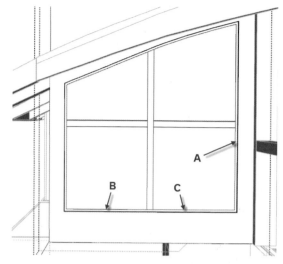

圖 10-56　將向內推拉的面做縱、橫的分割

08 使用**移動**工具，分別選取圖示藍
色的線段，各往左移動複製間隔
為 78、4 公分，再分別選取圖示
綠色的線段，各往上移動複製間
隔為 78、4 公分，將多餘的線段
刪除，圖 10-57 所示。

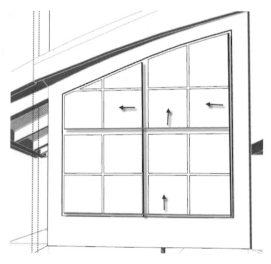

圖 10-57　將樓下層前牆面再做詳細分割

09 使用**推拉**工具，將這些分割面往後推拉掉（推拉 6 公分），依前面製作窗玻璃的方
法，為這些空格製作出 1 公分厚的玻璃，使用**顏料桶**工具，賦予場景中相同的玻
璃材質，使用**移動**工具，將這些玻璃往後移動 2.5 公分，如圖 10-58 所示。

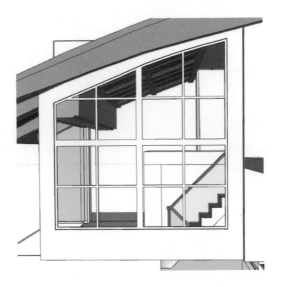

圖 10-58　將製作成的
玻璃往後移動 2.5 公分

10 退出群組編輯，樓下層之前牆製作完成，本圖形經存成元件，並以樓下層前牆 .skp
為檔名，存放在第十章元件資料夾中，供讀者直接匯入使用。

11 現將視圖轉到樓下層左側牆前段之戶外，使用**矩形**工具，依平面圖繪製兩側的柱
子矩形，再繪製地面活動拉門位置之矩形，使用**推拉**工具，將兩側柱子推拉至平
頂（圖示 A、B 柱子），再將左側前段立面刪除，如圖 10-59 所示。

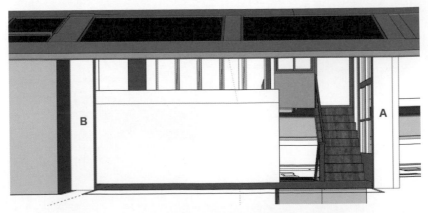

圖 10-59　推拉出兩側柱子再將左側牆前段面刪除

12 使用**推拉**工具，將地面拉門之矩形面往上推拉至天花平頂，使用**偏移**工具，將前立面往內偏移複製 4 公分，使用**移動**工具，將圖示 A 面及其 4 邊線往內移動複製 60 公分，內側面亦如是操作，如圖 10-60 所示。

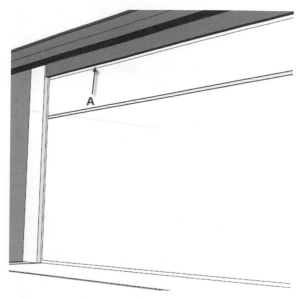

圖 10-60　將樓下層左側牆前段之立面做橫的分割

13 使用**推拉**工具，將中間的面往後推拉掉（推拉 10 公分），利用前面製作玻璃的方式，製作 1 公分厚體塊之玻璃群組，使用**移動**工具，將其往後移動 4.5 公分，如圖 10-61 所示。

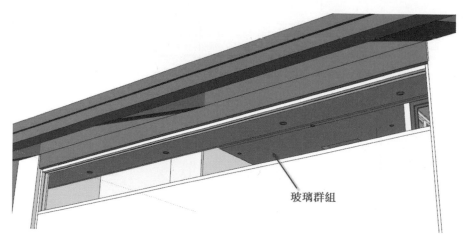

玻璃群組

圖 10-61　製作玻璃群組再往後移動 4.5 公分

14 現製作拉門部分，選取起居室活動拉門，使用**移動**工具，將其移動一份到樓下層左側牆前，使用**畫線**工具，做出高 211.82 及長 111.6 公分的輔助線，如圖 10-62 所示。

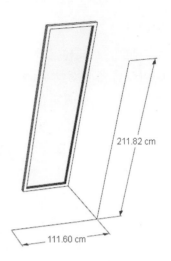

圖 **10-62** 先繪製高 211.82 及長 111.6 公分的輔助線

15 在複製之活動拉門仍為選取狀態，執行右鍵功能表→**設為唯一**功能表單，使與之前元件不產生關聯，進入元件中門框之編輯狀態，窗選上端之邊框，使用**移動**工具，限制 Z 軸移動並移動游標至參考線之圖示 1 點上，窗選右側端之邊框，使用**移動**工具，限製 Y 軸移動並移動游標至參考線之圖示 2 點上，即可修改出符合需要尺寸的活動推門，如圖 10-63 所示。

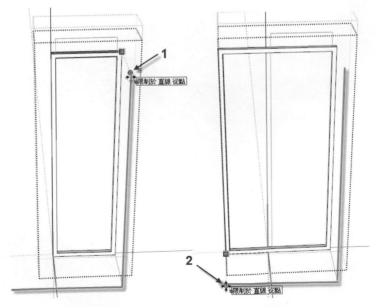

圖 **10-63** 修改出符合需要尺寸的活動推門

16 使用**比例**工具，將窗玻璃依非等比方式，做上端及左側的縮放以符合此門框，退出元件編輯即完成拉門之修改，本元件經以活動拉門 02.skp 為檔名存放在第十章中，供讀者直接匯入使用。

17 使用**移動**工具，將此元件移動到圖示 1 點上，並往內移動 1 公分，將它往左移動複製一份，且使兩者之邊框重疊，再將移動複製的那份活動拉門往內移動 4 公分，如圖 10-64 所示。

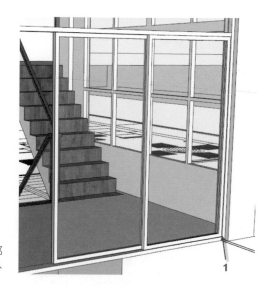

圖 10-64　將移動複製的那份活動拉門往內移動 4 公分

18 選取此兩拉門元件，將其移動複製到左側的門框上，並執行紅色軸的鏡向處理，再選取一拉門元件，將其移動複製到中間位置，且使門框位置相重疊，再將其往外移動 4 公分，左側牆之前段拉門創建完成，如圖 10-65 所示。

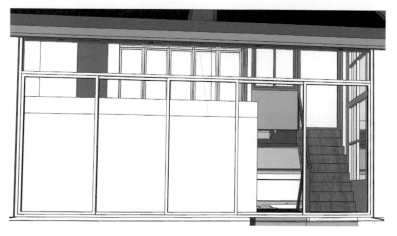

圖 10-65　左側牆之前段拉門創建完成

19 現創建左側牆後段之窗戶，其創建方法
與前牆之方法完全相同，此處不再重複
說明，請直接匯入第十章元件資料夾中
左側後段牆 .skp 元件，請依平面圖位置
置放，如圖 10-66 所示。

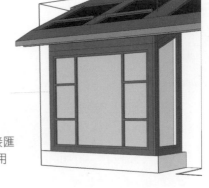

圖 10-66 左側牆後段直接匯
入左側後段牆 .skp 元件使用

20 現創建陽台部分，使用**矩形**工具，依平面圖位置繪製陽台之矩形，選取圖示之 a、
b、c 之 3 邊線，使用**偏移**工具，將其往內偏移複製 5 公分，以分割出欄桿基座
之範圍，如圖 10-67 所示。

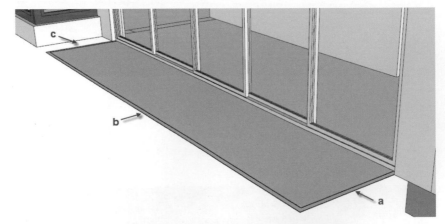

圖 10-67 割出欄桿基座之範圍

21 使用**推拉**工具，將欄桿基座之面往上推
拉 5 公分，再匯入第十章元件資料夾
中之陽台欄桿 .skp 元件，將其置於欄桿
基座上，整體陽台造型創建完成，如圖
10-68 所示。

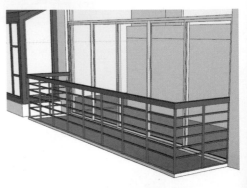

圖 10-68 整體陽台造型創建完成

10-5　創建起居室室內場景

01 在圖層預設面板中將 CAD2 圖層重新顯
示回來，將視圖轉到起居室之內牆上，
使用**推拉**工具，將圖示 A 面往下推拉複
製到造型天花平頂齊，使用**移動**工具，
將圖示 B 線段往右移動複製 5 公分，使
用**推拉**工具，將此 5 公分寬的面推拉至
地面，最後再將圖示 A 面往下推拉複
製 5 公分，完成內牆右側之邊框，如圖
10-69 所示。

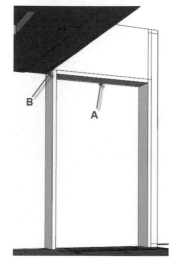

圖 10-69　完成內牆右側之邊框

02 使用**顏料桶**工具，將此邊框賦予場景中
現有木紋材質，使用**捲尺**工具，在圖示
A 面上定出其中心點，再匯入第十章元
件資料夾中筒燈 .skp 元件，將其置於輔
助線之交點上，整體邊框造型創建完成，
如圖 10-70 所示。

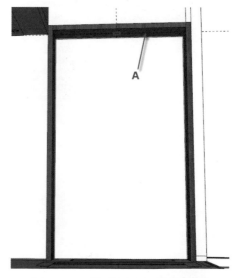

圖 10-70　整體邊框造型創建完成

03 請匯入第十章元件資料夾中之軟包
墊 .skp 元件,這是已賦予紋理貼圖之
元件,將其置於圖示 1 點之角落,使
用**移動**工具,將其往右移動複製一份,
選取此兩軟包墊元件,將其再往下移
動複製 4 組,如圖 10-71 所示。

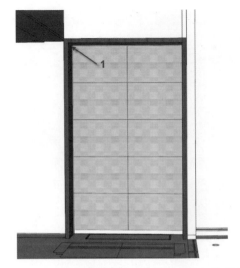

圖 10-71　在邊框內置入 2×5 塊之軟包墊元件

04 請將第十章元件資料夾內古典矮櫃 .skp 及盆栽 01.skp 兩元件匯入,這是已賦予紋
理貼圖之元件,將古典矮櫃元件置於邊框之地面,盆栽 01 元件則置於古典矮櫃
元件之上方,如圖 10-72 所示。

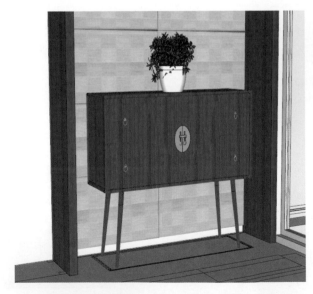

圖 10-72　將古典矮櫃及盆栽 01 兩元件匯入到場景中

05 請將第十章元件資料夾內書架兼裝飾櫃 .skp 元件匯入，這是已賦予紋理貼圖之元件，此元件之創建方法在第六章曾做過詳細的說明，且櫃子內部已先置滿書籍及飾物，請將此元件置於邊框之左側，如圖 10-73 所示。

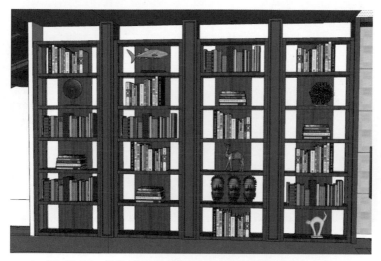

圖 10-73　匯入書架兼裝飾櫃元件將其置於邊框之右側

06 使用**畫線**工具，依地面之平面圖描繪座椅之範圍使用地面做分割，使用**顏料桶**工具，賦予此面場景中相同的木紋材質，使用**推拉**工具，將此面往上推拉 40 公分，再匯入第十章元件資料夾中之美人靠 .skp 元件，將其置於坐椅上方，如圖 10-74 所示。

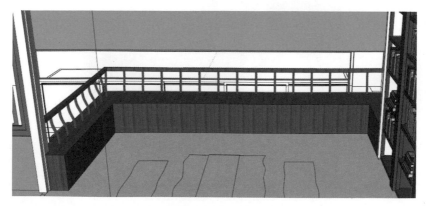

圖 10-74　匯入美人靠元件置於坐椅上方

07 請將第十章元件資料夾內沙發組 .skp 元件匯入，這是已賦予紋理貼圖之元件，將此元件依平面圖位置放置，使用**顏料桶**工具，將起居室地面賦予第十章 maps 資料夾中之 M020.jpg 圖檔，做為地面地毯之紋理貼圖，並將圖檔寬度改為 30 公分，如圖 10-75 所示。

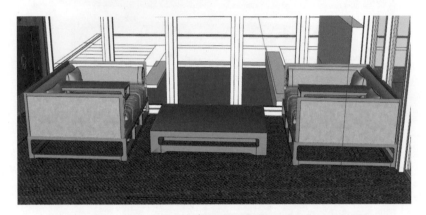

圖 10-75　匯入沙發組元件並將地面賦予地毯之紋理貼圖

08 請將第十章元件資料夾內矮桌椅組 .skp 及壁爐 .skp 兩元件匯入，這是已賦予紋理貼圖之元件，將壁爐元件依平面圖位置放置，矮桌椅組元件則置於壁爐元件之左側，如圖 10-76 所示。

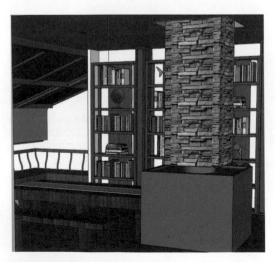

圖 10-76　將矮桌椅組及壁爐兩元件匯入到場景中

09 請將第十章元件資料夾內飾物
01.skp、飾物 02.skp 及飾物 03.skp
等 3 元件匯入，這是已賦予紋理貼
圖之元件，將此等 3 元件均置於矮
桌之上方，如圖 10-77 所示。

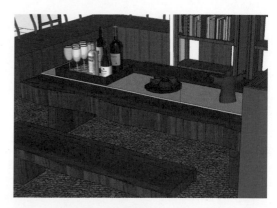

圖 10-77　將飾物 01 等 3 元件
匯入並置於矮桌之上方

10 請將第十章元件資料夾內
置物桌 .skp、抱枕組 .skp
及飾物 04.skp 等 3 元件
匯入，這是已賦予紋理貼
圖之元件，將置物桌及抱
枕組 2 元件置於座椅上
方，飾物 04 元件則置於
置物桌之上方，如圖10-78
所示。

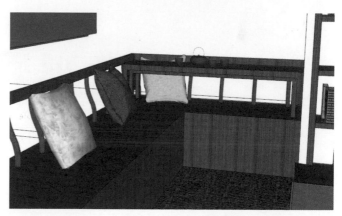

圖 10-78　將置物桌等 3 元件匯入到場景中

11 請將第十章元件資料夾內
盆栽 02.skp、掛畫 .skp 兩
元件匯入，這是已賦予紋
理貼圖之元件，將盆栽
02 元件置於置物桌上，
掛畫元件則置樓下層之內
牆上，如圖 10-79 所示。

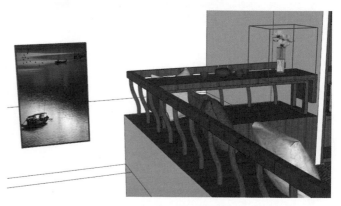

圖 10-79　將盆栽 02 及掛畫兩元件匯入到場景中

10-6 創建屋頂平台之場景及製作背景

01 使用**顏料桶**工具，將場景中之造型天花板及壁面現有顏色刪除，亦即將材料面板中之 Color_B03 及 Color_C03 兩顏色材質刪除，將 Color_B25 顏色賦予所有窗框及門框上，如圖 10-80 所示。

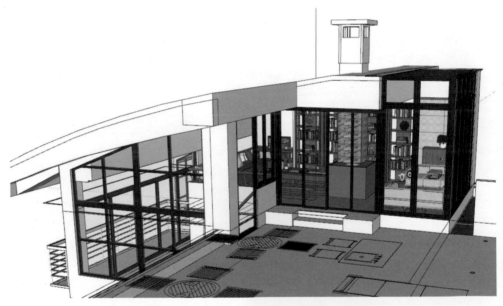

圖 10-80　將 Color_B25 顏色賦予所有窗框及門框上

02 依屋頂平台平面圖，使用**畫線**工具，將地坪依材質不同畫分為兩區域（圖示 A、B 區），在材料預設面板中使用**吸管**工具，吸取樓梯踏板材質賦予圖示 A 區域，選取圖示 B 區將其賦予第十章元件資料夾中 4933.jpg 圖檔，以做為地坪之紋理貼圖，並調圖檔寬度為 60 公分，如圖 10-81 所示。

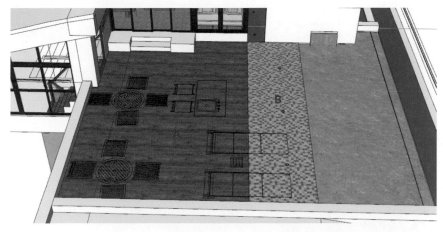

圖 10-81　將屋頂地坪賦予不同的紋理貼圖

03 使用吸管吸取游泳池中的水材質，在材料預設面板中將其不透明度調整為 75，然後將其隱藏，再使用**吸管**工具，吸取圖示 A 區的地坪材質，將其賦予游泳池壁面及池底，如圖 10-82 所示。

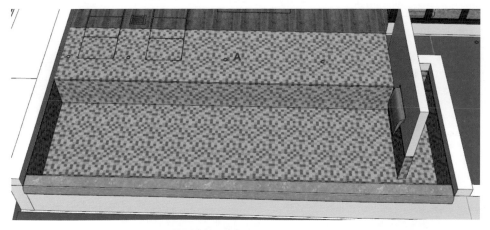

圖 10-82　將游泳池壁面及池底賦予馬賽克之紋理貼圖

04 使用**顏料桶**工具，將水景牆賦予第十章 maps 資料夾中 Marble (36).jpg 圖檔，以做為牆面之大理石紋理貼圖，在材料預設面板中選取瀝青和混凝土項目中的經過拋光的舊混凝土材（系統內建 SKM 材質），賦予屋頂平頂中除地坪以外之表面，如圖 10-83 所示。

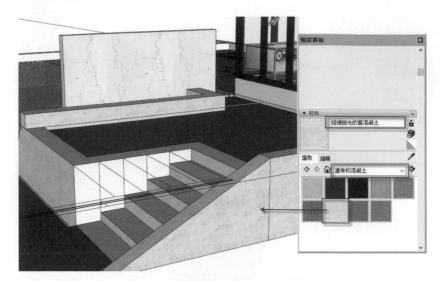

圖 10-83　將水景牆及其他屋頂表面賦予不同材質

05 請將第十章元件資料夾內戶外工作檯 .skp 及吧檯椅 .skp 兩元件匯入，這是已賦予紋理貼圖之元件，將戶外工作檯元件置於依平面圖位置放置，吧檯椅元件則置於工作檯前方並再複製一張，如圖 10-84 所示。

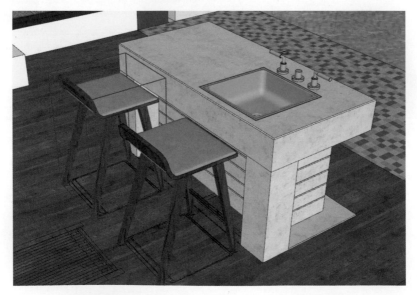

圖 10-84　戶外工作檯及吧檯椅兩元件匯入到場景中

06 請將第十章元件資料夾內戶
外躺椅 .skp 及戶外椅 .skp 兩
元件匯入,這是已賦予紋理
貼圖之元件,將戶外躺椅元
件依平面圖位置放置,使用
移動工具,將其往右複製一
張,再把戶外椅元件置於兩
躺椅之中間位置,如圖 10-85
所示。

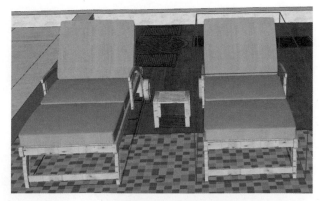

圖 10-85　內戶外躺椅及戶外椅兩元件匯入到場景中

07 請將第十章元件資料夾內戶
外陽傘座椅 .skp 及屋頂欄桿
組 .skp 兩元件匯入,這是已
賦予紋理貼圖之元件,將戶
外陽傘座椅元件依平面圖位
置放置,使用**移動**工具,將
其往旁複製一張,再把屋頂
欄桿組元件置於欄桿基座
上,如圖 10-86 所示。

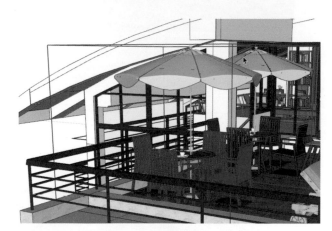

圖 10-86　將戶外陽傘座椅及屋
頂欄桿組兩元件匯入到場景中

08 請將第十章元件資料夾內戶外植物 01.skp 至植物 05.skp 等共有 5 元件匯入,這
是包含 2D 及 3D 的植物元件,請讀者依自己之喜好,將它們置於上、下層之花園
區域中,並使用**移動**工具做多重複製,如圖 10-87 所示。

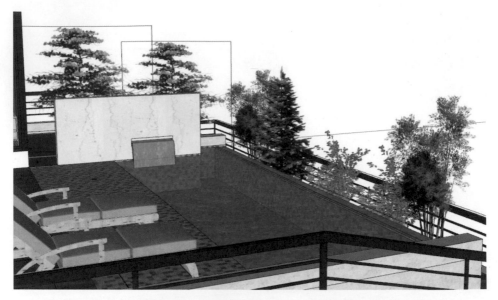

圖 10-87 　將多棵植物元件匯入到場景中

09 請將第十章元件資料夾內 2D 人物 01.skp、2D 人物 02.skp 及 3D 人物 .skp 至等 3 元件匯入，讀者可以在場景中任意位置放置，不過依經驗 3D 元件者請置於前景處，2D 元件則置於中、遠景處，如圖 10-88 所示。

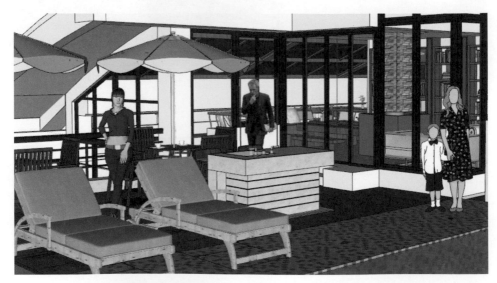

圖 10-88 　將 3D 及 2D 人物元件匯入到場景中

10 請打開**樣式**預設面板，在面板中選取 **編輯**頁籤，會顯示**樣式編輯**面板，在 頁籤下方系統備有五種按鈕，分別為 邊線設定、表面設定、背景設定、浮 水印設定、建模設定，如圖 10-89 所 示。

11 在編輯面板中選取**浮水印**設定按鈕， 可以打開浮水印設定面板，此面板可 以將 2D 圖案嵌入到場景之底層以製 作浮水印，或是選擇 2D 圖以製作場 景中之背景，如圖 10-90 所示。

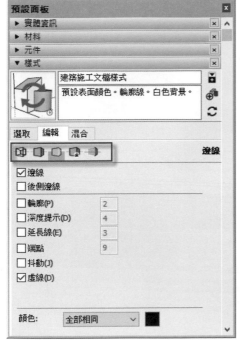

圖 10-89 在編輯頁籤下方有系統備有五種按鈕

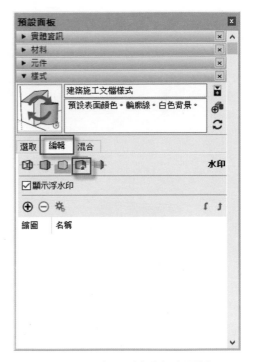

圖 10-90 打開浮水印設定面板

12 在面板中使用滑鼠點擊 ⊕ 號按鈕，可以開啟**浮水印**面板，在面板中請選取第十章 maps 資料夾中之天空背景 .JPG 圖檔，以做為本場景之背景，如圖 10-91 所示。

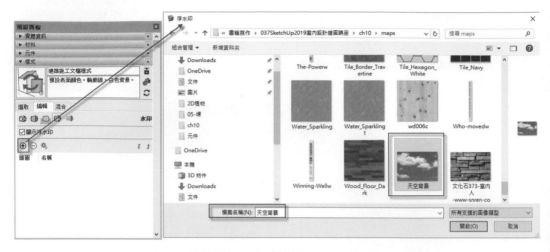

圖 10-91　在開啟浮水印面板中選取天空背景.JPG 圖檔

13 當在浮水印面板中按下**開啟**按鈕，可以打開**建立浮水印**面板，請在面板中勾選**背景**欄位，將此圖像當做背景圖使用，如圖 10-92 所示。

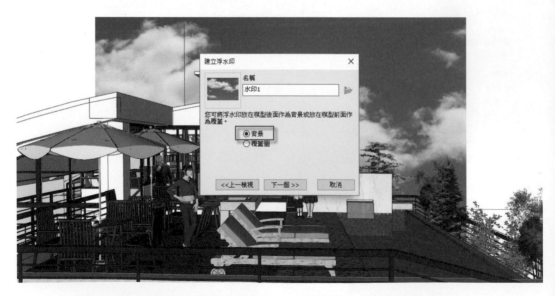

圖 10-92　將天空背景.JPG 圖檔當做背景圖使用

14 接續在面板中按**下一個**按鈕兩次，然後在建立浮水印面板中，將**鎖定圖像縱橫比**
欄位勾選去除，讓圖像布滿整個畫面，如圖 10-93 所示。

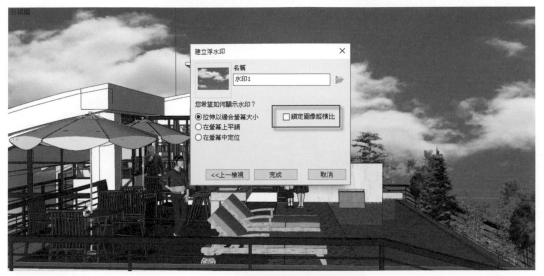

圖 10-93　讓圖像布滿整個畫面

15 使用者亦可以選擇**在螢幕中定位**欄位，現將位置選在下方位置，或是讀者可以任
選位置，**比例**欄位則可以調整圖像大小，如圖 10-94 所示。

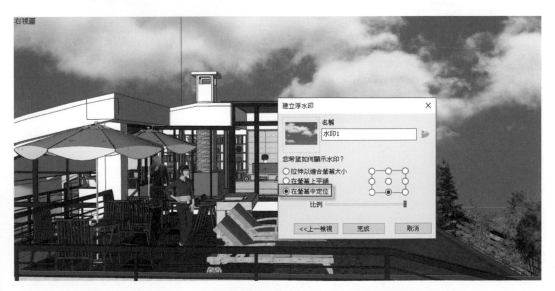

圖 10-94　利用**在螢幕中定位**欄位亦可設定背景圖位置

16 在面板中按下**完成**按鈕，可以完成場景之背景圖設置，如圖 10-95 所示，使用此種方法為直觀式的操作，惟其缺點是背景圖無法隨意調整位置，因此很多時候會在 Photoshop 後期處理時才加入。

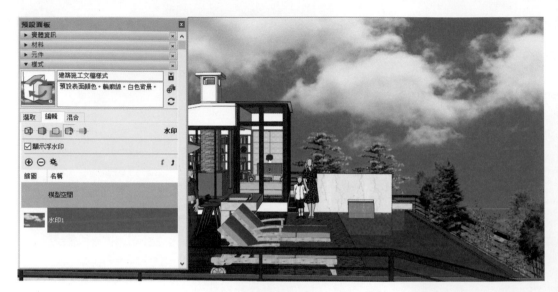

圖 10-95　在場景中完成背景圖之設置

10-7　鏡頭設置及匯出圖形

當場景辛苦創建完成，最終的目的是要將此成果做一終結，其一是匯出到渲染軟體中做照片級透視圖表現，一般其鏡頭及輸出設置會在渲染軟體中為之。其二則直接出圖給業主，此時鏡頭設置及後期處理就相當重要，本小節專為鏡頭設置做說明，至於後期處理之操作方法則在第九章中已做過說明，本章將不再重複說明。

01 觀察場景中鏡頭前設有欄桿，它將妨礙到鏡頭的取鏡，請執行**剖切**工具按鈕，將其放置到 X 軸向的位置，使用**移動**工具，將剖切面往前移動，以切除鏡頭前欄桿，如圖 10-96 所示。

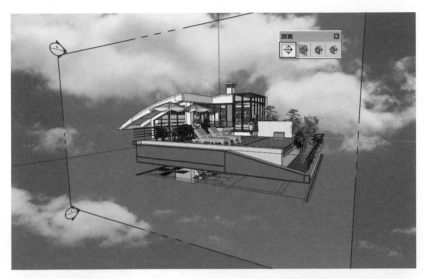

圖 10-96　將剖切面往前移動以切除屋頂之欄桿

02 接著將顯示**剖面平面**不予啟動，請選取**鏡頭縮放**工具，在鍵盤上輸入 30mm，設定
　　鏡頭焦距大小為 30mm，續選**行走**工具，設定鏡頭高度為 150 公分，如圖 10-97
　　所示。

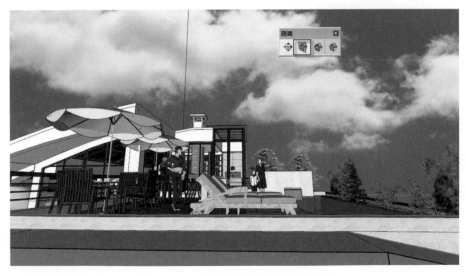

圖 10-97　設置鏡頭焦距及鏡頭高度

03 移動視角以取得最佳的角度,當取鏡滿意後,執行下拉式功能表**→鏡頭→兩點透視圖**功能表單,以使場景呈兩點透視狀態,然後新增場景號 1,如圖 10-98 所示。

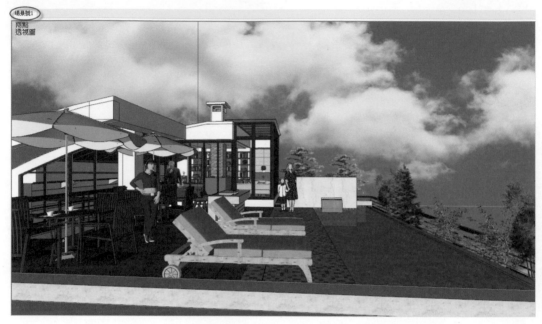

圖 10-98　在場在場景左上角增加(場景號 1)之圖標

04 有關場景中正反面檢查、執行場景瘦身動作及修正場景中問題之操作,在第七章中已做過詳細介紹,本章不再重複說明,請讀者自行操作。

05 創建全功能使用之頂樓休閒空間整體設計完成,為保全辛苦製作的場景,記得把本設計案先行存檔,本空間設計經以頂樓休閒空間 .skp 為檔名,存放在第十章中,供讀者自行開啟研究之。

06 當讀者選擇 VRay 做為後續渲染軟體,場景的設置就相當重要,因為它倚賴 SketchUp 的場景設置做為支撐,如果選擇以獨立渲染軟體(如 Artlantis)做為後續渲染操作時,因它們本身已有較佳的鏡頭工具,所以沒有必要先在 SketchUp 中預做場景設置,在此先予敘明。

07 選取場景號 1 頁籤，在圖層預設面板中將 CAD 及 CAD2 兩圖層關閉，在**陰影**預設面板中啟動陰影顯示，然後依需要調整一天時間點與日期，最後再把**在地面上**欄位勾選去除，如圖 10-99 所示。

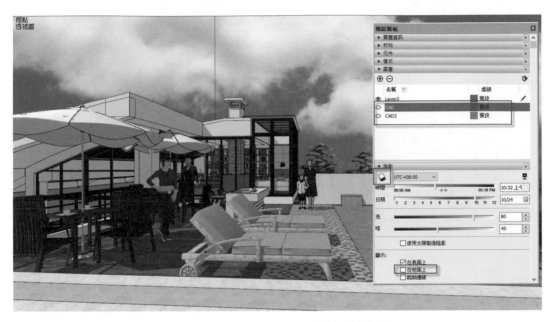

圖 10-99　在陰影預設面板中做各欄位設定

08 請執行下拉式功能表→**檔案**→**匯出**→ **2D 圖形**功能表單，可以打開**匯出 2D 圖形**面板，在面板中選擇 tif 檔案格式，然後按面板右下角的**選項按**鈕，可以再打開**匯出圖像**選項面板，將**使用檢視大小**欄位勾選去除，填入寬度 3000，高度系統自動調為 1590，勾選**消除鋸齒**欄位，如圖 10-100 所示，如果電腦配備不足無法存檔，請將出圖大小調小。

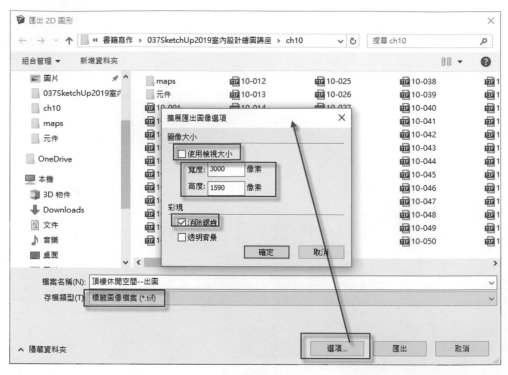

圖 10-100　在匯出 2D 圖形面板中做各欄位設定

09 當在面板中按**匯出**按鈕，即可以將場景號 1 依設定匯出，本檔案經以頂樓休閒空間 -- 出圖 .tif 為檔名匯出到第十章中，如圖 10-101 所示。

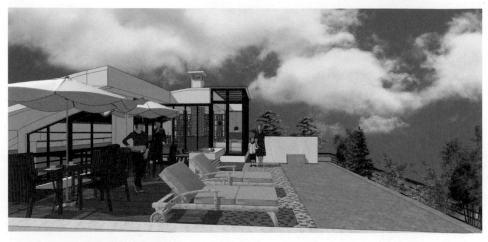

圖 10-101　場景號 1 經匯出為頂樓休閒空間--出圖 .tif 圖檔

10 經由 SketchUp 直接出圖的結果，因它本身未具渲染引擎，因此其產出結果無法達到照片級的效果，雖然可經由 Photoshop 做後期處理，基本可以稍微改善些，然終究是以人工方式強加光影變化，所以還是有些人工製作之假象，與真實世界有太大差距實無法令人信服。

11 為改善此項缺失以爭取客戶最大信賴，本場景經以 Artlantis 軟體做渲染手段，以產出照片級透視圖效果，如圖 10-102 所示。

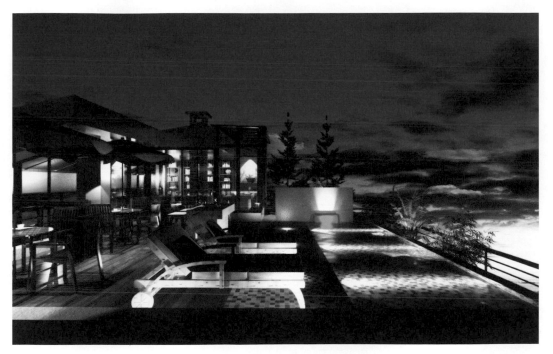

圖 10-102　本場景經由 Artlantis 渲染輸出的效果

溫馨
提示

做為一位專業級的設計師，基本上於行有餘力時應勤學後續的渲染軟體，而這些軟體在第一章已有做過簡單介紹，如果讀者想要短期學會 SketchUp、Artlantis 或是 VRay for SketchUp 等軟體，筆者在文化大學推廣教育部（北市建國南路）或華岡興業基金會都設有此類短期課程，有興起的讀者請自行聯絡此兩單位。

MEMO